자 본 론
경제학 비판

제1권
자본의 생산과정

제3분책

칼 맑스 **자본론**: 경제학 비판

프리드리히 엥엘스 편   제1권 제3분책

번역: 채만수
발행: 노사과연
표지 디자인: 이규환

등록: 302-2005-00029 (2005. 04. 20.)
주소 : 서울 동작구 노량진로22길 31, 나동 2층 (우 06916)
전화: (02) 790-1917 | 팩스: (02) 790-1918
이메일: wissk@lodong.org
홈페이지: http://www.lodong.org

제1쇄 발행: 2019년 5월 18일

ISBN 978-89-93852-30-1   04320
     978-89-93852-25-7   (전13권 세트)

*책값은 뒤표지에 있습니다.
*잘못된 책은 바꿔 드립니다.

칼 맑스

자본론
DAS KAPITAL

경제학 비판
Kritik der politischen Ökonomie

제I권
Erster Band
(제3분책)
Buch III:

자본의 생산과정
Der Produktionsprozeß des Kapitals

프리드리히 엥엘스 편
채만수 역

노사과연
노동사회과학연구소 부설

Karl Marx, 1875

일러두기

1. 이 책은 칼 맑스, ≪자본론≫ 제1권의 번역이다. 4권의 분책으로 간행된다.
2. 독일민주공화국(구동독) 독일사회주의통일당(SED) 중앙위원회 부설, 맑스-레닌주의연구소 편 *Karl Marx · Friedrich Engels Werke* (*MEW*), Band 23 (Dietz Verlag, Berlin, 1972)을 대본으로 하고, 프랑스어판(K. 맑스 교열판), 영어판(F. 엥엘스 편집), 일본어판들(마르크스·엥엘스전집간행위원회역, 大月書店판; 사키사카 이츠로역, 岩波文庫판; 자본론번역위원회역, 新日本出版社판), 최영철·전석담·허동 번역판, 김수행 번역판, 조선로동당사판(도서출판 백의판) 등을 참고하면서 번역하였다.
3. *MEW*판의 각주들은 페이지별로 각주로, *MEW*편집자의 후주/해설은 후주[]로 처리했으며, '역주' 등은 *1, *2 등의 번호를 붙여 페이지별로 처리하였다. 본문 좌·우의 숫자와 각 후주 말미 ( ) 속의 숫자는 *MEW*판의 페이지수다.
4. 독일어 특유의 표현(제2판 후기 참조)으로 이해가 어려울 것으로 보이는 부분은, 맑스 자신과 엥엘스는 이를 어떻게 번역했는지를 보여주기 위해서 프랑스어판과 영어판을 참조, 필요하다고 생각되는 경우 '역주'로 번역하였다.
5. *MEW*판의 독일어 이외의 언어들은 원칙적으로 그것을 병기하였고, 이탤릭체로 강조된 부분은 밑줄로, 굵은 글씨로 강조된 부분은 밑줄과 굵은 글씨로 강조해두었다.
6. 이 책에서 '영어판'이란, 다른 말이 없는 한, F. 엥엘스가 편집한 판으로, *MECW*, Vol. 34, Progress Publishers, 1954를 가리킨다.
7. 표기는 한글 맞춤법(특히 '두음법칙'과 관련하여) 및 외래어표기법(특히 경음[硬音]과 관련하여)을 반드시 따르지는 않았다.

* * *

프랑스어판으로부터의 번역은 역자의 아내 최선영이, 오·탈자의 교정은 ≪자본론≫을 공부하는, 노동사회과학연구소의 회원들이 맡아 주었다. 여기에 감사의 마음을 표한다. ― 역자.

칼 맑스

자본론

경제학 비판

제1권
자본의 생산과정

나의 잊을 수 없는 동무,
용감하고 성실하며 고결한 프롤레타리아트의 전위투사

빌헬름 볼프 1809년 6월 21일, 타르나우에서 출생
1864년 5월 9일, 망명 중 맨체스터에서 사망

에게 바친다.

차례

제1권
자본의 생산과정

제4편
상대적 잉여가치의 생산

제10장. 상대적 잉여가치의 개념	519
제11장. 협업	534
제12장. 분업과 매뉴팩쳐	559
제1절. 매뉴팩쳐의 이중의 기원	559
제2절. 부분노동자와 그의 도구	563
제3절. 매뉴팩쳐의 두 가지 기본형태 — 이종적 매뉴팩쳐와 유기적 매뉴팩쳐	568
제4절. 매뉴팩쳐 내부의 분업과 사회 내부의 분업	582
제5절. 매뉴팩쳐의 자본주의적 생산	594
제13장. 기계장치와 대공업	611
제1절. 기계장치의 발달	611
제2절. 생산물로의 기계장치의 가치 이전	635
제3절. 노동자에 대한 기계제 경영의 제1차적 영향	647
a) 자본에 의한 보조적 노동력의 취득. 여성노동과 아동노동	648
b) 노동일의 연장	661

c) 노동의 강화	672
제4절. 공장	688
제5절. 노동자와 기계의 투쟁	702
제6절. 기계장치에 의해 축출된 노동자들에 관한 보상설	720
제7절. 기계경영의 발달에 따른 노동자들의 방출과 흡인. 면업공황	734
제8절. 대공업에 의한 매뉴팩춰, 수공업 및 가내노동의 변혁	753
a) 수공업 및 분업에 기초한 협업의 폐지	753
b) 매뉴팩춰와 가내노동에 대한 공장제도의 반작용	756
c) 근대적 매뉴팩춰	758
d) 근대적 가내노동	763
e) 근대적 매뉴팩춰와 가내공업의 대공업으로의 이행. 그 경영양식들에 대한 공장법의 적용에 의한 이 혁명의 촉진	769
제9절. 공장입법. (보건조항들과 교육조항들.) 영국에서의 그 일반화	785
제10절. 대공업과 농업	828

제5편
절대적·상대적 잉여가치의 생산

제14장. 절대적·상대적 잉여가치	832
제15장. 노동력의 가격과 잉여가치의 크기의 변동	849
제1절. 노동일의 크기와 노동의 강도는 불변이고 (주어져 있고), 노동의 생산력이 가변적인 경우	850

제2절. 노동일과 노동의 생산력은 불변이고, 노동의 강도가
                가변적인 경우   857
        제3절. 노동의 생산력과 강도는 불변이고,
                노동일이 가변적인 경우   859
        제4절. 노동의 지속시간과 생산력, 강도가 동시에
                변동하는 경우   864
    제16장. 잉여가치율에 대한 다양한 공식들   869

제1분책
서문
제1편. 상품과 화폐
   제1장. 상품
   제2장. 교환과정
   제3장. 화폐 또는 상품유통

제2분책
제2편. 화폐의 자본으로의 전화
   제4장. 화폐의 자본으로의 전화
제3편. 절대적 잉여가치의 생산
   제5장. 노동과정과 가치증식과정
   제6장. 불변자본과 가변자본
   제7장. 잉여가치율
   제8장. 노동일
   제9장. 잉여가치의 률과 잉여가치의 량

제4분책

제6편. 임금
- 제17장. 노동력의 가치 또는 가격의 임금으로의 전화
- 제18장. 시간임금
- 제19장. 개수임금
- 제20장. 임금의 국민적 차이

제7편. 자본의 축적과정
- 제21장. 단순재생산
- 제22장. 잉여가치의 자본으로의 전화
- 제23장. 자본주의적 축적의 일반적 법칙
- 제24장. 이른바 본원적 축적
- 제25장. 근대적 식민이론

제4편
상대적 잉여가치의 생산

제10장
상대적 잉여가치의 개념[*1]

노동일 중에서, 단지 자본에 의해 지불된 노동력의 가치에 대한 등가물만을 생산하는 부분을 지금까지 우리는 불변의 크기로 간주했는데, 주어진 생산조건들 하에서는, 즉 사회의 어떤 현존하는 경제적 발전단계에서는 그것은 실제로 불변의 크기다. 노동자는 그의 이 필요노동시간을 넘어 2시간, 3시간, 4시간, 6시간 등등을 더 일할 수 있었다. 잉여가치율과 노동일의 크기는 바로 이 연장의 크기에 달려 있었다. 필요노동시간이 불변이었다면, 그에 반해서 총노동일은 가변적이었던 것이다. 이제, 그 크기 및 그 필요노동과 잉여노동으로의 분할이 주어져 있는, 한 노동일을 가정하자. 선분 a c, 즉 a ——————— b——c는, 예컨대, 한 개의 12시간의 노동일을 표시하고, a b 구간은 10시간의 필요

[*1] [역주] 프랑스어판에는 간단히 "상대적 잉여가치 (La Plus-value Relative)".

노동을, b c 구간은 2시간의 잉여노동을 표시한다고 하자. 그러면, a c를 더 이상 연장하지 않고, 즉 그 더 이상의 연장과 관계없이, 잉여가치의 생산을 어떻게 증대시킬 수 있을까? 다시 말해서 잉여노동이 어떻게 연장될 수 있을까?

노동일 a c의 한계가 주어져 있음에도 불구하고, b c는, 동시에 노동일 a c의 종점이기도 한 그 종점 c를 넘어 연장하지 않더라도, 그 출발점 b를 a를 향해서 반대방향으로 밀어 옮김으로써 연장할 수 있을 것으로 보인다. 가령 a——————b′—b——c의 b′—b가 b——c의 절반과 같다고, 즉 1노동시간과 같다고 하자. 이제 12시간의 노동일 a c 안에서 점 b가 b′ 쪽으로 옮기지면, b c는 b′ c로 연장되어, 노동일이 전과 마찬가지로 12시간임에도 불구하고, 잉여노동은 절반만큼, 즉 2시간에서 3시간으로 증대된다. b c로부터 b′ c로의, 즉 2시간에서 3시간으로의 잉여노동의 이 확대는 그러나 a b의 필요노동을 a b′로, 즉 10시간의 필요노동을 9시간으로 단축하지 않고는 명백히 불가능하다. 잉여노동의 연장에 필요노동의 축소가 대응한다. 즉, 노동자가 지금까지 실제로 자기 자신을 위해 사용해온 노동시간의 일부가 자본가를 위한 노동시간으로 전화되는 것이다. 달라지는 것은, 노동일의 길이가 아니라, 필요노동과 잉여노동으로의 그 분할이다.

다른 한편에서, 노동일의 크기와 노동력의 가치가 주어져 있다면, 잉여노동의 크기도 명백히 그 자체로서 주어져 있다. 노동력의 가치, 다시 말해서, 노동력의 생산에 필요한 노동시간은 그 가치의 재생산에 필요한 노동시간을 규정한다. 1 노동시간이 반(半) 쉴링의 금량, 즉 6펜스로 표현된다면, 그리고 노동력의 하루가치가 5쉴링이라면, 노동자는, 자본에 의해서 그에게 지불되는 자기 노동력의 하루가치를 보상하기 위해서, 즉 자신의 하루 필요 생활수단들의 가치에 대한 등가물을 생산하기 위해서 하루에 10시간 노동하지 않으면 안 된다. 이 생활수단들의 가치와 함께 그의 노동력의 가치가 주어지고,1 그의 노동력의 가치와 함께 그의 필요노동시간의 크기가 주어지는 것이다. 그런데 잉여노동의 크기는 총노동일에서 필요노동시간을 차감함으로써 얻어진다. 12시간에서 10시간을 빼면 2시간이 남는데, 주어진 조건 하에서 잉여노동이 어떻게 2시간을 넘어 연장될 수 있는가는 예측할 수 없다. 물론 자본가는 노동자에게 5쉴링 대신에 4쉴링 6펜스나 혹은 더 적게도 지불할 수 있다. 이 4쉴링 6펜스의 가치를 재생산하기 위해서는 9노동시간이면 충분할 것이며, 따라서 12시간의 노동일에서 2시간 대신에 3시간이 잉여노동으로 귀속될 것이고, 잉여가치 자체도 1쉴링에서 1쉴링 6펜스로 높아질 것이다. 하지만 이러한 결과는 오직 노동자의 임금을 그의 노동력의 가치 이하로 내리누름으로써만 달성될 것이다. 그가 9시간에 생

---

1 하루 평균임금의 가치는, 노동자가 "살아가고, 노동하고, 번식하기 위해서"(윌리엄 페티, ≪아일랜드의 정치적 해부≫, 1672, p. 64.) 필요한 것에 의해서 규정되어 있다. "노동의 가격은 언제나 필요 생활수단들의 가격에 의해서 규정된다. ... 노동자의 임금이, 노동자로서, 그들의 다수가 흔히 가지고 있는 가족을, 그의 낮은 계급과 신분에 타당하게 부양하는 데에 충분하지 않은 경우에는 언제나"(J. 완더린트, 같은 책[≪화폐가 만물의 답이다 [화폐만능론]≫, 런던, 1734: 역자], p. 15.) 노동자는 상응한 임금을 받고 있지 않다. "자신의 팔과 근면 외에는 아무것도 가진 것이 없는 단순 노동자는, 자신의 노동을 타인에게 판매하는 데에 성공할 때 외에는 아무것도 가지고 있지 않다. ... 어떤 종류의 노동에서나, 노동자의 임금은 그의 생계유지에 필연적으로 필요한 것에 한정되지 않을 수 없고, 또한 실제로도 거기에 한정되어 있다." (튀르고, ≪부의 형성과 분배에 관한 고찰≫, 데르 편, ≪저작집≫ 제1권, p. 10.) "생활필수품들의 가격은 사실상 노동의 생산비다." (맬더스, ≪지대의 ... 관한 연구≫, 런던, 1815, p. 48, 주.)

산하는 4쉴링 6펜스로는 그는 이전보다 $^1/_{10}$만큼 적은 생활수단들만을 자유롭게 처분할 수 있고, 그리하여 오직 노동력의 위축된 재생산만이 이루어진다."[*1] 이 경우 잉여노동은 단지 그 정상적인 한계를 벗어남으로써만 연장되고, 그 영역은 단지 필요노동시간의 영역을 강탈적으로 침해함으로써만 확장된다. 이러한 방법은 노임(勞賃)의 현실적인 운동에서 중요한 역할을 하고 있는데, 그럼에도 불구하고 여기에서는 그것은, 상품들이, 따라서 또한 노동력도, 그것들의 온전한 가치대로 구매되고 판매된다는 전제에 의해서 배제되어 있다. 일단 이렇게 가정하면, 노동력을 생산하기 위해서, 즉 그 가치를 재생산하기 위해서 필요한 노동시간은, 노동자의 임금이 그의 노동력의 가치 이하로 하락하기 때문에 감소할 수 있는 것이 아니라, 단지 이 가치 자체가 하락할 때에만 감소할 수 있다. 노동일의 길이가 주어져 있는 경우, 잉여노동의 연장은 필요노동시간의 단축으로부터 발생하지 않으면 안 되는 것이며, 반대로 필요노동시간의 단축이 잉여노동의 연장으로부터 발생해서는 안 되는 것이다."[*2] 우리의 예에서는, 필요노동

[*1] [역주] "그리하여 오직 노동력의 위축된 재생산만이 이루어진다."가, 프랑스어판에는 "그리고 결과적으로, 그의 힘은 불완전하게만 재생산된다. (et, par conséquent, ne reproduirait sa propre force que d'une manière défectueuse).)"로, 영어판에는 "그리하여 그의 노동력의 본래의 재생산은 불구화된다. (and consequently the proper reproduction of his labour-power is crippled.)"로 되어 있다.

[*2] [역주] "노동일의 길이가 주어져 있는 경우, … 안 되는 것이다."가 프랑스어판에는 "노동일의 한계가 주어져 있으면, 잉여노동의 연장은 필요노동시간의 단축의 결과일 수밖에 없으며, 필요노동의 단축이 잉여노동의 확장의 결과일 수는 없다. (Les limites de la journée étant données, la prolongation du surtravail doit résulter de la contraction du temps de travail nécessaire, et non la contraction du travail nécessaire de l'expansion du surtravail."로 되어 있다.

시간이 $^1/_{10}$만큼, 즉 10시간에서 9시간으로 줄어들고, 그리하여 잉여노동이 2시간에서 3시간으로 늘어나기 위해서는, 노동력의 가치가 현실적으로 $^1/_{10}$만큼 떨어지지 않으면 안 된다.

그러나 노동력 가치의 그러한 $^1/_{10}$만큼의 하락은, 그것대로, 이전에 10시간에 생산되던 동일한 량의 생활수단들이 이제는 9시간에 생산된다고 하는 것을 전제로 하고 있다. 그러나 이것은 노동생산력의 증대(Erhöhung) 없이는 불가능하다. 예컨대, 주어진 수단들로 어떤 제화공이 12시간의 1노동일에 1켤레의 장화를 만든다고 하자. 그가 같은 시간에 2켤레의 장화를 만들려면, 그의 노동생산력이 2배로 되지 않으면 안 되는데, 그 노동생산력은, 그의 노동수단들이나 그의 노동방법의, 혹은 동시에 그 양자(兩者)의 어떤 변화 없이는 2배로 될 수 없다. 따라서 그의 노동의 생산조건들에, 다시 말해서, 그의 생산방식에, 그리고 따라서 노동과정 그 자체에 어떤 혁명이 일어나지 않으면 안 되는 것이다. 여기에서 노동생산력의 증대란, 무릇 어떤 상품의 생산을 위해서 사회적으로 필요한 노동시간을 단축시키고, 그리하여 보다 소량의 노동이 보다 대량의 사용가치를 생산하는 힘을 획득하는, 노동과정의 어떤 변화를 의미한다.[2] 따라서 지금까지 고찰된 형태로 잉여가치를 생산하는 경우, 그 생산방식은 주어진 것으로 가정되어 있었던 반면에, 필요노동의 잉여노동으로의 전화에 의한 잉여가치의 생산을 위해서는 자본이 노동과정을 역사적으로 전

---

[2] "산업이 개량된다면, 그것이 의미하는 바는, 어떤 상품을 이전보다 소수의 사람들로 혹은 (같은 말이지만) 보다 짧은 시간에 제작하는 방법들의 발견 이외의 다른 어떤 것도 아니다." (갈리아니, 같은 책, pp. 158, 159.) "생산비의 절약이란, 생산을 위해 사용된 노동량의 절약 이외의 다른 어떤 것일 수 없다." (씨스몽디, 《경제학 연구》 제1권, p. 22.)

래된, 즉 현존하는 형태대로 장악하여 단지 그 지속시간만을 연장한다고 하는 것만으로는 결코 충분하지 않다. 노동생산력을 증대시키고, 노동생산력의 증대에 의해서 노동력의 가치를 인하하고, 그리하여 이 가치의 재생산을 위해서 필요한 노동일 부분을 단축하기 위해서는, 자본은 노동과정의 기술적·사회적 조건들을, 따라서 그 생산방식 자체를 변혁하지 않으면 안 된다.

노동일의 연장에 의해 생산되는 잉여가치를 나는 <u>절대적 잉여가치</u>라고 부르고, 그에 반해서 필요노동시간의 단축과 그에 상응하는, 노동일의 두 구성부분들의 크기 비율의 변화로부터 발생하는 잉여가치를 나는 — <u>상대적 잉여가치</u>라고 부른다.[*1]

노동력의 가치를 저하시키기 위해서는, 그 생산물들이 노동력의 가치를 규정하는, 따라서 그 생산물들이 관습적인 생활수단들의 범위에 속하든가, 또는 그것들을 대체할 수 있는 산업부문들을 생산력의 상승이 거머쥐지 않으면 안 된다.[*2] 그런데 한 상품의 가치는, 그것에 최후의 형태를 부여하는 노동의 량에 의해서 규정되어 있을 뿐 아니라, 그 상품의 생산수단들 속에 포함되어 있는 노동에 의해서도 규정되어 있다. 예컨대, 장화의 가치는, 제화공의 노동에 의해서만이 아니라, 가죽·밀랍(蜜蠟)·실 등의 가치에 의해서도 규정되어 있다. 필요생활수단들을 제조하기 위

---

*1 [역주] "<u>절대적 잉여가치</u>"와 "<u>상대적 잉여가치</u>"의 강조는 프랑스어판 및 영어판에 따랐음.

*2 [역주] "… 산업부문들을 생산력의 상승이 거머쥐지(ergreifen; seize upon) 않으면 안 된다"가 프랑스어판에는 "… 산업부문들에 작용하지(affecter) 않으면 안 된다."로 되어 있다. 岩波文庫판이나 최영철·전석담·허동 번역판, 김수행 번역판, 조선로동당사판(도서출판 백의판) 등에는 대략 "… 산업부문들에서 생산력이 상승하지 않으면 안 된다"로 번역되어 있다.

한 불변자본의 물질적 요소들, 즉 노동수단들과 노동재료를 제공하는 산업들에서의 생산력의 상승과 그에 상응한 상품들의 저렴화는 따라서 마찬가지로 노동력의 가치를 저하시킨다. 그에 반해서, 필요생활수단들도 제공하지 않고, 그것들의 제조를 위해서 생산수단도 제공하지 않는 생산부문들에서는, 생산력이 높아져도 노동력의 가치에는 아무런 영향도 미치지 않는다.

저렴해진 상품은 당연히 단지 그만큼(pro tanto)만, 다시 말해서, 그것이 노동력의 재생산에 들어가는 비율에 따라서만 노동력의 가치를 저하시킨다. 예컨대, 내의(內衣)는 필요생활수단이지만, 그러나 수많은 필요생활수단들 중의 하나일 뿐이다. 그것의 저렴화는 단지 내의에 대한 노동자의 지출을 감소시킬 뿐이다. 하지만, 필요생활수단들의 총계는 다양한 상품들, 즉 실로 특수한 산업들의 생산물들로 구성되어 있으며, 그러한 상품의 개개의 가치는 언제나 노동력의 가치의 일부를 이루고 있다. 노동력의 가치는 그 재생산을 위해 필요한 노동시간과 함께 감소하는데, 이 노동시간의 총단축량은 저 모든 특수한 산업부문들에서의 노동시간의 단축의 합계와 같다. 여기에서는 우리는 이 일반적인 결과를, 그것이 마치 어떤 개별적인 경우에서나 직접적인 결과이고 직접적인 목적인 것처럼 취급한다. 어떤 개별자본가가 노동생산력을 증대시킴으로써, 예컨대, 내의를 저렴하게 할 때에, 그의 머릿속에 반드시, 노동력의 가치를 감소시키고, 그리하여 필요노동시간을 그만큼(pro tanto) 감소시킨다는 목적이 떠올라 있는 것은 결코 아니지만, 그러나 단지 궁극적으로 이러한 결과에 일조하는 한에서만, 그는 일반적 잉여가치율의 제고(提高)에 일조한다.3 자본의 일반적·필연적 경향들과 그들 경향의 현상형태들은 구별되지 않으면 안 된다.

자본주의적 생산의 내재적 법칙들이, 자본의 외적 운동 속에 나타나고, 경쟁의 강제법칙들로서 관철되며, 그리하여 추진적 동기로서 개별자본가에게 의식되는 방식을 지금은 아직 고찰하지 않지만, 그러나 다음은 처음부터 명백하다: 경쟁의 과학적 분석은 오직, 자본의 내적 본성이 파악되어 있을 때에만 가능한바, 이는 마치 천체들의 외관상의 운동은 오직, 그것들의 실제의, 그러나 감각적으로는 지각할 수 없는 운동을 알고 있는 사람에게만 이해될 수 있는 것과 전적으로 마찬가지다. 그럼에도 불구하고, 상대적 잉여가치의 생산을 이해하기 위하여, 그리고 이미 획득된 성과들만을 기초로, 다음의 것들을 언급해 두어야 한다.

1노동시간이 6펜스, 즉 $1/2$쉴링의 금량으로 표시된다면, 12시간의 노동일에는 6쉴링의 가치가 생산된다. 주어진 노동생산력으로 이 12노동시간에 12개의 상품이 만들어진다고 가정하자. 상품 하나하나에 소모된 생산수단들, 즉 원료 등의 가치는 6펜스라고 하자. 이러한 사정 하에서는 개별 상품은 1쉴링, 즉 생산수단들의 가치가 6펜스, 그것을 만들면서 새로 추가된 가치가 6펜스다. 이제 어떤 자본가가 노동생산력을 2배로 하고, 그리하여

---

3 "기계장치의 개량에 의해서 공장주의 ... 생산물들이 2배가 된다고 ... 가정하자 .... 그는 그의 총수익 중 보다 적은 부분으로써 그의 노동자를 입힐 수 있을 것이다 ... 그리고 그렇게 하여 그의 이윤이 증대될 것이다. 그러나 다른 어떤 방식으로도 그것은 결코 움직이지 않을 것이다." (램지, 같은 책, pp. 168, 169.); [역주] 이 인용문이 독일어판과 프랑스어판에는, "공장주가 기계장치의 개량에 의해서 그의 생산물들을 2배로 할 때 ... 그가 이득을 얻는 것은 (궁극적으로는) 단지, 그것을 통해서 노동자를 보다 값싸게 입힐 수 있게 되고 ... 그리고 그렇게 하여 총수익의 보다 적은 부분이 노동자에게 돌아가는 한에서다."로 되어 있다.

12시간 노동일에 이 종류의 상품을 12개 대신에 24개를 생산하는 데에 성공한다고 하자. 생산수단들의 가치가 불변인 경우, 개별 상품의 가치는 이제 9펜스로 떨어진다. 즉, 생산수단들의 가치가 6펜스, 마지막 노동에 의해서 새로 추가된 가치가 3펜스다. 생산력은 2배로 되었지만, 그 노동일은 여전히 단지 6쉴링의 신가치(新價値)만을 창조하는데, 하지만 이제 그것이 2배의 생산물들에 배분된다. 그리하여 개개의 개별 생산물에는 이제 이 총가치의, $1/12$ 대신에 $1/24$, 6펜스 대신에 3펜스만이 귀속된다. 혹은, 같은 말이지만, 생산수단들에는 이제 그것이 생산물로 전화될 때에, 개당 계산해서, 이전의 온전한 1노동시간 대신에, 다만 반(半) 노동시간만이 부가될 뿐이다. 이 상품의 개별적 가치는 이제 그 사회적 가치보다 낮다. 다시 말해서, 그것은, 사회적인 평균조건들 하에서 생산되는 거대한 량의 동종 물품보다 적은 노동시간을 필요로 한다. 1개는 평균적으로는 1쉴링이다. 즉, 2시간의 사회적 노동을 표시하고 있다. 변화된 생산방식으로는, 그것은 9펜스이다. 즉, 단지 $1\frac{1}{2}$노동시간만을 포함하고 있다. 그러나 어떤 상품의 현실적 가치는, 그 개별적 가치가 아니라, 그 사회적 가치이다. 다시 말해서, 그 가치는, 개별적인 경우에 그 상품이 생산자에게 실제로 요구하는 노동시간에 의해서가 아니라, 그 생산에 사회적으로 필요한 노동시간에 의해서 측정된다. 따라서 새로운 방식을 사용하는 자본가가 자신의 상품을 1쉴링이라는 그 사회적 가치에 판매한다면, 그는 그것을 그 개별적 가치보다 3펜스만큼 높게 판매하는 것이며, 그리하여 3펜스라는 특별잉여가치(Extramehrwert)를 실현한다. 그러나 다른 한편에서, 12시간의 노동일은 이제 그에게는 이전의 12개 대신에 24개의 상품으로 표현된다. 따라서 1노동일의 생산물을 판매하기 위해서 그는 2배의 매상고, 즉 2배나 더 큰 시장을 필요로 한다. 다른 사정들이 여전하다면, 그의 상품들은 그 가격을 인하함으로써만 보다 더 큰 시장영역을 정복한다. 그리하여 그는 그 상품을 그 개별적 가치보다 높게, 그러나 그 사회적 가치보다 낮게, 이를테면, 개당 10펜스에 판매할 것이다. 그래도 그는 여전히 개당 1페니의 특별잉여가치를 획득한다. 잉여가치의 이러한 증대는, 그의 상품이 필요생활수단들의 범위에 속하든, 속하지 않든, 따라서 노동력의 일반적 가치에 규정적으로 들어가든, 들어가지 않든, 그 자본가에게 발생한다. 따라서, 후자의 사정은 차치하고,[*1] 어떤 개별자본가에게나 노동생산력을 제고함으로써 상품을 저렴하게 하려는 동기가 존재하는 것이다.

그러나 이 경우에조차 잉여가치의 증대된 생산은 필요노동시간의 단축과 그에 상응하는 잉여노동의 연장으로부터 발생한다.[3a] 필요노동시간이 10시간, 즉 노동력의 하루가치가 5쉴링이고, 잉여노동이 2시간, 그리하여 하루에 생산되는 잉여가치가 1쉴링이라고 하자. 그런데 우리의 자본가는 지금 24개를 생산하여, 개당 10펜스에, 즉 모두 합해서 20쉴링에 판매하고 있다. 생

[*1] [역주] "후자의 사정은 차치하고"는, "'그의 상품이 필요생활수단들의 범위에 속하든, 속하지 않든, 따라서 노동력의 일반적 가치에 규정적으로 들어가든, 들어가지 않든,' 상관없이"의 의미.

[3a] "어떤 사람의 이윤은, 타인들의 생산물에 대한 그의 지배에 달려 있는 것이 아니라, 노동 그 자체에 대한 그의 지배에 달려 있다. 그의 노동자들의 임금이 변함이 없는데, 그가 상품들을 보다 높은 가격에 팔 수 있다면, 그는 명백히 이득을 본다…. 그가 생산하는 것의 보다 작은 부분으로 그 노동을 가동하기에 충분하고, 따라서 보다 큰 부분이 그 자신을 위해 남는다." ([J. 캐즈노브,] ≪경제학 개론≫, 런던, 1832, pp. 49, 50.)

산수단들의 가치가 12쉴링이기 때문에, $14^2/_5$개의 상품은 단지 선대된 불변자본을 대체할 뿐이다. 12시간의 노동일은 남아 있는 $9^3/_5$개의 상품 속에 표현되어 있다. 노동력의 가격=5쉴링이기 때문에, 필요노동시간은 6개의 생산물 속에 표현되어 있고, $3^3/_5$개 속에는 잉여노동이 표현되어 있다. 사회적 평균조건들 하에서는 5:1이었던, 잉여노동에 대한 필요노동의 비율이 이제 단지 5:3일 뿐이다. 동일한 결과를 다음과 같이 해서도 얻는다: 12시간 노동일의 생산물가치는 20쉴링이다. 그 가운데 12쉴링은 단지 생산수단들의 재현된 가치에 속한다. 따라서 8쉴링이 1노동일이 표현되어 있는 가치의 화폐표현으로서 남는다. 이 화폐표현은, 12시간이 단지 6쉴링으로만 표현되어 있는, 동일한 종류의 사회적 평균노동의 화폐표현보다 크다. 예외적인 생산력의 노동은 강화된 노동(potenzierte Arbeit)으로서 작용한다.*1 즉, 동일한 시간 내에 같은 종류의 사회적 평균노동보다 더 많은 가치를 창조한다. 그러나 우리의 자본가는 노동력의 하루가치에 대하여 여전히 단지 5쉴링만을 지불한다. 그리하여 노동자는 이 가치를 재생산하기 위해서, 이전의 10시간 대신에, 이제는 단지 $7^1/_2$시간만을 필요로 한다. 그리하여 그의 잉여노동은 $2^1/_2$시간만큼 증대하고, 그에 의해서 생산되는 잉여가치는 1쉴링에서 3쉴링으로 증대한다. 그리하여 개량된 생산방식을 사용하는 자본가는, 동일한 사업의 나머지 자본가들보다 노동일의 더 큰 부분을 잉여노동으로서 취

---

*1 [역주] "예외적인 생산력의 노동은 <u>강화된</u> 노동으로서 작용한다."가 프랑스어판에는, "예외적인 생산성의 노동은 <u>복잡노동</u>으로서 간주된다. (Le travail d'une productivité exceptionnelle compte comme travail complexe.)"로 되어 있다. (강조는 역자.)

득한다. 자본이 상대적 잉여가치를 생산할 때에 전체적으로 수행하는 것을 그는 개별적으로 수행하는 것이다. 그러나 다른 한편에서, 저 특별잉여가치는, 새로운 생산방식이 일반화되고, 그와 더불어 보다 저렴하게 생산된 상품들의 개별적 가치와 그것들의 사회적 가치 사이의 차이가 사라지자마자, 사라진다. 새로운 [생산: 역자]방식을 가진 자본가에게는, 그가 자신의 상품을 사회적 가치 이하로 판매하지 않으면 안 된다는 형태로 느껴지는 바의, 노동시간에 의한 가치규정이라는 동일한 법칙이, 경쟁의 강제법칙으로서 그의 경쟁자들로 하여금 새로운 생산방식을 도입하도록 내모는 것이다.4 따라서 일반적 잉여가치율은, 단지 노동생산력의 상승이 생산부문들을 거머쥐고, 그리하여 필수생활수단들의 범위에 들어가는, 따라서 노동력의 가치의 요소들을 형성하는 상품들을 저렴화했을 때에만, 마침내 과정 전체에 의해서 영향을 받는다.

상품의 가치는 노동의 생산력에 반비례한다. 노동력의 가치도, 상품가치들에 의해서 규정되기 때문에, 마찬가지다. 그에 반해서, 상대적 잉여가치는 노동의 생산력에 정비례한다. 그것은 노동생산력이 상승하면 상승하고, 노동생산력이 하락하면 하락한다. 12시간의 하나의 사회적 평균노동일은, 화폐가치가 불변이라고 가

---

4 "만일 내 이웃이 적은 노동으로 많은 일을 함으로써 저렴하게 팔 수 있다면, 나는 그와 마찬가지로 저렴하게 팔 수 있도록 궁리하지 않으면 안 된다. 그리하여 보다 소수의 일꾼의 노동으로, 따라서 보다 저렴하게 노동하는 모든 기술・방식이나 기계장치는 다른 사람들 사이에, 그와 동일한 기술・방식이나 기계장치를 사용해야 할, 혹은 그와 비슷한 무언가를 발명해야 할 일종의 필연성과 경쟁의식을 낳아, 모든 사람이 동등하게 될 것이며, 누구도 그의 이웃보다 싸게 팔 수 없게 될 것이다." (《영국에 대한 동인도 무역의 이익들》, 런던, 1720, p. 67.)

정하면, 언제나 6쉴링이라는 동일한 가치생산물을 생산하며, 그것은 이 가치총액이 노동력의 가치에 대한 등가물과 잉여가치 사이에 어떻게 배분되든 상관없이 그렇다. 그러나 노동생산력이 제고된 결과 하루하루의 생활수단들의 가치가 하락하고, 따라서 노동력의 하루가치가 5쉴링에서 3쉴링으로 하락한다면, 잉여가치는 1쉴링에서 3쉴링으로 증대한다. 노동력의 가치를 재생산하기 위해서 10시간이 필요했는데, 이제는 단지 6시간만이 필요하다. 4노동시간이 해방되어 있어, 잉여노동의 영역에 병합될 수 있다. 그리하여, 상품을 저렴화하고 상품의 저렴화를 통해 노동자 자체를 저렴화하기 위해 노동의 생산력을 제고하는 것은 자본의 내재적인 충동이며, 끊임없는 경향이다.5

상품의 절대적 가치는, 그것을 생산하는 자본가에게, 그 자체로서는 중요하지 않다. 그가 관심을 갖는 것은 단지, 그 상품 속에 들어 있고, 판매할 때에 실현될 수 있는 잉여가치뿐이다. 잉여가치의 실현은 저절로 선대된 가치의 대체를 포함한다. 그런데 상품들의 가치는 노동생산력의 발전에 반비례하여 하락하는 반

---

5 "노동자의 지출이 어떤 비율로 감소되든, 만일 산업에 대한 규제들이 동시에 폐지된다면, 그의 임금도 같은 비율로 감소될 것이다." (≪곡물 수출 장려금의 폐지 등에 관한 고찰≫, 런던, 1753, p. 7.) "사업상의 이해관계는 곡물과 모든 식료품이 가능한 한 저렴할 것을 요구한다. 왜냐하면, 그것들을 비싸게 만드는 것은, 그것이 무엇이든, 노동 역시 비싸게 만들지 않을 수 없기 때문이다. ... 산업이 규제되지 않는 모든 나라에서는 식료품의 가격은 노동의 가격에 영향을 미치지 않을 수 없다. 생활필수품들이 저렴해지면, 노동의 가격은 언제나 감소될 것이다." (같은 책, p. 3.) "임금은, 생산력이 증대되는 것과 같은 비율로 감소된다. 기계장치가 생활필수품들을 값싸게 하는 것은 사실이지만, 그것은 또한 노동자도 값싸게 한다." (≪경쟁과 협동의 상대적 공과[功過]에 관한 현상 논문 [*A Prize Essay on the Comparative Merits of Competition and Co[operation]*]≫, 런던, 1834, p. 27.]

면에, 상대적 잉여가치는 그 생산력의 발전에 비례하여 증대하기 때문에, 따라서 바로 그 동일한 과정이 상품들을 저렴하게 하고, 그것들에 포함된 잉여가치를 증대시키기 때문에, 자신에게는 오직 교환가치의 생산만이 문제인 자본가가 상품들의 교환가치를 끊임없이 낮추려고 애쓰는 수수께끼가 풀리는데, 이 수수께끼야말로 경제학의 창시자의 1인인 케네가 자신의 논적들을 괴롭힌 하나의 모순인바, 그들은 아직도 그에게 대답을 못한 채로 있다. 케네는 다음과 같이 말하고 있다.

"당신들도 인정하는 바와 같이, 공산품들의 제조에서는, 생산에 해를 끼치지 않고, 비용이나 비용이 드는 노동을 절약할 수 있으면 있을수록, 이 절약은 더욱더 유리한바, 왜냐하면, 그 절약은 제품의 가격을 인하하기 때문이다. 그런데 그럼에도 불구하고 당신들은 수공업자들의 노동에서 생기는 부(富)의 생산은 그들의 제품의 교환가치의 증대에 있다고 믿고 있다."6

따라서 노동생산력의 발전에 의한 노동의 절약7은 자본주의적

---

6 "Ils conviennent que plus on peut, sans préjudice, épargner de frais ou de travaux dispendieux dans la fabrication des ouvrages des artisans, plus cette épargne est profitable par la diminution des prix de ces ouvrages. Cependant ils croient que la production de richese qui résulte des travaux des artisans consiste dans l'augmentation de la valeur vénale de leurs ouvrages." (케네, ≪상업과 수공업자의 노동에 관한 대화≫, pp. 188, 189.)

7 "자신들이 지불하지 않으면 안 되는 노동자들의 노동을 이토록 절약하는 이 투기꾼들" (J. N. 비도[Bidaut], ≪공업 기술과 상업에서 생기는 독점에 대하여≫, 빠리, 1828, p. 13.) "고용주는 언제나 시간과 노동을 절약하기 위해 노력할 것이다." (듀갈드 스튜어트[Dugald Stewart], ≪경제학 강의≫, Sir W. 해밀턴[Hamilton] 편, ≪저작집≫, 제8권, 에딘버러, 1855, p. 318.) "그들" (자본가들)"의 관심은, 그들이 고용하는 노동자들의 생산력이 가능한 한 최대여야 한다는 것이다. 이 생산력을 제고하는 데에 그들의 주의가 쏠려 있고,

생산에서는 절대로 노동일의 단축을 목적으로 하고 있지 않은 것이다. 그것은 단지 어떤 일정 분량의 상품을 생산하는 데에 필요한 노동시간의 단축을 목적으로 하고 있을 뿐이다. 노동자가 그의 노동의 증대된 생산력으로 1시간에, 예컨대, 이전보다 10배의 상품을 생산하고, 따라서 상품 1개당 10분의 1의 노동시간을 필요로 한다는 사실은, 그로 하여금 여전히 12시간 일하게 하고, 12시간 동안에 이전의 120개 대신에 1,200개를 생산하게 하는 것을 결코 방해하지 않는다. 아니, 동시에 그의 노동일이 연장되어, 그는 이제, 예컨대, 14시간에 1,400개를 생산할지도 모른다. 그리하여 맥컬록, 유어, 씨니어 등등의 부류의 경제학자들의 경우, 어떤 페이지에서는, 생산력의 발전은 필요노동시간을 단축하기 때문에 그 생산력의 발전에 대하여 노동자는 자본에 감사해야 한다는 것을, 그리고 바로 그 다음 페이지에서는, 노동자는 10시간 대신에 15시간 노동함으로써 이 감사를 실증하지 않으면 안 된다는 것을 사람들은 읽을 수 있다. 노동생산력의 발전은, 자본주의적 생산의 내부에서는, 노동일 중 노동자가 자기 자신을 위하여 노동하지 않으면 안 되는 부분을 단축하고, 바로 그렇게 함으로써, 노동자가 자본가를 위해서 무상으로 노동할 수 있는, 노동일의 다른 부분을 연장하는 것을 목적으로 하고 있다. 상품들의 저렴화 없이 이러한 결과가 어느 정도 달성될 수 있는가는 상대적 잉여가치의 특수한 생산방법들에서 드러날 것인바, 이제 그것들의 고찰로 넘어가자.

그것도 거의 그것에만 쏠려 있다." (R. 죤스, ≪국민경제학 교과서≫, 제3강.)

제11장
협업

　자본주의적 생산은, 이미 본 바와 같이, 동일한 개별 자본이 보다 다수의 노동자들을 동시에 고용할 때에, 그리하여 노동과정이 그 외연을 확장하여 보다 커다란 량적 규모로 생산물을 공급할 때에 비로소 실제로 시작된다. 동일한 시간에, 동일한 공간에서 (혹은, 동일한 작업장에서라고 해도 좋다), 동종(同種)의 상품들을 생산하기 위해서, 동일한 자본가의 지휘 하에 보다 다수의 노동자들이 활동하는 것이 역사적으로 그리고 개념적으로 자본주의적 생산의 출발점을 이루는 것이다. 생산방식 그 자체와 관련해서는, 예컨대, 초창기의 매뉴팩춰는 동일한 자본에 의해 동시에 보다 많은 노동자들이 고용되어 있다는 것 외에는 동업조합(Zunft; guild)적 수공업과 거의 구별되지 않는다. 동업조합 장주(匠主, Zunftmeister)의 작업장이 다만 확대되어 있을 뿐이다.

　따라서 차이는 처음에는 오로지 *량적이다.*[*1] 이미 본 바와 같이, 어떤 주어진 자본이 생산하는 잉여가치의 량은, 개별 노동자가 생산하는 잉여가치에, 동시에 고용된 노동자의 수를 곱한 것과 같다. 이 노동자의 수는 그 자체로서는 잉여가치율, 즉 노동력의 착취도를 전혀 변화시키지 않으며, 무릇 상품가치의 생산과

---

*1 [역주] "량적이다"는 프랑스어판에 따라 강조해두었다. 그리고 프랑스어판에는 그 다음 문장, 즉 "이미 본 바와 같이, … 곱한 것과 같다."가 없다.

관련해서는, 노동과정의 어떤 질적 변화도 무관한 것으로 보인다.[*1] 가치의 본성으로부터 그렇게 되는 것이다. 12시간의 1노동일이 6쉴링에 대상화된다면, 1,200개의 이러한 노동일은 6쉴링×1,200에 대상화된다. 한 경우에는 12×1,200의 노동시간이 합체(合體)되어 있고, 다른 경우에는 12노동시간이 생산물에 합체되어 있다. 가치생산에서는 다수는 언제나 단지 다수의 개체(個體)로서만 계산된다.[*2] 따라서 가치생산에 있어서는, 1,200명의 노동자가 개별적으로 생산하든, 혹은 동일한 자본의 지휘 하에서 결합하여 생산하든, 결코 어떤 차이도 없다.

그럼에도 불구하고, 일정한 한계 내에서는 어떤 변화가 발생한다. 가치로 대상화된 노동은 사회적인 평균적 질(質)의 노동이며, 따라서 평균적 노동력의 발현이다. 그러나 평균크기는 언제나 단지, 같은 종류의 수많은 상이한 개별적 크기들의 평균으로서만 존재한다. 어떤 산업부문에서나 개별 노동자는, 즉 베드로(Peter)나 바울(Paul)은, 다소간에 평균 노동자와는 다르다. 수학적으로 '오차'라고 부르는 이 개별적 편차들은, 비교적 많은 수의 노동자

[*1] [역주] "무릇 상품가치의 생산과 관련해서는, 노동과정의 어떤 질적 변화도 무관한 것으로 보인다."가 영어판에는 없고, 프랑스어판에는, "그리고 생산방법에 영향을 미칠지도 모를 차후의 변화는, 가치를 창조하는 한에서의 노동에 영향을 미칠 수 있을 것으로는 보이지 않는다. (Et des changements ultérieur qui affecteraient le mode de production, ne semblent par pouvoir affecter le travail en tant qu'il crée de la valeur.)"로 되어 있다. 그리고 영어판에는 그 다음 문장, 즉 "가치의 본성으로부터 그렇게 되는 것이다."도 없다.

[*2] [역주] "가치생산에서는 다수는 언제나 단지 다수의 개체(個體)로서만 계산된다."가 프랑스어판에는 없고, 영어판에는 "가치의 생산에서는 다수의 노동자들은 단지 그만큼 많은 개별 노동자들로서만 평가된다. (In the production of value a number of workmen rank merely as so many individual workmen.)"로 되어 있다.

들을 모으자마자 상쇄되어 사라진다. 유명한 궤변가이자 아첨꾼인 에드먼드 버크(Edmund Burke)는, 차지농업가로서의 자신의 실제의 경험으로부터, 5명의 머슴들(Ackerknechte; garçons ferme)*¹과 같은 "그토록 작은 집단에서"조차 노동의 모든 개별적 차이는 사라지며, 따라서 성년의 영국 머슴 5명을 닥치는 대로 모으면, 동일한 시간에, 임의의 다른 5명의 영국 머슴과 정확히 같은 만큼의 노동을 한다고까지 주장하고 있다.8 그거야 어떻든, 동시에 일하고 있는 비교적 많은 수의 노동자의 총노동일*²을 노동자들의 수로 나눈 것이, 그 자체로서, 사회적 평균노동의 1일이라는 것은 명백하다. 개개인의 노동일이, 예컨대, 12시간이라고 하자. 그러면, 동시에 일하는 12명의 노동자들의 노동일은 144시간의 1총노동일을 형성하며, 12명 각자의 노동은 사회적

---

*1 [역주] 영어판에는 "농장 노동자들(farm labourers)".

8 "의문의 여지없이, 한 사람의 노동의 가치는 힘과 숙련, 성실성에서 다른 사람의 그것과 많은 차이가 있다. 그러나 나의 최선의 관찰을 통해서 확신하는 바로는, 어떤 임의의 5명도, 전체로서는, 내가 앞에서 말한 연령기[21살에서 50살까지: 新日本판에 의함]의 임의의 다른 5명과 같은 량의 노동을 제공할 것이다. 즉, 그러한 5명 중에서 1명은 우수한 노동자의 모든 자질을 구비하고 있을 것이고, 1명은 열등한 노동자이며, 다른 3명은 중질(中質)의 노동자로, 전자(前者)와 후자에 가까울 것이다. 그리하여 심지어 5명의 집단과 같은 그토록 작은 집단에서도, 5명이 해낼 수 있는 모든 것 전체를 볼 수 있을 것이다." (E. 버크, 같은 책 [≪식량 부족에 관한 의견과 실상, 본래 W. 피트[Pitt] 각하에게 1795년 11월에 제출되었던 것≫, 런던, 1800년 판], pp. 15, 16.) 평균적 개인에 관해서는 케틀레(Quételet)를 참조하라. ([역주] 케틀레(Quételet, Lambert-Adolphe-Jacques, 1796-1874) — 벨기에의 학자, 통계학자, 수학자, 천문학자. "평균적 개인"이라는 비과학적인 이론을 세웠다.

*2 [역주] 이하의, 동시에 일하고 있는 다수의 노동자들이 형성하는 이 "총노동일(Gesamtarbeitstag)"이 프랑스어판과 영어판에는 모두 "집단적 노동일(journée collective; collective working-day)로 되어 있다.

평균노동과는 다소 다를지도 모르고, 그리하여 개개인은 동일한 작업을 하는 데에 얼마간 보다 많은, 혹은 보다 적은 시간을 필요로 할지도 모르지만, 누구나 각 개인의 노동일은 144시간이라는 사회적 총노동일의 12분의 1로서 사회적인 평균질(平均質)을 가지고 있다. 그러나 12명을 고용하는 자본가에게 있어서는 노동일은 12명의 총노동일로서 존재한다. 각 개인의 노동일은, 그 12명이 서로 도우면서 노동을 하든, 아니면 그들의 노동의 전체 연관이 단지 그들이 동일한 자본가를 위하여 노동한다는 것에 있을 뿐이든, 그것과는 전혀 상관없이, 총노동일의 분할 가능한 부분으로서 존재하는 것이다. 그에 반해서, 12명의 노동자들이 한 사람의 소장주(小匠主, kleiner Meister) 당 2명씩 고용된다면, 각 개별 장주가 동일한 가치량을 생산하는지 여부(與否)는, 그리고 따라서 일반적 잉여가치율을 실현하는지 여부는 우연적인 것으로 된다. 개별적인 편차들이 발생할 것이다. 한 노동자가 어떤 상품을 생산하면서 사회적으로 필요한 것보다 현저하게 많은 시간을 필요로 한다면, 즉 그에게 개인적으로 필요한 노동시간이 사회적으로 필요한 노동시간, 즉 평균적 노동시간과 현저하게 다르다면, 그의 노동은 평균적 노동으로서 간주되지 않을 것이며, 그의 노동력은 평균적인 노동력으로서 간주되지 않을 것이다. 그 노동력은 전혀 팔리지 않거나, 단지 노동력의 평균가치 아래로만 팔릴 것이다. 그리하여 노동능률의 일정한 최소한이 전제되어 있고, 나중에 보게 되는 바와 같이, 자본주의적 생산은 이 최소한을 측정하는 수단을 발견한다. 그럼에도 불구하고 이 최소한은 평균과는 다른데, 하지만 다른 한편에서는 노동력의 평균가치가 지불되지 않으면 안 된다. 따라서 6명의 소장주 가운데 어떤 사람은 일반적 잉여가치율보다 더 많이, 그리고 다른 사람은 더 적게 취득할 것이다. 이들 불균등은 사회에 있어서는 상쇄되겠지만, 개별적인 장주에 대해서는 상쇄되지 않을 것이다. 따라서 무릇 가치증식의 법칙은 개별 생산자에게는, 그가 자본가로서 생산하고, 많은 노동자들을 동시에 사용하고, 그리하여 처음부터 사회적 평균노동을 가동할 때에야 비로소 완전히 실현되는 것이다.9

노동양식이 불변인 경우에도 많은 수의 노동자를 동시에 사용하면, 노동과정의 대상적 조건들에 하나의 혁명을 일으킨다. 많은 사람이 노동하는 건물, 원료 등을 위한 창고, 많은 사람이 동시에 혹은 교대로 이용하는 용기(容器)·도구·장치 등등, 간단히 말해서, 생산수단들의 일부가 노동과정에서 이제 공동으로 소비된다. 한편에서는, 상품들의 교환가치는, 따라서 또한 생산수단들의 교환가치도, 그것들의 사용가치를 아무리 많이 이용해도 조금도 등귀하지 않는다.*1 다른 한편에서는, 공동으로 사용하는 생산수단들의 규모가 증대한다. 20명의 직포공이 20대의 직기를 가지고 일하는 방은 2명의 장인(匠人, Geselle)*2을 거느린 한 사

---

9 로셔 교수님은, 교수 부인이 이틀간 고용한 한 사람의 침모(針母)가 교수 부인이 같은 날에 고용한 두 사람의 침모보다 많은 노동을 제공하는 것을 발견했다고 주장하고 있다.[102] 이 교수님께서는 아이들의 방이나, 주인공, 즉 자본가가 없는 상황에서 자본주의적 생산과정을 관찰해서는 안 된다.

*1 [역주] "한편에서는 ..." 이하가 영어판에는, "한편에서는, 이들 생산수단의 교환가치는 증대하지 않는바, 왜냐하면 상품의 교환가치는 그 사용가치가 보다 철저히 그리고 대단히 유리하게 소비된다고 해서 인상되는 것이 아니기 때문이다. (On the one hand, the exchange-value of these means of production is not increased; for the exchange-value of a commodity is not raised by its use-value being consumed more thoroughly and to greater advantage.)"로 되어 있다.

*2 [역주] 영어판에는 "조수(assistant)".

랃의 독립적인 직포공의 방보다는 넓어야 한다. 그러나 20명을 위한 작업장 하나를 짓는 데에는 2명씩을 위한 10개의 작업장을 짓는 것보다 적은 노동이 들고, 그리하여 무릇 대량으로 집중된 공동의 생산수단들의 가치는 그 규모 및 효율에 비례적으로는 증대하지 않는다. 공동으로 소비되는 생산수단들은 개개의 생산물에 보다 적은 가치구성부분을 넘겨주는데, 부분적으로는 그것들이 넘겨주는 총가치가 동시에 보다 대량의 생산물들에 배분되기 때문이고, 부분적으로는 그것들은, 개별화된 생산수단들에 비해서, 절대적으로는 보다 더 큰 가치를 가지고 있지만, 그러나, 그 작용범위를 고려하면, 상대적으로 보다 더 작은 가치를 가지고 생산과정에 들어가기 때문이다. 그로써 불변자본의 가치구성부분이 저하하고, 따라서 이 불변자본 가치구성부분의 크기에 비례하여 상품의 총가치도 저하한다. 그 효과가, 마치 그 상품의 생산수단들이 보다 저렴하게 생산되는 것과 동일한 것이다. 생산수단들의 사용에서의 이러한 절약은, 노동과정에서 많은 사람들이 그것들을 공동으로 소비하는 데에서만 기인한다. 그리고 이 생산수단들은, 다수가 단지 공간적으로 함께 모여 일할 뿐, 협력하여 일하지 않을 때에조차, 분산되어 상대적으로 고가인, 개별적인 독립 노동자들이나 소장주들의 생산수단들과 달리, 사회적 노동 조건들로서의 혹은 노동의 사회적 조건들로서의 성격을 취하고 있다. 노동수단들의 일부는 이러한 사회적 성격을, 노동과정 자체가 사회적 성격을 획득하기 전에 획득하는 것이다.

    생산수단들의 절약은 무릇 이중의 관점에서 고찰되어야 한다. 한번은, 그 절약이 상품들을 저렴하게 하고, 그에 의해서 노동력의 가치를 저하시키는 한에서. 다른 한번은, 그것이 선대총자본에 대한, 다시 말해서 총자본의 불변적 구성부분 및 가변적 구성부분의 가치총액에 대한 잉여가치의 비율을 변화시키는 한에서. 이 후자의 점은 이 저작 제3권 제1편에서 비로소 자세히 논의될 것이며, 여기와 관련이 있는 많은 것들도 맥락상 그곳으로 미룬다. 대상의 이러한 분할은 분석의 진행상 불가피한 것인데, 이러한 분할은 또한 자본주의적 생산의 정신에 상응하는 것이기도 하다. 즉, 여기[자본주의적 생산: 역자]에서는 노동조건들이 노동자에게 독립적으로 상대하기 때문에,*1 그것들의 절약 또한 노동자와는 아무런 관계가 없는, 따라서 그의 개인적 생산성을 높이는 방법들과는 분리되어 있는 특수한 조작으로서 나타나는 것이다.

동일한 생산과정에서, 혹은 상이하지만 서로 연관이 있는 생산과정들에서 계획적으로 나란히 그리고 서로 협력하여 일하는 여러 사람의 노동의 형태는 협업이라고 불린다.10

1개 기병소대의 공격력이나 1개 보병연대의 방어력이 각 기병들과 각 보병들에 의해 개별적으로 전개되는 공격력의 합계 및 방어력의 합계와는 본질적으로 다른 것처럼, 개별 노동자들의 힘의 기계적 합계는, 많은 사람들이 동일한, 분할되지 않은 작업을 동시에 함께 할 때에, 예컨대, 무거운 짐을 들어 올린다든가, 크랭크를 돌린다든가, 길에서 장해물을 치운다든가 할 필요가 있을

---

*1 [역주] "여기에서는 노동조건들이 노동자에게 독립적으로 상대하기 때문에," 가 영어판에는, "이 생산양식에서는, 노동자가 노동도구들을 자신과는 독립적으로 존재하는 타인의 소유로서 발견하기 때문에,(For since, in this mode of production, the workman finds the instruments of labour existing independently of him as another man's property,)"로 되어 있다.

10 "Concours de forces (협력)", (데스뛰트 드 트라씨, 같은 책 [《이데올로기의 요소들》. 제4, 제5부, "의지와 그 작용론"], p. 80.)

때에 발휘되는 사회적 역능(力能, Kraftpotenz)과는 본질적으로 다르다.11 이러한 경우, 결합된 노동의 성과는, 개별화된 노동에 의해서는 전혀 산출될 수 없거나, 훨씬 장기간에 걸쳐서만, 혹은 왜소한 규모로만 산출될 수 있을 것이다. 여기에서 중요한 것은, 협업에 의한 개별적 생산력의 제고(提高)만이 아니라, 그 자체로서 집단력(Massenkraft)일 수밖에 없는 생산력의 창조[*1]다.[11a]

많은 힘들이 하나의 총력(總力)으로 융합됨으로써 생기는 새로운 역능을 도외시하더라도, 대부분의 생산적 노동의 경우, 단순한 사회적 접촉이 경쟁심을 유발하고 활기(animal spirits)를 특수하게 자극하여, 그것이 개개인의 개인적 작업능률을 고양하고, 그리하여 144시간이라는 하나의 동시적 노동일 속에서 함께 일하는 12명은, 각자가 12시간 일하는 12명의 개별적인 노동자들보다, 혹은 12일 동안 계속해서 일하는 1명의 노동자보다 훨씬 더 많은 총생산물을 제공한다.12 이는, 인간은 천성적으로, 아리

---

11 "분할할 수 없을 정도로 단순하면서도 많은 사람들이 협력하지 않으면 수행할 수 없는 종류의 작업들이 많다. 예를 들자면, 큰 통나무를 짐마차에 들어올리는 것 … 요컨대, 수많은 사람들이 분할되지 않은 동일한 작업에서 동시에 서로 돕지 않으면 수행되지 않는 모든 일들." (E. G. 웨이크퓔드 [Wakefield], ≪식민의 방법에 관한 한 견해 (*A View of the Art of Colonisation*)≫, 런던, 1849, p. 168.)

*1 [역주] "그 자체로서 집단력일 수밖에 없는 생산력의 창조"가 프랑스어판에는 "집단력으로서 작용하는 새로운 힘을 창조하는 것(de créer … une force nouvelle ne functionnant que comme force collective)"으로 되어 있다.

[11a] "한 사람으로서는 1톤의 무게를 들어 올릴 수 없고, 10명이면 전력을 다해야 하지만, 100명이면 그것을 그들 각자의 한 손가락의 힘만으로도 해낼 수 있다." (존 벨러즈, ≪산업전문학교 설립을 위한 제안(*Proposals for Raising a College of Industry*)≫, 런던, 1696, p. 21.)

12 〔같은 수의 사람들이, 30에이커씩을 가진 10명의 차지농업가에 의해서 고용

스토텔레스가 말하는 것처럼, 정치적 동물13은 아니지만, 어쨌든 사회적 동물이라는 데에서 기인한다.

많은 사람들이 동일한 혹은 같은 종류의 일을 동시에 협력하여 수행하더라도, 각자의 개별적 노동은 총노동의 일부로서 총노동과정 자체의 상이한 국면들을 표현할 수 있고, 협업의 결과 노동대상은 이 국면들을 보다 더 빠르게 통과한다. 예컨대, 벽돌공들이 열을 지어 벽돌을 비계 아래에서 그 꼭대기까지 운반한다면, 그들 각자는 동일한 일을 하지만, 개개의 작업들은, 하나의 총작업의 연속적인 부분들, 즉 노동과정에서 어느 벽돌이고 통과하지 않으면 안 되는 특수한 국면들을 형성하고, 그럼으로써 총노동자들의 가령 24개의 손은, 비계를 올라갔다 내려갔다 하는 각 개별 노동자의 2개의 손보다 벽돌을 빠르게 운반한다.14 노동대상이

되는 대신에, 1명의 차지농업가에 의해 300에이커에 고용될 때에는) "고용인들의 비율에서 하나의 이익이 있는데, 실무가 외에는 이를 쉽게 이해하지 못할 것이다. 1대 4가 3대 12와 그 비율이 같다는 것은 당연하기 때문이다. 그러나 실무에서는 반드시 해당되지는 않을 것이다. 왜냐하면, 수확기(收穫期)나 마찬가지로 긴급을 요하는 다른 많은 작업들에서는 많은 일손을 모음으로써 작업이 더 잘, 그리고 더 신속하게 이루어지기 때문이다. 예컨대, 수확을 할 때에 2명의 마부, 2명의 짐 싣는 사람, 2명의 던지는 사람, 2명의 갈퀴질꾼, 그리고 짚더미나 곡물창고에서 일하는 나머지 사람들은, 같은 수의 사람들이 다른 조(組)들로 나뉘어 다른 농장들에서 일하는 것보다 두 배의 일을 해낼 것이다." ([J. 아버쓰노트(Arbuthnot)], ≪현재의 식량 가격과 농장 규모 사이의 관련 등에 관한 연구[*An Inquiry into the Connexion between the Present Price of Provisions and the Size of Farms, &c.*]≫, 한 차지농업가 저, 런던, 1773, pp. 7, 8.)

13 아리스토텔레스의 정의(定義)는 원래는, 인간은 태어나면서부터 시민(市民, Stadtbürger)이라는 것이다. 이 정의는, 인간은 태어나면서부터 도구를 만드는 동물이라는 프랭클린의 정의가 양키 기질에 특징적인 것과 마찬가지로, 고전고대(古典古代)에 특징적인 것이다.

14 "나아가서는, 이 부분적 분업은, 노동자들이 하나의 동일한 작업을 하고 있

동일한 공간을 보다 짧은 시간에 통과하는 것이다. 다른 한편에서는, 예컨대, 어떤 건축물이 다양한 측면에서 동시에 착공되면, 협업자들이 동일한 혹은 같은 종류의 일을 하더라도, 노동의 결합이 발생한다. 공간적으로 다방면에서 노동대상에 착수하는, 144시간의 결합 노동일은, 결합된 노동자는 앞과 뒤에 눈과 손들을 가지고 있으며, 어느 정도 편재성(遍在性, Allgegenwart)을 가지고 있기 때문에, 자신의 노동을 일면적으로 착수하지 않으면 안 되는, 다소간에 개별화된 노동자들의 12개의 12시간 노동일들보다 총생산물을 보다 빨리 반출한다. 동일한 시간에 생산물의 다양한 공간적 측면들이 무르익는 것이다.

우리는, 서로 보완하는 많은 사람들이 동일한 혹은 같은 종류의 일을 한다는 것을 강조했는데, 왜냐하면 공동노동의 이러한 가장 단순한 형태는 협업의 가장 완성된 형태에서도 커다란 역할을 하기 때문이다. 노동과정이 복잡하면, 함께 노동하는 사람이 많다는 것만으로도 다양한 작업들을 다양한 일손들 사이에 배분할 수 있고, 그리하여 동시에 수행할 수 있으며, 총생산물의 생산에 필요한 노동시간을 그에 의해서 단축할 수 있다.15

는 경우에도 이루어질 수 있다는 것을 확인하지 않으면 안 된다. 예컨대, 벽돌을 손에서 손으로 높은 곳까지 옮기는 벽돌공들은 모두 동일한 노동을 하는데, 그럼에도 불구하고 그들 사이에는 일종의 분업이 존재하는바, 이 분업의 요체는, 그들 각자는 벽돌을 일정한 거리만큼만 운반하는데, 모두 합하면, 그들 각자가 자기 벽돌을 개별적으로 높은 곳까지 들어 나르는 것보다 그것을 훨씬 더 빨리 소정(所定)의 장소로 옮긴다는 데에 있다." (F. 스카르벨[Skarbek], ≪사회적 부의 이론(*Théorie des richesses sociales*)≫, 제2판, 빠리, 1839, 제1권, pp. 97, 98.)

15 "어떤 복잡한 노동의 수행이 문제일 때에는, 다양한 것들이 동시에 수행되지 않으면 안 된다. 다른 사람이 무언가 다른 일을 하는 동안, 어떤 사람은 어떤 일을 하여, 한 개인이 만들어낼 수 없었을 성과를 만들어내는 데에 모

많은 생산부문에는 결정적 순간, 다시 말해서, 노동과정 그 자체의 본성에 의해서 규정되어, 그 사이에 노동의 일정한 성과가 달성되지 않으면 안 되는 시기가 있다. 예컨대, 한 떼의 양들의 털을 깎아야 한다든가, 몇 모르겐*1의 곡물밭을 베어 수확해야 한다면, 그 생산물의 량과 질은 작업이 어떤 일정한 시각에 시작되어 어떤 일정한 시각에 끝나는 것에 달려 있다. 이 경우 노동과정이 차지할 수 있는 기간은, 가령 청어잡이의 경우처럼, 미리 규정되어 있다. 개개인은 하루 중에 단지 1노동일, 말하자면, 12시간 밖에 잘라낼 수 없지만, 예컨대, 100명의 협업은 12시간의 하루를 1,200시간의 노동일로 확장한다. 노동기간은 짧지만, 그것은 결정적인 순간에 생산영역에 투입되는 대량의 노동에 의해서 벌충된다. 이 경우 적시(適時)의 효과는 수많은 결합노동일의 동시적 사용에 달려 있고, 그 유용효과의 크기는 노동자의 수에 달려 있는데, 하지만, 이 노동자의 수는, 동일한 기간에 동일한 작용범위를 개별적으로 가득 채울 노동자들의 수보다는 언제나 적다.16 미국의 서부에서 매년 대량의 곡물이 못쓰게 되고, 영국의 지배가 옛 공동체를 파괴해버린 동인도의 지역들에서 매년 대량의 면

두가 기여한다. 어떤 한 사람은 노를 젓는 동안, 다른 사람은 키를 잡고, 세 번째 사람은 그물을 던진다거나 작살로 고기를 잡아, 고기잡이는, 이러한 협업이 없었다면 불가능했을 어떤 성과를 얻는 것이다." (데스튀트 드 트라씨, 같은 책, p. 78.)

*1 [역주] 모르겐(Morgen) — 옛 토지 면적의 단위로서, 1모르겐은 2필의 소가 오전 중에 갈 수 있는 넓이. 약 2에이커, 즉 약 2,450평.

16 "그것"(농업 노동)"을 결정적인 순간에 수행하는 것은 그만큼 대단히 중요하다." ([J. 아버쓰노트], ≪현재의 식량 가격과 농장 규모 사이의 관련 등에 관한 연구≫, p. 7.) "농업에서는 시간이라는 요인보다 더 중요한 요인은 결코 없다." (리비히[Liebig], ≪농업에서의 이론과 실천에 관하여[*Über Theorie und Praxis in der Landwirtschaft*]≫, 부롸운쉬바이크, 1856, p. 23.)

화가 못쓰게 되는 것은 바로 이러한 협업이 없기 때문이다.17

한편에서는, 협업은, 노동의 공간적 영역을 확장할 수 있도록 348
하고, 또한 그리하여, 토지의 간척. 제방구축(堤坊構築), 관개공
사(灌漑工事), 운하·도로·철도 건설 등처럼, 어떤 노동과정들
에서는 이미 노동대상의 공간적 연관에 의해서 협업이 요구된다.
다른 한편에서는, 협업은, 생산의 규모에 비해서, 생산현장을 공
간적으로 축소할 수 있게 한다. 그 축소에 의해 다량의 공비(空
費, faux frais; falsche Kosten; useless expenses)*1가 절약되는
바의, 노동의 작용범위의 확대와 동시에 일어나는 이 공간범위의
축소는 노동자들의 집결과 다양한 노동과정들의 긴밀화, 생산수
단들의 집적에 기인한다.18

---

17 "아마 중국과 영국을 제외하면, 세계에서 그 어떤 나라보다도 많은 노동을 수출하고 있는 나라에서 있을 거라고는 거의 예상할 수 없는 그 다음의 재난 ― 그것은 면화를 수확할 충분한 수의 일손을 구할 수 없다는 것이다. 그 결과 대량의 면화가 수확되지 못한 채 방치되고, 다른 한편에서는 이미 떨어져서, 당연히 변색되고 부분적으로는 썩은 것들을 땅에서 채집하는바, 적기(適期)에 노동의 부족 때문에 경작자는, 영국이 그토록 갈망하는 작물의 많은 부분을 사실상 어쩔 수 없이 잃고 있다." (≪뱅갈 통신. 격월 해외 뉴스 요약 [*Bengal Hurkaru. Bi-Monthly Overland Summary of News*]≫, 1861년 7월 22일.)

*1 [新日本판 역주] "가르니에(G. Garnier, 1754-1821), 쎄(J. B. Say, 1767-1832) 등의 프랑스의 경제학자들이 생산에 직접 공헌하지 않는 비용을 가리키기 위해서 사용한 술어."

18 경작의 진보에 따라, "이전에는 500에이커를 조방적으로 차지했던 모든, 혹은 그보다 더 많은 자본과 노동이 이제는 100에이커를 보다 더 완전히 경작하기 위해 집중되어 있다." "사용되는 자본과 노동의 량에 비해서 상대적으로 공간은 집약되어 있는데", 하지만, "그것은, 과거에 단 한 사람의 독립적 생산담당자에 의해서 점유되고 경작되고 있던 생산영역에 비해 확대된 생산영역이다." (R. 존스, ≪부의 분배론(*An Essay on the Distribution of Wealth*)≫, 제1부 "지대론(On Rent)", 런던, 1831, p. 191.)

개별화된 개인의 노동일들의 같은 크기의 총량에 비해서, 결합노동일은 보다 더 많은 량의 사용가치를 생산하고, 그리하여 어떤 일정한 유용효과의 생산에 필요한 노동시간을 감소시킨다. 주어진 경우에, 그 결합노동일이 이 높아진 생산력을 갖게 되는 것이, 그것이 노동의 역학적 역능을 높이기 때문이든, 혹은 노동의 공간적 작용영역을 확장하기 때문이든, 혹은 생산 규모에 비해서 그 공간적 생산현장을 축소하기 때문이든, 혹은 결정적인 순간에 많은 노동을 짧은 시간 내에 가동하기 때문이든, 혹은 개인들의 경쟁심을 자극하여 그들의 활기를 높이기 때문이든, 혹은 많은 사람들의 동종의 작업들에 연속성과 다면성이라는 특징을 부여하기 때문이든, 혹은 다양한 작업들을 동시에 수행하기 때문이든, 혹은 공동으로 사용함으로써 생산수단들을 절약하기 때문이든, 혹은 개인적 노동에 사회적 평균노동이라는 성격을 부여하기 때문이든, 어떤 사정 하에서도 결합노동일의 특유의 생산력은 노동의 사회적 생산력, 즉 사회적 노동의 생산력이다. 그것은 협업 그 자체로부터 생긴다. 다른 노동자들과의 계획적인 협력 속에서 노동자는 그의 개인적 한계들을 벗어버리고 그 류적능력(類的能力, Gattungsvermögen)을 발휘하는 것이다.19

---

19 "개개인의 힘은 아주 사소하지만, 이 아주 사소한 힘들을 규합하면 모든 부분력(部分力)을 합한 것보다 더욱 큰 하나의 총력(總力, Gesamtkraft)을 낳는 바, 힘들의 단순한 규합만으로도 이미 시간을 단축할 수 있고, 그 힘들의 작용 공간을 확대할 수 있다." (삐에뜨로 붸리[Pietro Verri], ≪경제학에 관한 고찰들≫ ―1771년에 초판― 꾸스또디(Custodi) 편, ≪이딸리아의 경제학자들≫ 총서, 근대 편, 제15권, p. 196에의 C. R. 까를리[Carli, 1720-1795]의 주(注).)*

* [역주] 프랑스어판에는 이 각주가 다음과 같이 계속된다. — "결합된 노동은 개별적인 노동이 결코 해낼 수 없는 성과를 낳는다. 인간의 수가 증대함에

노동자들은, 함께 모여 있지 않으면, 무릇 직접적으로 협력할 수 없다면, 그리하여 일정한 공간에의 그들의 집결이 그들의 협

> 따라서 그들의 연합된 근면의 생산물들은, 그러한 증가를 단순히 더하기 한 것을 훨씬 초과할 것이다. … 역학적인 기술에서는, 과학적 작업에서처럼, 인간은 [그렇게 도움을 받으면(thus aided): 역자] 실제로 하루에도, 개별화된 개인이 평생 동안 해낼 수 있는 것보다 더 많이 성취할 것이다. […: 역자] 전체는 부분들[의 합: 역자]과 같다는, 수학자들의 공리(公理)는, 우리의 주제에 적용하면, 더 이상 진실이 아니다. […: 역자] 인간 생존의 거대한 지주(支柱)인 노동에 관해서는, 결합된 노동의 생산물은, <u>개별적이고 분산된 노동들이 생산할 수 있는 모든 생산물을 훨씬</u> 초과할 것이다. (Le travail combiné donne des résultats que le travail individuel ne saurait jamais produire. A mesure donc que l'humanité augmentera en nombre, les produits de l'industrie réunie excéderont de beaucoup la somme d'une simple addition calcuée sue cette augmentation… Dans les arts mécaniques comme dans les travaux de la science, un homme peut actuellement faire plus dans un jour qu'un individu isolé pendant toute sa vie. L'axiome des mathématiciens, que le tout est égal aux parties, n'est plus vrai, appliqué à notre sujet. Quant au travail, ce grand pilier de l'existence humaine, on peut dire que le produit des efforts accumulés excède **de beaucoup tout ce que des efforts individuels et séparés peuvent jamais produire**.)" (쌔들러[Th. Sadler], ≪인구의 법칙(*The Law of Population*)≫, 런던, 1830.); 쌔들러의 원문은 프랑스어로 번역된 이 인용문과 사소하지만 부분적으로 다른바, 참고로 영문 그대로 인용해둔다: "Combined labour produces results which individual exertion could never accomplish. As mankind, therefore, multiply in number, the products of their united industry would greatly exceed the amount of any mere arithmetical addition calculated on such an increase. … in the mechanical arts, as well as in the pursuits of science, a man may achieve more in a day, thus aided, than a solitary, unassisted individual could perform in his whole life, … Mathematical illustrations, therefore, are degraded when applied to such a subject, and engaged in such a demonstration, as this. … Regarding labour, the great pillar of human existence, it may be said, that the entire product of combined exertion almost infinitely exceeds all which individual and disconnected efforts could possibly accomplish." (쌔들러, 같은 책, pp. 83-84.)

업의 조건이라면, 동일한 자본, 즉 동일한 자본가가 그들을 동시에 사용하지 않으면, 따라서 그들의 노동력을 동시에 구매하지 않으면, 임금노동자들은 협업할 수 없다. 그리하여, 이들 노동력 자체가 생산과정에서 통합되기 전에, 이들 노동력의 총가치, 즉 노동자들의 1일분, 1주일분 등의 임금총액이 자본가의 주머니에 통합되어 있지 않으면 안 된다. 300명의 노동자들에게 단번에 지불하는 것은, 단 1일분일지라도, 소수의 노동자들에게 1년 내내 매주 지불하는 것보다 더 많은 자본지출을 필요로 한다. 따라서 협업하는 노동자들의 수, 즉 협업의 규모는 우선, 개별 자본가가 노동력을 구입할 때에 지출할 수 있는 자본의 크기에, 다시 말하면, 개별 자본가마다 많은 노동자들의 생활수단을 지배하는 정도 (Umfang)에 달려 있다.

그리고 이는 불변자본에 관해서도 가변자본에서와 마찬가지다. 예컨대 원료에 대한 지출은, 300명의 노동자를 고용하고 있는 1명의 자본가의 경우, 10명씩을 고용하고 있는 30명의 자본가의 한 사람 한 사람보다 30배나 더 크다. 공동으로 이용되는 노동수단들의 가치크기와 소재적(素材的) 량은, 사실 고용되는 노동자 수와 똑같은 정도로는 증가하지 않지만, 현저하게 증가한다. 따라서 비교적 대량의 생산수단이 개별 자본가의 수중에 집적되는 것은 임금노동자들의 협업의 물질적 조건이며, 협업의 범위나 생산의 규모는 이 집적의 범위에 달려 있다.

본래,*¹ 개별 자본의 일정한 최소량은, 동시에 착취되는 노동자

---

*1 [역주] 프랑스어판에는 "이미 (제11장에서) 본 바와 같이(Nous avons vu [ch, XI] que...)", 영어판에는 "앞의 장에서 본 바와 같이(We saw in a former chapter, that...)"로 되어 있고, 이때 말하는 "제11장" 혹은 "앞의 장"은

의 수, 따라서 생산되는 잉여가치의 량이 노동사용자 자체를 육체노동으로부터 해방하기에, 즉 소경영주를 자본가로 만들고 그리하여 자본관계를 정식으로 확립하기에 충분하기 위해서 필요한 것으로 나타났다. 개별 자본의 이 최소량은 이제, 분산되어 상호 독립적인 수많은 개별적 노동과정들을 하나의 결합된 사회적 노동과정으로 전화시키기 위한 물질적 조건으로 나타난다.

마찬가지로 노동에 대한 자본의 지휘[*1]도 본래는 단지 노동자가, 자기 자신을 위해서 노동하는 대신에, 자본가를 위해서, 따라서 자본가의 밑에서 노동한다는 사실의 형식적 결과로서만 나타났을 뿐이었다. 많은 임금노동자들의 협업과 함께 자본의 지휘는 노동과정 그 자체를 수행하기 위한 필수조건으로, 즉 현실적인 생산조건으로 발전한다. 생산현장에서의 자본가의 명령은 바야흐로 전쟁터에서의 장군의 명령과 마찬가지로 필수불가결해지는 것이다.

비교적 대규모의, 모든 직접적으로 사회적인 혹은 공동적인 노동[*2]은, 개별적 활동들의 조화를 매개하며, 총체의 자립적 기관들의 운동과는 다른 생산적 총체의 운동으로부터 기인하는 일반적 기능들을 수행하는 지휘를 많든 적든 필요로 한다. 바이올린 독주자는 자신을 지휘하지만, 관현악단은 지휘자(Musikdirektor)를 필요로 한다. 지휘와 감독, 조절이라고 하는 이 기능은, 자본에 종

이 책의 "제9장 잉여가치의 률과 량"을 가리킨다. 이 '자본의 최소한'에 관해서는 *MEW*, Bd. 23, S. 326-328 (이 번역서 제2분책, pp. 510-513) 참조.

[*1] [역주] "노동에 대한 자본의 지휘"가 영어판에는 "자본에 대한 노동의 종속(the subjection of labour to capital)"으로 되어 있다.

[*2] [역주] "비교적 대규모의, 모든 직접적으로 사회적인 혹은 공동적인 노동"이 영어판에는 "대규모의 모든 결합된 노동(all combined labour on a large scale)"으로 되어 있다.

속된 노동이 협업적으로 되자마자 자본의 기능으로 된다. 자본의 특수한 기능으로서 이 지휘 기능은 독특한 성격을 갖게 된다.

우선 첫째로, 자본주의적 생산과정을 추진하는 동기 및 그것을 규정하는 목적은 가능한 한 큰 자본의 자기증식,20 다시 말하면, 가능한 한 큰 잉여가치의 생산이며, 따라서 자본가에 의한 노동력의 가능한 한 큰 착취다. 동시에 고용되는 노동자들의 수가 증대함에 따라서 그들의 저항도 증대하고, 그에 따라서 이 저항을 극복하기 위한 자본의 압박도 필연적으로 증대한다. 자본가의 지휘는 사회적 노동과정의 본성에서 유래하고, 이 과정에 속하는 특수한 기능일 뿐만이 아니라, 그것은 동시에 사회적 노동과정의 착취 기능이며, 따라서 착취자와 그 착취의 원료[노동자] 사이의 불가피한 적대에 의해서 제약되어 있다. 마찬가지로, 타인의 소유물로서 임금노동자와 대립하는 생산수단의 범위가 증대함에 따라서 그것들을 적절히 사용하도록 통제해야 할 필요도 증대한다.21 나아가서, 임금노동자들의 협업은, 그들을 동시에 사용하

---

20 "이윤은 ... 사업의 유일한 목적이다." (J. 반더린트), 같은 책, p. 11.)

21 1866년 5월 26일자 영국의 속물신문 ≪스펙테이터(*Spectator*, 목격자)≫는, "맨체스터의 철사 제조회사(wirework company in Manchester)"에서 자본가와 노동자들 사이에 일종의 공동경영제도가 도입된 이후, "그 첫 번째 결과는 원료 낭비의 갑작스러운 감소였는데, 이는 노동자들이 왜 자기들의 재산을 자본가들의 그것보다 더 낭비해야 하는지를 알지 못했기 때문이며, 원료의 낭비는 악성 채권 다음으로 필시 공장의 손실의 최대의 원천이다." 이 신문은 롸치데일 협동조합 실험(Rochdale cooperative experiment)[103]의 근본적 결함으로서 다음과 같은 것을 발견하고 있다: "그들은, 노동자들의 조합이 상점과 공장, 그리고 거의 모든 형태의 산업을 성공적으로 운영할 수 있다는 것을 보여 주었고, 노동자들의 상태를 크게 개선했는데, 그러나 그때 그들은 고용주들을 위한 빈 자리를 남겨두지 않았다. (They showed that associations of workmen could manage shops, mills, and almost all forms of

는 자본의 단순한 작용이다. 임금노동자들의 기능들의 연관과 생산적 총체(Gesamtkörper)로서의 그들의 통일은 그들의 외부에, 즉 그들을 모아 결속시키는 자본에게 있다. 따라서 그들의 노동의 연관은, 관념적으로는 자본가의 계획으로서, 실천적으로는 자본가의 권위로서, 즉 그들의 행위를 자신의 목적에 종속시키는 타인의 의지의 힘으로서 그들에게 대립한다.

그리하여 자본가의 지휘가, 한편에서는 생산물을 생산하기 위한 사회적 노동과정이며, 다른 한편에서는 자본의 가치증식과정이라고 하는, 지휘되는 생산과정 자체의 이중성 때문에, 그 내용에서 이중적이라면, 그 형태에서는 그 지휘는 전제적(專制的)이다.[*1] 협업이 보다 더 대규모로 발전함에 따라서 이 전제는 자신

---

industry with success, and they immensely improved the condition of the men, but then they did not leave a clear place for masters.)" 얼마나 끔찍한가! (Quelle horreur!)

[*1] [역주] 이 문장이 프랑스어판에는, "그리하여 자본가의 지휘가, 한편에서는 협업적 생산과정을, 다른 한편에서는 잉여가치의 착출과정을 관리하는 것이 중요한 대상 자체 때문에, 그 내용으로 말하자면, 이중적이라면, — 그 지휘의 형태는 필연적으로 전제적으로 된다. (Si donc la direction capitaliste, quant à son contenu, a une double face, parce que l'objet même qu'il s'agit de diriger est, d'un côté, procès de production coopératif, et d'autre côté, procés d'extraction de plus-value, — la forme de cette direction devient nécessairement despotique.)"로 되어 있고, "그리하여 자본가의 지휘가, — 한편에서는, 사용가치들을 창조하기 위한 사회적 과정이고, 다른 한편에서는, 잉여가치를 창조하기 위한 과정인 — 생산과정 자체의 이중성 때문에 실질적으로 이중적이라면, 형태적으로는 그 지휘는 전제적이다. (If, then. the control of the capitalist is in substance two-fold by reason of the two-fold nature od the process of production itself, — which, on the one hand, is a social process for producing use-values, on the other, a process, a process for creating surplus-value — in form that control is despotic.)"로 되어 있다.

의 특유의 형태들을 발전시킨다. 자본가는, 자신의 자본이 본래의 자본주의적 생산이 비로소 시작되는 최소한의 크기에 도달하자마자 곧바로 육체노동으로부터 해방되듯이, 이제 그는 개별 노동자들과 노동자 집단 자체를 직접적으로 그리고 끊임없이 감독하는 기능을 다시 특수한 종류의 임금노동자들에게 양도한다. 군대가 장교와 하사관을 필요로 하듯이, 동일한 자본의 지휘 하에 함께 일하는 노동자 집단은, 노동과정 중에 자본의 이름으로 지휘하는 산업장교들(지배인들, managers)과 산업 하사관들(감독들, 십장들[foremen, overlookers, contre-maîtres])을 필요로 한다. 감독이라는 노동은 그들의 배타적인 기능으로서 고정된다. 독립적인 농민들이나 자립적인 수공업자들의 생산양식을 노예제에 기초한 [식민지적: 역자] 대농장경영(Plantagenwirtschaft)과 비교할 때에 경제학자는 이 감독 노동을 생산의 공비(faux frais de production)로 계산한다.21ª 그에 반해서 자본주의적 생산양식을 고찰할 때에는 경제학자는, 공동의 노동과정이라는 본성으로부터 기인하는 한에서의 지휘의 기능과, 이 과정의 자본주의적, 따라서 적대적 성격에 의해서 필요한 한에서의 지휘의 기능을 동일시하고 있다.22 자본가는, 그가 산업상의 지휘자이기 때

21ª 케언즈 교수는, "노동의 감독(superintendence of labour)"을 북아메리카 남부 주(州)들에서의 노예제적 생산의 하나의 주요한 특징이라고 말한 후에, 다음과 같이 말하고 있다: "(북부의) 농민적 소유자는, 자신의 노동[독일어 번역에는 "토지": 역자]의 모든 생산물을 자신이 전유(專有)하기 때문에, 노력을 자극할 다른 어떤 것도 필요하지 않다. 여기에서는 감독은 전혀 불필요하다." (케언즈, 같은 책, pp. 48, 49.)

22 무릇 다양한 생산양식들의 특징적·사회적 차이를 통찰하는 데에 탁월한 제임스 스튜어트 경은 다음과 같이 말하고 있다: "제조업의 대기업들이 개인 공업[독일어 번역은 "가내공업": 역자]을 몰락하게 하는 것이, 그들 대기업이 노예노

문에 자본가인 것이 아니라, 그가 자본가이기 때문에 그는 산업상의 지휘관이 되는 것이다. 봉건 시대에 전쟁과 재판에서의 최고지휘권이 토지소유의 속성이었던 것처럼, 산업에서의 최고지휘권은 자본의 속성이 된다.[22a]

노동자는, 그가 노동력의 판매자로서 자본가와 흥정하는 동안은 자신의 노동력의 소유자인데, 그는 단지 자신이 소유하고 있는 것, 즉 자신의 개인적인·개별적인 노동력만을 판매할 수 있을 뿐이다. 이러한 관계는, 자본가가 하나의 노동력 대신에 100개의 노동력을 구매한다든가, 한 명의 개별 노동자 대신에 100명의 서로 독립적인 노동자들과 계약을 맺는다는 사실에 의해서, 결코 바뀌지 않는다. 그는 100명의 노동자들을, 협업하게 하지 않고도, 사용할 수 있다. 그리하여 그는, 100개의 자립적 노동력의 가치를 지불하지만, 100이라는 결합 노동력에 대하여 지불하는 것은 아니다. 독립적인 인격으로서는 노동자들은, 동일한 자본과 관계를 맺지만, 상호간에는 관계를 맺지 않은 개별화된 존재들이다. 그들의 협업은 노동과정에서 비로소 시작되는데, 그러

동의 단순성에 더욱 접근하기 때문이 아니라면, 무엇 때문인가?" (《경제학의 원리 연구 [*An Inquiry into the Principles of Political Economy*]》, 제1권, 런던, 1767, pp. 167, 168.)

[22a] 그리하여 오귀스뜨 꽁뜨(Auguste Comte)와 그의 학파는, 그들이 자본 소유주들(Kapitalherrn)의 영원한 필연성을 논증했던 것과 동일한 방식으로 봉건영주들의 영원한 필연성도 논증할 수 있었을 것이다. ([新日本 판 역주] 초판에는 이 뒤에 다음 문장이 이어진다: "'실증철학'을 자세히 분석해보면, 외견상의 모든 자유사상에도 불구하고, 결국 그것이 카톨릭의 토양에 깊이 뿌리를 내리고 있다는 것을 발견할 수 있다. 모든 학문의 종합 방법이 프랑스에 A. 꽁뜨를 유포시켰다. 그보다 약 15년 먼저 나온 헤겔의 《엔치클로패디 [*Encyclopädie*]》와 비교해 보면, 꽁뜨의 결합은 지방적[地方的] 의의밖에 가지고 있지 않은 학생적인 졸작이다.")

나 노동과정에서는 그들은 이미 자기 자신의 것이 아니다. 노동과정에 들어감으로써 그들은 자본에 합체(合體)되어 있다. 협업자로서는, 즉 활동적인 한 유기체의 성원으로서는 그들 자신은 단지 자본의 하나의 특수한 존재양식일 뿐이다. 노동자가 사회적 노동자로서 발휘하는 생산력은 따라서 자본의 생산력이다. 노동의 사회적 생산력은, 노동자들이 일정한 조건들 하에 배치되자마자 무상(無償)으로 발휘되는 것이며, 자본은 그들을 이러한 조건들 하에 배치한다. 노동의 사회적 생산력은 자본에게 아무런 비용이 들지 않기 때문에, 다른 한편에서는 이 생산력은 노동자의 노동 자체가 자본의 것이 되기 전에는 노동자에 의해서 발휘되지 않기 때문에, 이 생산력은 자본이 본래부터 가지고 있는 생산력으로서, 즉 자본에 내재적인 생산력으로서 나타난다.

단순 협업의 효과는 고대 아시아인들, 이집트인들, 에트루리아인들 등등의 거대 사업에서 엄청나게 크게 나타나 있다.

> "지난 시대에 이들 아시아 국가들은 행정상의 그리고 군사상의 비용을 지출한 후에도 잉여 생활수단들을 가지고 있어서, 그것들을 웅대한 공사나 유용한 공사를 위하여 지출할 수 있었고, 이러한 것들을 건설하는 데에서의, 거의 모든 비(非)농경인구의 노동에 대한 그들의 지휘권은, 아직도 그들의 권력을 보여주는 웅대한 기념물들을 생산했다. 비옥한 나일 강 유역은 ... 거대한 무리의 비농경인구를 위한 식량을 생산했고, 군주와 성직자계급의 것인 이 식량이 국내를 가득 채운 그 웅대한 기념물들을 세우는 수단을 제공했다."[1] ... 거대한 입상(立像)들이나 방대한 물자를 옮긴 운반은

---

*1 [역주] 여기까지가 독일어 번역은 다음과 같이 되어 있다. — "지난 시대에 이들 아시아 국가들은 행정상의 그리고 군사상의 비용을 지출한 후에도 잉여 생활수단들을 가지고 있어서, 그것들을 웅대한 공사나 유용한 공사를 위하여

놀라움을 자아내는데, 거의 전적으로 인간노동만이 낭비적으로 이용되었다. ... 노동자들의 수와 그들의 노력의 집중으로 충분했던 것이다. 알다시피, 개개의 퇴적물[산호충(珊瑚蟲): 역자]은 아주 작고 빈약하며 보잘 것 없지만, 거대한 산호초가 심해(深海)에서 융기하여 섬들이 되고 단단한 육지가 된다. 아시아 왕국의 비농경 노동자들은 그들의 개인적인 육체적 힘을 발휘하는 것 말고는 공사에 제공할 거의 아무것도 가지고 있지 않지만, 그러나 그들의 수가 그들의 힘이고, 이들 대중을 지휘하는 권력이, 그 유적들에 우리가 놀라고 당황해 하는 궁전들과 사원(寺院)들, 피라밋들, 그리고 거대한 입상군(立像群)들을 낳았다."[*1] 그러한 사업들을 가능하게 한 것은, 노동자들을 먹여 살리는 수입(收入)의, 한 사람 혹은 소수의 수중으로의 집중이다."[23]

아시아와 이집트의 왕들이나 에트루리아의 신권(神權)정치가들 등의 이러한 권력은 근대사회에서는 자본가에게 넘어가 있는데, 그 자본가가 개별적인 자본가로서 등장하든, 혹은 주식회사에서처럼 결합 자본가로서 등장하든, 그것은 무관하다.

인류문명의 초기에, 즉 수렵민족들 사이에서,[23a] 혹은 가령 인

지출할 수 있었다. 거의 모든 비(非)농경인구의 노동에 대한 그들의 지휘권 및 그 잉여에 대한 군주와 성직자계급의 배차적인 처분권은 그들에게 국내를 가득 채운 저 웅대한 기념물들을 세우는 수단을 제공했다."

[*1] [역주] "그러나 그들의 수가 그들의 힘이고 ..." 이하가 독일어 번역은, "그러나 그들의 수가 그들의 힘이고, 이들 대중을 지휘하는 권력이 저 거대한 공사들을 낳았다"로 되어 있다.

23 R. 죤스, ≪국민경제학 교과서[*Textbook of Lectures on the Political Economy of Nations*]≫, pp. 77-78. 런던과 유럽의 다른 수도(首都)들에 있는, 고대 아씨리아, 이집트 등의 수집물(蒐集物)들은 우리로 하여금 저 협업적 노동과정을 목격하게 한다.

23ª 랭게가 자신의 ≪민법론(*Théorie des Lois civiles*)≫에서 사냥을 협업의 최초의 형태로, 그리고 인간사냥(전쟁)을 사냥의 최초의 형태의 하나로 설명

354 도의 공동체의 농업에서 주로 발견되는 바와 같은 노동과정에서의 협업은, 한편에서는, 생산조건들에 대한 공유에 기초하고 있고, 다른 한편에서는, 마치 한 마리 한 마리의 꿀벌이 벌집에서 분리되어 있지 않은 것과 마찬가지로, 부족이나 공동체의 탯줄로부터 아직 거의 분리되어 있지 않은 것에 기초하고 있다. 이 두 가지로 인해 그 협업은 자본주의적 협업과 구별된다. 고대 및 중세 세계 그리고 근대 식민지들에서 산발적으로 이용되는 대규모의 협업은 직접적인 지배·예속관계에, 주로 노예제에 기초하고 있다. 그에 반해서 자본주의적 형태는 처음부터 자신의 노동력을 자본에 판매하는 자유로운 임금노동자를 전제하고 있다. 하지만 역사적으로는 그것은 소농민 경제에 대립하여, 그리고 그 수공업 경영이 동업조합적 형태를 취하고 있든 아니든, 독립 수공업 경영에 대립하여 발전한다.24 이것들[소농민 경제와 독립적인 수공업 경영: 역자]에 비하면, 자본주의적 협업은 협업의 하나의 특수한 역사적 형태로서 나타나는 것이 아니라, 협업 자체가 자본주의적 생산과정에 고유한, 그리고 그 생산과정을 독특하게 구별하는 역사적 형태로서 나타난다.

협업에 의해 발휘되는 노동의 사회적 생산력이 자본의 생산력으로서 나타나는 것처럼, 협업 자체도, 개별적인 독립 노동자나 소장주(小匠主)의 노동과정과는 대조적으로, 자본주의적 생산과

할 때, 그는 아마 부당하지 않을 것이다.

24 양자 모두 부분적으로는 봉건적 생산양식의 토대를 형성하고, 부분적으로는 봉건적 생산양식이 해체된 후에 자본주의적 생산양식과 나란히 나타나는, 소농민 경제와 독립 수공업 경영은 또한, 본원적인 동양적 공유제(共有制)가 해체되고 나서 노예제가 생산을 본격적으로 장악하기 전, 전성기의 고전적 공동체의 경제적 토대를 이룬다.

정의 독특한 형태로서 나타난다. 그것이, 현실적인 노동과정이 자본에 포섭됨으로써 겪는 최초의 변화다. 이러한 변화는 자연발생적으로 일어난다. 이러한 변화의 전제, 즉 동일한 노동과정에서의 비교적 많은 수의 임금노동자의 동시적 사용이 자본주의적 생산의 출발점을 이루고 있다. 이 출발점은 자본 자체의 존재(Dasein)[*1]와 [시기적으로] 일치한다.[*2] 그리하여, 한편에서는, 자본주의적 생산양식이 노동과정을 사회적 과정으로 전화시키기 위한 역사적 필연으로서 나타난다면, 다른 한편에서는, 노동과정의 이 사회적 형태는, 그 생산력을 증대시킴으로써 이 노동과정을 보다 더 유리하게 착취하기 위해서 자본이 사용하는 하나의 방법으로서 나타난다.

지금까지 고찰한 단순한 형태에서는 협업은 비교적 대규모의 생산과 동시에 나타나는데, 그러나 결코 자본주의적 생산양식의 어떤 특수한 발전단계의 고정적이고 특징적인 형태를 이루는 것은 아니다. 그것이 대략 그렇게 나타나는 것은, 기껏해야, 아직 수공업적인 초기 매뉴팩춰에서고,[25] 또한 매뉴팩춰 시대에 상응

---

*1 [역주] 이 "존재"가 영어판에는 "출현(birth)"으로 되어 있다.

*2 [역주] "이러한 변화의 전제, 즉 동일한 ... 일치한다."가 프랑스어판에는, "그 토대, 즉 같은 작업장에서의 일정한 수의 임금노동자의 동시적인 고용은 자본 그 자체의 존재와 더불어 주어지며, 봉건적 생산 조직을 해체하는 데에 기여한 상황들과 운동들의 역사적 결과로서 발견된다. (Sa base, l'emploi simultané d'un certain nombre de salariés dans le même atelier, est donnée avec l'existence même du capital, et se trouve là comme résultat historique des circonstances et des mouvements qui ont concouru à décomposer l'organisme de la production féodale.)"로 되어 있다.

25 "동일한 작업에서 많은 사람의 결합된 숙련과 근면, 경쟁심은 그 작업을 진척시키는 방법인가, 아닌가? 그리고 그렇지 않았다면, 영국이 그 양모 산업을

하며, 동시에 사용되는 노동자들의 수와 집적된 생산수단들의 규모에 의해서만 소농민 경제와 본질적으로 구별되는 일종의 대농업에서다. 단순 협업은, 분업이나 기계장치가 중요한 역할을 하지 않으면서 자본이 대규모로 작동하는 생산부문들에서는 아직 언제나 지배적인 형태이다.

협업은, 그 단순한 형태 자체가 그 보다 더 발전한 형태들과 나란히 특수한 형태로서 나타나더라도, 의연히 자본주의적 생산양식의 기본형태다.

그토록 완벽하게 해올 수 있었겠는가, 아닌가?" (버클리[Berkeley], ≪질문자[*Querist*]≫, 런던, 1750, p. 56, 제521절.)

제12장
분업과 매뉴팩춰

제1절 매뉴팩춰의 이중의 기원

　분업에 기초한 협업은 매뉴팩춰에서 그 전형적인 형태를 취한다. 분업에 기초한 협업이 자본주의적 생산과정의 특징적 형태로서 주류를 이루는 것은, 대략 어림잡아, 16세기 중엽에서 18세기 최후의 3분의 1기까지 지속되는, 본래의 매뉴팩춰 시대에서다.
　매뉴팩춰는 이중의 방식으로 발원(發源)한다.
　한편에서는,[*1] 어떤 상품이 최종적으로 완성되기까지 그들의 손들을 거치지 않으면 안 되는 다양한 종류의 자립적인 수공업의 노동자들이 하나의 작업장에 동일한 자본가의 지휘 하에 결합된다. 예컨대, 1대의 승용마차(Kutsche; carrosse, carriage)는, 차체(車體)목수, 안장장(鞍裝匠), 조각장(彫刻匠), 철물장(鐵物匠), 놋쇠장(匠), 선반장(旋盤匠), 가장자리 장식 제조장(匠), 유리장(琉璃匠), 도장장(塗裝匠), 칠장(漆匠), 도금장(鍍金匠) 등등과 같은 수많은 독립 수공업자들의 노동의 총생산물이었다. 승용마차 매뉴팩춰는 이 모든 다양한 수공업자들을 하나의 작업장에 결합시키고, 거기에서 그들은 동시에 서로 도우면서 일한다.

---

*1 [역주] 영어판에는 "(1.)"로 되어 있다.

승용마차가 만들어져 있지 않으면 분명 그것을 도금할 수 없다. 그러나 많은 승용마차들이 동시에 만들어지면, 다른 일부가 생산과정의 이전 단계를 통과하는 동안에 일부는 끊임없이 도금될 수 있다. 그러한 한에서는 우리는 아직, 기존의 사람들과 물건들을 재료로 하는 단순 협업의 지반 위에 서 있다. 그럼에도 불구하고 곧바로 하나의 본질적인 변화가 생긴다. 오직 승용마차의 제작에만 종사하는 조각장, 철물장, 놋쇠장 등등은, 자신의 종전의 수공업을 그 전체 범위에 걸쳐서 해나가는 습관과 함께 그 능력도 서서히 잃어버리게 된다. 다른 한편에서는, 그의 일면화된 활동이 이제 그 협소해진 활동영역을 위한 가장 합목적적인 형태를 획득한다. 애초에 승용마차 매뉴팩춰는 자립적 수공업들의 결합으로서 나타났다. 그것은 점차 승용마차 생산을 그 다양한 특수작업들로 분할하게 되고, 이들 작업의 하나하나가 한 사람 한 사람의 노동자의 전유(專有) 기능으로 결정(結晶)되어, 그 전체는 이들 부분노동자들의 결합에 의해서 수행된다. 마찬가지로 직물 매뉴팩춰와 다른 일련의 수많은 매뉴팩춰들이, 동일한 자본의 지휘하에 다양한 수공업들이 결합함으로써 생겨났다.26

---

26 매뉴팩춰의 이러한 형성양식의 보다 더 근대적인 예를 제시하기 위해서 다음을 인용한다. 리옹(Lyon)과 님(Nîmes)의 견방적업과 견방직업은 "완전히 가부장제적이다. 그것들은 많은 여성과 아동들을 고용하지만, 그들을 과로시키거나 타락시키지는 않는다. 그것들은 그들을 그들의 드롬(Drôme)이나, 봐르(Var), 이세르(Isère), 보클뤼즈(Vaucluse)의 아름다운 계곡에 살면서 거기에서 누에를 치고, 고치에서 실을 뽑게 한다. ... 그것은 결코 본격적인 공장으로 되고 있지 않다. 더욱 잘 관찰해 보면, ... 분업의 원칙은 여기에서 특수한 성격을 띠고 있다. 실제로, 실을 감는 사람들, 실을 꼬는 사람들, 염색하는 사람들, 풀 먹이는 사람들, 그리고 직포하는 사람들이 있다. 그러나 그들은 같은 작업장에 결합되어 있지 않고, 동일한 장주(匠主)에 의존하고 있지도 않다. 그들은 모두 독립적이다." (A, 블랑끼[Blanqui], ≪산업경제학 강의

그러나[*1] 매뉴팩춰는 정반대의 길을 따라서도 발생한다. 동일한 혹은 동종의 작업을 하는, 예컨대, 종이나 활자, 바늘을 만드는 다수의 수공업자들이 동일한 자본에 의해 동시에 동일한 작업장에 고용된다. 이것은 가장 단순한 형태의 협업이다. 이들 수공업자들은 각자가 (경우에 따라서는 한두 명의 장인[匠人]Geselle]과 함께) 완전한 상품을 만들고, 따라서 그 상품의 생산에 필요한 작업들을 차례차례 수행한다. 그는 여전히 자신의 종래의 수공업적 방식으로 작업한다. 그럼에도 불구하고 이윽고 외적 사정들이 노동자들의 집중과 그들의 노동의 동시성을 다르게 이용하게끔 한다. 예컨대, 일정한 기간 내에 보다 많은 완성상품이 공급되어야 한다고 하자. 그리하여 노동이 분할된다. 다양한 작업들을 동일한 수공업자가 시간적으로 차례차례 수행하게 하는 대신에, 그들 작업들이 서로 분리되어 고립화되고, 공간적으로 나란히 배치되어, 그 각각이 다른 수공업자에게 할당되고, 모든 것이 함께 협업자들에 의해서 동시에 수행된다. 이 우연한 분할이 반복되어 그 독특한 이점이 입증되고, 차츰 체계적인 분업으로 굳어진다. 상품은, 갖가지 일을 하는 자립적 수공업자의 개인적 생산물로부터, 각자가 계속해서 단지 하나의 동일한 부분작업만을 수행하는, 결합된 수공업자들의 사회적 생산물로 전화된다. 독일 동업

[*Cours d'Économie Industrielle*]》, A. 블레즈[Blaise] 편, 빠리, 1838-1839, pp. 78-79.) 블랑끼가 이것을 쓴 이후, 다양한 독립 노동자들의 일부는 공장으로 통합되었다.
{제4판을 위하여 — 그리고 맑스가 위와 같이 쓴 이후, 력직기(力織機)가 이들 공장에 도입되어 수직기(手織機)를 급속히 몰아냈다. 크뤠펠트(Krefeld)의 견공업도 동일한 경험을 하고 있다. – F. 엥엘스.}

[*1] [역주] 영어판에는 "(2.)"로 되어 있다.

조합의 지장(紙匠, Papiermacher)이 수행하는 연속적인 일로서 서로 섞여 있던 동일한 작업들이 네덜란드의 제지(製紙) 매뉴팩쳐에서는 다수의 협업노동자들이 서로 나란히 수행하는 부분작업들로 자립화되었다. 뉘른베르크의 동업조합적 제침장(製針匠)은 영국의 제침(製針) 매뉴팩쳐의 기본요소를 이루고 있다. 그러나 뉘른베르크의 제침장은 혼자서 경우에 따라서는 20개에 이르는 일련의 작업들을 차례로 처리한 반면에, 영국에서는 곧바로 20명의 제침공이 서로 나란히, 각자는 20개의 작업 중 오직 하나만을 수행했으며, 이들 작업은 경험에 의해서 더욱 세분화되고 분립되어 개별 노동자들의 전유(專有) 기능으로 자립화되었다.

매뉴팩쳐의 발원양식(發源樣式), 즉 수공업으로부터의 그 생성은 이와 같이 이중적이다. 한편에서는, 그것은 다양한 종류의 자립적인 수공업들의 결합으로부터 출발하여, 그 수공업들은 하나의 동일한 상품의 생산과정에서 단지 상호 보완적인 부분작업들만을 하기에 이르도록 비자립화되고 일면화된다. 다른 한편에서는, 그것은 동종의 수공업자들의 협업으로부터 출발하여, 동일한 개별적 수공업을 그 다양하고 특수 작업들로 분해하고 분립화하며, 각각의 작업이 한 사람의 특수노동자의 전유 기능이 되기에 이르도록 이를 자립화시킨다. 그리하여 매뉴팩쳐는, 한편에서는, 생산과정에 분업을 도입하거나 그것을 더욱 발전시키고, 다른 한편에서는 분리되어 있던 이전의 수공업들을 결합한다. 그러나 그 특수한 출발점이 무엇이든, 그 최종 모습은 동일해서 — 인간이 그 기관(器官, Organe)들인 생산기구(生産機構, Produktionsmechanimus)다.

매뉴팩쳐 내의 분업을 올바로 이해하기 위해서는 다음의 점들을 분명히 하는 것이 필수불가결하다. 맨 먼저, 생산과정을 그 특수한 단계들로 분해하는 것은 여기에서는 하나의 수공업적 작업을 그 다양한 부분작업들로 분해하는 것과 전적으로 일치한다. 복잡하든 단순하든, 그 작업은 여전히 수공업적이며, 따라서 개별노동자가 그 도구를 다루는 데에 있어서의 힘과 숙련, 민첩성, 확실성에 달려 있다. 수공업이 여전히 그 토대인 것이다. 이러한 협소한 기술적 토대는 생산과정의 진짜 과학적인 분해를 배제하는바, 왜냐하면 생산물이 통과하는 각 부분과정이 수공업적인 부분노동으로서 수행될 수 있지 않으면 안 되기 때문이다.[*1] 그야말로 이렇게 수공업적인 숙련이 여전히 생산과정의 기초이기 때문에, 각 노동자는 오로지 하나의 부분기능만을 습득하게 되고, 그의 노동력은 이 부분기능의 종신(終身) 기관으로 전화되는 것이다. 끝으로,[*2] 이 분업은 협업의 하나의 특수한 양식(樣式)이며, 그 이점(利點)의 다수는 협업의 일반적 본질로부터 나오는 것이지 협업의 이 특수한 형태로부터 나오는 것이 아니다.

제2절 부분노동자와 그의 도구

그런데 보다 상세히 들어가 보면, 맨 먼저 명백한 것은, 평생

---

*1 [역주] "... 수공업적인 부분노동으로서 수행될 수 있지 않으면 안 되기 때문이다."가 영어판에는 "수공업적인 부분노동으로서 수행될 수 있지 않으면 안 되고, 그리하여 별개의 수공업을 형성할 수 있지 않으면 안 되기 때문이다. (... must be capable of being done by hand and of forming, in its way, a separate handicraft.)"로 되어 있다.

*2 [역주] 영어판에는 "둘째로(Secondly)"로 되어 있다.

동안 하나의 동일한 단순작업을 수행하는 노동자는 자신의 신체 전체를 그 작업의 자동적이고 일면적인 기관으로 전화시키며, 따라서 일련의 작업 전체를 교대로 수행하는 수공업자보다 그 작업에 적은 시간을 소비한다는 점이다. 그런데 매뉴팩춰라는 살아 있는 기구를 형성하고 있는, 결합된 총노동자는 순전히 이러한 일면적인 부분노동자들로만 구성되어 있다. 따라서 자립적인 수공업에 비해서 더 적은 시간에 더 많이 생산된다. 즉, 노동의 생산력이 높아진다.27 부분노동이 한 사람의 전유 기능으로 자립되고 나면, 그 부분노동의 방법 또한 개선된다. 동일한 한정된 행위를 끊임없이 반복하고 이 한정된 것에 주의를 집중함으로써 경험적으로 최소한의 힘을 들여서 소기의 유용효과를 달성하는 것을 배우는 것이다. 그런데 다양한 세대의 노동자들이 언제나 동시에 함께 생활하고, 같은 매뉴팩춰에서 함께 작업하기 때문에, 그렇게 해서 획득된 기술적 요령들은 곧 고정되고, 누적되며, 전승된다.28

매뉴팩춰는, 사회에 존재하고 있던 직업의 자연발생적인 분화를 작업장의 내부에서 재생산하고, 체계적으로 극한까지 추진함으로써 실제로 세부노동자(細部勞動者, Detailarbeiter)의 기교(技巧, Virtuosität)를 생산해낸다. 다른 한편에서, 매뉴팩춰가 부분노동을 한 인간의 평생의 직업으로 전화시키는 것은, 이전의

---

27 "커다란 다양성을 가진 제조업이 분해되어 상이한 장인(匠人)들[*1]에게 할당되면 될수록, 그 제조업은 필연적으로 더욱 잘, 더욱 신속하게 수행되고, 시간과 노동의 손실도 더욱 적을 것임에 틀림없다." (≪동인도 무역의 이익들≫, 런던, 1720, p. 71.)

*1 [역주] "상이한 장인들(different artists)"이 *MEW*에는 "다양한 부분노동자들(verschiedene Teilarbeiter)"로 되어 있다.

28 "용이한 노동은 전승(傳承)된 기술이다." (Th. 홋지스킨[Hodgskin], ≪대중경제학[*Popular Political Economy*]≫, p. 48.)

사회들에서 직업들을 세습시켜. 그것들을 카스트로 화석화시키거나, 일정한 역사적 조건들이 카스트제도와 모순되는 개인의 변이성(變異性)을 야기하는 경우에는 그 직업들을 동업조합으로 굳혀버리는 경향에 상응한다. 카스트와 동업조합은, 종(種)이나 아종(亞種)으로의 식물과 동물의 분화를 규율하는, 동일한 자연법칙으로부터 발생하는 것이며, 다만 어떤 일정한 발전단계에서 카스트의 세습성이나 동업조합의 배타성은 사회적 법칙으로서 포고(布告)될 뿐이다.29

"다카(Dakka)*1의 모슬린은 그 섬세함에서, 코로만델(Coromandel)*2의 캘리코와 기타 직물들은 색깔의 화려함과 내구성에서 결코 한번도 뒤떨어진 적이 없다. 그럼에도 불구하고 이것들은 자본이나 기계장치, 분업, 혹은 유럽의 제조업에 그토록 많은 편익을 주는 다른 어떤 수단도 없이 생산되고 있다. 직포공은 독립된 개인으로서, 그는 고객의 주문에 응해서, 때로는 몇 개의 나뭇가지나

---

29 "공예(工藝) 또한 … 이집트에서는 대단한 완성도에 달해 있다. 왜냐하면, 오직 이 나라에서만은 수공업자들이 절대로 다른 시민계급의 업무에 개입해서는 안 되고, 오직 법률에 의해서 세습적으로 자신의 종족에 속하는 직업에만 종사해야 하기 때문이다. … 다른 민족들의 경우에는 장인(匠人)들이 수많은 대상들에 자신들의 주의(注意)를 분산시키고 있음을 보게 된다. … 그들은 어떤 때에는 농업을 하려고 하고, 어떤 때에는 상업에 종사하고, 어떤 때에는 동시에 두세 가지의 공예에 종사한다. 자유국가들에서는 그들은 대개 인민집회에 참가한다. … 그에 반해서 이집트에서는 수공업자는 누구나, 그가 국사(國事)에 참견하거나 동시에 많은 공예에 종사하면, 엄벌을 받는다. 그리하여 아무것도 그들의 직업상의 근면성을 교란할 수 없다. … 뿐만 아니라, 그들은 선조들로부터 많은 규칙들을 전해 받았는데도, 새로운 이점들을 찾아내기 위해서 골똘히 생각하고 있다." (디오도루스 씨쿨루스[Diodorus Siculus], ≪역사 문고≫, 제1권, 제74장.)

*1 [역주] 현재의 방글라데시의 수도.

*2 [역주] 인도 동남쪽 첸나이(Chennai) 인근 해안 지역.

막대기를 엉성하게 얽어 맨 극히 조잡한 구조의 베틀로 베를 짠다. 심지어 날실을 감아올릴 장치조차 없다. 그리하여 베틀을 그 전체 길이 그대로 뻗쳐 놓지 않으면 안 되고, 생산자의 오두막 속에 들여 놓을 수 없을 만큼 불편하게 크다. 따라서 그는 어쩔 수 없이 옥외에서 작업을 할 수밖에 없는데, 거기에서는 날씨가 변할 때마다 작업이 중단된다."30

이 기교를, 거미에게처럼, 인도인에게 제공하는 것은 바로 세대(世代)로부터 세대로 누적되어 아비로부터 아들에게 상속된 특수한 숙련뿐이다. 그런데도 이러한 인도의 직포공은, 많은 수의 매뉴팩쳐 노동자들에 비하면, 대단히 복잡한 노동을 하고 있다.

제품을 생산하면서 다양한 부분과정들을 차례로 수행하는 수공업자는 때로는 장소를 옮기지 않으면 안 되고, 때로는 도구들을 교체하지 않으면 안 된다. 하나의 작업으로부터 다른 작업으로의 이행은 그의 노동의 흐름을 중단시켜, 그의 노동일에 말하자면 틈새들을 형성한다. 이들 틈새는, 그가 온종일 하나의 동일한 작업을 계속적으로 수행하게 되면, 촘촘해진다. 즉, 그의 작업의 전환이 감소하는 정도에 따라 소멸한다. 생산성의 상승은 이 경우 주어진 시간 내의 노동력 지불의 증가, 즉 노동강도의 증대에 의한 것이든가, 아니면 노동력의 비생산적 소모의 감소에 의한 것이다. 즉, 정지로부터 운동으로 이행(移行)할 때마다 필요한 여분(餘分)의 힘의 소모가, 일단 도달한 표준적인 속도를 보다 오래 지속시킴으로써 보상되는 것이다. 다른 한편에서는, 단조로운 노동의

---

30 휴 머리(Hugh Murray). 제임스 윌슨(James Wilson) 등, ≪영국령 인도에 관한 역사적·기술적(記述的) 보고≫, 에든버러, 1932, 제2권, pp. 449, 450. 인도의 베틀은 직립식이다. 즉, 날실이 수직으로 뻗쳐 있다.

연속은 활기(活氣)의 장력(張力)과 활력을 파괴하는바, 활기는 활동의 전환 그 자체에서 회복되고 자극을 받는 것이다.

노동의 생산성은, 노동자의 기량에만 달려 있는 것이 아니라, 그의 도구들의 완전성에도 달려 있다. 칼, 송곳, 분쇄기, 망치 등과 같은 동일한 종류의 도구들이 다양한 노동과정에서 사용되고, 또한 동일한 노동과정에서 동일한 도구가 다양한 작업에 이용된다. 하지만 하나의 노동과정의 다양한 작업들이 서로 분리되어, 각 부분작업이 부분노동자의 수중에서 최대한 그에 상응하는, 따라서 특유한 형태를 획득하자마자, 이전에는 다양한 목적에 이용되던 도구들의 변화가 필연적으로 된다. 그들 도구의 형태변화의 방향은, 변화되지 않은 형태에서 부딪히는 특수한 곤란들의 경험에서 밝혀진다. 동일한 종류의 도구들이 각각 특수한 활용을 위해서 특수한 고정된 형태들을 취하는 바의 노동도구들의 세분화, 그리고 그러한 특수도구가 각각 단지 특수한 부분노동자의 수중에서만 완전히 작동하는 바의 노동도구들의 전문화가 매뉴팩춰의 특징이다. 버밍엄에서만도 대략 500가지의 햄머들이 생산되는데, 그 각각이 어떤 특수한 생산과정에서 이용될 뿐만 아니라, 몇 가지는 자주 동일한 노동과정 내의 상이한 작업들에만 이용된다. 매뉴팩춰 시대는 노동도구들을 부분노동자들의 배타적인 특수기능에 맞춤으로써 그들 도구들을 단순화하고, 개량하며, 다양화한다.31 매뉴팩춰 시대는 이에 의해서 동시에, 단순한 도구들의 결

---

31 다윈은 그의 획기적인 저작 《종의 기원》에서 식물과 동물의 자연적 기관(器官)들에 관해서 다음과 같이 말하고 있다: "하나의 동일한 기관이 다양한 작업을 하지 않으면 안 되는 한에서는, 그 기관의 가변성의 원인은 필시, 자연도태(natural selection)는, 그 기관이 오직 하나의 특수한 목적을 위한 것일 때보다, 개개의 작은 형태변이를 덜 주의 깊게 보존하거나 억제한다는 데

합으로 이루어지는 기계장치의 물질적 조건의 하나를 창출한다.

세부노동자와 그의 도구는 매뉴팩취의 단순한 요소들을 형성하고 있다. 이제 매뉴팩취의 전체 모습으로 돌아가 보자.

제3절 매뉴팩취의 두 가지 기본형태 — 이종적 매뉴팩취와 유기적 매뉴팩처

매뉴팩취의 편제(編制)에는 두 가지 기본형태가 있어, 그것들은, 때로는 서로 뒤엉켜 있기도 하지만, 본질적으로 다른 두 종류를 형성하고 있으며, 특히 매뉴팩취가 나중에 기계에 의해 경영되는 대공업으로 전화할 때에 전혀 다른 역할을 한다. 이 이중성은 제품 자체의 성격으로부터 생긴다. 그 제품은, 독립적인 부분생산물들의 단순히 기계적인 조립에 의해서 이루어지든가, 아니면 일련의 관련된 과정들과 조작들에 의해서 그 완성된 형태가 주어지든가 한다.

예컨대, 1대의 기관차는 5,000개 이상의 독립적인 부분들로 구성되어 있다. 그러나 그것은, 대공업의 제품이기 때문에, 본래의 매뉴팩취의 첫 번째 종류의 예로 간주할 수 없다. 그러나 시계는 그러한 것이며, 윌리엄 페티도 그것을 예로 들며 매뉴팩취적 분업을 설명하고 있다. 1인의 뉘른베르크 수공업자의 개인적 제

에서 발견될 것이다. 그리하여, 온갖 종류의 것을 절단하도록 되어 있는 칼들은 필시 대체로 하나의 형태면 되지만, 오로지 한 가지 용도로만 사용되도록 되어 있는 도구는 각 용도마다 모두 다른 형태를 취하지 않으면 안 된다."
[≪종의 기원≫, 제5장 "변이의 법칙"]

품으로부터 시계는, 다음과 같은 무수한 부분노동자들의 사회적 생산물로 전화되었다. 즉, 조제공(粗製工), 태엽 제조공, 문자판 제조공, 나사태엽 제조공, 보석 구멍 및 루비 축(軸) 제조공, 지침(指針) 제조공, 케이스 제조공, 나사 제조공, 도금공, 그리고 이것들에 딸린 많은 소구분(小區分)들, 예컨대, 톱니바퀴 제조공(다시 놋쇠 톱니바퀴와 강철 톱니바퀴로 나뉜다), 구동축(驅動軸) 제조공, 지침 장치 제조공, 톱니바퀴 고정공(acheveur de pignon; 톱니바퀴들을 구동축에 고정하고, 자른 면[面] 등을 갈아 윤을 낸다), 굴대 제조공, 마무리 설치공(planteur de finissage; 다양한 톱니바퀴들과 구동축들을 제품에 끼운다), 태엽통 마무리공(finisseur de barillet; 톱니들을 새기고, 적당한 넓이로 구멍들을 뚫으며, 배치판[配置板]과 차단장치를 고정한다), 정동(整動)장치 제조공, 씰린더 정동의 경우 다시 씰린더 제조공, 평형륜(平衡輪) 제조공, 지동기(持動器) 제조공, 완급침(緩急針; 시계를 조절하는 장치) 제조공, 정동기 설치공(본래의 정동기 제조공), 그 다음엔 태엽통 완성공(repasseur de barillet; 태엽상자를 만들고 배치판을 완전히 완성한다), 강철 연마공, 톱니바퀴 연마공, 나사 연마공, 숫자 화공(畫工), 문자판 제조공(구리에 에나멜을 칠한다), 용두 제조공(fabricant de pendants; 단지 케이스의 용두만을 만든다), 경첩 마무리공(finisseur de charnière; 케이스 등의 중간에 놋쇠 축을 꽂는다), 케이스 용수철 제조공(faiseur de secret; 뚜껑이 열리게 하는 용수철을 케이스 속에 만든다), 조각공(graveur), 세공사(細工士; ciseleur), 케이스 연마공(polisseur de boîte) 등등, 등등, 마지막으로 시계 전체를 조립하여 돌아가게 하여 인도하는 검사공(檢査工; repasseur). 시계 부품들 가운데 아주 소수만이 여러 손을 거치고, 이 모든 흩어진 기관(器官)들(membra disjecta)은, 그것들을 최종적으로 하나의 기계적인 총체로 결합하는 사람의 수중에서 비로소 모아진다. 그 다양한 요소들에 대한 완성된 생산물의 이러한 외적인 관계 때문에 시계의 경우, 유사한 제품의 경우와 마찬가지로, 동일한 작업장에서의 부분노동자들의 결합은 우연적인 것이 된다. 그 부분노동들은 그 자체, [스위스의: 역자] 봐트(Waadt) 주[=보(Vaud) 주]와 뇌샤텔(Neuchâtel) 주에서처럼 서로 독립적인 수공업들로서 경영될 수도 있는 반면에, 예컨대, 쥬네브(Genève)에는 거대한 시계 매뉴팩춰들이 존재한다. 즉, 한 자본의 지휘 하에 부분노동자들의 직접적인 협업이 이루어지고 있다. 후자의 경우에도 숫자판과 태엽, 케이스가 매뉴팩춰 자체 내에서 만들어지는 일은 드물다. 이 경우 결합된 매뉴팩춰적 경영은 단지 예외적인 상황 하에서만 유리한데, 왜냐하면, 자기 집에서 노동하려고 하는 노동자들 사이의 경쟁이 극히 치열하고, 수많은 이종적(異種的) 과정들로의 생산의 분할은 공동의 노동수단의 사용을 거의 허용하지 않기 때문이며, 또한 분산된 제조의 경우 자본가는 작업용 건물 등의 비용을 절약하기 때문이다.32 그럼에도 불구하고, 자택에서 일하지만 한 사람의 자본가

---

32 쥬네브는 1854년에 80,000개의 시계를 생산했지만, 뇌샤텔 주의 시계 생산의 5분의1도 안 되었다. 유일한 시계 매뉴팩춰라고 볼 수 있는 쇼드퐁(Chaux-de-Fonds)은, 한 회사가, 매년 쥬네브보다 2배나 많은 시계를 공급하고 있다. 1850년부터 1861년까지 쥬네브는 720,000개의 시계를 공급했다. ≪공업, 상업 등에 관한 대사관 및 공사관 서기관의 보고서(Reports by H.M.'s Secretaries of Embassy and Legation on the Manufactures, Commerce etc)≫ 제6호, 1863년 중의 ≪시계업에 관한, 쥬네브로부터의 보고서(Report fron Geneva on the Watch Trade)≫를 보라. 단지 조립될 뿐인 제

(제조업자, 시계 조립업자[établisseur])를 위해서 노동하는 이들 세부노동자의 지위도, 자기 자신의 고객들을 위해서 노동하는 독립 수공업자의 지위와는 전적으로 다르다.33

두 번째 종류의 매뉴팩쳐, 그 완성된 형태는, 예컨대, 바느질 바늘 매뉴팩쳐의 철사가 72명, 그리고 심지어 92명의 특수 부분 노동자들의 수중을 통과하는 것처럼, 서로 연관된 발전단계들을, 즉 일련의 단계적 과정들을 통과하는 제품들을 생산한다.

그러한 매뉴팩쳐가 본래 분산되어 있던 수공업들을 결합시키는 한, 그것은 제품의 개별적인 생산단계들 사이의 공간적 분리를 줄인다. 제품이 한 단계에서 다음 단계로 넘어가는 시간이 단축되고, 이 이동들을 매개하는 노동도 마찬가지로 단축된다.34 그리하여 수공업에 비해서 노동생산력이 증대하는데, 더욱이 이 증대는 매뉴팩쳐의 일반적인 협업적 성격에서 생긴다. 다른 한편에서는, 매뉴팩쳐에 특유한 분업의 원리는 다양한 생산단계들을 분립시키는데, 이 분립된 생산단계들은 그만큼 많은 수공업적 부

품들의 생산을 구성하는 과정들 사이의 연관성의 부재(不在)가 그 자체로 본래, 그러한 매뉴팩쳐들의 대공업 기계경영으로의 전화를 매우 어렵게 한다면, 시계의 경우 두 개의 다른 장해가 다시 첨가되는바, 시계의 구성요소들은 작고 섬세하다는 것, 그리고 시계는 사치품적 성격을 가지고 있어 그 종류가 다양하다는 것이 그것으로서, 예컨대, 런던의 최고급 시계제작소에서는 유사하게 보이는 시계들은 1년 내내 거의 12개도 만들어지지 않는다. 성공적으로 기계장치를 사용하고 있는 봐셰론 앤드 콘스탄틴(Vacheron & Constantin) 시계공장은 크기와 형태가 다른 시계들을 기껏해야 3-4종 공급하고 있을 뿐이다.

33 시계 제조업이라는, 이종적 매뉴팩쳐의 이 전형적인 예에서는, 앞에서 언급한, 수공업적 활동의 분해에서 생기는, 노동도구들의 세분화와 특수화를 매우 상세하게 연구할 수 있다.

34 "사람들이 이렇게 밀집해 있으면, 운반은 더 적어질 수밖에 없다." (《동인도 무역의 이익들》, p. 106.)

분노동으로서 서로 자립화된다. 분립된 기능들 간의 연관을 확립하고 유지하기 위해서는 한 손에서 다른 손으로, 그리고 한 과정으로부터 다른 과정으로 제품을 끊임없이 이송(移送)할 필요가 있다. 대공업의 관점에서는 이는 하나의 특징적인, 비용이 드는, 그리고 매뉴팩춰의 원리에 내재적인 제한으로서 나타난다.35

일정한 분량의 원료, 예컨대, 종이 매뉴팩춰에서의 넝마나 바늘 매뉴팩춰에서의 철사를 고찰하면, 그 원료는 다양한 부분노동자들의 수중에서 시간적으로 순차적인 생산단계들을 통과하여 그 최종적 형태에 이르고 있다. 그에 반해서 그 작업장을 하나의 총기구(總機構, Gesamtmechanismus)로서 고찰하면,*1 그 원료는 한꺼번에 그 모든 생산단계들에 동시에 존재한다. 결합된 세부노동자들로 구성된 총노동자(總勞動者, Gesamtarbeiter)가, 다양한 도구들로 무장한 수많은 손들의 일부로는 철사를 잡아 늘이고, 다른 한편에서는 동시에 다른 손과 도구들로 그것을 펴고, 다른 손과 도구들로는 그것을 자르고, 뾰족하게 만드는 등등의 작업을 하는 것이다. 다양한 단계의 과정들이 시간적 순차(順次, Nacheinander)로부터 공간적 병존(並存, Nebeneinander)으로 전화되어 있다.*2 그리하여 동일한 시간 내에 더 많은 완성상품들

---

35 "손노동을 사용함으로써 생기는, 다양한 제조단계들의 분립은 생산비를 크게 증대시키는데, 그 손실은 주로 한 과정에서 다른 과정으로의 단순한 이송에서 생긴다."(《제 국민의 산업(*The Industry of Nations*)》, 런던, 1855, 제2부, p. 200.)

*1 [역주] "그에 반해서 그 작업장을 하나의 총기구로서 고찰하면,"이 영어판에는, "한편, 그 작업장 전체를 보면(On the other hand, if we look at the workshop as a whole)"으로 되어 있다.

*2 [역주] 이 문장이 영어판에는, "시간적으로 연속적이었던 상이한 세부 과정들이 동시적으로 되어 공간적으로 나란히 진행된다. (The detail processes,

이 공급된다.36 그 동시성은 분명 총과정의 일반적인 협업적 형태로부터 생기는 것이지만, 그러나 매뉴팩춰는, 협업의 조건들을 발견할 뿐만 아니라, 부분적으로는 수공업적 활동을 분해함으로써 비로소 그 조건들을 창조하기도 한다. 다른 한편에선, 매뉴팩춰는 동일한 노동자를 동일한 세부노동(細部勞動)에 긴박(緊縛)함으로써만 노동과정의 이 사회적 조직을 달성한다.

각 부분노동자의 부분생산물은 같은 제품의 하나의 특수한 발전단계에 불과하기 때문에, 한 노동자는 다른 노동자에게, 혹은 하나의 노동자 집단은 다른 노동자 집단에게 원료를 공급한다. 한쪽의 노동의 결과물이 다른 쪽의 노동을 위한 출발점이 되는 것이다. 따라서 여기에서는 한 노동자가 직접 다른 노동자에게 일거리를 주고 있다. 각 부분과정에서 소기의 유용효과를 달성하기 위해 필요한 노동시간은 경험적으로 밝혀지며, 매뉴팩춰의 총기구는 주어진 노동시간 내에 어떤 주어진 성과가 달성된다는 전제에 입각해 있다. 오직 이러한 전제 하에서만 상호 보완적인 다양한 노동과정들이 중단되지 않고, 동시에 그리고 공간적으로 나란히 진행될 수 있는 것이다. 명백한 것은, 노동 상호간의, 따라서 노동자들 상호간의 이 직접적인 의존성이 각 노동자를 그 기능에 필요한 시간만을 투입하도록 강제하며, 그리하여 독립적인

---

which were successive in time, have become simultaneous, go on side by side in space.)"로 되어 있다.

36 "그것"(분업)"은 작업을, 모두가 같은 순간에 수행될 수 있는 상이한 부분들로 분할함으로써 시간도 역시 절약하게 한다. … 한 개인이 따로따로 수행하지 않으면 안 되었던 모든 상이한 과정들을 한꺼번에 수행함으로써, 단 하나의 핀을 자르거나 뾰족하게 만들었을, 동일한 시간 동안에 다량의 핀들을 완전히 완성할 수 있게 된다." (듀갈드 스튜어트, 같은 책, p. 319.)

수공업이나 심지어는 단순협업에서와는 전적으로 다른 노동의 연속성, 획일성, 규칙성, 질서37가, 그리고 특히 전적으로 다른 노동의 강도도 발생한다. 한 상품에는 단지 그것을 생산하기 위해서 사회적으로 필요한 노동시간만이 투입된다는 것은, 무릇 상품생산에서는, 경쟁이라는 외적 강제로서 나타나는데, 왜냐하면, 피상적으로 표현하자면, 각 개별 생산자는 상품을 그것의 시장가격에 판매하지 않으면 안 되기 때문이다. 그에 반해서, 주어진 노동시간 내에 주어진 생산물량을 공급하는 것은 매뉴팩춰에서는 생산과정 그 자체의 기술적 법칙이 된다.38

하지만 상이한 작업들은 동일하지 않은 길이의 시간을 요구하며, 따라서 동일한 시간에 동일하지 않은 량의 부분생산물들을 공급한다. 그리하여 동일한 노동자가 나날이 언제나 동일한 작업만을 수행해야 한다면, 상이한 작업들에는 상이한 비례수의 노동자들이 투입되지 않으면 안 되는바, 예컨대, 시간당 주자공(鑄字工)은 2,000개의 활자를 주조하고, 분절공(分切工)은 4,000개를 분절하며, 연마공은 8,000개를 연마하는 활자 매뉴팩춰에서는 1명의 연마공당 4명의 주자공과 2명의 분절공을 투입하지 않으면 안 된다. 여기에서는, 이제는 하나의 유기적 관계의 표현으로서이긴 하지만, 협업의 원리가, 많은 사람들이 동시에 동종의 일에 종사한다고 하는, 그 가장 단순한 형태로 되돌아간다. 그리하여 매뉴

---

37 "각 매뉴팩춰의 숙련공들(artists)이 다양하면 할수록 ... 그만큼 더 각 작업은 질서정연하고 규칙적이며, 그 작업이 보다 짧은 시간에 이루어짐에 틀림없고, 노동이 감소함에 틀림없다." (《동인도 무역의 이익들》, p. 68.)

38 그럼에도 불구하고 매뉴팩춰적 경영은 많은 부문에서 이러한 성과를 불완전하게만 달성하는데, 왜냐하면, 매뉴팩춰적 경영은 생산과정의 일반적인 화학적·물리적 조건들을 확실하게 통제할 줄을 모르기 때문이다.

팩취적 분업은, 단지 사회적 총노동자의 질적으로 상이한 기관들을[*1] 단순화하고 다양화할 뿐만 아니라, 이들 기관의 량적 규모에 대한, 다시 말하면, 각각의 특수기능을 수행하는 노동자의 상대적 수 혹은 그러한 노동자 집단의 상대적 크기에 대한, 상대적으로 확정된 비율도 역시 만들어낸다. 그것은, 사회적 노동과정의 질적 편성과 함께, 그 량적 규칙과 비례성을 발전시키는 것이다.

어떤 일정한 규모의 생산에 대하여 다양한 부분노동자 집단들의 최적(最適)의 비례수가 경험적으로 확정되어 있다면, 이 생산규모는 오직 각 특수한 노동자 집단의 어떤 배수(倍數)를 투입함으로써만 확대할 수 있다.39 그밖에도, 어떤 노동들은, 예컨대, 감독 노동, 한 생산단계로부터 다른 생산단계로의 부분생산물들의 운반 등등은, 동일한 개인이 대규모의 경우에도 소규모의 경우와 마찬가지로 잘 수행한다. 그리하여 이러한 기능들의 자립화나 특수한 노동자에의 그 할당은 고용노동자 수의 증대와 더불어 비로소 유리해지는데, 그러나 이 증대는 모든 집단에서 즉각 비례적으로 이루어지지 않으면 안 된다.

---

*1 [역주] "사회적 총노동자의 질적으로 상이한 기관들(die qualitativ unterschiednen Organe des gesellschaftlichen Gesamtarbeiters)"이 영어판에는 "사회적 집단노동자의 질적으로 상이한 부분들(the qualitatively different parts of the social collective labourer)"로 되어 있다.

39 "만일 (각 매뉴팩취의 생산물의 특수한 성질에 따라서) 그 매뉴팩취를 가장 유리하게 분할하는 과정들의 수도, 고용되어야 할 사람들의 수도 확정되어 있다면, 이 수의 정확한 배수를 고용하지 않는 다른 모든 매뉴팩취들은 보다 더 비싼 비용으로 제품을 생산할 것이다. … 여기에 거대한 규모의 제조회사들이 생기는 원인의 하나가 있다." (Ch. 바비지[Babbage], ≪기계와 매뉴팩취의 경제론(*On the Economy of Machinery and manufactures*)≫, 런던, 1832, 제21장, pp. 172-173.)

동일한 부분기능을 수행하는 개별적 집단, 즉 약간의 수의 노동자들은 동질적인 요소들로 구성되어, 총기구의 특수한 기관(器官)을 형성한다. 그러나 다양한 매뉴팩춰에서는 이 개별적 집단 자체가 하나의 편성된 노동체(勞動體)이며, 그 총기구는 이러한 생산적 기본유기체의 반복 또는 배가(倍加)에 의해서 구성된다. 유리병 매뉴팩춰를 예로 들어 보자. 그것은 3개의 본질적으로 다른 단계들로 구성되어 있다. 첫째는, 유리 배합(配合)의 준비, 모래와 석회 등의 혼합 및 액상(液狀)의 유리 덩어리로의 이 배합물의 용해(溶解)와 같은 준비단계이다.40 이 제1 단계에는 다양한 부분노동자들이 고용되어 있는데, 건조로에서 병들을 꺼내고, 그것들을 분류하고, 포장하는 등의 최종 단계에도 마찬가지다. 이 두 단계 사이의 중간에 본래의 유리병 제조, 즉 액상의 유리 덩어리의 가공이 있다. 한 유리로의 같은 화구(火口)마다 한 집단이 일하고 있는데, 그들은 영국에서는 "구멍(hole)"이라고 불리고, 병 제조공(bottle maker) 즉, 완성공(finisher) 1명, 취조공(吹造工, blower) 1명, 수집공(蒐集工, gatherer) 1명, 쌓는 노동자(putter up) 또는 닦는 노동자(wetter off) 1명과 운반공(taker in) 1명으로 구성되어 있다. 이 5명의 부분노동자들은, 오로지 하나의 통일체로서만, 따라서 5명의 직접적인 협업을 통해서만 활동할 수 있는 단일한 노동체의 5개의 특수기관을 형성한다. 다섯 부분으로 된 몸체 중에서 한 구성원이 없으면, 이 노동체는 마비되어 버린다. 그러나 하나의 유리로에는 여러 개의 화구, 예컨대, 영국에서는 4개 내지 6개의 화구가 있어서, 그 화구

---

40 영국에서는 용해로(溶解爐)가, 유리가 가공되는 유리로와 분리되어 있는데, 예컨대, 벨기에에서는 동일한 로가 두 과정에 모두 이용되고 있다.

마다 액상의 유리가 담긴 점토제(粘土製)의 용해로가 갖춰져 있으며, 그 용해로마다 5명으로 구성된 똑같은 형태의 전속 노동자집단이 일하고 있다. 이때 각 개별집단의 편성은 직접적으로 분업에 의거하고 있는데, 반면에 동종의 다른 집단들 간의 관계(Band)는, 생산수단의 하나를, 즉 이 경우에는 유리로를 공동으로 소비함으로써 보다 경제적으로 사용하는 단순협업이다. 4 내지 6개의 노동자집단을 거느린 이러한 유리로가 하나의 유리 제조장을 형성하고 있으며, 하나의 유리 매뉴팩쳐는, 생산의 준비 단계와 최종 단계를 위한 시설 및 노동자들과 더불어 동시에, 다수의 이러한 제조장들을 포괄하고 있다.

마지막으로 매뉴팩쳐는, 그 일부가 다양한 수공업의 결합으로부터 생기는 것처럼, 다양한 매뉴팩쳐의 결합으로 발전할 수도 있다. 예컨대, 비교적 대규모의 영국의 유리 제조소들은 점토제의 용해로들을 스스로 만들고 있는데, 이는 생산물의 성패가 주로 이 용해로의 품질에 달려 있기 때문이다. 이 경우 생산수단 매뉴팩쳐가 생산물 매뉴팩쳐와 결합된다. 거꾸로, 생산물 매뉴팩쳐가, 그 생산물 자체를 원료로서 이용하든가 혹은 그것을 나중에 자신의 생산물들과 합성하는 매뉴팩쳐와 결합될 수도 있다. 그리하여, 예컨대, 유리연마업 및 놋쇠 주조업과 결합된 납유리 매뉴팩쳐가 존재하는데, 놋쇠 주조업은 여러 가지 유리제품에 금속을 상감(象嵌)하기 위한 것이다. 이때 다양한, 결합된 매뉴팩쳐들은 하나의 총매뉴팩쳐의 공간적으로 다소 분리된 부문들을 형성하고 있는데, 그것들은 동시에 그 각각이 고유의 분업을 가진, 상호 독립적인 생산과정들을 형성하고 있다. 결합된 매뉴팩쳐는, 그것이 주는 많은 이점에도 불구하고, 그 자신의 기초 위에서는, 결코 진정한 기술적 통일을 획득하지 못한다. 이 통일은 그것이 기계경영으로 전화될 때에 비로소 생가는 것이다.

상품생산에 필요한 노동시간의 단축을 곧바로 의식적인 원칙으로서 표명하는41 매뉴팩춰 시대는 기계의 사용도 또한 산발적으로 발전시키는데, 대량의 그리고 거대한 힘을 소모하여 수행되지 않으면 안 되는, 어떤 간단한 제1차적 과정들을 위해서 특히 그렇다. 그리하여 이윽고, 예컨대, 종이 매뉴팩춰에서는 넝마의 분쇄가 제지용 분쇄기에 의해서, 그리고 야금업에서는 광석의 분쇄가 이른바 쇄광기(碎鑛機)에 의해서 수행된다.42 모든 기계장치의 기본적인 형태는 로마제국이 물레방아에서 전해주었다.43 수공업 시대는 나침판, 화약, 인쇄술 그리고 자동시계라는 위대한 발명들을 유산으로 남겨 주었다. 그러나 대체로 기계장치는, 애덤 스미쓰가 분업의 곁에 할당하고 있는 저 조역(助役)을 하고 있다.44 기계장치의 산발적 사용은 17세기에 중요해졌는데, 왜냐

---

41 이것은 특히 W. 페티, 죤 벨러즈, 앤드루 야랜턴(Andrew Yarranton), ≪동인도 무역의 이익들≫ 그리고 J. 봔더린트에게서 엿볼 수 있다.

42 16세기 말에도 아직 프랑스에서는 쇄광(碎鑛)과 세광(洗鑛)을 위해서 절구와 체가 사용되고 있다.

43 기계장치의 발전사 전체는 제분기들의 역사에서 추적할 수 있다. 영국에서는 아직도 공장을 mill(물방앗간)이라고 부르고 있다. 19세기 초기 수십 년 동안에 나온 독일의 기술서적들에서는, 자연력에 의해서 구동되는 모든 기계장치뿐 아니라, 기계적 장치들을 사용하는 모든 공장에 대해서조차 아직 Mühle(물래방아, 물래방앗간)이라는 표현이 발견된다.

44 이 저작의 제4부에서 보다 상세히 보게 되는 바와 같이, A. 스미쓰는 분업에 관하여 결코 단 하나의 새로운 명제도 내놓지 않았다. 그러나 그를 매뉴팩춰 시대의 포괄적인 경제학자로서 특징짓는 것은 그가 분업을 강조하고 있는 점이다. 그가 기계장치에 할당하고 있는 종속적인 역할은, 대공업의 초기에는 로더데일(Lauderdale)*1의, 더 발전한 시대에는 유어의 논박을 불러 일으켰

하면, 그것이 당시의 위대한 수학자들에게 근대적인 역학을 창조하기 위한 실천적인 기반과 자극을 주었기 때문이다.

매뉴팩춰 시대의 특유의 기계장치는 여전히 다수의 부분노동자들로 결합된 총노동자 자체다. 한 상품의 생산자가 차례로 수행하고, 그의 노동과정 전체 속에 뒤엉켜 있는 다양한 작업들은 그에게 온갖 것을 요구한다. 어떤 작업에서는 더 많은 힘을, 다른 작업에서는 더 많은 노련함을, 제3의 작업에서는 더 많은 정신적 면밀함 등등을 발휘하지 않으면 안 되는데, 동일한 개인은 이들 속성을 동등한 정도로 가지고 있지 않다. 각종 작업들이 분리되고, 자립화되고, 고립화된 후에 노동자들은 그들의 적성에 따라서 분리되고 분류되어 집단화된다. 그들의 자연적 특성들이, 분업이 접목(接木)되는 토대를 이룬다면, 매뉴팩춰는, 일단 도입되면, 선천적으로 일면적인 특수기능에만 쓸모 있는 노동력들을 발전시킨다. 총노동자는 이제 동등하게 고도로 완벽한 기예(技藝)를 가진 모든 생산적 속성들을 구비하고 있고, 동시에, 특수한 노동자들이나 노동자집단에 개별화되어 있는 자신의 모든 기관을 오로지 그 특수한 기능들에만 사용함으로써, 그 생산적 속성들을 가장 경제적으로 지출한다.45 부분노동자의 일면성과 심지어는 370

다. A. 스미쓰는 또한, 매뉴팩춰의 부분노동자들 자신이 그에 대단히 적극적이었던 도구의 분화를 기계의 발명과 혼동하고 있다. 기계의 발명에서 어떤 역할을 하는 것은, 매뉴팩춰 노동자들이 아니라, 학자, 수공업자, 심지어는 농민들(부륀들리[Brindley])*2 등이다.

*1 [역주] 로더데일(James Maitland, Earl of Lauderdale; 1759-1839) — 영국의 정치가・경제학자. 애덤 스미쓰 반대자.

*2 [역주] 부륀들리(James Brindley, 1716-1772) — 영국의 기사(技師), 발명가. [新日本版 역주에 의하면] 영국의 운하를 건설했다.

45 "서로 다른 정도의 숙련과 힘을 요구하는 서로 다른 과정들에서 수행되도록

불완전성조차 총노동자의 일환(一環)으로서는 그의 완전성이 된다.46 어떤 일면적인 기능에 익숙해짐으로써 부분노동자는 그 기능의 자연적으로 확실하게 기능하는 기관으로 전화되고, 한편, 총기구의 관련은 그를 기계의 일부로서 규칙적으로 활동하도록 강제한다.47

총노동자의 다양한 기능들은 보다 단순하거나 보다 복잡하고, 보다 저급하거나 보다 고급하기 때문에, 그 기관들, 즉 개별 노동력들은 대단히 다양한 정도의 교육을 필요로 하고, 따라서 다양한 가치를 가지고 있다. 그리하여 매뉴팩쳐는 노동력의 등급제(Hierarchie)를 발전시키고, 이 서열에 임금의 등급이 대응한다. 한편에서 개별노동자가 하나의 일면적 기능에 전속되어 평생 결박된다면, 그와 마찬가지로 [다른 한편에서는: 역자] 다양한 작업들이 선천적 및 후천적 기량(技倆)의 그 등급제에 맞추어진다.48 그러나 어떤 생산과정이든, 인간이면 누구나, 그가 걷고 서

작업을 분할함으로써 매뉴팩쳐 경영자는 각 과정에 필요한 정확한 량의 숙련과 힘을 정확히 구입할 수 있다. 반면에, 작업 전체가 한 사람의 노동자에 의해서 수행된다면, 그 사람이 그 제품이 분할되는 작업들 중에서 가장 어려운 작업을 수행하기에 충분한 숙련과, 가장 힘든 작업을 수행하기에 충분한 힘을 가지고 있지 않으면 안 될 것이다." (Ch. 바비지, 같은 책, 제19장.)

46 예컨대, 일면적인 근육발달, 뼈의 굴곡 등.

47 어떻게 하여 취업한 젊은이들 사이에 근면이 유지되는가 하는, 조사위원의 질문에 한 유리 매뉴팩쳐의 총지배인인 Wm. 마샬은 아주 적절하게도 다음과 같이 대답하고 있다: "그들은 자기들의 일을 도저히 게을리 할 수 없습니다. 그들은 일을 일단 시작하면, 계속하지 않으면 안 됩니다. 그들은 바로 기계의 부품들과 같습니다." (≪아동노동조사위원회, 제4차 보고서≫, 1865, p. 247.)

48 유어 박사는 대공업을 찬양하면서, 매뉴팩쳐의 특유한 성격들을, 그만큼 논전적 흥미를 갖지 않았던 이전의 경제학자들보다도, 그리고 심지어 동시대의

는 것처럼, 해낼 수 있는 어떤 간단한 작업들을 필요로 한다. 이러한 작업들 역시 이제는 내용이 풍부한 활동의 계기들과의 그 유동적인 연관으로부터 분리되어, 전속적인 기능들로 굳어진다.

그리하여 매뉴팩춰는, 그것이 장악하는 어떤 수공업에서나, 수공업적 경영이 엄격히 배제했던 이른바 비숙련노동자들이라는 한 계급을 만들어낸다. 매뉴팩춰가 전반적인 노동능력을 희생시켜 철저하게 일면화된 특기를 기예(技藝)로까지 발전시킨다면, 그것은 또한 일체의 발전의 결여를 이미 하나의 특기로 삼기 시작한다. 등급제적 구분과 더불어 숙련노동자와 비숙련노동자로의 노동자의 단순한 구분이 나타난다. 비숙련노동자에 대해서는 수업비(修業費)가 전적으로 없어지고, 숙련노동자에 대해서는, 단순화된 기능 때문에, 수공업자에 비해서 수업비가 낮아진다. 두 경우 모두 노동력의 가치가 떨어진다.49 노동과정의 분해가, 수공업 경영에는 전혀 혹은 동일한 규모로는 존재하지 않았던 새로운 포괄적인 기능들을 만들어내는 한에서는 예외가 발생한다. 수업비의 소멸이나 감소로부터 생기는, 노동력의 상대적인 감가(減價)는 직접적으로 자본의 보다 높은 가치증식을 포함하는데,

---

동료들, 예컨대, 수학자 및 기계학자로서는 분명 그를 능가하고 있지만, 그러나 대공업을 본래 매뉴팩춰의 관점에서만 파악하고 있는 바비지보다도 더 예리하게 감지하고 있다. 유어는 이렇게 말하고 있다: "각 특수한 작업에 적절한 가치와 비용의 노동자를 전속시키는 것이 바로 분업의 본질을 이룬다." 다른 한편에서는 이 배치(配置)를 그는 "인간의 다양한 재능에의 노동의 적응"이라고 설명하고, 마지막으로는, 매뉴팩춰 제도 전체를 "분업 혹은 노동의 등급화를 위한 제도"로서, 즉 "숙련의 정도에 따른 분업" 등으로 특징짓고 있다. (유어, 《공장 철학》, pp. 19-23 여기저기.)

49 "단일한 일만 함으로써 자신을 완성할 수 있게 되는 수공업자는 누구나 … 보다 값싼 노동자가 되었다." (유어, 같은 책, p. 19.)

왜냐하면, 노동력의 재생산을 위해서 필요한 시간을 단축하는 모든 것은 잉여노동의 영역을 연장하기 때문이다.

제4절 매뉴팩춰 내부의 분업과 사회 내부의 분업

우리는 맨 먼저 매뉴팩춰의 기원을, 그 다음엔 그 단순한 요소들, 즉 부분노동자와 그의 도구를, 마지막으로 그 총기구를 고찰했다. 이제 우리는 매뉴팩춰적 분업과, 모든 상품 생산의 일반적 토대를 이루는 사회적 분업의 관계를 간단히 다룬다.

단지 노동 그 자체만을 본다면, 농업, 공업 등과 같은 커다란 부문들로의 사회적 생산의 분할은 일반적 분업, 종(種)들과 아종(亞種)들로의 이들 생산부문들의 분리는 특수한 분업, 그리고 한 작업장 내부의 분업은 개별적 분업[*1]이라고 부를 수 있다.50

[*1] [역주] "개별적 분업"이 영어판에는 "개별적 분업 혹은 세부적 분업(division of labour in singular or in detail)"으로 되어 있다.

50 "분업은 다양한 종류의 직업의 분할로부터, 매뉴팩춰에서처럼 하나의 동일한 생산물의 완성에 다수의 노동자들이 참가하는 분할로까지 진행된다." (쉬토르히, ≪경제학 강의≫, 빠리판, 제1권, p. 173.) "우리는, 어떤 일정 정도의 문명에 도달한 국민들의 경우, 3종류의 분업을 발견하게 된다: 우리가 일반적 분업이라고 부르는 첫 번째 것은, 생산자들을 농민과 제조업 경영자, 상인으로 나누며, 그들은 국민적 노동의 3개의 주요 부문에 상응한다. 특수한 분업이라고 부를 수 있는 두 번째 것은, 각 노동부문의 종(種)들로의 분할이다.... 마지막으로, 작업의 분할 혹은 본래의 의미의 분업이라고 불러야 할 세 번째의 것은, 개별적인 수공업들과 직업들 속에서 생성되고 ... 대부분의 매뉴팩춰와 작업장에서 기반을 확보하고 있는 그것이다." (스카르벡, ≪사회적 부의 이론≫, pp. 84-85.)

사회 내부의 분업과 그에 대응한 특수한 직업영역들에의 개인 의 구속은, 매뉴팩춰 내부의 분업과 마찬가지로, 정반대의 출발점들로부터 발전한다. 하나의 가족50ᵃ 내부에서, 더욱 발전하면 하나의 종족 내부에서 성별(性別) 및 연령별로, 따라서 순전히 생리적인 기초 위에서 자연발생적인 분업이 발생하는데, 이 분업은 공동체가 확대되고, 인구가 증가함에 따라서, 특히 서로 다른 종족들의 충돌 및 다른 종족에 의한 한 종족의 정복과 더불어 그 재료를 확대한다. 다른 한편에서는, 앞에서도 말한 것처럼,[*1] 서로 다른 가족들, 종족들, 공동체들이 접촉하는 지점들에서 생산물 교환이 발생하는바, 왜냐하면, 문화의 초기에는, 사적개인(私的個人, Privatperson)들이 아니라, 가족들, 종족들 등이 자립적으로 상대하기 때문이다. 서로 다른 공동체들은 그들의 자연환경 속에서 서로 다른 생산수단들과 생활수단들을 발견한다. 그리하여 그들의 생산양식이나 생활양식, 생산물들도 서로 다르다. 바로 이 자연발생적인 차이가 공동체들이 접촉할 때에 서로의 생산물들의 교환을, 그리하여 또한 이들 생산물의 상품으로의 점차적인 전화를 야기하는 것이다. 교환은, 생산영역들의 차이를 만들어내는 것이 아니라, 서로 다른 생산영역들을 연관시키고, 그리하여 그 영역들을 하나의 사회적 총생산의, 많든 적든, 상호 의존적인 부문들로 전화시킨다. 이 경우, 사회적 분업은 본원적으로

50ᵃ {제3판의 주 — 인류의 원시상태에 관한 그 후의 매우 철저한 연구에 의해서 맑스가 도달한 성과에 의하면, 본래 가족이 종족으로 발전된 게 아니라, 거꾸로 종족이 혈연관계에 기초한 인류 사회 형성의 본원적인 자연발생적 형태였으며, 그리하여 종족적 결속이 해체되기 시작한 후에야 비로소 각양각색의 가족 형태들이 발전했다. — F. 엥엘스.}

[*1] [*MEW*편집자 주] *MEW*, Bd. 23, S. 102. [이 번역서 제1분책, p. 153.]

상이한, 그러나 서로 독립적인 생산영역들의 교환에 의해서 발생한다. 생리적 분업이 출발점을 이루는 앞의 경우에는, 직접적으로 밀접하게 결합되어 있는 전체의 특수한 기관들이, 다른 공동체들과의 상품교환에 의해 주요한 충격을 받아, 서로 해체되고 분해되어, 서로 상이한 노동들의 연관이 상품으로서의 생산물들의 교환에 의해서 매개되는 지점까지 자립화된다. 한 경우에는 이전에는 자립적이었던 것들이 비자립화되고, 다른 경우에는 이전에는 비자립적이었던 것들이 자립화되는 것이다.

발달한, 그리고 상품교환에 의해 매개되는 모든 분업의 기초는 도시와 농촌의 분리다.51 사회의 경제사 전체는 이 대립의 운동으로 요약된다고 할 수 있는데, 여기에서는 이에 관해서 더 이상 자세히는 논하지 않기로 한다.

매뉴팩쳐 내부의 분업에서는 동시에 충용되는 노동자의 일정수가 그 물질적 전제를 이루고 있는 것처럼, 사회 내부의 분업에서는 인구의 크기와, 여기에서는 동일한 작업장에서의 밀집 대신에 나타나는 인구의 밀도가 그 전제를 이룬다.52 하지만 이 밀도는 다소 상대적인 것이다. 상대적으로 인구가 희박하지만 발달한

---

51 제임스 스튜어트는 이 점을 가장 잘 논하고 있다. ≪국부론≫보다 10년 전에 간행된 그의 저서가 오늘날 얼마나 거의 알려져 있지 않은가는, 무엇보다도, 맬더스가 "인구"에 관한 그의 저서 초판에서, 순전히 미사여구적인 부분을 제외하면, 사제(司祭) 월리스(Wallace)와 타운젠드(Townsend) 외에 거의 오로지 스튜어트를 표절했다는 것을 맬더스 찬양자들이 전혀 모르고 있다는 사실에서도 알 수 있다.

52 "사회적 교류를 위해서도, 그리고 노동의 생산물을 증대시키는 힘의 결합을 위해서도 유용한, 일정한 인구밀도가 있다." (제임스 밀, 같은 책, p. 50.) "노동자들의 수가 증가함에 따라서, 사회의 생산력은, 그 증가에 분업의 효과를 곱한 것에 복비례하여 증대한다." (Th. 홋지스킨, 같은 책, p. 120.)

교통수단을 가진 국가는, 인구는 보다 많지만 교통수단이 발달하지 않은 국가보다 더 조밀한 인구를 가지고 있는 것이며, 이러한 의미에서는, 예컨대, 미국의 북부 주들은 인도보다 인구가 더 조밀하다.53

상품생산과 상품유통은 자본주의적 생산양식의 일반적 전제이기 때문에, 매뉴팩쳐적 분업은 이미 일정한 발전정도까지 성숙한, 사회 내부의 분업을 필요로 한다. 거꾸로 매뉴팩쳐적 분업은, 그 사회적 분업에 반작용하여, 그것을 발전시키고 배가(倍加)한다. 노동도구들이 분화됨에 따라서 이들 도구를 생산하는 직업들도 더욱더 분화된다.54 매뉴팩쳐적 경영이, 지금까지 다른 직업과 결합되어 주업이나 부업으로 동일한 생산자에 의해서 수행되던 어떤 직업을 장악하면, 곧바로 분리와 상호 자립화가 발생한다. 매뉴팩쳐적 경영이 어떤 상품의 하나의 특수한 생산단계를 장악하면, 그 상품의 다양한 생산단계들은 다양한 독립적인 직업들로 전화된다. 이미 시사한 바와 같이, 제품이 부분생산물들을 단순히 기계적으로 조립한 전체인 경우에는 부분노동들 그 자체가 다시 독자적인 수공업들로 자립할 수 있다. 매뉴팩쳐 내에서 분업이 보다 더 완전히 수행되기 위하여 동일한 생산부문이, 그 원료의 차이에 따라서 혹은 동일한 원료가 취할 수 있는 다양한

---

53 1861년 이후 면화에 대한 대규모 수요의 결과, 동인도의 평소 인구가 많은 몇몇 지역들에서는 쌀 생산을 희생시켜 면화 생산이 확장되었다. 그리하여 부분적인 기근이 발생했는데, 이는, 교통수단의 부족 때문에, 따라서 물리적인 연관의 부족 때문에, 한 지역에서의 쌀의 부족이 다른 지역들로부터의 공급에 의해서 해소될 수 없었기 때문이었다.

54 그리하여 북(Weberschaffchen, [직포기, 즉 베틀의 북])의 제조가 네덜란드에서는 이미 17세기에 하나의 특수한 산업부문을 형성하고 있었다.

형태에 따라서, 다양한 매뉴팩춰로, 부분적으로는 전혀 새로운 매뉴팩춰로 분할된다. 그리하여 18세기 전반기(前半期)에 프랑스에서만도 100종류 이상의 비단이 직포되었고, 예컨대, 아비뇽(Avignon)에서는, "각 도제는 언제나 오직 한 종의 제조에만 전념해야 하며, 여러 종류의 직물의 제조를 배워서는 안 된다"는 것이 법칙이었다. 특정한 생산부문들을 한 나라의 특정한 지역들에 고정시키는 지역적 분업은 모든 특수성을 이용하는 매뉴팩춰적 경영에 의해서 새로운 자극을 받는다.55 사회 내부의 분업을 위한 풍부한 재료를 매뉴팩춰 시대에 제공하는 것은 세계시장의 확대와 식민제도며, 그것들은 매뉴팩춰 시대의 일반적 존재조건들에 속한다. 여기에서는, 분업이 어떻게 경제적 영역 외에도 사회의 모든 영역을 장악하며, 어떻게 도처에서 저 전문(專門)·전업(專業)의 형성을 위한, 그리고 애덤 스미쓰의 스승인 A. 퓌거슨(Ferguson)으로 하여금 "우리는 노예(Helots)의 나라를 만들고 있으며, 결코 어떤 자유시민도 존재하지 않는다"56고 외치게끔 했던, 인간의 분할을 위한 토대를 쌓는가를 더 상세히는 입증하지 않는다.

---

55 "영국의 양모 매뉴팩춰는 특정한 지역들에 적합한 몇 개의 부분 혹은 부문으로 분할되어 있고, 그들 지역에서는 오로지 혹은 주로 하나의 부분들만이 제조되고 있지 않은가? 세포(細布, fine cloths)는 썸머쎗셔(Somersetshire)에서, 조포(粗布, coarse)는 요크셔(Yorkshire)에서, 광포(廣布, long ells)는 엑서터(Exeter)에서, 명주(明紬, soies)는 써드베리(Sudbury)에서, 크뤠이프(crapes, [검은 비단])는 노뤼치(Norwich)에서, 린지(linseys, [아마와 모의 교직물])는 켄덜(Kendal)에서, 모포(blankets)는 휘트니(Whitney)에서, 등등." (버클리, ≪질문자≫, 1750, 제520절.)

56 A. 퓌거슨, ≪시민사회의 역사(*History of Civil Society*)≫, 에딘버러, 1767, 제4부, 제2절, p. 285.

하지만, 사회 내부의 분업과 한 작업장 내부의 분업 간의 수많은 유사성과 연관성에도 불구하고, 이 양자는 단지 정도만이 아니라 본질적으로도 다르다. 유사성이 다툴 여지없이 가장 명백히 나타나는 것은, 하나의 내적 유대에 의해서 다양한 업종이 얽혀 있는 경우이다. 예컨대, 목축업자는 모피를 생산하고, 제혁업자는 그것을 가죽으로 전화시키며, 제화업자는 그 가죽을 장화로 전화시킨다. 이 경우 각자는 어떤 단계생산물을 생산하며, 완성된 최종 형태는 그들의 특수노동의 결합생산물이다. 나아가서, 목축업자, 제혁업자, 제화업자에 생산수단들을 제공하는 다양한 노동부문들이 있다. 그리하여 애덤 스미쓰처럼, 이 사회적 분업은 주관적으로만, 즉 관찰자에게만 매뉴팩춰적 분업과 구별되는 것이며, 이 관찰자는 매뉴팩춰적 분업의 경우 다양한 부분노동들을 한 눈에 바라보는 반면에 사회적 분업의 경우에는 거대한 평면에 걸친 부분노동들의 분산과 각 특수부문에 종사하는 사람들의 거대한 수가 그 관련을 불분명하게 하고 있다고 잘못 생각할 수도 있다.57 그러면 무엇이 목축업자, 제혁업자, 제화업자의 독

---

57 애덤 스미쓰가 말하는 바에 의하면, 본래의 매뉴팩춰들에서는 분업이 보다 더 크게 보이는데, 이는, "다양한 노동 부문에 고용된 사람들이 자주 동일한 작업장 내에 집합될 수 있고, 관찰자가 한 눈에 볼 수 있기" 때문이다. "그에 반해서 대다수 국민의 거대한 필요를 충족시키지 않으면 안 되는 거대한 매뉴팩춰들(!)에서는 각 노동부문들이 모두 거대한 수의 노동자들을 고용하고 있기 때문에 그들 모두를 동일한 작업장에 집합시키는 것이 불가능하다. ... 분업은 그다지 분명하지 않다." (A. 스미쓰, ≪국부론≫, 제1권, 제1장.) "문명화되고 번영하는 국가의 평범한 수공업자나 일용노동자의 가재도구를 관찰하라" 등의 말들로 시작되어, 한 사람의 평범한 노동자의 욕구를 충족시키기 위해서 얼마나 수없이 다양한 직업들이 협력하고 있는가를 묘사해가는, 동일한 장(章) 속의 유명한 단락은, 맨더뷜(B. de Mandeville)이 그의 저서 ≪꿀벌들의 우화, 또는, 사적 죄악은 공적 이익(*Fable of the Bees, or,*

립적인 노동들 사이의 연관을 만들어내는가? 그들 각각의 생산물들의 상품으로서의 존재이다.*¹ 그에 반해서 무엇이 매뉴팩춰적 분업을 특징짓는가? 부분노동자들*²은 결코 어떤 상품도 생산하지 않는다는 사실이다.58 부분노동자들의 공동의 생산물이 비로소 상품으로 전화된다.58ᵃ 사회 내부의 분업은 상이한 노동부

Private Vices, Public Benefits)≫(주[註]가 없는 초판은 1705년, 주들이 있는 판은 1714년)에 붙인 주들을 거의 문자 그대로 베낀 것이다.

*1 [역주] "그들 각각의 생산물들의 상품으로서의 존재이다. (Das dasein ihrer respektiven Produkte als Waren.)"가 영어판에는, "그것은 그들 각각의 생산물들이 상품이라는 사실이다. (It is the fact that their respective products are commodities.)"로 되어 있다.

*2 [역주] 영어판에는, "세부노동자(detail labourer)".

58 "우리가 개인의 노동의 자연적 보수라고 부를 수 있는 것은 더 이상 아무것도 없다. 각 노동자는 단지 하나의 전체의 어떤 부분만을 생산할 뿐이며, 각 부분은 그 자체로서는 어떤 가치나 효용성도 가지고 있지 않기 때문에, 노동자가 손에 쥐고, 이것은 내 생산물이니, 이것은 내가 갖겠다고 말할 수 있는 것은 아무것도 없다." (≪자본의 주장들에 대항한 노동의 옹호(*Labour defended against the claims of Capital*)≫, 런던, 1825, p. 25.) 이 탁월한 저작의 저자는 앞에서 인용한 Th. 홋지스킨이다.

58ᵃ 제2판의 주. 사회적 분업과 매뉴팩춰적 분업 사이의 이러한 구별은 양키들에게는 실제로 예증되었다. 내전 중에 워싱턴에서 새롭게 안출(案出)된 세금의 하나는 "모든 공업생산물들"에 대한 6%의 소비세였다. 질문: 공업생산물이란 무엇인가? 입법자의 답변: 물건은, "그것이 만들어져 있을 때에"(when it is made) 생산된 것이며, 그것은 판매를 위해 완성되어 있을 때에 만들어져 있는 것입니다. 이제 수많은 실례 중에서 하나를 들어보자. 뉴욕과 퓔라델퓌아의 매뉴팩춰들은 예전엔 우산을 모든 부속품과 함께 "만들었었다." 그런데 우산은 전적으로 이질적인 구성부분들의 혼합물(Mixtum compositum)이기 때문에, 이 구성부분들은 차츰 서로 독립적이고 다른 장소에서 경영되는 업종들의 제품으로 되었다. 이제 이들 부분생산물들은 자립적인 상품들로서 우산 매뉴팩춰에 들어가고, 우산 매뉴팩춰는 단지 그것들을 다시 하나의 전체(全體)로 조립할 뿐이다. 양키들은 그러한 종류의 물품들을 "assembled articles"(집합물)라고 명명(命名)했는데, 그것은 세금의 집합소(集合所)들

문들의 생산물의 매매에 의해서 매개되고, 매뉴팩춰에서의 부분노동들의 연관은, 상이한 노동력들이, 그것들을 결합노동력으로서 이용하는 동일한 자본가에게 판매됨으로써 매개된다. 매뉴팩춰적 분업은 한 자본가의 수중에서의 생산수단들의 집적을 전제하고 있고, 사회적 분업은 상호 독립적인 수많은 상품생산자들 사이에서의 생산수단들의 분산을 전제하고 있다. 매뉴팩춰에서는 비례수(比例數, Verhältniszahl) 즉 비례성(Proportionalität)의 철칙이 일정량의 노동자들을 일정한 기능들 아래에 종속시키는 반면에, 다양한 사회적 노동부문들 사이에서의 상품생산자들과 그들의 생산수단들의 배분에서는 우연과 자의(恣意)가 다채로운 장난을 친다. 사실, 다양한 생산영역들은 끊임없이 균형을 취하려고 하는바, 한편에서는 각 상품생산자마다 어떤 사용가치를 생산하고, 그리하여 어떤 특수한 사회적 욕구를 충족시키지 않으면 안 되는데, 그러나 그 욕구들의 범위는 량적으로 상이하여 어떤 내적 유대(紐帶)가 그 상이한 욕구량들을 어떤 자연발생적인 체계로 단단히 묶어냄으로써 그러하며, 다른 한편에서는 사회가 자유롭게 처분할 수 있는 전체 노동시간의 얼마만큼을 각각의 특수한 상품종류의 생산에 지출할 수 있는가를 가치법칙이 규정함으로써 그러하다. 그러나 균형을 취하려는 다양한 생산영역들의 이러한 끊임없는 경향은 이 균형의 끊임없는 파기(破棄)에 대한 반작용으로서만 작동할 뿐이다. 작업장 내의 분업에서는 선험적(先驗的)으로(a priori) 그리고 계획적으로 준수되는 규칙이

로서의 그것들에 특히 타당했다. 그리하여 우산은 우선 그 각 요소의 가격마다 6%의 소비세를 "집합"시켰고, 재차 그 자신의 총가격에 대한 6%를 "집합"시켰다.

사회 내의 분업에서는 단지 내적(內的)인, 무언의, 시장가격들의 바로메터(Barometer)적 변동에서 감지되는, 상품생산자들의 무질서한 자의를 압도하는 자연필연성으로서 사후적으로(a posteriori) 작용할 뿐이다. 매뉴팩춰적 분업은, 자본가에 속하는 총기구의 단지 구성원들에 지나지 않는 사람들에 대한 자본가의 무조건적인 권위를 전제하며, 사회적 분업은 독립적인 상품생산자들을 서로 대립시키는데, 그들은 경쟁의 권위, 즉 그들 상호의 이해(利害)의 압박이 그들에게 가하는 강제 외에는 결코 어떤 권위도 인정하지 않는바, 이는 마치 동물계(動物界)에서 모든 자에 대한 모든 자의 투쟁(bellum omnium contra omnes)[104]이 모든 종(種)들의 생존조건들을 다소간에 유지하고 있는 것과 마찬가지다. 그 때문에, 매뉴팩춰적 분업을, 즉 어떤 세부작업에의 노동자의 종신(終身) 결박과 부분노동자의 자본에의 무조건적인 종속을 노동의 생산력을 높이는 노동조직으로서 찬미하는 바로 그 부르주아적 의식이, 사회적 생산과정의 의식적인 사회적 통제와 규제를 개별 자본가의 불가침의 소유권과 자유, 자율적인 "독창성"에 대한 침해로서 마찬가지로 시끄럽게 비난하는 것이다. 공장제도의 열광적인 옹호자들이 사회적 노동의 모든 일반적 조직화에 대해서, 그러한 조직화는 사회 전체를 하나의 공장으로 전화시킬 것이라는 것 외에는 어떤 분노도 표할 줄 모른다는 것은 매우 특징적이다.

자본주의적 생산양식의 사회에서는 사회적 분업의 무정부성과 매뉴팩춰적 분업의 전제(專制)가 서로를 전제(前提)하고 있다면, 그에 반해서 직업의 특화가 자연발생적으로 발전하고, 이어서 결정(結晶)되며, 최종적으로 법률적으로 확정된 예전의 사회

형태들은, 한편에서는 사회적 노동의 계획적이고 권위적인 조직의 상(像)을 보여주는데, 반면에 다른 한편에서는 작업장 내부의 분업은 전적으로 예외적이거나, 단지 왜소한 규모에서거나, 단지 산재적(散在的)이고 우연적으로만 발전한다.59

예컨대, 부분적으로는 아직도 존속하고 있는 인도의 태고적인 소공동체는 토지의 공유, 농업과 수공업의 직접적 결합, 그리고 불변의 분업에 기초하고 있고, 이 분업은 새로운 공동체를 건설할 때에 주어진 계획과 설계도로서 이용된다. 이들 공동체는 자급자족적인 생산전일체(生產全一體, Produktionsganze)를 이루고 있으며, 그 생산영역은 100에이커에서 수천 에이커까지 다양하다. 생산물의 대부분은, 상품으로서가 아니라, 공동체의 직접적인 자기필요를 위해서 생산되고 있으며, 따라서 생산 자체는 상품교환에 의해서 매개되는 인도 사회 전반의 분업으로부터 독립해 있다. 단지 생산물의 잉여만이 상품으로 전화되고, 그조차 다시 그 일부는, 아득한 옛날부터 일정량이 현물지대로서 흘러들어가는 국가의 수중에서 비로소 상품으로 전화된다. 인도에는 지역에 따라 다양한 형태의 공동체가 있다. 가장 단순한 형태에서는 공동체가 토지를 공동으로 경작하여 그 생산물을 그 구성원들 사이에 분배하는데, 한편 각 가족은 가내 부업으로서 방적·직포 등을 한다. 동종의 일을 하고 있는 이러한 대중 외에, 재판관·경찰·징세관을 한 몸에 겸하고 있는 '추장(酋長)', 농경에 관해 계

---

59 "일반적 원칙을 다음과 같이 세울 수 있다: 권위가 사회 내부의 분업을 적게 지배하면 적게 지배할수록, 작업장 내부에서의 분업은 더욱 더 발전하며, 그 분업은 더욱 더 한 개인의 권위에 종속된다. 따라서 작업장 내의 권위와 사회 내의 권위는, 분업과 관련해서는, 서로 반비례한다." (칼 맑스, 《철학의 빈곤》, pp. 130-131. [*MEW*, Bd. 4, S. 151.])

산하고 그에 관련된 모든 것을 사정(查定)·기록하는 경리, 범죄자를 추적하고 낯선 여행객을 보호하여 한 마을에서 다른 마을로 안내하는 제3의 관리, 이웃 공동체들로부터 공동체의 경계를 파수하는 경계관리인, 농경을 위하여 공동의 저수지로부터 물을 분배하는 물 감시인, 종교적 예배의 기능들을 수행하는 브라만,[*1] 공동체 아동들에게 모래 위에서 쓰기와 읽기를 가르치는 교사, 점성사(占星士)로서 파종 및 수확의 시기와 모든 특수한 농경노동들에 대한 좋고 나쁜 시기를 알려주는 역술(曆術) 브라만, 모든 농기구를 제작하고 수리하는 대장장이와 목수, 마을을 위하여 모든 그릇을 만드는 도공(陶工), 이발사, 의복을 세탁하는 세탁공, 은 세공(細工)이 있고, 또 여기저기에는 시인이 있어, 그가 일부 공동체들에서는 은 세공을, 다른 공동체들에서는 교사를 대신하고 있다. 이들 한 다스의 사람들은 공동체 전체의 비용으로 유지된다. 인구가 증가하면, 옛 공동체를 모범으로 삼아 새로운 공동체가 미경지(未耕地)에 이식(移植)된다. 그 공동체 기구는 계획적인 분업을 보여주고 있지만, 매뉴팩취적 분업은 불가능한데, 왜냐하면, 대장장이나 목수 등을 위한 시장은 여전히 변함이 없고, 기껏해야, 마을의 크기의 차이에 따라, 한 명의 대장장이나 도공 등 대신에 두세 명이 있을 뿐이기 때문이다.[60] 공동체 노동의 분할을 규제하는 법칙은 여기에서 자연법칙이라는 불가침의

[*1] [조선로동당사판 (도서출판 백의판) 편집부 주] 인도의 종교인 계급으로서 인도의 4계급 중 가장 높은 계급.

[60] 육군 중령 마크 윌크스(Mark Wilks), 《인도 남부의 역사적 개관 (*Historical Sketches of the South of India*)》, 런던, 1810-1817, 제1권, p. 118-120. 인도 공동체의 다양한 형태들의 훌륭한 비교를 죠지 캠벌(George Campbell)의 《현대 인도 (*Modern India*)》(런던, 1852)에서 볼 수 있다.

권위로써 작용하는 반면에, 대장장이 등과 같은 수공업자는 누구나 전래의 방식대로, 그러나 자립적으로 그리고 자신의 작업장 내에서는 어떤 권위도 인정하지 않고, 자신의 전문에 속하는 모든 작업들을 수행한다. 동일한 형태로 끊임없이 재생산되고, 우연히 파괴되더라도 같은 장소에 같은 이름으로 다시 건설되는[61] 자급자족적 공동체라는 이 단순한 생산유기체는, 아시아 국가들의 끊임없는 와해(瓦解)와 재건 그리고 부단한 왕조 교체와 현저하게 대비되는 바의, 아시아 사회의 불변성이라는 비밀에 대한 열쇠를 제공한다. 사회의 경제적 요소들의 구조가 정치적 운계(雲界, Wolkenregion)의 폭풍우들의 영향을 받지 않고 머물러 있는 것이다.

동업조합의 규칙들은, 이미 앞에서 말한 것처럼, 1인의 개별적인 장주(匠主, Zunftmeister)가 사용할 수 있는 장인수를 극도로 제한함으로써 그 장주가 자본가가 되는 것을 계획적으로 방지했다. 또한 마찬가지로 그는 오직 그 자신이 장주인 수공업에서만 장인들을 사용할 수 있었다. 동업조합은, 자신과 대립한 유일하게 자유로운 형태의 자본이었던 상인자본의 모든 침해를 열광적으로[*1] 격퇴했다. 상인은 모든 상품들을 구매할 수 있었지만, 다

---

61 "이러한 단순한 형태 하에서 ... 그 나라의 주민들은 아득한 옛날부터 살아 왔다. 촌락들의 경계선은 드물게밖에는 변하지 않았으며, 촌락들 자체는 때때로 전쟁이나 기근, 질병으로 손상되고, 심지어 황폐화되었지만, 동일한 명칭, 동일한 경계선, 동일한 이해관계, 그리고 심지어 동일한 가족들이 오랜 세월 동안 존속해 왔다. 주민들은 왕국들의 붕괴 및 분할에는 개의치 않는다. 촌락이 온전히 남아 있는 한, 촌락이 어느 권력에 넘겨지는가, 어느 통치자에게 양도되는가에, 그들은 신경을 쓰지 않는다. 촌락의 내부 경제는 여전히 불변인 채 남아 있다." (전 자바 부총독, Th. 스탬퓌드 롸플즈[Stamford Raffles], ≪자바의 역사 [*The History of Java*]≫, 런던, 1817, 제1권, p. 285.)

만 노동만은 상품으로서 구매할 수 없었다. 상인은 단지 수공업 생산물들의 도매상으로서만 용인되었다. 외적인 사정들이 어떤 진전된 분업을 불러일으키면, 기존 동업조합들이 아종(亞種)들로 분열되거나, 새로운 동업조합들이 옛 것과 나란히 설치되었는데, 그러나 서로 다른 수공업들이 하나의 작업장 내에 통합되지는 않았다. 그리하여 동업조합 조직은, 아무리 그 영업의 특수화·분립화·숙련이 매뉴팩춰 시대의 물질적 존재조건들에 속하더라도, 매뉴팩춰적 분업을 배제했다. 전반적으로 노동자와 그의 생산수단은, 마치 달팽이와 달팽이집처럼, 서로 결합된 채로 있었고, 따라서 매뉴팩춰의 제1의 조건, 즉 노동자에 대한, 자본으로서의 생산수단들의 자립화는 없었다.

한 사회 전체 내에서의 분업은, 상품교환에 의해서 매개되든, 매개되지 않든, 극히 다양한 사회구성체들에 속하는 반면에, 매뉴팩춰적 분업은 전적으로 자본주의적 생산양식의 특수한 창조물이다.

제5절 매뉴팩춰의 자본주의적 성격

동일한 자본가의 지휘 하에 있는 비교적 다수의 노동자는 협업일반과 매뉴팩춰의 자연발생적 출발점을 형성한다. 역(逆)으로,

---

*1 [역주] 독일어는 "eifersüchtig", 즉 "질투심을 가지고" 혹은 "시기(猜忌)하며"로 되어 있는데, 영어판의 "zealously" 및 프랑스어판의 "avec un zèle jaloux"에 따라 번역하였다.

매뉴팩춰적 분업은 사용 노동자수의 증대를 기술적 필연성으로 발전시킨다. 한 개별 자본가가 사용하지 않으면 안 되는 노동자의 최소한은 이제 현존하는 분업에 의해서 규정되어 있다. 다른 한편에서, 더욱 진전된 분업의 이익은 노동자수를 더욱 증대시킴으로써 얻어지는데, 이 노동자수는 오직 배수(倍數)로만 증대시킬 수 있다. 그러나 자본의 가변적 구성부분과 함께 그 불변적 구성부분도 증대하지 않으면 안 되는데, 건물·가마 등과 같은 공동의 생산조건들의 크기 외에도 특히 원료가 노동자수보다 훨씬 더 급속하게 증대하지 않으면 안 된다. 일정한 시간 동안에 일정한 노동량에 의해서 소모되는 원료의 량은 분업의 결과 노동의 생산력이 증대하는 것과 같은 비율로 증대한다. 따라서 개별 자본가의 수중의 자본의 최소 크기의 증대, 즉 사회적 생활수단들 및 생산수단들의 자본으로의 전화의 증대는 매뉴팩춰의 기술적 성격으로부터 기인하는 하나의 법칙이다.62

단순협업에서와 마찬가지로 매뉴팩춰에서도 기능하고 있는 노

---

62 "수공업의 세분(細分)을 위해 필요한 자본"(그것을 위해 필요한 생활수단들과 생산수단들이라고 말했어야 할 것이다)"이 사회 내에 존재하고 있다는 것만으로는 충분하지 않다. 그 외에, 기업가들이 대규모로 작업할 수 있게 할 만큼 충분히 많은 량으로 그 자본이 기업가들의 수중에 축적되어 있을 필요가 있다. ... 분업이 증대하면 증대할수록, 동일한 수의 노동자들을 끊임없이 고용하기 위해서는 도구·원료 등에서 더욱 더 많은 자본이 필요하다." (쉬토르히, ≪경제학 강의≫, 빠리 판, 제1권, pp. 250–251.) "생산용구들의 집적(Konzentration)*1과 분업이 서로 분리될 수 없는 것은, 마치 정치의 영역에서(auf dem Gebiete der Politik)*2 공권력의 집중(Zentralsation)*1과 사적이해(私的利害)의 분할이 서로 분리될 수 없는 것과 마찬가지다." (K. 맑스, ≪철학의 빈곤≫, p. 134. [*MEW*, Bd. 4, S. 153.])

*1 [역주] 프랑스어 판에는 모두 "집중(concentration)".
*2 [역주] 프랑스어 판에는 "정치체제에서(dans le régime)".

동체*¹가 자본의 존재형태다. 다수의 개별 부분노동자들로 구성된 사회적 생산기구는 자본가의 것이다. 따라서 노동들의 결합에서 생기는 생산력은 자본의 생산력으로서 나타난다. 본래의 매뉴팩쳐는, 이전엔 자립적인 노동자를 자본의 지휘와 규율 하에 종속시킬 뿐만이 아니라, 나아가서는, 노동자 자신들 사이에도 어떤 위계적(位階的)인 편제를 만들어 낸다. 단순협업은 개개인의 노동양식을 대개 변화시키지 않는 반면에, 매뉴팩쳐는 그것을 근본적으로 변혁시키며, 개별 노동력을 철저히 장악한다. 매뉴팩쳐는 노동자의 일체의 생산적 욕구와 소질을 억압하고 그의 세부숙련(細部熟練)을 온실에서처럼 육성함으로써 그를 기형(奇形)으로 불구화하는데, 이는 마치 라플라타(La Plata) 연안 국가들*²에서 모피나 수지(獸脂)를 획득하기 위해서 동물 한 마리를 통째로 도살하는 것과 마찬가지다. 특수한 부분노동들이 다양한 개인들 사이에 배분될 뿐 아니라, 개인 그 자체가 분할되어 하나의 부분노동의 자동적인 연동장치(連動裝置)로 전화되며,63 인간을 그 자신의 신체의 한 조각으로 묘사하는64 메네니우스 아그뤼파(Menenius Agrippa)의 황당무계한 우화[105]가 현실화된다. 본래

---

*1 [역주] "기능하고 있는 노동체(der funktionierende Arbeitskörper)"가 영어판에는 "집단적인 노동 유기체(the collective working organism)"으로 되어 있다.

*2 [역주] 아르헨티나, 우루과이, 파라과이.

63 듀갈드 스튜어트(Dugald Stewart)는 매뉴팩쳐 노동자들을 "부분노동에 사용되는 ... 살아 있는 자동장치들"이라고 부르고 있다. (≪경제학강의≫, p. 318.)

64 산호(珊瑚)의 경우에는 각 개체는 사실상 전체 집단을 위한 위(胃)를 이루고 있다. 그러나 그 각 개체는, 로마의 귀족처럼 전체 집단으로부터 영양분을 빼앗는 것이 아니라, 전체 집단에 영양분을 공급한다.

노동자가 자신의 노동력을 자본에 판매하는 것은 그에게는 상품을 생산하기 위한 물질적 수단들이 없기 때문인데, 이제 그의 개별적 노동력은, 그것이 자본에 판매되지 않게 되면, 그 자체가 쓸모가 없어진다. 그의 노동력은, 그것이 판매된 후에야 비로소 존재하는 어떤 관련 속에서만, 즉 자본가의 작업장 속에서만 기능하는 것이다. 자신의 자연적 소질에 따라서는 어떤 자립적인 것을 만들 수 없게 되었기 때문에, 매뉴팩춰 노동자는 단지 자본가의 작업장의 부속물로서만 생산적 활동을 전개한다.65 선민(選民)의 이마에 그가 여호와의 것이라고 쓰여 있었던 것처럼, 분업은 매뉴팩춰 노동자를 자본의 소유로서 낙인을 찍는다.

미개인이 전쟁의 모든 기술을 개인적 책략으로서 수행하듯이, 비록 소규모지만, 자립적 농민이나 수공업자가 발휘하는 지식과 판단(Einsicht), 의지는 이제 오직 작업장 전체에 대해서만 요구될 뿐이다. 생산의 정신적 능력들이 한 면에서 그 규모를 확대하는 것은, 다른 많은 면에서 그것들이 사라지기 때문이다. 부분노동자들이 잃는 것은 그들에 대립하여 자본에 집적된다.66 물질적 생산과정의 정신적 능력들을 부분노동자들에게 타인의 소유로서, 그리고 그들을 지배하는 힘으로서 대립시키는 것은 매뉴팩

---

65 "하나의 수공업 전체에 통달한 노동자는 어디에서나 일할 수 있고 자신의 생계수단을 발견할 수 있다. 다른 사람"(매뉴팩춰 노동자)"은 단지 하나의 부속물에 불과하여, 그의 작업 동료들로부터 분리되면, 능력도 자주성도 없고, 그 때문에, 그에게 부과되는 것을 정당하다고 생각하는 법칙을 어쩔 수 없이 받아들이지 않을 수 없다." (쉬토르히, ≪경제학 강의≫, 뻬쩨르부르크 판, 1815, 제1권, p. 204.)

66 A. 퀴거슨, ≪시민사회의 역사≫, p. 281. "한 사람이 잃어버린 것을 다른 사람이 얻었을 것이다."

췌적 분업의 한 산물이다. 이 분리과정은, 개별적 노동자들에 대하여 자본가가 사회적 노동체[*1]의 통일성과 의지를 대표하는 단순협업에서 시작된다. 이 분리과정은, 노동자를 부분노동자로 불구화하는 매뉴팩춰에서 발전한다. 그것은, 과학을 자립적인 생산능력으로서 노동으로부터 분리하여 자본에 봉사하게 하는 대공업에서 완성된다.[67]

매뉴팩춰에서는 총노동자의, 그리고 따라서 자본의 사회적 생산력의 증대(Bereicherung)는 노동자의 개별적 생산력의 빈곤화를 전제로 하고 있다.

"무지는 미신의 어머니이자 근면의 어머니다. 숙고(熟考)와 상상은 오류를 범하기 쉽다. 그러나 손이나 발을 움직이는 습관은 숙고와도, 상상과도 무관하다. 따라서 매뉴팩춰들은, 정신을 가장 쓰지 않고 작업장이 인간을 부품으로 하는 하나의 기계로 간주될 수

---

*1 [역주] "사회적 노동체(gesellschaftlicher Arbeitskörper)"가 프랑스어판에는 "집단노동자(travailleur collectif)", 영어판에는 "결합노동(associated labour)".

67 "지식인과 생산적 노동자가 서로 더욱 더 멀리 분리되게 되고, 과학은, 노동자의 수중에서 그의 생산력을 증대시키는 대신에, … 거의 모든 곳에서 그에게 대립했다. … 지식은 노동으로부터 분리되어 노동에 대립할 수 있는 도구로 된다."[*2] (W. 톰슨[Thompson], 《부의 분배 원리들에 관한 연구[*An Inquiry into the Principles of the Distribution of Wealth*]》, 런던, 1824, p. 274.)

*2 [역주] "지식은 노동으로부터 분리되어 노동에 대립할 수 있는 도구로 된다. (Kenntnis wird ein Instrument, fähig, von der Arbeit getrennt und ihr entgegengesetzt zu werden)"가, 영어판(원문)에는 "지식은, 노동자들의 근육의 힘을 완전히 기계적이고 순종적으로 만들게끔, 그들을 조직적으로 유도한다. ([knowlwdge: 역자] systematically deluding and leading them [the labourers] astray in order to render their muscular powers entirely mechanical and obedient)"로 되어 있다.

있게끔 되어 있는 곳에서 가장 번창한다.68

실제로 18세기 중반에 몇몇 매뉴팩춰들은, 단순하지만 그러나 공장의 비밀인 일정한 작업들에 반백치(半白癡)들을 즐겨 사용했다.69

애덤 스미쓰는 다음과 같이 말하고 있다.

"대다수 인간의 정신은 필연적으로 그들의 일상 업무에 의해서 형성된다. 전체 생애를 소수의 단순한 작업들에 써버리는 사람은 … 그의 이해력을 행사할 기회를 갖지 못한다. … 일반적으로 그는 인간으로서 우둔할 대로 우둔해지고 무지할 대로 무지해진다."

부분노동자의 우둔함을 기술(記述)한 후에, 애덤 스미쓰는 다음과 같이 계속한다.

"그의 정체적(停滯的) 삶의 단조로움은 그의 정신의 용기도 썩게 한다. … 그것은 그의 신체적 활동조차 파괴하여, 그가 길들여져 온 업무 이외의 어떤 다른 업무에서도 그가 활기차고 꾸준하게 그의 힘을 발휘할 수 없도록 만든다. 그의 특수한 직업에서의 그의 숙련은 이렇게 그의 지적, 사회적, 그리고 용감한 능력들을 희생시켜 획득되는 것으로 보인다. 그러나 모든 발달한*1 그리고 문명화된 사회에서는 이것이야말로 노동빈민(the labouring poor)이, 다시 말하면, 인민의 대다수가 필연적으로 빠지지 않을 수 없

---

68 뭐거슨, 같은 책, p. 280.

69 J. D. 터케트(Tuckett), ≪근로 인구의 과거 및 현재 상태의 역사(*A History of the Past and Present State of the Labouring Population*)≫, 런던, 1846, 제1권, p. 148.

*1 [역주] 독일어판에는 "산업화된(industriell)".

는 상태이다."⁷⁰

384 　분업으로부터 생기는, 인민대중의 완전한 위축을 방지하기 위하여 A. 스미쓰는, 신중하고 극소한 량으로나마, 국가에 의한 국민교육을 권장하고 있다. 그의 저서의 프랑스어 번역자이자 주석자(註釋者)이며, 프랑스 제1 제정(帝政) 하에서 당연하게도 원로원 의원이 되어 그 본색을 드러낸 G. 가르니에는 이에 대하여 단호히 논박하고 있다. 국민교육은 분업의 제1의 법칙에 위배된다는 것이며, 국민교육으로 "우리의 사회제도 전체를 무법천지로 만들 것(proskribiere man unser ganzes Gesellschaftssystem)"이라는 것이다.

그는 다음과 같이 말했다.

"다른 모든 분업들과 마찬가지로, 손노동과 두뇌노동 사이의 분업⁷¹도 사회"(그는 이 표현을 정당하게도 자본, 토지소유 및 그들의 국가에 대하여 사용하고 있다)"가 더욱 부유해질수록 더욱더 명료해지고 더욱더 결정적으로 된다. 이 분업은, 다른 모든 분업과

---

70 A. 스미쓰, ≪국부론≫, 제5편, 제1장, 제2절. 분업의 해로운 결과들을 전개한 A. 퍼거슨의 제자로서, A. 스미쓰는 이 점에 관해서는 완전히 명확했다. 직책상(ex professo) 분업이 찬양되고 있는, 그의 저서의 서두에서는 그는 분업을 단지 지나가는 김에 사회적 불평등의 원천으로 시사하고 있을 뿐이다. 국가의 수입에 관한 제5편에서 비로소 그는 퍼거슨을 재생산하고 있다. 나는 ≪철학의 빈곤(*Misère de Philosophie*)≫ 속에서, 분업 비판에서의 퍼거슨, A. 스미쓰, 르몽테(Lemontey) 및 쎄의 역사적 관계에 대하여 필요한 것을 말했고, 또한 거기에서 매뉴팩처적 분업을 역시 최초로 자본주의적 생산양식의 특수한 형태로서 서술했다. (같은 책, p. 122 이하. [*MEW*, Bd. 4, S. 145-147.])

71 퍼거슨은 이미 같은 책, p. 281에서 다음과 같이 말하고 있다: "그리고 생각하는 것 그 자체가 이 분업의 시대에는 하나의 특수한 직업이 될 수 있다."

마찬가지로, 과거의 진보의 결과이며, 또한 장래의 진보의 원인이다. ... 그런데도 정부가 이 분업을 방해하고, 그 자연적 진행을 저지해도 좋단 말인가? 분할과 분리를 추구하는 두 종류의 노동을 뒤섞어 혼합시키려는 시도를 위해서 정부가 국가수입의 일부를 투입해도 좋단 말인가?"72

어떤 일정한 정신적·육체적 불구화는 심지어 사회의 전반적 분업과도 밀접하게 결합되어 있다. 그러나 매뉴팩춰 시대는, 그것이 노동부문들의 이러한 사회적 분할을 훨씬 더 촉진하는 한편, 그 시대에 특유한 분업에 의해서 비로소 개인을 그 삶의 뿌리로부터 장악하기 때문에, 산업병리학73을 위한 재료와 자극도 또한 최초로 제공한다.

---

72 G. 가르니에, 그의, 《국부론》 번역본, 제5권, p. 4-5.
73 파도봐(Padova)의 임상의학 교수 롸마찌니(Ramazzini)는 1713년에 그의 저서 《수공업자의 질병(*De morbis artificum*)》을 발표했는데, 1781년에 프랑스어로 번역되었고, 1841년에는 《의학백과사전. 제7부, 고전적 저자 편 (*Encyclopédie des Sciences Médicals. 7me Div. Auteurs Classiques*)》에 다시 수록되었다. 대공업의 시대는 그의 노동자 질병의 목록을 물론 대단히 증대시켰다. 특히 A. L. 퐁트뤠(Fonteret) 박사의 《대도시 일반의, 그리고 특히 리용 시의 노동자의 육체적·정신적 위생(*Hygiène physique et morale de l'ouvrier dans les grandes villes en général, et dans la ville de Lyon en particulier*)》, 빠리, 1858, 및 [R. H. 로하취(Rohatzsch),] 《다양한 신분, 연령 및 남녀에 특유한 질병들(*Die Krankheiten, welche verschiednen Ständen, Altern und Geschlechtern eigentümlich sind*)》, 전6권, 울름(Ulm), 1840을 보라. 1854년에는 기예·통상협회(技藝·通商協會)[106]가 산업병리에 관한 조사위원회를 임명했다. 이 위원회가 수집한 문서들의 명세서는 "튀크넘 경제 박물관(Twickenham Economic Museum)"의 목록 속에 있다. 정부의 《공중보건에 관한 보고서들(*Reports on Public Health*)》도 대단히 중요하다. 의학박사 에두아르트 롸이히(Eduard Reich)의 《인류의 퇴화에 관하여(*Ueber die Entartung des Menschen*)》, 에르랑엔(Erlangen), 1868도 보라.

"인간을 세분(細分)하는 것은, 만일 그가 그 선고를 받을 만하다면 그를 사형에 처하는 것이고, 만일 그가 그렇지 않다면 그를 암살하는 것이다. … 노동의 세분은 인민의 암살이다."[74]

분업에 기초한 협업, 즉 매뉴팩춰는 애초에는 자연발생적인 형성물이다. 그 존재가 다소 견고해지고 광범해지자마자 그것은 자본주의적 생산양식의 의식적·계획적·조직적인 형태로 된다. 본래의 매뉴팩춰의 역사는, 어떻게 그것에 특유한 분업이 최초에 경험적으로, 말하자면 당사자들의 배후에서, 적절한 형태들을 획득하며, 그러나 그 후에는, 어떻게 동업조합적 수공업과 마찬가지로, 일단 발견된 형태를 전통적으로 고수하려고 애쓰고, 또 약간의 경우에는 어떻게 수백 년이나 고수하는가를 보여주고 있다. 이 형태가 바뀐다면, 그것은, 중요하지 않은 것들을 제외하면, 언제나 오로지 노동도구들의 변혁 때문일 뿐이다. 근대적 매뉴팩춰 —나는 여기에서는 기계장치에 기초한 대공업에 대해서는 말하지 않는다—는, 예컨대, 의복 매뉴팩춰처럼, 그것이 발생하는 대도시들에서 이미 숙련된 시인의 흩어진 사지(四肢)(disjecta membra poetae)[108]를 발견하여 단지 분산 상태에서 그것들을 모으기만 하든가, 아니면, 수공업적 생산의 다양한 작업들을 (예컨대, 제본업의 경우처럼) 특수한 노동자들에게 간단히 전속시킴으로써, 그 분업의 원리가 아주 명백하다. 이들 경우에 각 기능에

---

[74] "To subdivide a man is to execute him, if he deserves the sentence, to assassinate him, if he does not … the subdivision of labour is the assassination of a people." (D. 어커트, ≪상용어≫, 런던, 1855, p. 119.) 헤겔은 분업에 대하여 대단히 이단적인 견해를 가지고 있었다. "교양 있는 사람이란 무엇보다도 다른 사람이 하는 것은 무엇이든 할 수 있는 사람이라고 이해할 수 있다"고, 그는 자신의 ≪법철학≫[107]에서 말하고 있다.

필요한 노동자의 비례수를 발견하는 데에는 1주일의 경험도 필요하지 않다.75

매뉴팩쳐적 분업은, 수공업적 활동의 분해, 노동도구들의 전문화, 부분노동자들의 형성, 하나의 총기구로의 그들의 편성과 결합에 의해서 사회적 생산과정들의 질적 편제(編制)와 량적 비례성을, 따라서 사회적 노동의 일정한 조직을 만들어내고, 그럼으로써 동시에 노동의 새로운 사회적 생산력을 발전시킨다. 사회적 생산과정의 특수한 자본주의적 형태로서는 — 그리고 기존의 토대 위에서는*1 그것은 자본주의적 형태 속에서밖에는 발전할 수 없지만 — 매뉴팩쳐적 분업은 단지 상대적 잉여가치를 생산하기 위한, 혹은 노동자들을 희생시켜 자본— 사람들이 사회적 부, "국부(國富, Wealth of Nations)" 등이라고 부르는 것 —의 자기증식을 높이기 위한 하나의 특수한 방법에 불과하다. 매뉴팩쳐적 분업은, 노동자를 위해서가 아니라 자본가를 위해서, 그뿐 아니라 개별 노동자를 불구화함으로써, 사회적 생산력을 발전시킨다. 매뉴팩쳐적 분업은 노동에 대한 자본의 지배의 새로운 조건들을 생산한다. 따라서 그것은, 한편에서는 역사적 진보이자 사회의 경제적 형성과정에서의 필연적 발전계기로서 나타난다면, 다른 한편에서는 문명화되고 세련된 착취의 한 수단으로서 나타나는

---

75 개별 자본가가 분업에서 선험적으로(a priori) 발휘한다는 발명의 천재에 대한 소박한 신앙은 이제, 예컨대, 로셔 씨 같은, 독일의 교수들에게서만 발견되는데, 그는, 분업은 자본가의 쥬피터적인 두뇌에서 완성되어 나온다며, 사례로 "다양한 임금들"을 자본가에게 바치고 있다. 분업의 적용의 크고 작음은 지갑의 크기에 달려 있는 것이지, 천재의 크기에 달려 있는 것이 아니다.

*1 [역주] "기존의 토대 위에서는"이 프랑스어판에는 "주어진 역사적 토대 위에서는(sur les bases historiques données)".

것이다.

 매뉴팩춰 시대에 비로소 독자적인 과학으로서 나타나는 경제학은 사회적 분업 일반을 오로지 매뉴팩춰적 분업의 관점에서만,76 즉, 동일한 분량의 노동으로 더 많은 상품을 생산하기 위한, 따라서 상품을 저렴화하고 자본의 축적을 가속화하기 위한 수단으로서만 고찰하고 있다. 이렇게 량과 교환가치를 강조하는 것과는 정반대로 고전적 고대의 저술가들은 오로지 질과 사용가치에만 집착한다.77 사회적 생산부문들이 구분된 결과, 상품들은 보다 더 잘 만들어지고, 사람들의 다양한 성향과 재능들은 자기에게 적합한 활동영역들을 선택하며,78 제한이 없는 곳에서는 어디

---

76 A. 스미쓰보다도 페티나 《영국에 대한 동인도 무역의 이익들》의 익명의 저자 등과 같은 그 이전의 저술가들이 매뉴팩춰적 분업의 자본주의적 성격을 응시하고 있다.

77 근대인들 중에서 예외는, 베카뤼아(Beccaria)와 제임스 해뤼스(James Harris)처럼, 분업에 관해서는 거의 오로지 고대인들의 말을 되풀이하고 있는, 18세기의 일부 저술가들이다. 그리하여 베카뤼아는 이렇게 말하고 있다: "누구에게나 자신의 경험이 입증하고 있는 바와 같이, 손과 정신을 언제나 같은 종류의 노동과 생산물들에 기울이면, 각자가 필요한 것을 생산하게 될 때보다 그것들을 더 쉽게, 더 풍부하게, 더 잘 생산한다. ... 이렇게 하여 사람들은 공공의 편익을 위하여 그리고 그 자신의 이익을 위하여 다양한 계급과 신분으로 나누어진다." (체자뤠 베카뤼아[Cesare Beccaria], 《공공경제학원론[*Elementi di Econ. Publica*]》, 꾸스또디 편, 《이딸리아의 경제학자들》 총서, 근대 편, 제11권, [밀라노, 1804년 (新日本판에 의함)], p. 28.) 뻬쩨르부르크 주재 대사 시절의 《일기》로 유명하고 나중에 만즈베리 백작(Earl of Malmesbury)이 된 제임스 해뤼스는, 나중에 《3논문 ...(*Three Treaties etc.*)》(제3판, 런던, 1772)에 재수록된 자신의 저서 《행복에 관한 대화(*Dialogue concerning Happiness*)》(런던, 1741)[109]의 한 주(注)에서 스스로 다음과 같이 말하고 있다: "사회가 자연적인 것이라는 것"(즉, '작업의 분할'에 의해서)"에 대한 모든 논거는 플라톤의 《국가》의 제2권에서 가져온 것이다."

에서도 중요한 것은 수행되지 않는다.79 이렇게 생산물도 생산자도 분업에 의해서 개선된다. 이따금 상품의 량의 증대가 언급된다고 하더라도, 그것은 단지 사용가치가 보다 더 풍부해지는 것과 관련해서다. 교환가치, 즉 상품의 저렴화는 일언반구도 염두에 두고 있지 않다. 사용가치라고 하는 이러한 관점은, 분업을 사회적 신분 구분의 토대로 취급하는 플라톤80의 경우에도, 그의

---

78 그리하여 ≪오디쎄이≫ 제14장 제228절에는, "사람마다 각기 다른 일을 좋아하기 때문이다"라고 하였으며, 아르킬로쿠스(Archilochus)는 쎅스투스 엠피뤼쿠스(Sextus Empiricus)의 저서 속에서 "각자는 다른 일로 기운이 난다"[110]고 하고 있다.

79 "Πολλ᾽ ἠπίστατο ἔργα, χαχῶς δ᾽ ἠπίστατο πάυτα."(많은 일들을 그는 할 수 있지만, 모든 것에 그는 서툴다.) — 아테네인은 상품생산자로서는 스파르타인보다 뛰어나다고 자부했는데, 그 이유는, 투키디데스(Thukydides)가 페리클레스(Perikles)로 하여금, 펠로폰네소스 전쟁에서 아테네인들을 격려하는 연설에서 "자급자족경제를 하는 사람들은 화폐로보다도 오히려 자신의 몸으로 전쟁을 하려고 한다"(투키디데스, ≪펠로폰네소스 전쟁사≫, 제1부, 제141장)라고 말하게 하고 있는 것처럼, 스파르타인은 전쟁에서 인간은 자유롭게 다루지만, 화폐는 자유롭게 다루지 못하기 때문이었다. 그럼에도 불구하고 그들의 이상(理想)은, 물질적 생산에서도 역시, 분업에 대립하는 자급자족(αὐταρχεία)이었는데, "왜냐하면, 분업의 경우 부유(富裕)가 있지만, 자급자족의 경우에는 독립도 있기 때문이다." 이 경우 고려하지 않으면 안 되는 것은, 30참주(僭主)[111]가 몰락하던 시기에도 토지를 소유하지 않은 아테네인은 아직 결코 5000명도 되지 않았다는 사실이다.

80 플라톤은 공동체 내부의 분업을 개인들의 욕망의 다면성과 소질의 일면성으로부터 설명한다. 그의 경우 주요한 관점은, 노동자는 작업에 자신을 적응시키지 않으면 안 되고, 작업을 노동자에게 적응시켜서는 안 되는데, 노동자가 동시에 다양한 기예(Künste)를, 따라서 이런저런 기예를 부업으로서 수행하게 되면, 불가피하게 작업을 노동자에게 적응시키게 된다는 것이다. "왜냐하면, 일은 그것을 하는 사람의 자유로운 시간을 기다리지 않을 것이며, 노동자가 작업에, 더욱이 경솔하지 않게, 충실하지 않으면 안 되기 때문이다. — 이것은 당연하다. — 그리하여 결론적으로는, 어떤 한 사람이 자신의 천부적 재능에 맞추어, 적당한 시기에, 다른 업무들로부터 해방되어, 오직 하나의 물품

특징적인 시민적 본능으로 이미 작업장 내의 분업에 다가가고 있는 크세노폰(Xenophon)[81]의 경우에도, 지배적이다. 플라톤의 공

> 만을 만든다면, 사람들은 모든 것을 보다 많이, 그리고 보다 아름답고 보다 용이하게 만들 것이다."(≪국가≫, 제1부, 제2권, 바이터[Baiter], 오뼬리[Orelli] 편.) 투키디데스, 같은 책, 142장에도 다음과 같이 유사한 것이 있다: "항해는 다른 무엇과 마찬가지로 하나의 기술이고, 어떤 경우에도 부업으로서는 경영될 수 없으며, 오히려 다른 어떤 것도 항해와 더불어 부업으로서 경영될 수 없다." 플라톤이 말하기를, 일이 노동자를 기다려야 한다면, 자주 생산의 결정적인 순간을 놓치게 되고, 제품을 망치게 되며, "작업을 위한 적기(適期)를 잃어버린다.(ἔργου καιρὸν διόλλυνται.)" 동일한 플라톤적 사고는, 모든 노동자들에 대하여 어떤 일정한 식사시간을 확정하고 있는 공장법의 조항에 대한, 영국 표백공장주들의 항의 속에서도 다시 발견된다. 그들의 사업은 노동자들에게 맞춰질 수 없는바, 왜냐하면, "털태우기·세척·표백·윤내기·다림질 및 염색이라는 다양한 작업들 중 결코 어느 하나도 손상의 위험 없이는 일정한 순간에 갑자기 중단될 수 없기 때문이다. … 모든 노동자를 위하여 동일한 식사시간을 강제하면, 때로는, 노동과정이 끝나지 않음으로써 귀중한 재화들을 위험에 빠뜨릴 수 있다." 플라톤주의는 다음엔 어디에 둥지를 틀 것인가!(Le platonisme où va-t-il se nicher!)

81 크세노폰은, 페르샤 왕의 식탁에서 음식물을 먹는 것은 영광일 뿐 아니라 이 음식물들은 다른 것들보다 훨씬 더 맛있기도 하다고 말한다. "그리고 이것은 전혀 놀랄 일이 아닌 것이, 대도시들에서는 다른 기술들이 특별히 완성되어 있는 것과 마찬가지로, 왕의 음식물들은 완전히 특별히 조리되기 때문이다. 소도시들에서는 같은 사람이 침대, 문, 쟁기, 책상을 만들기 때문에, 이따금 게다가 집까지 짓고, 자기의 생계를 유지하기에 충분한 고객만 있으면, 만족해 한다. 그렇게 여러 가지를 하는 한 사람이 모든 것을 잘 만든다는 것은 전혀 불가능하다. 그런데 각 개인마다 많은 구매자를 발견할 수 있는 대도시에서는 한 사람이 살아가는 데에 하나의 수공업이면 충분하다. 그뿐 아니라, 살아가는 데에 때로는 하나의 수공업 전체도 필요 없고, 어떤 사람은 남자구두를 만들고, 다른 사람은 여자구두를 만든다. 때로는 어떤 사람은 구두를 꿰매는 것으로만, 어떤 사람은 그것을 재단하는 것으로만 살아가고, 어떤 사람은 의복을 단지 재단만 하고 다른 사람은 그 조각들을 봉합하기만 한다. 그런데 가장 단순한 일을 하는 사람은 역시 무조건적으로 그것을 가장 잘한다는 것은 당연하다. 요리기술에서도 마찬가지다."(크세노폰, ≪키로파에디아(Cyropaedia)≫, 제8권, 제2장.) 크세노폰은 분업의 규모가 시장의 크기에 달려

화국[112]은, 그 안에서 분업이 국가의 형성원리로서 전개되는 한에서는, 그의 다른 동시대인들, 예컨대, 이소크라테스(Isokrates)82에게도 역시 이집트가 산업의 모범국가로서 간주되고 있는 것처럼, 단지 이집트 카스트 제도의 아테네인(人)적 이상화(理想化)에 불과하며, 이러한 의의는 로마 제정(帝政) 시대의 그리스인들에게까지도 유지되었다.83

본래의 매뉴팩춰 시대, 즉 매뉴팩춰가 자본주의적 생산양식의 지배적인 형태였던 시대에는 매뉴팩춰 고유의 경향들의 완전한 실현은 다방면의 장해에 부딪힌다. 이미 본 바와 같이, 매뉴팩춰는, 노동자들을 등급제적으로 편제함과 동시에, 숙련노동자와 비숙련노동자라는 간단한 구분을 만들어내지만, 숙련노동자의 압도적인 세력에 의해서 비숙련노동자의 수는 여전히 대단히 한정된 채로 머문다. 매뉴팩춰는 특수작업들을 살아 있는 노동기관들의 성숙, 힘 그리고 발전의 다양한 정도에 적합하게 하고, 그리하여 여성 및 아동의 생산적 착취를 촉진하지만, 이러한 경향은 대

있다는 것을 이미 알고 있지만, 여기에서는 오로지 사용가치의 소기의 품질만이 주목되고 있다.

82 "그"(부시리스, Busiris)"는 모든 사람들을 특수한 카스트들로 나누고 ... 동일한 사람은 언제나 동일한 업무에 종사하도록 명령했는데, 왜냐하면, 자신의 일을 바꾸는 사람들은 결코 어떤 업무에도 정통해지지 않지만, 끊임없이 동일한 일만을 하는 사람은 누구나 그 업무를 가장 완벽하게 해낸다는 것을 그가 알았기 때문이다. 실제로 우리도 알게 되는 바와 같이, 그들[이집트인들: 역자]은, 기술 및 수공업과 관련해서는, 거장(巨匠)이 미숙한 사람을 능가하는 것 이상으로 경쟁자들을 능가해 왔으며, 그들이 군주제와 기타 국가제도를 유지하는 장치와 관련해서도 대단히 탁월해서, 그것들에 관해서 말하려는 유명한 철학자들은 이집트의 국가제도를 다른 나라들의 것보다 찬양했다." (이소크라테스, ≪부시리스≫, 제8장.)

83 디오도로스 씨쿨루스 [≪역사문고≫ 제1권, 1831년]을 참고하라.

체로 관습과 남성노동자들의 반항에 부딪쳐 좌절된다. 수공업적 활동의 분해는 노동자의 양성비를 저하시키고, 따라서 노동자의 가치를 저하시키지만, 비교적 어려운 세부노동에는 여전히 비교적 긴 수련기간이 필요하고, 또 그것이 불필요한 곳에서도 노동자들에 의해서 열심히 유지된다. 알다시피, 예컨대, 영국에서는 7년간의 수련기간을 규정하고 있는 "도제법(laws of apprenticeship)"[*1]이 매뉴팩춰 시대의 말까지 완전히 그 효력을 유지했으며, 대공업에 의해서 비로소 폐기되었다. 수공업적 숙련이 여전히 매뉴팩춰의 토대며, 매뉴팩춰 안에서 기능하고 있는 총기구는 노동자들 그 자체로부터 독립한 어떤 객관적 골격을 결코 가지고 있지 않기 때문에, 자본은 끊임없이 노동자들의 불복종과 싸운다.

낯익은 유어는 외친다.

"인간성의 결함 때문에, 흔히 노동자가 숙련되면 될수록, 더욱더 제멋대로 되어 다루기 어렵게 되며, 당연히 기계적 체계에 덜 적합한 부품이 된다 … 그는 전체에 거대한 손해를 끼칠 수 있다."[84][*2]

---

*1 [新日本 판 역주] 도제법(徒弟法) — 1563년에 제정. 7년간의 도제기간을 규정. 12–60세의 남자는 이 기간을 종료하지 않으면 고용되지 않았고, 또한 고용기간 중에는 거기에 묶여서 이동의 자유가 없었다. 1814년에 폐지.

84 유어, ≪공장 철학≫, p. 20.

*2 [역주] 이 인용문 "By the infirmity of human nature, it happens that the more skilful the workman, the more self-willed and intractable he is apt to become, and of course the less fit a component of a mechanical system in which … he may do great damage to the whole"은 독일어판에는 다음과 같이 번역되어 있다: "Der Schwäche der menschlichen Natur ist so groß, daß der Arbeiter, je geschickter, desto eigenwilliger und schwieriger zu behandeln wird und folglich dem Gesamtmechanimus durch seine rappel-

그리하여 매뉴팩쳐 시대 전체를 통해서 노동자들의 규율부족에 대한 불평이 그치지 않는다.⁸⁵ 그리고, 당시 저술가들의 증언이 없었다 하더라도, 16세기부터 대공업의 시대에 이르기까지 자본은 매뉴팩쳐 노동자들이 자유롭게 처분할 수 있는 노동시간 전체를 자기 것으로 장악하는 데에 성공하고 있지 못하다든가, 매뉴팩쳐들이 단명(短命)하며, 노동자들의 이출입(移出入)에 따라서 어떤 지방에 있던 본거지를 포기하고 다른 지방에 본거지를 세운다든가 하는 간단한 사실들이 그것을 증명하고도 남을 것이다. "어떻게 해서든 질서를 확립하지 않으면 안 된다"라고, 자주 인용했던 《산업 및 상업론》의 저자는 1770년에 외치고 있다. 분업, 그것은 66년 후에 다시 앤드류 유어 박사의 입으로부터 이렇게 메아리친다: "질서"는 "분업이라는 스콜라적 도그마"에 기초하고 있는 매뉴팩쳐에는 없었고, "아크롸이트(Arkwright)가 질서를 창조했다."

마찬가지로, 매뉴팩쳐는 사회적 생산을 전체적으로 장악할 수도 없었고, 근본적으로 변혁할 수도 없었다. 그것은 도시 수공업과 농촌 가내공업이라는 광범한 토대 위에 경제적 예술작품으로서 솟아 있었다. 매뉴팩쳐 자신의 협소한 기술적 기초는, 일정 정도 발전하게 되자, 매뉴팩쳐 그 자체에 의해 창출(創出)된 생산상의 요구들과 모순되게 되었다.

매뉴팩쳐의 가장 완성된 창조물의 하나는 노동도구들 그 자체

---

köpfigen Launen schweren Schaden zufügt. (인간성의 결함은 대단히 커서, 노동자는, 숙련되면 될수록 더욱더 제멋대로 되어 다루기 어렵게 되며, 그 결과 그의 발광적인 변덕에 의해서 총기구에 중대한 손해를 입힌다.)"

85 본문에서 말한 것은 프랑스에 대해서보다도 영국에 대해서, 그리고 네덜란드에 대해서보다 프랑스에 대해서 훨씬 더 타당하다.

를 생산하기 위한, 그리고 또한 특히 이미 사용되고 있던 복잡한 기계적 장치들을 생산하기 위한 작업장이었다.

유어는 말한다.

"이러한 작업장"*1은 다양한 등급의 분업을 보여 주었다. 송곳, 끌, 선반은 각각, 숙련의 정도에 따라 서열별로 편성된 고유의 노동자들을 가지고 있었다."[113]

매뉴팩춰적 분업의 이 생산물이 이번에 생산한 것은 — 기계들이었다. 기계들은 사회적 생산의 규제적 원리로서의 수공업적 활동을 폐기한다. 그리하여 한편으로는 노동자를 하나의 부분기능에 평생 묶어두는 기술적 토대가 제거된다. 다른 한편으로는 동일한 원리가 자본의 지배에 아직 가하고 있던 한계들이 없어진다.

---

*1 [역주] "이러한 작업장"이 원문은 "기계공장(machine-factory)".

제13장
기계장치와 대공업[*1]

제1절 기계장치의 발전[*2]

존 스튜어트 밀은 자신의 저서 ≪경제학 원리≫에서 다음과 같이 말하고 있다.

"지금까지 이루어진 모든 기계의 발명들이 어느 누군가의 나날의 노고를 덜어 주었는지는 의문이다."[86]

그러나 그러한 것은 결코 자본주의적으로 사용되는 기계장치의 목적이 아니다.[*3] 다른 모든 노동생산력의 발전과 마찬가지

---

*1 [역주] 영어판에는, "기계장치와 근대적 공업(Machinery and Modern Industry)".

*2 [역주] 프랑스어판에는, "기계와 기계적 생산의 발전(Le Développement des Machines et de la Production Mécanique)".

86 "It is questionable, if all the mechanical inventions yet made have lightened the day's toil of any human being." 밀은, "of any human being not fed by other people's labour(다른 사람들의 노동으로 먹고 살지 않는 누군가의)"라고 말했어야 할 것이다. 왜냐하면, 기계장치는 논쟁의 여지없이 고결한 게으름뱅이들의 수를 증대시켰기 때문이다.

*3 [역주] 이 문장이 프랑스어판에는, "그것은 그것들의 목적이 아니었다. (Ce n'était pas là leur but.)"로 되어 있다.

로, 기계장치[*1]는 마땅히 상품을 값싸게 하고, 노동자가 자기 자신을 위하여 필요로 하는 노동일 부분을 단축하여, 그가 자본가에게 무상으로 제공하는 다른 노동일 부분을 연장하여야 할 것이다. 그것은 잉여가치를 생산하기 위한 수단이다.[*2]

생산양식의 변혁은 매뉴팩춰에서는 노동력을, 대공업에서는 노동수단을 출발점으로 한다. 그러므로 무엇에 의해서 노동수단은 도구로부터 기계로 전화되는가를, 혹은 무엇에 의해서 기계는 수공업적 도구와 구별되는가를 맨 먼저 연구하지 않으면 안된다. 여기에서 문제는 단지 커다란, 일반적인 특징들뿐인데, 왜냐하면 사회사의 시대들은, 지질학의 연대들과 마찬가지로, 추상적인 엄밀한 경계선들에 의해서 구분되지는 않기 때문이다.

수학자들과 기계학자들은 — 그리고 이것은 여기저기에서 영국의 경제학자들에 의해서 되풀이되고 있다 — 도구를 간단한 기계라고, 그리고 기계를 복잡한 도구라고 설명하고 있다. 그들은 이때 본질적인 차이를 조금도 보지 않고, 지렛대, 경사면, 나사, 쐐기 등과 같은, 단순한 역학적 력능(力能)들(Potenzen)까지도 기계라고 부르고 있다.[87] 실제로 기계는 어느 것이나, 아무리 가장(假裝)되고 결합되어 있더라도, 그러한 간단한 력능들로 이루어져 있다. 하지만 경제학적 관점에서는 그 설명은 아무런

[*1] [역주] 프랑스어판에는, "기계의 자본주의적 사용(l'emploi capitaliste des machines)".

[*2] [역주] 이 문장이 프랑스어판에는, "그것[기계의 자본주의적 사용(l'emploi capitaliste des machines): 역자]은 상대적 잉여가치를 생산하기 위한 특별한 방법이다. (C'est une méthode particulière pour fabriquer de la plus-value relative.)"로 되어 있다.

[87] 예컨대, 허튼(Hutton)의 《수학 강의(*Course of Mathematics*)》를 보라.

쓸모가 없다. 왜냐하면, 그러한 설명에는 역사적 요소가 없기 때문이다. 다른 한편에서는 도구와 기계의 차이를, 도구의 경우에는 인간이 동력이고, 기계의 경우에는 동물, 물, 바람 등과 같이 인간력과는 다른 자연력이라는 데에서 찾으려고 한다.88 그에 따르면, 극히 다양한 생산시대들에 속하는, 소가 끄는 쟁기는 기계고, 단 한 사람의 손으로 움직여 1분에 96,000코를 짜는, 클라우쎈식 원형 직기(Claussens Circular Loom)는 단순한 도구일 것이다. 아니, 동일한 직기가, 손으로 움직이면, 도구고, 증기로 움직이면, 기계일 것이다. 동물의 힘의 이용은 인류의 가장 오랜 발명의 하나이기 때문에, 실로 기계적 생산이 수공업적 생산에 선행할 것이다. 1735년에 존 와이어트(John Wyatt)가 자신의 방적기를,*1 그리고 그것과 함께 18세기의 산업혁명을 예고했을 때, 그는 인간 대신에 당나귀가 그 기계를 가동시킨다는 것을 한 마디도 언급하지 않았는데, 그럼에도 불구하고 그 역할은 당나귀의 몫이 되었다. "손가락을 사용하지 않고 방적하는" 기계, 그것이 그의 계획(Programm)의 내용이었다.89

---

88 이러한 관점에서 보면, 도구와 기계 사이에 명확한 경계선이 그어진다. 삽, 망치, 끌 등, 다른 것은 아무리 정교하더라도 인간이 동력인 지레 장치들과 나사 장치들 ... 이 모든 것은 도구의 개념 하에 들어간다. 반면에 동물의 힘으로 움직이는 쟁기, 풍력 등에 의한 맷돌은 기계에 포함시켜야 한다."(빌헬름 슐츠[Wilhelm Schulz], ≪생산의 운동[*Die Bewegung der Produktion*]≫, 취리히, 1843, p. 38.) 많은 점에서 칭찬할 만한 저작이다.

*1 [역주] 존 와이어트(1700-1766)는 루이스 폴(Lewis Paul(?-1759)과 함께 1738년 6월 24일 2벌의 회전 롤러 방적기의 특허를 취득했고, 그것이 발전하여 1741년에는 2마리의 당나귀에 의해 가동되었다.

89 와이어트 이전에도 이미, 비록 대단히 불완전한 것들이었지만, 방적을 위해 기계들이 사용되었는데, 아마 맨 처음엔 이딸리아에서였을 것이다. 비판적인 기술학사(技術學史)가 있다면, 무릇 18세기의 어떤 발명이든 한 개인의 것인

393 발달한 모든 기계장치는 본질적으로 다른 세 부분으로, 즉 동력기(動力機), 전동기구(轉動機構), 마지막으로 도구기(道具機) 즉 작업기(作業機)로 이루어져 있다. 동력기는 기구 전체의 원동력으로서 작용한다. 그것은, 증기기관·열기관(熱機關)[114]·전자기관(電磁機關) 등과 같이 그 자신의 동력을 만들어 내거나, 혹은, 물레방아가 떨어지는 물로부터, 풍차가 바람으로부터 등등처럼, 그 외부에 이미 존재하는 어떤 자연력으로부터 원동력을 받는다. 전동기구는, 속도조절바퀴들·구동축(驅動軸)들·톱니바퀴들·도르레들·회전축·로프·벨트·중간장치·각종 련동기(連動機)로 이루어져 있어서, 운동을 조절하고, 필요한 경우에

것이 얼마나 없는가를 입증할 것이다. 지금까지는 그러한 저작은 전혀 존재하지 않는다. 다윈은 자연의 기술학의 역사, 즉 동식물이 살아가기 위한 생산적 도구로서의 동식물의 기관들의 형성에 관심을 기울였다. 사회적 인간의 생산적 기관들의 형성사(形成史), 즉 모든 특수한 사회조직의 물질적 기초의 형성사도 똑같은 주의를 기울일 가치가 있지 않은가? 그리고 뷔코(Vico)의 말처럼, 인간의 역사는 우리가 만들어 왔지만, 자연의 역사는 그렇지 않다는 점에서 인간의 역사는 자연의 역사로부터 구별되기 때문에, 사회적 인간의 생산적 기관들의 형성사가 더 제공하기 쉽지 않을까? 기술학은, 자연에 대한 인간의 능동적 태도*1를 드러내고, 인간 생활의 직접적 생산과정을, 따라서 또한 인간의 사회적 생활관계들 및 거기에서 분출하는 정신적 표상들의 직접적 생산과정*2을 드러낸다. 모든 종교사까지도, 이 물질적 기초를 도외시하면, — 무비판적이다. 실제로, 분석에 의해서 종교적 환상의 현세적 핵심을 발견하는 것은, 그 반대로, 그때그때의 현실적 생활관계로부터 그 천국화된 형태들을 전개하는 것보다 훨씬 더 쉽다. 후자의 방법이 유일한 유물론적인, 따라서 과학적인 방법이다. 역사적 과정을 배제하는 추상적 자연과학적 유물론의 결함들은, 그 대변자들이 그들의 전문 밖으로 뛰어나오자마자, 그들의 추상적인 그리고 관념적인 견해들로부터 이미 알아챌 수 있다.

*1 [역주] "능동적 태도"가 프랑스어판에는, "행동양식(le mode d'action)".
*2 [역주] "정신적 표상들의 직접적 생산과정"이 프랑스어판에는, "지적 표상들이나 개념들의 기원(l'origine ... des idées ou conceptions intellectuelles)".

는 그 형태를, 예컨대, 수직 운동으로부터 원형 운동으로 바꾸며, 그 운동을 도구기들에 분배하고 전달한다. 기구의 이 두 부분은 모두 단지 도구기에 운동을 전달하기 위해서 존재할 뿐이며, 그럼으로써 도구기가 노동대상을 포착하여 합목적적으로 변화시킨다. 기계장치의 이 부분, 즉 도구기, 바로 여기에서부터 18세기에 산업혁명이 출발한다. 그것은 아직도 수공업적 경영 또는 매뉴팩취적 경영이 기계제 경영으로 이행할 때마다 매일 다시 출발점이 된다.

그런데 도구기, 즉 본래의 작업기를 보다 자세히 살펴보면, 비록 종종 대단히 변형된 형태로서이지만, 대체로 수공업자와 매뉴팩취 노동자가 가지고 일하는 장치들과 도구들이 다시 나타나는데, 그러나 인간의 도구들로서가 아니라 이제는 하나의 기구의 도구들로서, 즉 기계적 도구들로서 나타난다. 기계 전체가 단지, 기계 직기의 경우처럼,90 옛 수공업 도구의, 다소 변경된 기계화 판(版)에 불과하든가, 혹은 작업기의 골조에 부착되어 일하는 기관들이, 방적기의 방추들, 양말직기의 바늘들, 제재기(製材機)의 톱날들, 절삭기의 칼들 등등처럼, 옛날부터 알려져 있는 것들이다. 이들 도구들과 작업기의 본래의 동체(胴體)의 차이는 이들 도구의 출생에까지 미친다. 요컨대, 이들 도구는 대부분 아직도 수공업적 혹은 매뉴팩취적으로 생산되어, 나중에야 비로소 기계적으로 생산된 작업기의 동체에 부착되는 것이다.91 따라서 도구

---

90 특히 기계 직기의 최초의 형태에서는 옛 직기의 재현임이 첫 눈에 인정된다. 그것은 그 근대적인 형태에서는 본질적으로 변화되어 나타난다.

91 영국에서는 대략 1850년 이후에야 비로소, 작업기용 도구들의 갈수록 많은 부분이, 비록 기계들 자체를 만드는 공장주들에 의해서는 아니지만, 기계적으로 제조된다. 이러한 기계용 도구들을 제조하기 위한 기계들은, 예컨대, 자

기는, 상응하는 운동이 전달됨에 따라서, 이전에는 노동자가 유사한 도구들로 수행했던 것과 동일한 작업들을 자신의 도구들로 수행하는 하나의 기구다. 이제 원동력이 인간에서 나오는가, 아니면 그 자체가 다시 어떤 기계에서 나오는가는 사태의 본질을 전혀 바꾸지 않는다. 본래의 도구가 인간으로부터 하나의 기구로 이양된 후에는 단순한 도구 대신에 기계가 나타나는 것이다. 그 차이는, 인간 자신이 아직 여전히 원동력으로 남아 있는 때에도 곧바로 눈에 띈다. 인간이 동시에 사용할 수 있는 작업용구의 수는 그의 자연적 생산용구들, 즉 그 자신의 신체적 기관들의 수에 의해서 제한되어 있다. 독일에서는 처음엔 한 명의 방적공으로 하여금 두 대의 물레를 밟게 하려고, 따라서 동시에 두 손과 두 발로 일하게 하려고 하였다. 이는 너무나 힘들었다. 나중에는 두 개의 방추가 달린 족답식(足踏式) 물레를 발명했지만, 두 올의 실을 동시에 자을 수 있는 방적의 대가는 두 개의 머리를 가진 인간만큼이나 드물었다. 그에 반해서 제니(Jenny)[115]라는 방적기는 처음부터 12-18개의 방추로 방적하고, 양말직기는 한꺼번에 수천 개의 바늘로 뜬다, 등등. 같은 도구기가 동시에 가동하는 도구의 수는, 한 노동자의 수공업 도구를 협소하게 제한하는 유기체적 한계로부터 해방되어 있는 것이다.

많은 수공업 도구에서는 단순한 원동력으로서의 인간과 고유한 조작기(操作器)를 구비한 노동자로서의 인간의 차이가 감각적으로 뚜렷하게 존재한다. 예컨대, 물레의 경우 발은 단지 원동

동 얼레 제작기(automatic bobbin-making engine), 소모(梳毛) 처리 솔 제작기(card-setting engine), 베틀의 북 제조기, 뮬(mule) 방추 및 쓰로슬(throstle) 방추 제조기가 있다.

력으로서만 작용하는 반면에, 방추를 움직여 실을 뽑고, 꼬는 손은 본래의 방적작업을 수행한다. 산업혁명은 수공업 용구의 바로 이 후자의 부분을 맨 먼저 포착하는 것이며, 눈으로 기계를 감시하고 기계의 잘못을 손으로 바로잡는 새로운 노동과 더불어, 원동력이라는 순전히 기계적인 역할은 우선은 아직 인간에게 맡겨 둔다. 그에 반해서, 예컨대, 맷돌의 손잡이를 돌린다든가,92 펌프질을 한다든가, 상하로 풀무질을 한다든가, 절구질을 한다든가 등등의 경우처럼, 그것들에 인간이 처음부터 단지 단순한 원동력으로서만 작용하는 도구들은 확실히 맨 먼저 동물들, 물, 바람93을 동력으로서 사용하게 한다. 그것들은, 부분적으로는 매뉴팩춰 시대 중에, 산발적으로는 이미 훨씬 그 이전에 기계로 발전하는데, 그러나 그것들이 생산양식을 변혁하지는 않는다. 그것들이 수공업적인 형태에서조차 이미 기계들이라는 것은 대공업 시대에 명백해진다. 예컨대, 1836-1837년에 네덜란드인들이 할렘(Harlem)호(湖)의 물을 퍼냈던 펌프들은 보통 펌프들의 원리에

---

92 이집트의 모세는 다음과 같이 말하고 있다: "타작을 하는 황소에게 부리망을 씌워선 안 된다."[116] 그에 반해서, 독일의 기독교적 박애주의자들은 밀을 빻기 위하여 그들이 원동력으로서 사용한 농노의 목에 커다란 나무 원반을 채워 그가 가루를 손으로 입에 가져가지 못하게 하였다.

93 부분적으로는 힘찬 폭포가 없기 때문에, 부분적으로는 다른 물의 과잉과 투쟁해야 했기 때문에, 네덜란드인들은 바람을 동력으로 사용하지 않을 수 없었다. 풍차 그것을 그들은 독일로부터 받아들였는데, 독일에서는 이 풍차의 발명이 귀족·사제·황제 사이에, 바람은 이 셋 중 도대체 누구에게 "속하는가"를 둘러싼 은근한 싸움을 불러 일으켰다. 바람은 사람을 예속시킨다고 독일에서는 말하는 반면에, 그 바람이 네덜란드를 자유롭게 하였다. 네덜란드에서 바람이 예속시킨 것은, 네덜란드인이 아니라, 네덜란드인을 위한 토지였다. 1836년에도 아직 네덜란드에서는, 국토의 3분의 2가 습지로 되돌아가는 것을 방지하기 위하여, 6,000마력을 가진 12,000개의 풍차가 사용되었다.

따라 제작되어 있었고, 다만 사람의 손 대신에 거대한 증기기관이 피스톤을 작동시켰을 뿐이었다. 영국에서는 아직도 때때로 대단히 불완전한 보통 풀무가 단순히 그 자루를 증기기관에 연결하는 것만으로 기계적인 공기펌프로 전화되고 있다. 증기기관 그것도, 17세기 말 매뉴팩춰 시대 중에 발명되어 18세기 80년대 초까지 존속한 그것은,[94] 결코 어떤 산업혁명도 불러일으키지 않았다. 오히려 그와는 반대로, 증기기관의 혁명을 필수불가결하게 만든 것은 바로 도구기들의 창조였다. 인간이, 도구를 가지고 노동대상에 작용하는 대신에 단지 원동력으로서 도구기에 작용하게 되자마자, 인간의 근육이 원동력이 되는 것은 우연적인 것으로 되고, 바람・물・증기 등이 대신 등장할 수 있다. 이는 당연히, 그러한 교체가 본래 인간적 원동력에만 맞도록 만들어졌던 기구의 거대한 기술적 변화를 흔히 야기한다는 것을 배제하지 않는다. 오늘날에는, 재봉틀・제빵기 등등과 같이, 이제부터 활로를 개척하지 않으면 안 되는 모든 기계들은, 그 용도 때문에 처음부터 소규모를 배제하지 않는다면, 인간적 원동력과 순기계적 원동력에 동시에 맞도록 만들어지고 있다.

산업혁명의 출발점이 되는 기계는, 하나의 도구를 다루는 노동자를, 동일한 혹은 유사한 다수의 도구로 동시에 작업하고, 그 형태야 어떻든, 단일한 원동력에 의해서 가동되는 하나의 기구로 대체한다.[95] 그러나 이때 기계는 단지 기계제 생산의 단순한 요

---

[94] 증기기관은 확실히 와트(Watt)의 최초의, 이른바 단동식(單動式) 증기기관에 의해서 이미 현저하게 개량되었으나, 이 형태에서는 여전히 물과 소금물의 단순한 양수기에 지나지 않았다.

[95] "단일한 원동력에 의해 가동되는, 이런 모든 단순한 용구들의 결합이 하나의 기계를 형성한다."(Ch. 바비지, ≪기계와 매뉴팩춰의 경제론≫, [p. 136.])

소로서의 그것이다.

작업기의 규모 및 동시에 작업하는 그 도구의 수의 증대는 보다 더 대규모의 운동기구(運動機構)를 요구하며, 또한 이 기구는 그 자신의 저항을 극복하기 위해서, — 인간은 균일하고 연속적인 운동의 대단히 불완전한 생산용구라는 점을 차치하더라도 —, 인간적 원동력보다 강력한 원동력을 요구한다. 인간은 그런데 오직 단순한 원동력으로서만 작용할 뿐이고, 따라서 인간의 도구 대신에 도구기가 등장해 있다고 전제하면, 자연력들은 이제 원동력으로서도 인간을 대체할 수 있을 것이다. 매뉴팩쳐 시대로부터 전승된 모든 대(大)동력들 중에서 말의 힘은 최악의 것이었는데, 왜냐하면, 말은 그 자신의 머리를 가지고 있기 때문이고, 또한 비용이 많이 들며, 그것을 전적으로 공장 안에서 사용할 수 있는 범위가 제한되어 있기 때문이다.96 그럼에도 불구하고, 당시 농학

---

96 존 C. 모턴(John C. Morton)은 1859년 12월[*1]에 기예협회에서 "농업에서 사용되는 힘들"에 관한 논문을 낭독했다. 거기에서 그는 특히 다음과 같이 말하고 있다: "토지의 균일성을 촉진하는 모든 개량은 순전한 역학적 힘의 생산에 점점 더 증기기관을 사용할 수 있게 한다. ... 구불구불한 울타리나 기타 장해물들이 균일한 동작을 방해하는 곳에는 어디에나 말의 힘이 필요하다. 이러한 장해물들은 나날이 사라지고 있다. 실제의 힘보다는 보다 많은 의지의 발휘를 요구하는 작업들에서 유일하게 사용할 수 있는 힘은 순간순간마다 인간 정신에 의해서 통제되는 힘 — 즉, 인력뿐이다." 그 다음에 모턴 씨는 증기력과 마력, 인력을 증기기관에 통상적인 도량단위로, 즉, 1분간에 33,000파운드를 1퀴트 올리는 힘으로 환산하여, 1증기마력의 비용을 시간당 증기기관의 경우 3펜스, 마력의 경우 $5^1/_2$펜스로 계산하고 있다. 나아가서, 말은 그 건강을 완전히 유지하기 위해서는 하루에 오직 8시간밖에는 사용될 수 없다. 증기력을 사용하면, 경작지에서는 1년을 통틀어 7마리의 말 중에서 최소한 3마리를 절약할 수 있는데, 그 증기력의 비용은, 그 절약되는 말들이 실제로 전적으로 이용되는 3 · 4개월 동안의 비용보다 크지 않다. 끝으로, 증기력은, 그것이 이용될 수 있는 농경 작업들에서, 마력에 비해서 제품의 질을 개선한다. 증기기관이 하는 일을 하려면, 1시간당 합계 15쉴링에 66명의 노동자들

자들의 한탄 외에도 오늘날까지도 전승되어 있는 마력에 의한 역학적 힘의 표현이 증언하고 있는 것처럼, 대공업의 유년기에는 말이 자주 이용되었다. 바람은 너무나도 불안정하고 제어할 수 없었으며, 그밖에, 대공업의 탄생지인 영국에서는 이미 매뉴팩춰 시대에도 수력의 사용이 우세했다. 17세기에 이미 1대의 물레방아로 2개의 회전석(回轉石)을, 따라서 2벌의 맷돌 역시 돌리려고 시도했다. 그러나 팽창한 전동기구의 규모가 바야흐로 이제는 불충분한 수력과 충돌하게 되었고, 이것이 마찰의 법칙을 보다 더 정밀하게 연구하도록 촉구한 사정의 하나다. 마찬가지로, 자루를 밀고 당겨서 움직인 제분기의 동력의 균일하지 못한 작용이, 나중에 대공업에서 대단히 중요한 역할을 하는 속도조절바퀴(Schwungrad, fly-wheel)[97]의 이론과 응용을 낳게 했다. 이런 식으로 매뉴팩춰 시대는 대공업의 최초의 과학적·기술적 요소들을 발전시켰다. 아크롸이트의 쓰로슬 방적기는 처음부터 물로 작동되었다. 그런데 지배적인 원동력으로서 수력을 사용하는 데에도 역시 곤란한 사정들이 있었다. 수력은 임의로 높일 수 없었고, 그 부족을 벗어날 수 없었으며, 그것은 때때로 고갈되었고, 무엇보다도 순전히 지방적 성질의 것이었다.[98] 와트의 제2의 이

이 사용되지 않으면 안 될 것이고, 말이 하는 일을 하려면 1시간당 합계 8쉴링에 32명이 사용되지 않으면 안 될 것이다.

*1 [역주] 프랑스어판과 영어판에는, "1861년 1월"로 되어 있다.

97 퐈울하버(Johann Faulhaber), 1625 [《고대 제분기의 기계적 개선 ... (*Verbesserung einer Alten Roszmühlen, ...*)》, 울름.]; 드 꾸(De Cous), 1688 [수록: 알렉산드리누스(Hero Alexandrinus), 《풍력 및 수력 기술서 ... (*Buch von Lufft- und Wasser-Künsten, ...*), 프랑크프르트.]

98 근대적 터빈의 발명은 수력의 산업적 이용을 예전의 수많은 제한들로부터

른바 복동식 증기기관으로 비로소 석탄과 물을 먹고 자신의 동력 자체를 생산하는 원동기가 발견되었는데, 그것은, 그 능력이 전적으로 인간의 통제 하에 있고, 이동 가능하여 이동의 수단이며, 도시적이어서 물레방아와 같이 농촌적이지 않으며, 물레방아처럼 생산을 농촌에 분산시키는 대신에 도시에 집중할 수 있게 하고,99 그 기술적 응용이 보편적이며, 그 입지가 비교적 지역적 사정에 의해서 거의 제약받지 않는다. 와트의 위대한 천재성은 그가 1784년 4월에 취득한 특허의 명세서에 나타나 있는데, 거기에는 그의 증기기관이, 특수한 목적을 위한 발명으로서가 아니라, 대공업의 보편적인 원동기로서 기술되어 있다. 그가 여기에서 암시하고 있는 응용들 가운데 많은 것들은, 예컨대, 증기망치처럼, 반 세기 이상이나 뒤에야 비로소 도입되었다. 하지만 그는 증기기관의 항해에의 적용 가능성은 의심했다. 그의 후계자들인 볼튼-와트사(社)(Boulton and Watt)는 1851년에 대양 기선(Ocean steamers)을 위한 극히 거대한 증기기관을 런던 산업박람회에 출품했다.

먼저 도구가 인간 유기체의 도구로부터 기계적 장치, 즉 도구기의 도구로 전화된 후에야 동력기도 자립적인 형태, 즉 인간력

해방하고 있다.

99 "섬유공업의 초기에는 물레방아를 돌리기에 충분한 낙차를 가진 수류(水流)의 존재에 공장의 입지가 달려 있었다. 그리고 물레방아로 돌리는 공장들의 설치는 가내공업 체제의 해체의 발단이었지만, 그 공장들은 반드시 수류의 곁에, 그리고 흔히 서로 상당한 거리를 두고 자리 잡아, 도시적 체제라기보다는 오히려 농촌적 체제의 일부를 형성했다. 수류의 대체물로서의 증기기관이 도입되고 나서야 비로소 공장들은 도시와, 증기의 생산에 필요한 석탄과 물이 풍부한 지역들에 집중되었다. 증기기관은 공업도시의 어버이다."(≪공장감독관 보고서. 1860년 4월 30일≫, p. 36의 뤠드그뤠이브의 보고.)

의 한계들로부터 완전히 해방된 형태를 취하게 되었다. 그와 더불어, 지금까지 우리가 고찰한 개개의 도구기는 기계제 생산의 단순한 한 요소로 전락한다. 이제 하나의 동력기가 수많은 작업기를 동시에 가동할 수 있었다. 동시에 가동되는 작업기의 수와 함께 동력기가 커지고, 전동기구도 광대한 장치로 팽창한다.

이제는 두 가지를, 즉 동종의 수많은 기계의 협업과 기계체계를 구별하지 않으면 안 된다.

전자의 경우에는 하나의 제품 전체가 동일한 작업기에 의해서 만들어진다. 동일한 작업기가, 한 사람의 수공업자가 자신의 도구로, 예컨대, 직포공이 자신의 베틀로 수행했거나, 혹은 수공업자가 다양한 도구로, 자립적으로든 혹은 한 매뉴팩쳐의 수족으로서든, 순차로 수행했던 다양한 작업들 전체를 수행하는 것이다.100 예컨대, 근대적 편지봉투 매뉴팩쳐에서는 한 노동자는 접지주걱으로 종이를 접었고, 다른 한 노동자는 고무풀을 칠하고, 제3의 노동자는 문양(紋樣)이 눌려 찍힐 봉투 뚜껑을 접고, 제4의 노동자는 그 문양을 찍는 등등의 일을 하였으며, 이 각각의 부분작업들마다 봉투 하나하나가 이 사람에서 저 사람으로 손을 바꿔가지 않을 수 없었다. [오늘날: 프랑스어판 및 영어판] 단 1대의 봉투기계는 이들 모든 작업을 일거에 수행하며, 1시간에 3,000

---

100 매뉴팩쳐적 분업의 관점에서 보면, 직포는, 결코 단순한 수공업적 노동이 아니라, 오히려 복잡한 수공업적 노동이었고, 따라서 기계 직기는 대단히 다양한 것을 수행하는 기계다. 근대적 기계장치는 본래 매뉴팩쳐적 분업이 이미 단순화한 작업들을 장악했다는 것은 무릇 잘못된 관념이다. 방적과 직포는 매뉴팩쳐 시대 중에 새로운 종류들로 분화되었으며, 그 도구들은 개량되고 변화되었지만, 그 노동과정 자체는 전혀 분할되지 않고, 여전히 수공업적이었다. 기계가 출발하는 것은, 노동이 아니라, 노동수단인 것이다.

개 이상의 봉투를 만든다. 1862년의 런던 산업박람회에 출품된 미국의 봉투제조기는 종이를 재단하고, 풀칠하고, 접어서 1분에 300개를 완성한다. 매뉴팩춰 내부에서 분할되어 순차적으로 수행된 총과정이 여기에서는 다양한 도구들의 결합을 통해서 작업하는 하나의 작업기에 의해서 완수된다. 그런데 그러한 작업기가 단지 비교적 복잡한 수공업 도구의 기계적 재생에 불과하든, 아니면 매뉴팩춰적으로 특수화된 단순한 각종 도구들의 결합이든, — 공장에서는, 다시 말해서, 기계경영에 기초한 작업장에서는 그때마다 단순협업이 다시 나타나고, 그것도 우선은 (여기에서는 노동자는 도외시 한다) 동종의 그리고 동시에 함께 일하는 작업기들의 공간적 집합으로서 다시 나타난다. 그리하여 직물공장은 동일한 작업용 건물 내에 많은 기계 직기들이 병존함으로써 형성되고, 재봉공장은 많은 재봉틀들이 병존함으로써 형성된다. 그러나 동종의 많은 작업기들이, 공동의 원동기의 심장박동으로부터, 개개의 도구기에 대해서는 단지 특수한 가지로 뻗어 있음으로써 그들이 역시 부분적으로 공유하고 있는 전동기구를 통해서 그들에게 전달되는 추진력을 동시에 균등하게 받아들임으로써 여기에는 하나의 기술적 통일성이 존재한다. 많은 도구들이 하나의 작업기의 기관들을 형성하고 있는 것과 전적으로 마찬가지로, 이제는 단지 많은 작업기들이 동일한 운동기구(Bewegungsmechanimus)의 동종의 기관들을 형성하고 있을 뿐이다.

그러나 본래의 기계체계는, 노동대상이 일련의 다종다양한, 그러나 상호 보완적인 작업기들에 의해서 수행되는 상이한 단계적 과정들을 연관을 가지고 차례로 통과할 때에 비로소 개개의 자립적인 기계 대신에 등장한다. 여기에는 매뉴팩춰에 고유한 분업에 의한 협업이 다시 나타나는데, 그러나 이제는 부분작업기들의 결합으로서 다시 나타난다. 다양한 부분노동자들의, 예컨대, 양모 매뉴팩춰에서는 타모공(打毛工)·소모공(梳毛工)·전모공(剪毛工)·방모공(紡毛工) 등의 특수한 도구들이 이제는 전문화된 작업기들의 도구들로 전화되고, 그 각각의 작업기는 결합된 도구기구라는 체계 속에서 하나의 특수한 기능을 위한 하나의 특수한 기관을 형성한다. 기계체계가 처음으로 도입되는 부문들에서는 대개 매뉴팩춰 그 자체가 생산과정의 분할의, 따라서 또한 생산과정의 조직화의 자연발생적 토대를 기계체계에 제공한다.101 그러나 곧바로 본질적인 차이가 발생한다. 매뉴팩춰에서는 노동자들이, 개별적으로든 혹은 집단적으로든, 그들의 수공업적 도구를 가지고 각각의 특수한 부분과정을 수행하지 않으면 안 된다. 노동자가 과정에 적응하지만, 그러나 그 과정도 역시 미리 노동자

---

101 대공업 시대 이전에는 양모 매뉴팩춰가 영국의 지배적인 매뉴팩춰였다. 따라서 18세기 전반기(前半期)에는 대부분의 실험들이 거기에서 이루어졌다. 양모에서의 경험은, 나중에 기계제 양모공업이 거꾸로 기계제 면방적업과 직포업의 토대 위에서 발전하는 것처럼, 기계적 가공에 귀찮은 준비들이 덜 요구되는 면화에 도움이 되었다. 양모 매뉴팩춰의 개개의 요소는, 예컨대, 소모처럼, 최근 10년 이래에야[1] 비로소 공장체계에 편입되었다. "소모과정에의 기계력의 사용은 ... '소모기', 특히 리스터(Lister) 식의 소모기가 도입된 이후 대규모로 이루어졌는데, ... 의문의 여지없이 거대한 수의 노동자들을 일자리에서 내쫓는 효과가 있었다. 양모는 이전에는 손으로 빗질했고, 그것도 주로 소모공의 오두막에서 빗질되었다. 이제 그것은 아주 일반적으로 공장에서 빗질되고 있고, 손으로 빗질하는 양모가 아직도 선호되고 있는 몇몇 특수한 종류의 노동 외에는, 손노동은 폐지되었다. 손소모공 중 다수가 공장에서 일자리를 발견했지만, 손소모공들의 생산물은 기계의 그것에 비해서 아주 적은 비율밖에 되지 않기 때문에, 대단히 많은 수의 소모공들의 일자리가 사라졌다."(≪공장감독관 보고서. 1856년 10월 31일≫, p. 16.)

에게 맞춰져 있다. 이 주관적인 분할의 원리는 기계제 생산에서는 없어진다. 총과정은 여기에서는 객관적으로, 그 자체로서 고찰되고, 그것을 구성하고 있는 단계들로 분해되며, 각각의 부분과정을 수행하고 다양한 부분과정들을 연결하는 문제는 역학·화학 등을 기술적으로 응용하여 해결되는데,102 이 경우 당연히 그 이론적 구상은 여전히 대규모로 축적된 실제의 경험에 의해서 보완되지 않으면 안 된다. 각각의 부분기계는 바로 그 다음의 부분기계에 그것의 원료를 공급하고, 그 부분기계들은 모두 동시에 작동하기 때문에 생산물은 끊임없이 그 형성과정의 다양한 단계들에 똑같이 존재하고, 하나의 생산단계에서 다른 생산단계로 넘어가고 있다. 매뉴팩춰에서는 부분노동자들의 직접적인 협업이 특수한 노동자 집단 간의 어떤 일정한 비례수를 만들어내는 것과 마찬가지로, 편성된 기계체계에서는 부분기계들의 끊임없는 연동이 그들의 수·크기·속도 간의 어떤 일정한 비율을 만들어낸다. 결합된 작업기, 즉 이제는 다종다양한 개별적 작업기들의, 그리고 그것들의 집단의 편성 체계는, 그 총과정이 연속적이면 연속적일수록, 다시 말해서, 원료가 그 첫 단계로부터 마지막 단계로 이동해가는 중에 중단이 적으면 적을수록, 따라서 인간의 손 대신에 기구 그 자체가 원료를 한 생산단계로부터 다른 생산단계로 운송하면 할수록, 더욱 더 완벽해진다. 매뉴팩춰에서는 특수과정들의 분립화가 분업 자체에 의해서 주어진 하나의 원리라면, 발달한 공장에서는 그와는 반대로 특수과정들

---

102 "따라서, 공장제도의 원리는 … 수공업자들 사이의 노동의 분할 혹은 등급화 대신에, 한 과정을 그 본질적 구성부분들로 분할하는 것이다."(유어, 같은 책, p. 20.)

의 연속성이 지배한다.

  기계장치의 체계는, 그것이 직물업에서처럼 동종의 작업기들의 단순한 협업에 기초한 것이든, 아니면 방적업에서처럼 다른 종류의 작업기들의 결합에 기초한 것이든, 그것이 하나의 자동적인 원동기에 의해서 작동되자마자, 그 자체로서 하나의 거대한 자동장치가 된다. 비록, 자동 뮬 방적기(self-acting mule)가 도입되기 전에 뮬 방적기를 시동하기 위해서, 그리고 아직도 여전히 세사방적(細絲紡績)의 경우에 그러한 것처럼, 일정한 운동들을 위하여 개별 도구기들이 아직도 노동자를 사용하거나, 그렇지 않으면, 선반활대(旋盤滑臺, slide rest)가 자동식(selfactor)으로 바뀌기 전의 기계 제작의 경우처럼, 기계의 일정한 부분들이 그 작업을 수행하기 위해서, 도구와 마찬가지로, 노동자에 의해서 조종되지 않으면 안 되더라도, 그럼에도 불구하고 총체계는, 예컨대, 증기기관에 의해서 운전될 수 있다.[*1] 작업기가, 원료의

---

*1 [역주] 이 문장이 프랑스어판에는, "어떤 작업기들이 여러 작업을 위해서 여전히 노동자를 필요로 하더라도, 아무튼 총체계는 하나의 증기기관의 추진력을 받아들일 수 있다. 그것은 방적공장에서 오늘날에는 자동 뮬 방적기에 의해서 수행되는 일정한 동작들에 대해서 일어났던 일이고, 선반활대[slide rest]가 자동식으로 전환되기 전에 작업기의 일정 부분들이, 단순한 도구처럼, 노동자에 의해서 조종될 필요가 있는 제조 공장들에서 일어났던 일이다. (Le système entier peut cependant recevoir son impulsion d'une machine à vapeur, quoique certaines machines-outils aient encore besoin de l'ouvrier pour mainte opération. C'est ce qui avait lieu dans la filature pour certains mouvements exécutés aujourd'hui par la mule automatique, et dans les ateliers de construction où certaines parties des machines-outils avaient besoin d'être dirigées comme de simples outils par l'ouvrier, avant la transformation du *slide rest* en facteur-

가공을 위해서 필요한 모든 운동을 인간의 도움 없이 수행하고, 이제는 단지 인간의 후견만을 요구하자마자, 세부적으로는 끊임없는 마무리가 가능하긴 하지만, 기계장치의 자동적 체계가 나타난다. 그리하여, 예컨대, 단 한 올의 실이라도 끊어지자마자 방적기를 저절로 멈추는 장치나, 북 속 실꾸리의 씨실이 떨어지자마자 개량 증기직기를 멈추는 자동정지기(自動停止器, selfacting stop)는 전적으로 근대의 발명들이다. 생산의 연속성과 아울러 자동식 원리의 실행의 일례로서 간주될 수 있는 것은 근대적 제지공장이다. 종이 생산에서는 무릇 상이한 생산수단들에 기초한 상이한 생산양식들의 차이 및, 이들 생산양식과 사회적 생산관계의 연관을 하나하나 유익하게 연구할 수 있는데. 왜냐하면, 옛 독일의 제지업은 이 부문에서의 수공업적 생산의 전형을, 17세기

---

automate.)"로 되어 있고, 영어판에는, "그러나 공장 전체가 증이기관에 의해서 운전되더라도, 개별적인 기계의 일부는 그 운동의 일부에 대해서 노동자의 도움이 필요할 수도 있거나 [그러한 도움은 자동 뮬 방적기가 발명되기 전에 뮬 방적기 본체의 시동을 위해서 필요했고, 세사 방적 공장에서는 아직도 필요하다], 혹은, 어떤 기계가 그 작업을 할 수 있기 위해서는 그 일정 부분들이 수공구처럼 노동자에 의해서 다루어질 필요가 있을 수도 있는데, 선반활대가 자동식으로 전환되기 전 기계 제조 공장의 경우가 그랬다. (But although the factory as a whole be driven by its steam-engine, yet either some of the individual machines may require the aid of the workman for some of their movements [such aid was necessary for the running in of the mule carriage, before the invention of the self-acting mule, and is still necessary in fine-spinning mills]; or, to enable a machine to do its work, certain parts of it may require to be handled by the workman like a manual tool; this was the case in machine-makers' workshops, before the conversion of the slide rest into a self-actor.)"로 되어 있다.

네덜란드와 18세기 프랑스는 본래의 매뉴팩춰의 전형을, 그리고 근대 영국은 자동 제조의 전형을 제공하고 있으며, 그밖에도 중국과 인도에는 동일한 산업의 두 개의 상이한 고대 아시아적 형태들이 아직도 존재하고 있기 때문이다.

오로지 전동기계장치를 매개로 하나의 중앙 자동장치로부터 그 운동을 받아들이는 작업기들의 편성 체계로서, 기계경영은 그 가장 발달한 형태를 취하고 있다. 개개의 기계 대신에 여기에서는, 그 몸통은 공장건물 전체를 채우고, 처음에는 그 거대한 수족의 거의 장엄하기까지 한 신중한 운동에 의해 은폐되는 그의 악마 같은 힘이 그 자신의 무수한 노동기관들의 열광적인 선회무용으로 폭발하는 하나의 기계적 괴물이 나타난다.

뮬 방적기나 증기기관 등은, 증기기관이나 뮬 방적기 등을 만드는 것을 전업으로 하는 노동자가 존재하기 전에 존재했는데, 이는 마치 재단사가 존재하기 전에 인간이 옷을 입었던 것과 전적으로 마찬가지다. 하지만, 보깡송(Vaucanson), 아크롸이트, 와트 등의 발명이 실행될 수 있었던 것은 오로지, 그 발명가들이 매뉴팩춰 시대에 의해서 준비되어 공급된 상당량의 숙련된 기계노동자들을 발견했기 때문이었다. 이들 노동자의 일부는 다양한 직업의 자립적 수공업자들로 이루어져 있었고, 다른 일부는, 앞에서 언급한 것처럼, 분업이 특히 엄격하게 지배했던 매뉴팩춰에서 결집되었다. 발명이 증가하고 또한 새로 발명된 기계들에 대한 수요가 증대함에 따라서, 한편에서는 기계제조업이 더욱 더 다양한 자립적 부문들로 분화되어 갔고, 다른 한편에서는 기계제조 매뉴팩춰 내부에서의 분업이 더욱 더 발전했다. 따라서 이 경우 우리는 매뉴팩춰 내에서 대공업의 직접적인 기술적 토대를 본다.

매뉴팩춰가 기계장치를 생산했고, 그 기계장치로 대공업은 그것이 최근에 장악한 생산영역들에서 수공업적이고 매뉴팩춰적인 경영을 폐지한 것이다. 따라서 기계제 경영은 자신에게 어울리지 않은 물질적 토대 위에서 자연발생적으로 나타났다. 어떤 일정한 발전 정도에 다다르자 기계제 경영은, 처음엔 기존의 것으로 발견되었고, 그 다음엔 그 옛 형태 속에서 더욱 완성된 이 토대 자체를 변혁하고, 그 자신의 생산양식에 조응하는 새로운 토대를 만들어내지 않으면 안 되었다. 기계가 단지 인간에 의해서만 작동되는 한, 개개의 기계는 여전히 왜소한 것처럼, 기존의 원동력 — 동물·바람 그리고 심지어는 물 — 대신에 증기기관이 등장하기 전에는 기계체계가 자유롭게 발전할 수 없었던 것처럼, 대공업도, 그 특징적인 생산수단인 기계 그 자체의 존재가 인간의 힘과 인간의 숙련 덕분이었던 한, 즉 그 존재가, 매뉴팩춰의 부분노동자와 매뉴팩춰 외부의 수공업자가 그들의 왜소한 용구를 취급할 때의 근육의 발달이나 예리한 눈길, 정교한 솜씨에 달려 있었던 한, 그 완전한 발전은 마비되어 있었다. 이러한 기원양식(起源樣式)에 따른 기계들의 고가화(高價化) — 의식적인 동기로서 자본을 지배하는 한 사정 — 를 차치하면, 이미 기계적으로 경영되고 있는 산업의 확장과, 새로운 산업부문들로의 기계장치의 침투는 순전히, 그들의 작업의 반(半)예술가적인 본성 때문에, 비약적으로가 아니라, 단지 서서히만 증가할 수 있었던 한 노동자 부류의 증대에 의해서 제약된 채로 있었다. 그러나[*1] 어떤 일정한

[*1] [역주] "그러나"가, 프랑스어판에는 "그것이 전부가 아니다: (Ce n'est pas tout:)"로, 영어판에는, "그러나 그 외에, (But besides this,)"로 되어 있다.

발전단계에서 대공업은 기술적으로도 그 수공업적·매뉴팩춰적 기초와 충돌하게 되었다. 동력기와 전동장치·도구기의 규모의 확대, 도구기가 본래 그 구조를 지배했던 수공업적인 형(型)을 뿌리치고 오직 그 역학적 임무에 의해서만 규정되는 형태를 취함103에 따른, 그들 기계의 구성부분들의 복잡성·다양성의 증대와 규칙성의 더한층의 엄밀화, 자동 체계의 완성, 그리고 갈수록 더 불가피해지는, 다루기 어려운 재료, 예컨대, 목재 대신 철의 사용 — 자연발생적으로 생기는 이들 모든 과제의 해결은 도처에서, 매뉴팩춰에 결합된 노동자들조차 어느 정도 돌파할 뿐 본질적으로는 돌파하지 못하는 인간적 제한들에 부딪혔다. 예컨대, 근대적 인쇄기,*1 근대적 증기직기 및 근대적 소모기(梳毛機)와 같은 기계들은 매뉴팩춰에 의해서는 공급될 수 없었다.

한 산업영역에서의 생산양식의 변혁은 다른 산업 영역에서의 그 변혁을 불러일으킨다. 이는 우선, 사회적 분업에 의해서 분립되어 있어 그 각각이 어떤 자립적인 상품을 생산하고는 있지만, 그럼에도 불구하고 하나의 총과정의 단계들로서 얽히는 산업부

---

103 기계 직기는 그 최초의 형태에서는 주로 목재로 되어 있고, 개량된·근대적인 것은 철로 되어 있다. 생산수단의 옛 형태가 처음에는 얼마나 몹시 그 새로운 형태를 지배하는가는, 특히 근대적인 증기직기를 옛 직기와, 주물공장의 근대적 송풍기들을 보통 풀무의 최초의 서툰 기계적 재생과 피상적으로만 비교해도 드러나며, 또한 다른 무엇보다도, 현재의 기관차가 발명되기 전에 시작(試作)됐던 기관차에서 정말 더 결정적으로 드러나는데, 그것은 실제로 두 개의 발을 가지고, 그것을 말처럼 교대로 들어 올렸다. 역학이 보다 더 발전하고 실천적 경험이 더욱 더 쌓인 후에야 그 형태는 완전히 역학적 원칙에 의해서 규정되며, 그리하여 도구의 종래의 체형으로부터 완전히 해방되어, 기계로 부화(孵化)한다.

*1 [역주] 영어판에는 "유압 프레스 (hydraulic press)".

문들에 해당된다. 그런 식으로 기계방적은 기계직포를 필요로 했고, 이 양자는 함께 표백업·날염업·염색업에서의 역학적·화학적 혁명을 필요로 했다. 그런 식으로 다른 한편에서는 면방적업에서의 혁명이 목화씨로부터 면섬유를 분리하기 위한 조면기(繰綿機, gin)의 발명을 불러일으켰고, 이 조면기로써 비로소 오늘날 필요한 대규모의 목면생산이 가능해졌다.104 그런데 공업 및 농업 생산양식의 혁명은 특히 또 사회적 생산과정의 일반적 조건들, 다시 말하면, 통신·운송수단들의 혁명을 필요로 했다. 부업적 가내공업을 가진 소농업과 도시의 수공업이, 푸리에의 표현을 이용하자면, 그 회전축(回轉軸)*2이었던 사회의 통신·운송수단들이 확대된 사회적 분업, 노동수단들과 노동자들의 집중 및 식민지 시장을 수반한 매뉴팩춰 시대의 생산에서의 필요들을 더 이상 전혀 충족시킬 수 없었고, 그리하여 실제로도 변혁된 것처럼, 매뉴팩춰 시대로부터 물려받은 운송·통신수단들은, 열병적인 생산 속도, 방대한 규모, 어떤 생산영역으로부터 다른 생산영역으로의 대량의 자본과 노동자들의 끊임없는 이동 및 새롭게 창

---

104 양키인 일라이 휘트니(Eli Whitney)의 조면기(cottongin)는 최근까지도 18세기의 다른 어떤 기계보다도 본질적으로 거의 달라지지 않았다. 최근(1867년 이전의) 10년 동안에야 비로소 다른 미국인, 뉴욕주 올버니(Albany, New York)의 에머리(Emery) 씨가 간단하고 효과적인 개량으로 휘트니식 기계를 고물로 만들었다.

*2 [프랑스어판 (1982년 *Édition du Progrès*) 편집자 주] 특히, 푸리에, ≪국내 농업 단체론(*Traité de l'association domestique agricole, ou attraction industrielle*)≫, 제1권, 빠리, 1882, pp. 231, 497 등을 보라.
[新日本판 역주] 푸리에는 문명시대를 4기(期)로 나누고, 제3기와 제4기의 "회전축"을 "해양독점"과 "산업적 봉건제"라고 하였다. 19세기 초의 사회를 제3기에 있다면서 제4기인 산업적 봉건제—이는 자본주의를 의미한다—로 나아가고 있다고 했다. ≪산업적 및 조합적 신세계≫, p. 387.

조된 세계시장적 연관을 수반한 대공업에 대해서 곧바로 참을 수 없는 제동기(制動機)로 전화되었다. 그리하여, 완전히 변혁된 범선(帆船) 건조를 도외시하면, 통신·운송기관은 하천기선·철도·해양기선 및 전신의 체계에 의해서 점차 대공업의 생산양식에 맞추어졌다. 그러나 이제 단련해야 하고, 용접해야 하고, 절단해야 하고, 천공(穿孔)해야 하고, 조형(造形)해야 하는 놀랄 만큼 많은 량의 철은 그것대로, 매뉴팩쳐적 기계제조로서는 만들어낼 수 없는 거대한 기계들을 필요로 했다.

따라서 대공업은 그 특징적인 생산수단, 즉 기계 자체를 장악하여, 기계로써 기계를 생산하지 않으면 안 되었다. 그리하여 비로소 대공업은 자신에 적합한 기술적 토대를 만들어냈고, 자기 자신의 두 발로 일어섰다. 19세기의 첫 수십 년 동안에 기계제 경영이 증대함에 따라서 기계장치는 실제로 도구기의 제조를 서서히 장악해갔다. 그러나 지난 수십 년 동안에야 비로소 엄청난 철도 부설과 기선의 대양 항해가 원동기의 제작에 사용되는 거대한 기계들을 탄생시켰다.

기계로써 기계를 제작하기 위한 가장 본질적인 생산조건은 어떤 출력이든 가능하면서도 동시에 완전히 통제할 수 있는 동력기였다. 그것은 이미 증기기관으로서 존재하고 있었다. 그러나 동시에 직선·평면·원·원통·원뿔·구(球) 같은, 개개의 기계부품들에 필요한, 엄밀하게 기하학적인 형태들을 기계적으로 생산할 필요가 있었다. 이 문제는 19세기 첫 10년 동안에 헨리 모즐리(Henry Maudslay)[*1]가 선반활대(slide-rest)를 발명함으로써

[*1] [역주] 헨리 모즐리(1771-1831) — 금속노동자 출신의, 영국의 공장주·기술자·발명가.

해결했는데, 그것은 곧바로 자동화되었고, 최초에는 선반용이었지만, 변형되어 다른 공작기계들에도 전용(轉用)되었다. 이 기계장치가 대체하는 것은, 그 어떤 특수한 도구가 아니라, 절삭공구들의 날 등을, 예컨대, 철과 같은 노동재료에 가져다 대고, 맞추고, 조준함으로써 어떤 일정한 형태를 만들어내는 인간의 손 그 자체다. 그리하여 기계의 개개의 부품들의 기하학적 형태들을,

"가장 숙련된 노동자가 아무리 경험을 쌓았더라도 손으로는 도저히 해낼 수 없을 정도로 용이하고, 정확하고, 신속하게"[105]

생산할 수 있었다.

그런데, 기계제작에 사용되는 기계장치의, 본래의 도구기 부분을 고찰하면, 거기에는 수공업적 용구가, 그러나 다만 거대한 규모로, 다시 나타난다. 예컨대, 천공기(穿孔機)의 공작기(工作器)는 증기기관에 의해서 가동되는 거대한 송곳인데, 거꾸로 그것이 없다면, 거대한 증기기관의, 그리고 유압 프레스의 씰린더들은 생산될 수 없을 것이다. 기계식 선반은 평범한 족답식(足踏式) 선반의 거대한 재현(再現)이고, 평삭기(平削機)는 목수가 목재를 가공하는 것과 같은 도구[*1]로써 철을 가공하는 철제(鐵製) 목수다. 런던의 조선소에서 합판을 자르는 도구는 거대한 면도날이

---

[105] 《제 국민의 산업(*Industry of Nations*)》, 런던, 1855, 제2부, p. 239. 바로 그 책에서는 이렇게 말하고 있다: "이 선반 부속물은 간단하고 외관상 중요하지 않게 보일지 모르지만, 기계장치 사용의 개량과 확산에 대한 그 영향은 와트의 증기기관 그 자체의 개량이 초래한 영향만큼 위대했다고 단언해도 과언이 아니라고 믿는다. 그것의 도입은 곧바로 모든 기계장치를 완전하게 만들었고, 값싸게 했으며, 발명과 개량을 자극했다."

[*1] [역주] 대패를 가리킨다.

고, 재단용 가위가 천을 베듯이 철을 베는 전단기(剪斷機)의 도구는 거대한 가위이며, 증기망치는 보통의 망치 대가리로 작업을 하는데, 그러나 그것은 뇌신(雷神, Thor)조차 휘두를 수 없을 무게를 가진 망치 대가리다.106 예컨대, 네이스미쓰(Nasmyth)의 발명인, 이러한 증기망치 중의 하나는, 그 무게가 6톤 이상이며, 7퓌트의 높이에서 무게 36톤의 모루 위로 수직으로 낙하한다. 그것은 화강암 덩어리를 쉽게 분쇄하는데, 그에 못지않게 가벼운 연속타(連續打)로 부드러운 목재에 못을 박을 수도 있다.107

기계로서의 노동수단은, 인간의 힘을 자연력으로, 경험적 숙련을 자연과학의 의식적 응용으로 대체하게 하는 물질적 존재양식을 취한다. 매뉴팩춰에서는 사회적 노동과정의 편성은 순전히 주관적, 즉 부분노동자들의 결합이다. 기계체계에서는 대공업은 전적으로 객관적인 생산유기체를 가지고 있고, 그것을 노동자는 기존의 물질적 생산조건으로서 발견한다. 단순협업에서는, 그리고 분업에 의해서 전문화된 협업에서조차, 사회화된 노동자에 의한 개별화된 노동자의 축출은 여전히 많든 적든 우연적이다. 기계장치는, 나중에 언급하게 되는 몇몇 예외는 있지만, 오직 직접적으로 사회화된 노동, 즉 공동노동에 의해서만 기능을 발휘한다. 따라서 노동과정의 협업적 성격은 이제 노동수단 자체의 본성에 의해서 강요된 기술적 필연이 된다.

---

106 런던에서 기선(汽船)의 외륜축(外輪軸, paddle-wheel shafts)을 단조(鍛造)하기 위한, 이러한 기계들 중의 하나는 "토르(Thor)"라는 이름을 가지고 있다. 그것은 무게 $16\frac{1}{2}$톤의 축(shaft)을, 대장장이가 마편자를 단조하듯이, 쉽게 단조한다.

107 소규모로도 사용될 수 있는 목재 가공기계들은 대개 미국의 발명품이다.

제2절 생산물로의 기계장치의 가치 이전

이미 본 바와 같이, 협업과 분업으로부터 생기는 생산력들은 자본에게는 아무런 비용도 들지 않는다. 그 생산력들은 사회적 노동의 자연력이다. 생산과정에서 이용되는, 증기·물과 같은 자연력들도 마찬가지로 아무런 비용이 들지 않는다. 그러나 인간은, 숨을 쉬기 위해서 허파가 필요한 것처럼, 자연력들을 생산적으로 소비하기 위해서는 '인간의 손의 창조물'이 필요하다. 물이라는 동력을 이용하기 위해서는 물레방아가, 증기의 탄력을 이용하기 위해서는 증기기관이 필요한 것이다. 과학과의 관계도 자연력과의 관계와 마찬가지다. 전류의 작용범위 내에서의 자침(磁針)의 편의(偏倚)에 관한 법칙이라든가, 혹은 그 주위를 전류가 돌고 있는 철에서의 자기(磁氣)의 발생에 관한 법칙은, 일단 발견되면, 결코 한 푼의 비용도 들지 않는다.108 그러나 이들 법칙을 전신 등에 이용하기 위해서는 대단히 비싸고 방대한 장치가 필요하다. 도구는, 이미 본 바와 같이, 기계에 의해서 축출되지

---

108 과학은 무릇 자본가에게는 '전혀' 비용이 들지 않는데, 이는 그가 과학을 이용하는 것을 결코 방해하지 않는다. '타인의' 과학이 타인의 노동처럼 자본에 합체되는 것이다. 그러나 '자본주의적' 취득과 '개인적' 취득은, 그것이 과학의 그것이든, 물질적 부의 그것이든, 전적으로 이질적인 것이다. 유어 박사조차 자신이 사랑하는, 기계를 이용하는 공장주들의 기계학에 대한 심한 무지를 한탄했고, 리비히(Liebig)는 화학에 대한 영국의 화학공장주들의 소름끼치는 무지에 대해서 말하고 있다.

않는다. 그것은 인간 유기체의 왜소한 도구로부터 그 규모와 수에서 인간에 의해 창조된 기구의 도구로 커진다. 이제 자본은 노동자로 하여금, 수공업도구 대신에, 그 자체의 도구들을 조종하는 기계를 가지고 노동하게 한다. 그리하여 거대한 자연력들과 자연과학을 생산과정에 합체시킴으로써 대공업은 틀림없이 노동의 생산성을 비상히 상승시킨다는 것은 첫 눈에 명확하지만, 이 상승된 생산력이 다른 한편에서의 노동지출의 증대에 의해서 얻어지는 것이 아니라는 것은 결코 그렇게 명확하지는 않다.[*1] 불변자본의 다른 모든 구성요소와 마찬가지로 기계장치는 결코 어떤 가치도 창조하지 않지만, 그것이 사용되어 생산되는 생산물에 자기 자신의 가치를 양도한다. 기계장치가 가치를 가지고 있고, 그리하여 생산물에 가치를 이전하는 한, 기계설비는 그 생산물의 한 가치구성요소를 형성한다. 기계장치는, 생산물을 값싸게 하는 대신에, 그 자신의 가치에 비례하여 그것을 비싸게 한다. 그리고 대공업의 특징적 노동수단인 기계와 체계화된 기계장치는, 수공업적 경영 및 매뉴팩춰적 경영의 노동수단에 비해서, 그 가치가 엄청나게 팽창해 있다는 것은 극히 명백하다.

그런데 맨 먼저 말해두지 않으면 안 되는 것은, 기계장치는 노동과정에는 항상 전체로 들어가지만, 가치증식과정에는 언제나

[*1] [역주] "이 상승된 생산력이 다른 한편에서의 노동지출의 증대에 의해서 얻어지는 것이 아니라는 것은 결코 그렇게 명확하지는 않다."가 프랑스어판에는, "한 쪽의 이득이 다른 쪽의 손실은 아닌지, 기계의 사용은 그것의 제작과 유지에 드는 노동보다도 많은 노동을 절약하는지는 물을 수 있다. (on peut cependant demander si ce qui est gagné d'un côté n'est pas perdu de l'autre, si l'emploi de machines économise plus de travail qu'en coûtent leur construction et leur entretien.)"로 되어 있다.

단지 부분적으로만 들어간다는 것이다. 그것은 결코, 그것이 그 마모에 의해서 평균적으로 상실하는 것보다 더 많은 가치를 부가하지 않는다. 따라서 기계의 가치와, 그것으로부터 주기적으로[*1] 생산물에 이전되는 가치부분 사이에는 커다란 차이가 있다. 가치형성적 요소로서의 기계와 생산물 형성적 요소로서의 기계 사이에는 커다란 차이가 있는 것이다.[*2] 동일한 기계가 같은 노동과정에서 반복해서 이용되는 기간이 길면 길수록, 그 차이는 더욱 크다. 물론, 이미 본 바와 같이, 노동수단 즉 생산용구는 어느 것이나 노동과정에는 언제나 전체로, 가치증식과정에는 그 하루하루의 평균적 마모에 비례하여 항상 야금야금 들어간다. 그러나 이용과 마모 사이의 이러한 차이는 기계장치의 경우, 도구의 경우보다, 훨씬 더 큰데, 왜냐하면, 기계장치는 보다 더 내구적인 재료로 제작되어 수명이 길기 때문이고, 엄밀히 과학적인 법칙에 의해서 그 사용이 규제되고 있어서 그 구성요소들과 소비수단들의 보다 큰 절약이 가능하기 때문이며, 마지막으로는 그 생산 활동영역이 도구의 그것보다 엄청나게 크기 때문이다. 이 양자, 즉 기계장치와 도구로부터 그 하루하루의 평균비용을 빼면, 즉 그것들이 그 하루하루의 마모 및 기름·석탄 등과 같은 보조재료의 소비에 의해서 생산물에 부가하는 가치구성부분을 빼면, 그것들은, 인간노동의 간여 없이 존재하는 자연력들과 전적으로 마찬가지로, 무상(無償)으로 작용한다. 기계장치의 생산적 작용규모가 도구의 그것보다 더욱 큰 바로 그만큼, 기계가 무상으로 작용하는 규모는 도구의 그것에 비해서 더 크다. 대공업에서 비로소 인

---

*1 [역주] 영어판에는, "일정한 시간에(in a given time)".

*2 [역주] 영어판에는 이 문장이 없다.

간은, 자신의 과거의, 이미 대상화된 노동의 생산물을 대규모로 자연력과 마찬가지로 무상으로 작용시키게 된다.109

협업과 매뉴팩쳐의 고찰에서 밝혀진 것처럼, 건물 등과 같은 일정한 일반적 생산조건들은, 개별적 노동자들의 분산된 노동조건들에 비해서, 공동의 소비에 의해서 절약되고, 따라서 생산물을 덜 비싸게 한다. 기계장치의 경우, 작업기의 동체가 그것의 많은 도구들에 의해서 공동으로 소비될 뿐 아니라, 동력기도 전동기구의 일부와 함께 많은 작업기에 의해서 공동으로 소비된다.

기계장치의 가치와 그것의 하루 생산물에 이전되는 가치부분 간의 차이가 주어져 있다면, 이 가치부분이 생산물을 비싸게 하는 정도는 우선 생산물의 규모에, 말하자면, 생산물의 표면적에 달려 있다. 블랙번(Blackburn)의 베인즈(Baynes) 씨는 1857년에 출판된 강의에서 다음과 같이 평가하고 있다.

"실제의 1기계마력[109a]은 준비장치가 붙은 자동(selfacting) 뮬

---

109 리카도는, 노동과정과 가치증식과정의 일반적 차이에 대해서처럼 자신이 거의 설명하지는 않았던, 기계의 이러한 작용을 때때로 특히 중시했고, 그리하여 그는, 기계가 생산물에 이전하는 가치구성부분을 가끔 망각하고, 기계를 자연력과 전적으로 동일시하고 있다. 그리하여, 예컨대, 이렇게 말하고 있다: "애덤 스미스는 어디에서도 자연력과 기계장치가 우리를 위해 수행하는 봉사를 과소평가하고 있지 않지만, 아주 정당하게도 그것들이 상품에 부가하는 가치의 본성은 구별하고 있다. … 그것들은 그 일을 무상으로 수행하기 때문에, 그것들이 우리에게 제공하는 지원은 교환가치에는 아무것도 부가하지 않는다."(리카도, 같은 책, pp. 336-337.) 리카도의 발언은 물론, 기계는 "이윤"의 일부를 이루는 가치를 창조하는 "봉사"를 한다는 헛소리를 하는 J. B. 쎄(Say)에 대해서는 타당하다.

109a {제3판의 주 — 1"마력"이란 1분당 33,000퓌트파운드의 힘, 즉 1분에 33,000파운드를 1퓌트(영국 퓌트) 올리는 힘, 또는 1파운드를 33,000퓌트 올리는 힘과 같다. 이것이 위에서 말한 마력이다. 그러나 일상적인 상업상의

방추 450개, 혹은 쓰로슬 방추 200개, 혹은 날실을 당기고 풀질하는 등의 장치가 붙은 직기 15대를 가동할 것이다."[117]

첫 번째 경우에는 450개의 뮬 방추의, 두 번째 경우에는 200개의 쓰로슬 방추의, 세 번째의 경우에는 15대의 기계 직기의 하루 생산물들에, 1증기마력 및 그에 의해서 가동된 기계장치의 하루 소모의 비용이 분배되며, 그리하여 1온스의 실 혹은 1엘레의 직물에는 단지 극히 적은 가치부분만이 이전된다. 위에서 예로 든 증기망치도 마찬가지다. 그 하루의 마모와 석탄 소비 등은 그것이 하루에 두들기는 엄청난 량의 철에 분배되기 때문에, 각 첸트너의 철에는 극히 사소한 가치부분만이 첨가되는데, 이 거대한 용구가 작은 못을 박는다면, 이 가치부분은 대단히 클 것이다.

작업기의 작용범위, 따라서 그 도구의 수, 혹은 힘이 문제인 곳에서는 작업기의 규모가 주어져 있다면, 생산물량은 그 작업기가 작업하는 속도에 달려 있을 것이며, 따라서, 예컨대, 방추가 도는

용어에서는, 그리고 이 책 여기저기의 인용문에서도 동일한 기계의 '명목'마력과, '상업'마력, 즉 '표시'마력이 구별되어 있다. 구(舊)마력 즉 명목마력은 전적으로 피스톤의 행정(行程)과 씰린더의 직경에 의해서 산출되고, 증기 압력과 피스톤 속도는 전혀 고려하고 있지 않다. 다시 말해서, 구마력 즉 명목마력이 실제로 의미하는 바는, 이 증기기관은, 그것이 볼튼과 와트 시대에서와 같은 약한 증기 압력과 느린 피스톤 속도로 운전된다면, [그 출력이: 역자] 예컨대, 50마력일 것이라는 것이다. 그러나 마지막 두 요인은 그 이후 엄청나게 중대되었다. 기계에 의해서 오늘날 실제로 제공되는 역학적 힘을 측정하기 위해서 증기 압력을 표시하는 계측기가 발명되었다. 피스톤 속도는 쉽게 확인된다. 그리하여 어떤 기계의 '표시'마력 즉 '상업'마력의 척도는, 씰린더 직경과 피스톤 행정의 높이, 피스톤 속도, 증기 압력을 동시에 고려하면서, 동시에 그 기계가 1분에 33,000퓌트파운드를 실제로 몇 배나 발휘하는가를 표시하는 수학적 공식이다. 따라서 1명목마력은 현실적으로는, 지시마력 즉 실제의 마력으로 치면 3마력, 4마력, 심지어 5마력을 발휘할 수 있다. 이것은 나중에 나오는 여러 인용문을 설명하기 위한 것이다. ─ F. 엥엘스}

속도 혹은 망치가 1분에 가하는 타격의 수에 달려 있을 것이다. 저 거대한 망치의 다수는 1분에 70번을 타격하고, 방추를 단조하기 위해서 소형 증기망치를 사용하는, 롸이더(Ryder)의 특허 단조기(鍛造機)는 1분에 700번을 타격한다.

기계장치가 생산물에 이전하는 가치의 비율이 주어져 있으면, 이 가치부분의 크기는 기계장치 자체의 가치의 크기에 달려 있다.110 기계장치 자체에 포함되어 있는 노동이 적으면 적을수록, 그것은 생산물에 그만큼 더욱더 적은 가치를 부가한다. 넘겨주는 가치가 적으면 적을수록, 기계장치는 더욱더 생산적이며, 그 봉사는 더욱더 자연력들의 봉사에 가까워진다. 그런데 기계장치에 의한 기계장치의 생산은, 기계장치의 규모와 작용에 비해 그 가치를 감소시킨다.

수공업적 혹은 매뉴팩춰적으로 생산되는 상품의 가격과 기계제 생산물로서의 동일한 상품의 가격을 비교 분석해보면 일반적으로, 기계제 생산물의 경우 노동수단으로 인한 가치구성부분이 상대적으로는 증대하지만, 절대적으로는 감소한다는 결론이 나온다. 다시 말해서, 이 가치구성부분의 절대적 크기는 감소하지만, 생산물의 총가치, 예컨대, 1파운드의 실의 총가치에 비해서는

---

110 자본주의적 관념에 사로잡힌 독자는 당연히 여기에서 기계가 그 자본가치에 비례하여(*pro rata*) 생산물에 부가하는 "이자"가 빠져 있다고 아쉬워할 것이다. 그러나 기계는, 불변자본의 다른 어떤 요소나 마찬가지로 신가치(新價值)를 생산하지 않기 때문에, "이자"라는 이름으로 어떤 그러한 신가치도 부가할 수 없다는 것은 쉽게 이해할 수 있다. 나아가서, 잉여가치의 생산이 문제인 여기에서는 잉여가치의 어떤 부분도 "이자"라는 이름으로 선험적으로(a priori) 전제될 수 없다는 것도 분명하다. 얼핏 보면(prima facie) 불합리하고 가치형성의 법칙들과 모순되는 것처럼 보이는, 자본주의적 계산방식은 이 저술의 제3권에서 설명될 것이다.

그 크기가 증대한다.111

기계의 생산에, 그것의 사용이 절약하는 만큼 많은 노동이 든 다면, 노동의 단순한 대체가 일어나고, 그리하여 상품을 생산하기 위해서 필요한 노동은 감소하지 않는다는 것, 즉 노동의 생산력이 증대하지 않는다는 것은 명백하다. 하지만, 기계의 생산에 드는 노동과 기계가 절약하는 노동 간의 차이, 즉 기계의 생산성

---

111 기계에 의해 부가되는 이 가치구성부분은, 기계가 말[馬]을, 무릇 물질대사기계(Stoffwechselmaschinen)*1로서가 아니라 동력으로서만 이용되는 역축(役畜)들을 축출하는 경우에는, 절대적으로도 상대적으로도 감소한다. 덧붙여서 말하자면, 데까르트(Descartes)가 동물들을 단순한 기계로서 정의할 때, 그는, 나중에 할러(von Haller) 씨가 그의 ≪국가학의 부흥(*Restauration der Staatswissenschsft*)≫에서 다시 그렇게 간주했듯이 동물을 인간의 조수로 간주했던 중세와는 다른 매뉴팩처 시대의 눈으로 보고 있는 것이다. 데까르트가, 베이컨(F. Bacon)과 마찬가지로, 생산 형태의 변화와 인간에 의한 자연의 실천적 지배를 사고방식의 변화의 결과로 간주했다는 것을 그의 ≪방법론(*Discours de la Méthode*)≫은 보여주고 있는데, 거기에서 그는 특히 다음과 같이 말하고 있다: "(그에 의해서 철학에 도입된 방법에 의해서) 생활에 대단히 유용한 지식에 도달할 수 있고, 학교에서 가르치는 사변적(思辨的) 철학 대신에 실천적 철학을 발견할 수 있으며, 이 철학에 의해서 우리는 불·물·공기·천체 및 우리를 둘러싸고 있는 기타 모든 물체들의 힘과 작용을 — 우리 수공업자들이 다양한 사업에 대해서 알고 있는 것처럼 정확히 앎으로써 — 역시 마찬가지로 그것들에 적합한 모든 사용목적들에 응용할 수 있고, 그리하여 우리를 자연의 지배자 및 소유자로 만들 수 있으며" 그리하여 "인간생활을 완성하는 데에 기여할 수 있다." 더들리 노쓰 경의 ≪무역론(*Discourses upon Trade*)≫(1691)의 서문에는, 데까르트의 방법론은, 경제학에 응용되어, 화폐·상업 등에 관한 낡은 우화와 미신적 관념들로부터 경제학을 해방하기 시작했다고 쓰여 있다. 하지만 평균적으로 초기 영국의 경제학자들은 그들의 철학자로서의 베이컨과 홉스(Hobbes)에 찬동하고 있는 반면에, 나중에는 로크(Locke)가 영국·프랑스·이딸리아의 경제학의 전형적인(χατ' ἐξοχήν) "철학자"로 되었다.

*1 [역주] "물질대사기계(Stoffwechselmaschinen)"는 "식육이나 가죽이나 모피 등으로의 이용용"의 은유. (新日本판의 보충해설에 의함.)

의 정도는 명백히 기계 자신의 가치와 그 기계에 의해서 대체되는 도구의 가치의 차이에는 달려 있지 않다. 기계의 노동비용, 따라서 또한 기계로부터 생산물에 부가되는 가치부분이 노동자가 자신의 도구를 가지고 노동대상에 부가할 가치보다 적은 한, 이 차이는 존속한다. 따라서 기계의 생산성은 그것이 인간 노동력을 대체하는 정도에 의해서 측정된다. 베인즈 씨에 의하면, 1증기마력으로 작동되는, 준비장치가 부착된 450개의 뮬 방추마다 $2^1/_2$명의 노동자가 있고,112 자동 뮬 방추(selfacting mule spindle)마다 10시간 노동일의 경우 13온스의 실(평균번수)이 방적되므로, 따라서 매주 $365^5/_8$파운드의 실이 $2^1/_2$명의 노동자에 의해서 방적된다. 따라서 약 366파운드의 면화(단순화하기 위해서 낙면[落綿]은 무시한다)가 실로 전화되면서 단지 150노동시간, 즉 15개의 10시간 노동일밖에는 흡수하지 않는데, 반면에 물레로는, 손방적공이 60시간에 13온스의 실을 제공한다면, 같은 분량의 면화는 2,700개의 10시간 노동일, 즉 27,000 노동시간을 흡수할 것이다.113 구식 목판날염법(blockprinting), 즉 수공업적 날염이 기계날염에 의해서 축출된 곳에서는 단 1대의 기계가 1

---

112 에쎈(Essen) 상업회의소의 한 연차보고서(1863년 10월)에 의하면, 1862년에 크룹(Krupp) 주강(鑄鋼)공장은, 161기의 용해로·가열로·강화로(鋼化爐)와 32대의 증기기관(이는 1800년에 맨체스터에서 사용된 증기기관의 총수와 대략 같다), 합해서 1,236마력이 되는 14대의 증기망치, 49기의 단조로(鍛造爐), 203대의 도구기, 그리고 약 2,400명의 노동자로 ― 1,300만 파운드의 주강(鑄鋼)을 생산했다. 이 경우 1마력당 2명도 채 되지 않는다.

113 바비지는, 자바에서는 거의 방적노동에 의해서만 117%가 면화가치에 부가된다고 평가하고 있다. 같은 시기(1832)에 영국에서는 세사방적업의 경우 기계장치와 노동이 면화에 부가하는 총가치는 원료가치의 약 33%였다. (≪기계와 매뉴팩쳐의 경제론≫, pp. 165-166.)

명의 성인 혹은 소년의 도움으로 1시간에 이전에 200명의 성인이 했던 만큼의 4색 면직물을 날염한다.[114] 1793년에 일라이 휘트니가 조면기(cottongin)를 발명하기 전에는 1파운드의 면화를 씨에서 분리하는 데에 1평균노동일이 필요했다. 그의 발명의 결과 하루에 100파운드의 면화가 1명의 흑인여자에 의해서 얻어질 수 있었고, 조면기의 성능은 그 후 더욱 현저하게 향상되었다. 이전에는 50쎈트에 생산되던 1파운드의 면섬유가 나중에는 더 큰 이윤, 다시 말해서 더 많은 부불노동을 포함하여 10쎈트에 판매된다. 인도에서는 섬유를 씨로부터 분리하기 위해서 추르카 (Churka)라는 반(半)기계적인 용구를 사용하는데, 그것으로 1명의 남자와 1명의 여자가 하루에 28파운드를 처리한다. 수년 전에 포브즈 박사가 발명한 추르카로는 1명의 남자와 1명의 소년이 하루에 250파운드를 생산하는데, 소나 증기, 물이 원동력으로서 사용되는 곳에서는 소수의 소년과 소녀가 투입공(feeders, 기계에 재료를 먹이는 사람)으로서 필요할 뿐이다. 소들이 움직이는 16대의 이러한 기계들이 하루에 이전의 하루 평균 750명분의 작업을 하고 있다.[115]

이미 언급한[*1] 바와 같이, 증기쟁기의 경우 증기기관은 1시간에 3펜스, 즉 $^1/_4$쉴링의 비용으로, 66명의 인간이 시간당 15쉴링

---

114 기계날염의 경우 그밖에도 염료가 절약된다.

115 ≪왓슨(Watson) 박사가 기예협회에서 낭독한 논문, 생산물에 관한 인도 총독부에의 보고서(*Paper read by Dr. Watson, Reporter on Produts to the Government of India, before the Society of Arts*)≫, 1860. 4. 17. 참조.

*1 [*MEW* 편집자 주] 이 책[*MEW*, Bd. 23: 역자], S. 397[이 장(章)의 주 96: 역자]을 보라.

의 비용으로 수행하는 것과 같은 작업을 수행한다. 나는 오해를 방지하기 위해서 이 예(例)로 다시 돌아간다. 왜냐하면, 이 15쉴링은 결코 1시간 동안에 66명의 인간에 의해서 부가되는 노동의 표현이 아니기 때문이다. 만일 필요노동에 대한 잉여노동의 비율이 100%였다면, 이들 66명의 노동자는 시간당, 비록 단지 33시간만이 그들 자신을 위한 등가물로, 다시 말해서 15쉴링의 임금으로 표현되지만, 30쉴링의 가치를 생산한 것이다. 따라서 1대의 기계가 그것에 의해서 축출된 150명의 노동자의 년간 임금, 말하자면, 3,000파운드 스털링과 같은 만큼의 비용이 든다고 가정하면, 3,000파운드 스털링은, 결코 150명의 노동자에 의해서 제공되어 노동대상에 부가되는 노동의 화폐표현이 아니라, 단지 그들의 년간 노동 중 그들 자신을 위하여 임금으로 표현되는 부분만의 화폐표현이다. 그에 반해서 3,000파운드 스털링이라는 기계의 화폐가치는, 그 노동이 어떤 비율로 노동자를 위한 임금과 자본가를 위한 잉여가치를 이루고 있는 간에, 그 기계를 생산하는 동안에 지출된 모든 노동을 표현하고 있다. 따라서 기계가 그것에 의해서 대체된 노동력만큼의 비용이 들었다 하더라도, 기계 그 자체에 대상화된 노동은 언제나 그것에 의해서 대체되는 살아 있는 노동보다 훨씬 적은 것이다.[116]

전적으로 생산물을 저렴화하기 위한 수단으로서만 고찰하면, 기계사용의 한계는, 그 기계의 사용이 대체하는 노동보다 기계 자체의 생산에 드는 노동이 적어야 한다는 데에 있다. 하지만 자

---

[116] "이들 무언의 작업자들"(기계들)"은, 그것들이 축출하는 노동과 동일한 화폐가치를 가지고 있다 하더라도, 언제나 그것들이 축출하는 노동보다 훨씬 적은 노동의 생산물이다."(리카도, 같은 책, p. 40.)

본에 대해서는 이 한계가 더 좁게 표현된다. 자본은, 충용되는 노동에 대해 지불하는 것이 아니라, 충용되는 노동력의 가치를 지불하기 때문에 자본에게 있어서는 기계사용은, 기계의 가치와 그것에 의해 대체되는 노동력의 가치 사이의 차이에 의해서 그 한계가 주어지는 것이다. 필요노동과 잉여노동으로의 노동일의 분할은 나라가 다르면 다르고, 같은 나라 안에서도 시기가 다르면, 혹은 같은 시기라도 사업부문들에 따라 다르기 때문에, 또한 나아가서는 노동자의 실제 임금은 때로는 그 노동력의 가치 이하로 내려가고, 때로는 그 위로 올라가기 때문에, 기계의 가격과 그것에 의해 대체될 노동력의 가격의 차이는, 기계를 생산하기 위해 필요한 노동량과 기계에 의해 대체되는 노동의 총량 사이의 차이가 변하지 않더라도, 심히 변동할 수 있다.116ᵃ 그러나 자본가 자신에게 있어서 상품의 생산비를 규정하고 경쟁이라는 강제법칙에 의해서 그에게 영향을 행사하는 것은 단지 전자(前者)의 차이*¹ 뿐이다. 그리하여 오늘날 영국에서는, 16세기와 17세기에 네덜란드에서만 사용하는 기계들을 독일에서 발명했고, 18세기 프랑스의 많은 발명이 영국에서만 이용되었던 것처럼, 북아메리카에서만 사용되고 있는 기계들이 발명되고 있다. 오래 전부터 발달한 나라들에서는 기계 자체가, 몇몇 사업부문들에서의 그 사용에 의해서, 다른 부문들에 노동과잉(리카도가 말하는 redundancy of labour)을 만들어내고 있어, 이들 부문에서는 노동력의 가치 이하로의 임금의 저하가 기계장치의 사용을 저지하고 있고, 그렇

116ᵃ 제2판의 주. 따라서 공산주의 사회에서는 기계장치가 자본주의 사회에서와는 전혀 다른 활동의 여지를 가질 것이다.

*1 [역주] 즉, "기계의 가격과 그것에 의해 대체될 노동력의 가격의 차이".

잖아도 그 이득이, 충용노동의 감소가 아니라, 지불노동의 감소로부터 생기는 자본의 관점에서 기계장치의 사용을 불필요하게 하고 있고, 번번이 불가능하게 하고 있다. 영국 양모공업의 몇몇 부문에서는 최근 수년 동안에 아동노동이 대단히 감소되고, 곳에 따라서는 거의 축출되었다. 무엇 때문인가? 공장법은, 한 조는 6시간 노동하고, 다른 한 조는 4시간 노동하든가, 아니면 둘 다 다만 5시간만 노동하는 2개 조(組)의 아동이 필요하도록 했다.*1 그러나 부모들은 이 반일공(半日工)들(half-times)을 이전의 전일공들(full-times)보다 싸게 팔려고 하지 않았다. 그리하여 기계장치에 의해 반일공들(half-times)이 대체된 것이다.117 광산에서 여성과 (10살 미만) 아동의 노동이 금지되기 전에는 자본은, 벌거벗은 여성들과 소녀들을 흔히 남자들과 함께 탄광이나 다른 광산에서 이용하는 방법을 자신의 도덕규범서, 그리고 특히 자신의 원장(元帳)과 일치한다고 생각했기 때문에, 그 금지 후

---

*1 [역주] 이 문장이 영어판에는, "왜냐하면 공장법이, 한 조는 6시간 노동하고, 다른 한 조는 4시간 노동하든가, 아니면 둘 다 다만 5시간만 노동하는 2개 조(組)의 아동이 필요하도록 했기 때문이다. (Because the Factory Act made two sets of children necessary, one working six hours, the other four, or each working five hours.)"로 되어 있다.

117 "노동의 사용자들은 불필요하게 13살 미만의 아동 2개 조를 보유하려고 하지 않을 것이다. … 사실 한 부류의 제조업자들, 즉 양모 방적업자들은 이제 13살 미만의 아동들을, 즉 반일공들을 거의 사용하지 않는다. 그들은 개량되고 새로운 각종 기계장치들을 도입해 왔고, 그 기계장치가 아동들"(즉, 13살 미만의)"을 아주 대체하고 있다. 아동 수의 이러한 감소의 실례로서 한 공정(工程)에 대해서 얘기하자면, 거기에서는 기존의 기계에 계사기(繼絲機)라고 불리는 장치를 부착함으로써, 각 기계의 특성에 따라 6명 혹은 4명의 반일공의 작업이 1명의 소년"(13살 이상의)"에 의해서 수행될 수 있다. … 반일공 제도가 계사기의 발명을" 자극한 것이다.(≪공장감독관 보고서. 1858년 10월 31일≫, [p. 42-43.])

에야 비로소 자본은 기계장치를 사용하기 시작했다. 양키는 쇄석기(碎石機)들을 발명했다. 영국인들은 그것들을 사용하고 있지 않은데, 왜냐하면, 이 일을 하는 "불쌍한 사람들"("불쌍한 사람들[wretch]"은 농업노동자에 대한 영국 경제학의 전문용어다)은 자기 노동의 아주 적은 부분만을 지불받고 있어서 기계장치는 자본가에게 생산을 비싸게 만들 것이기 때문이다.118 영국에서는 아직도 때때로 운하선박의 예인 등을 위해서 말 대신에 여성들을 사용하는데,119 왜냐하면 말과 선박을 생산하기 위해서 필요한 노동은 수학적으로 주어진 량이지만, 그에 반해서 과잉인구의 여성을 부양하기 위해 필요한 노동은 어떻게 계산해도 좋기 때문이다. 그리하여, 다름 아닌 바로 기계의 나라, 영국보다 더 자질구레한 일에 인간의 힘을 파렴치하게 낭비하는 곳이 어디에도 없는 것이다.

제3절 노동자에 대한 기계제 경영의 제1차적 영향

이미 말한 바와 같이, 대공업의 출발점을 이루는 것은 노동수단의 혁명이며, 변혁된 노동수단은 공장의 편성된 기계체계에서 그 가장 발달한 형태를 취한다. 이 객관적인 유기체에 인간재료가 어떻게 합체되는가를 보기 전에, 노동자 자체에 대한 그 혁명

---

118 "기계장치는 노동"(그가 의미하는 것은 임금이다)"이 올라갈 때까지는 자주 사용될 수 없다."(리카도, 같은 책, p. 479.)

119 《에딘버러 사회과학대회 보고서. 1863년 10월(*Report of the Social Science Congress at Edinburgh. October 1863*)》을 보라.

의 몇몇 일반적인 반작용을 고찰하자.

a) 자본에 의한 보조적 노동력의 취득.
여성노동과 아동노동

기계장치가 근력(筋力)이 없어도 좋도록 하는 경우, 그 기계장치는 근력이 없거나 신체가 완전히 발달하지 않았지만 수족의 유연성은 더욱 큰 노동자를 사용하는 수단이 된다. 그리하여 여성노동과 아동노동이 기계장치의 자본주의적 사용의 최초의 언사였다! 노동과 노동자들의 이 강력한 대용물은, 성별과 나이의 구별 없이 노동자 가족의 모든 성원을 자본의 직접적 지배 하에 편입함으로써, 임금노동자의 수를 늘리는 수단으로 전화했다. 자본가를 위한 강제노동은, 아동의 놀이뿐만이 아니라, 관습적인 한계 내에서의 가족 자체를 위한 가정의 자유로운 노동도 박탈했다.120

노동력의 가치는, 성인노동자 개개인을 유지하기 위해서 필요

---

120 에드워드 스미쓰 박사는 미국의 내전에 수반한 면화공황 중에 면업 노동자들의 건강상태에 관해 보고하기 위해 영국 정부에 의해서 랭커셔·체셔 등지로 파견되었다. 그는 특히 이렇게 보고하고 있다: 위생상으로 공황은, 공장 환경으로부터의 노동자의 추방을 차치하고도, 다른 여러 가지 잇점을 가지고 있다. 노동여성들은 이제 자기 아이들을 고드프리의 강심제(Godfrey's Cordial, [일종의 아편제제])로 해치는 대신에 그들에게 젖을 먹일 짬을 발견했다. 그들은 요리를 배울 시간을 얻었다고. 불행하게도 이 요리법은 그들이 아무것도 먹을 것이 없을 때에 주어졌다. 그러나 자본이 자기증식을 위해서 얼마나 소비를 위해서 필요한 가족노동을 탈취했는가를 알 수 있다. 마찬가지로 공황은 특수학교에서 노동자의 딸들이 재봉을 배우는 데에도 이용되었다. 전체 세계를 위해서 방적하는 노동소녀들이 재봉을 배우기 위해서는 미국의 혁명과 세계공황이 필요한 것이다!

한 노동시간뿐만이 아니라, 노동자 가족을 유지하기 위해서 필요한 노동시간에 의해서도 규정되어 있었다. 기계장치는 노동자 가족의 모든 성원을 노동시장에 내던짐으로써 성년 남자의 노동력의 가치를 그의 전체 가족에 분할한다. 그리하여 기계장치는 성인 남자의 노동력 가치를 저하시키는 것이다. 예컨대, 4개의 노동력으로 분할된 가족을 구입하는 데에는 이전에 가장의 노동력을 구입하는 것보다 아마 비용이 더 들겠지만, 그 대신에 1노동일의 자리에 4노동일이 나타나고, 그 가격은 4노동일의 잉여가치가 1노동일의 잉여가치를 초과하는 데에 비례하여 내려간다. 한 가족이 살아가기 위해서 이제는 4명이 자본을 위해서, 노동뿐 아니라, 잉여노동도 제공하지 않으면 안 되는 것이다. 그리하여 기계장치는 처음부터 자본의 가장 고유한 착취영역인 인간적 착취재료[121]와 더불어, 동시에 착취도를 확대한다.

기계장치는 마찬가지로 자본관계의 형식적인 매개, 즉 노동자

---

[121] "갈수록 더 남성 노동을 여성 노동으로, 그리고 무엇보다도 성인 노동을 아동 노동으로 대체함으로써 노동자들의 수가 크게 증대했다. 3명의 13살 소녀들이 주당 6쉴링에서 8쉴링의 임금으로, 그 임금이 18쉴링에서 45쉴링인 성년 남자 1명을 대체했다."(Th. 드 퀸씨[de Quincey], ≪경제학의 논리[*The Logic of Political Economy*]≫, 런던, 1844, p. 147의 주.) 가족의 어떤 일정한 기능들, 예컨대, 아이들을 돌보고 젖 먹이는 등의 일은 완전히 억제될 수가 없기 때문에 자본에 의해서 징발된 가정의 어머니는 대체로 대리자를 고용하지 않으면 안 된다. 재봉·수선 등과 같은, 가족의 소비를 위해 필요한 노동들은 기성품을 구매함으로써 대체되지 않으면 안 된다. 따라서 가사노동의 지출 감소에 상응하여 화폐지출이 증대한다. 그리하여 노동자 가족의 생산비가 증대하여 수입의 증대를 상쇄한다. 게다가, 생활수단들의 이용과 준비에서의 절약과 합목적성이 불가능해진다. 공인 경제학에 의해서는 비밀에 붙여지고 있는 이러한 사실들에 관해서는, 공장감독관들이나 "아동노동조사위원회"의 ≪보고서≫들, 그리고 특히 ≪공중위생에 관한 보고서≫등 속에서 많은 자료를 발견할 수 있다.

와 자본가 사이의 계약을 근본적으로 변혁한다. 상품교환이라는 토대 위에서는, 자본가와 노동자가 자유로운 인격으로서, 즉 한쪽은 화폐 및 생산수단의 소유자이고, 다른 쪽은 노동력의 소유자인 자립적인 상품소유자들로서 상대한다고 하는 것이 제1의 전제였다. 그러나 이제 자본은 아동들 혹은 미성년자들을 구입한다. 노동자는 이전에는 형식상 자유로운 인격으로서 자신이 임의로 처분할 수 있는 자기 자신의 노동력을 판매했다. 그는 이제 아내와 자식을 판다. 그는 노예상인이 된다.122 아동노동에

---

122 영국 공장에서의 여성노동과 아동노동의 제한이 성년 남성노동자들에 의해서 자본으로부터 쟁취되었다는 위대한 사실과는 대조적으로, 아동노동조사위원회의 최근의 보고들에서는 아직도 아동매매와 관련한 노동자 부모들의 참으로 혐오스럽고 완전히 노예상인적인 성향을 보게 된다. 그러나 자본주의적인 바리새인은, 같은 《보고서》들에서 볼 수 있는 바와 같이, 그 자신에 의해서 창조되고, 영구화되고, 이용되고 있는, 평소에는 "노동의 자유"라고 부르고 있는, 이 야수성을 비난하고 있다. "아동노동은 … 심지어 그들 자신의 그날그날의 빵을 벌기 위해서조차 이용되고 있다. 그러한 어울리지 않는 고된 노동을 견뎌낼 힘도 없이, 그들의 장래 삶을 인도할 가르침도 없이, 그들은 육체적으로도 도덕적으로도 오염된 상태에 내던져 있다. 유대의 역사가는, 티투스(Titus)*1에 의한 예루살렘의 파괴에 대해서, 비정한 한 모친이 절대적인 기아의 갈망을 채우기 위해서 자신의 자식을 희생시켰을 때, 이 도시가 파괴되어도, 그토록 무참하게 파괴되어도 결코 놀라운 일이 아니었다고 말했다."(《공공경제학 요론[*Public Economy Concentrated*]》, 칼라일[Carlisle], 1833, p. 66.)*2

*1 [역주] 유대 전쟁 때 로마군 총사령관, 나중에 로마 황제. 생존: 서기 39-81년. (新日本판의 보충설명에 의한.)

*2 [역주] 프랑스어판에는 이 뒤에 다음 문장이 추가되어 있다. — "《뮐루즈 산업협회 회보(*Bulletin de la Société indusrtrielle Mulhouse*)》(1837. 5. 31.)에서 쁘노(Penot) 박사는 다음과 같이 말했다: '가난은 때때로 가장들로 하여금 그들의 아이들을 팔려는 추악한 생각을 하게끔 하고, 기업의 장들은 흔히 다른 사람들이 일반적으로 받아들이는 나이보다 어린 아동들을 그들의 작업들에 받아들이려는 유혹은 받는다." (Dans le *ulletin de la Société in*-

대한 수요는 그 형태에서도, 미국의 신문광고에서 흔히 보았던 것과 같은, 흑인노예에 대한 수요와 닮아 있다. 예컨대, 영국의 한 공장감독관은 다음과 같이 말하고 있다.

"내 관할지역의 가장 중요한 공업도시 중의 하나에서 나오는 지역 신문의 한 광고가 나의 관심을 끌었는데, 다음은 그것을 베낀 것이다: 13살로 통할 수 있는 것보다 어리지 않은 소년 12명 내지 20명 구함. 임금, 주당 4쉴링. 지원하라 등등"[123]

"13살로 통할 수 있는 것"이라는 문구는, 공장법에 의하면 13살 미만의 아동들은 오직 6시간만 일할 수 있다는 것과 관계가 있다. 공인 증명의(證明醫, certifying surgeon)가 나이를 증명하지 않으면 안 된다. 그리하여 공장주는 마치 이미 13살인 것처럼 보이는 소년들을 필요로 하는 것이다. 최근 20년간 영국의 통계에서 놀랍게도, 공장주들에 의해 고용된 13살 미만 아동의 수가 이따금 비약적으로 감소하고 있는 것은, 공장감독관들 자신의 진술에 의하면, 대부분은 증명의들(certifying surgeons)의 작품이어서, 그들이 자본가들의 착취욕와 부모들의 밀매(密賣) 필요에 맞게 아동의 나이를 올렸던 것이다. 런던의 악명 높은 베쓰널 그린(Bethnal Green) 지역에서는 매주 월요일과 화요일 아침에 공개시장이 열리는데, 거기에서는 9살부터의 남녀 아동들

---

dusrtrielle Mulhouse (31 mai 1837), le docteur Penot dit: "La misère en‑gendre quelquefois chez des fères de famille, un odieux esprit de spéc‑ulation sur leurs enfants, et des chefs d'establissements sont souvent sollicités pour recevoir dans leurs ateliers des enfants au‑dessous de l'âge même où on les admiet ordinairement."

123 A. 뤠드그뤠이브, ≪공장감독관 보고서. 1858년 10월 31일≫, pp. 40‑41.

이 런던의 견직업자들에게 자기 자신을 임대한다. "보통의 조건은 1주일에 1쉴링 8펜스(이것은 부모의 것이 된다)와 나 자신을 위한 2펜스와 차(茶)다." 계약은 단지 1주일간만 유효하다. 이 시장이 열리고 있는 동안의 광경과 언사는 참으로 혐오스럽다.124 아직도 영국에서는 여자들이 "아동들을 구빈원(Workhouse)에서 끌어내 아무 구매자에게나 주당 2쉴링 6펜스에 임대하는"125 일이 벌어지고 있다. [금지하는: 역자] 법률에도 불구하고, 대(大)브뤼튼에서는 아직도 최소한 2,000명의 소년들이 굴뚝청소기계로서 (그들을 대체할 기계가 존재하고 있음에도 불구하고) 그들 자신의 부모들에 의해서 판매되고 있다.126 기계장치에 의해 야기된, 노동력의 구매자들과 판매자들 사이의 법률관계의 혁명은, 그로 인해 거래 전체가 자유로운 인격 간의 계약이라는 외관조차 상실하고, 나중에 영국 의회에게 공장제도에의 국가개입을 위한 법적 구실을 제공했다. 공장법이, 지금까지 간섭받지 않았던 산업부문들에서 아동노동을 6시간으로 제한할 때마다, 공장주들의 비탄이 언제나 새롭게 울려온다: 부모들의 일부가, 아직 "노동의 자유"가 지배하고 있는, 즉 13살 미만의 아동들이 성인들처럼 노동하도록 강제 받는, 그리하여 보다 비싸게 팔리는 산업부문에 아동들을 판매하기 위해서, 그들을 규제받는 산업으로부터 끌어낼 것이라고. 그러나 자본은 천성적으

---

124 《아동노동조사위원회. 제5차 보고서》, 런던, 1866, p. 81, 제31호. {제4판을 위하여. — 베쓰널 그린의 견직업은 이제 거의 없어졌다. — F. 엥엘스}
[역주] 영어판에는, "보통의 조건은"에서부터 여기, 즉 "... 혐오스럽다."까지가 인용문으로 표시되어 있다.

125 《아동노동조사위원회. 제3차 보고서》, 런던, 1864, p. 53, 제15호.

126 같은, 《제5차 보고서》, p. XXII, 제137호.

로 수평파(Leveller)[*1]이기 때문에, 즉 모든 생산영역에서의 노동의 착취조건의 평등을 자신의 천부(天賦) 인권으로서 요구하기 때문에, 한 산업부문에서의 아동노동의 법률적 제한은 다른 부문에서의 그 제한의 원인으로 된다.

기계장치가, 처음에는 그 토대 위에서서 무럭무럭 자라는 공장들에서 직접적으로, 그 다음에는 다른 모든 산업부문들에서 간접적으로, 자본의 착취 하에 내던지는 아동들과 소년들, 그리고 여성노동자들의 육체적 퇴화에 대해서는 이미 앞에서 간단히 서술했다. 따라서 여기에서는 오직 한 점, 즉 유년기에 있는 노동자 아동들의 엄청난 사망률에 대해서만 설명하기로 하자. 영국에서는 100,000명의 생존 아동당 1살 미만의 사망자수가 년평균 9085명[*2](1구역에서는 단지 7,047명)인 호적관리구역이 16곳이 있는데, 24곳에서는 10,000 이상, 그러나 11,000 미만, 39곳에서는 11,000 이상, 그러나 12,000 미만, 48곳에서는 12,000 이상, 그러나 13,000 미만, 22곳에서는 20,000 이상, 25곳에서는 21,000 이상, 17곳에서는 22,000 이상, 11곳에서는 23,000 이상, 후(Hoo)·울붸햄프턴(Wolverhampton)·애쉬턴언덜라인(Ashton-under-lyne)과 프레스턴(Preston)에서는 24,000 이상, 노팅엄(Nottingham)·스톡포트(Stockport)와 브랫풔드(Bradford)에서는 25,000 이상, 위스비치(Wisbeach)에서는 26,001[*3] 그리고 맨체스터에서는 26,125이다.[127] 1861년의 정부 의료조사가 입

[*1] [역주] 영국의 내전(1642-1651년) 중의 의회주의적 평등주의자들을 경멸적으로 불렀던 말.

[*2] [역주] 프랑스어판과 영어판에는 "9,000명".

[*3] [역주] 프랑스어판과 영어판에는 "26,000".

127 《공중위생에 관한 제6차 보고서》, 런던, 1864, p. 34.

증한 것처럼, 이 높은 사망률은, 지역적 사정을 도외시하면, 특히 어머니들의 가정 밖 취업 때문인바, 거기에서 기인하는 아이들의 방치와 학대, 무엇보다도, 부적절한 음식, 영양실조, 아편제제 등의 투여 때문이고, 게다가 어머니들이 자기들의 아이들과 부자연스럽게[*1] 소원해지고, 그 결과 의도적으로 아사(餓死)·독살하기도 한다.128 "그에 반해서, 여성의 취업이 가장 적은" 농업지역에서는 "사망률이 가장 낮다."129 그런데 1861년의 조사위원회는, 북해 연안의 순전히 농경인인 몇몇 지역들에서는 1살 미만의 유아 사망률이 가장 평판이 나쁜 공장지역들의 그것에 육박한다는, 예기치 않은 결과를 내놓았다. 그리하여 쥴리안 헌터(Julian Hunter) 박사에게 이 현상을 현장에서 연구하도록 위탁되었다. 그의 보고는 ≪공중위생에 관한 제6차 보고서(*VI Report on Public Health*)≫에 수록되어 있다.130 그때까지는, 말라리아나 기타 낮고 질퍽한 지대에 특유한 질병들이 아동들을 대량으로 죽인다고 추측했다. 조사는 정반대로 나타나서, 요컨대,

"말라리아를 추방한 동일한 원인, 즉 겨울에는 습지였고 여름에는

---

*1 [*MEW*편집자 주] 제3판과 제4판에는 "자연스럽게".

128 "그것"(1861년의 조사)"…은, 더 나아가서, 상술한 사정 하에서, 유아들이 그 어머니들의 취업에 따른 방치와 학대로 죽어가는 한편, 그 어머니들이 자신들의 자식에 대해서 통탄할 정도로 부자연스러워진다. — 대개 자식이 죽어도 크게 괴로워하지 않고, 심지어는 때때로 … 자식을 죽이는 직접적인 조치를 취하기도 한다."(같은 보고서.)

129 같은 보고서, p. 454.

130 같은 보고서, pp. 454-462. "영국의 일부 농촌지역에서의 과도한 유아 사망에 관한 헨리 쥴리안 헌터 박사의 보고(Reports by Dr. Henry Julian Hunter on the excessive mortality of infants in some rural districts of England)".

척박한 목초지였던 토지의 비옥한 밀밭으로의 전환이 유아의 비상한 사망률을 낳았다."[131]

헌터 박사가 그 지역에서 심문한 70명의 개업의들은 이 점에 관해서 "놀랄 만큼 일치"했다. 왜냐하면, 토지경작의 혁명과 함께 공업제도가 도입되었던 것이다.

"소년·소녀들과 조[gang]를 이루어 노동하는 기혼 여성들은, 그 조 전체를 대신하여 계약하는 '청부업자(undertaker)'[*1]라고 불리는 사람에 의해서, 약정된 금액에, 차지농업가의 처분에 맡겨진다. 이들 조는 때때로 자신들의 촌락에서 수마일이나 이동하기도 한다. 아침저녁으로 노상에서 마주치는 그들은, 짧은 하의와 그것에 어울리는 상의를 입고, 장화를 신고, 때로는 바지를 입어서, 겉으로는 놀랍게 힘차고 건강하게 보이지만, 습관적인 부도덕한 품행으로 타락해 있고, 그들의 이 바쁘고 독립적인 생활에 대한 애착이 집에서 수척해지고 있는 불행한 자식에게 끼치는 치명적 결과를 아랑곳하지 않는다."[132]

여기에서는 공장지역의 모든 현상들이 재생산되고 있고, 은폐된 유아살해와 아동들에 대한 아편 투여는 더욱 높은 정도로 재생산되고 있다.[133]

---

131 같은 보고서, p. 35 및 pp. 455-456.; [역주] 영어판에는 이 구절에 인용부호가 없다.

*1 [역주] 독일어판에는 "Gangmeister(조장)", 프랑스어판에도 "chef de bande (gangmaster)[조장]"으로 되어 있다.

132 같은 보고서, p. 456.

133 영국의 공장지역들에서처럼, 농업지역들에서도 성년 남녀 노동자들의 아편 소비가 나날이 늘어나고 있다. "아편제제 판매의 촉진은 … 일부 모험심 강한 도매상인들의 대목표다. 약장사들은 그것을 주요 품목으로 간주하고 있다."(같은 보고서, p. 459.) 아편제제를 먹은 유아들은 "주름살이 잡혀 꼬마

영국 추밀원[71]의 의무관이자 ≪공중위생≫에 관한 보고서의 수석 편집자인 싸이먼(Simon) 박사는 다음과 같이 말하고 있다.

"나는 그러한 폐해들을 잘 알고 있는 만큼, 어쩔 수 없이 성년 여성들의 광범한 산업적 고용을 심히 우려하지 않을 수 없다."134

공장감독관 R. 베이커(Baker)는 한 공식 보고서에서 다음과 같이 외치고 있다.

"가족을 가진 모든 기혼 여성들이 어느 공장에서도 일하는 것이 금지된다면, 그것은 사실상 영국의 공업지역들을 위해 참으로 다행, 참으로 다행일 것이다."135

여성노동과 아동노동의 자본주의적 착취에 기인하는 정신적 위축은 F. 엥엘스에 의해서 그의 ≪영국에서의 노동자계급의 상태≫*1 속에서, 그리고 다른 저술가들에 의해서 철저하게 서술되어 있기 때문에 나는 여기에서 그것을 단지 상기시키는 데에 머문다. 그러나 미성숙한 인간을 잉여가치의 생산을 위한 단순한 기계로 변신시킴으로써 인위적으로 만들어지는 바의, 그리고 정신의 발전능력, 즉 그 자연적 풍요성 자체를 파괴하지 않고 정신을 휴경상태(休耕狀態)에 두는 자연발생적인 무지와는 다른, 지

늙은이가 되거나 쪼그라들어 작은 원숭이가 된다."(같은 보고서, p. 460.) 여기에서 인도와 중국이 어떻게 영국에 복수하고 있는가를 본다.

134 같은 책, p. 37.

135 ≪공장감독관 보고서. 1862년 10월 31일.≫, p. 59. 이 공장감독관은 이전에는 의사였다.

*1 [*MEW*편집자 주] *MEW*, Bd. 2를 보라.

적 황폐는, 결국 영국 의회조차 공장법이 적용되는 모든 산업에서, 초등교육을 14살 미만의 아동들을 "생산적으로" 소비하기 위한 법정 조건으로 만들지 않을 수 없도록 강제했다. 자본주의적 생산의 정신은, 공장법의 이른바 교육조항의 칠칠치 못한 작성에서, 이 강제교육을 대부분 다시 기만적이게 하는 바의, 행정기구의 결여로부터, 이 교육법에 대한 공장주들의 반대 자체로부터, 그리고 이 법을 우회하기 위한 그들의 실천적인 책략과 간계로부터 명백하다.

> "이에 대해서는 오로지 입법부만이 비난을 받아야 하는바, 왜냐하면 공장에 고용된 아동들이 <u>교육을 받아야</u> 한다고 규정하는 것처럼 보이지만, 공언한 목적을 보증할 수 있는 어떤 규정도 포함하고 있지 않은 기만적 법률(delusive law)을 통과시켰기 때문이다. 그것이 규정하고 있는 것은, 아이들은 일주일 중 일정한 날들에, 하루에 일정한 수의 시간(3시간) 동안 학교라고 불리는 장소의 4면의 벽들 안에 갇혀 있어야 한다는 것, 그리고 아동의 고용주는 교사 혹은 여교사로서 서명자로 지명된 인물로부터 그렇게 했다는 증명서를 매주 받지 않으면 안 된다는 것 이상의 아무것도 없다."[136]

1844년의 개정 공장법이 공포되기 전에는 교사 혹은 여교사에 의해서 十자 표시로 서명된 통학증명서가 드물지 않았는데, 이는 교사들 자신이 글을 쓸 줄 몰랐기 때문이었다.

> "이러한 통학증명서를 발급하고 있던, 학교라고 불리는 어떤 곳을 방문했을 때, 나는 교사의 무지에 너무나 놀라서 그에게 말했다: '실례지만, 선생님, 읽을 줄 아세요?' 그의 대답은 이랬다: '네, 쬐끔은

---

[136] 《공장감독관 보고서. 1857년 4월 30일》, p. 17의 레너드 호너의 보고.

(summat)*1!' 그리고 증명서를 발급하는 자신의 권리를 정당화하기 위해서 그는 덧붙였다: '어쨌든 저는 저의 학생들보다는 낫습니다.'"

1844년의 법이 준비되는 동안 공장감독관들은, 그 증명서를 그들이 법률상 완전히 유효하다고 인정하지 않을 수 없었던, 학교라고 불리는 곳의 수치스러운 상태를 고발했다. 그러나 그들이 관철한 것은 단지 다음과 같았다. 즉, 1844년 이후에는,*2

"통학증명서의 숫자는 교사가 손으로 써넣지 않으면 안 되고, 그 교사는 또한 그의 전체 성명을 써서 서명하지 않으면 안 된다."137

스코틀랜드의 공장감독관 존 킨케이드(John Kincaid) 경도 이와 유사한 공무상의 경험을 다음과 같이 말하고 있다.

"우리가 방문한 첫 번째 학교는 앤 킬린 부인(Mrs. Ann Killin)이라는 사람에 의해서 운영되고 있었다. 그에게 그 이름의 철자를 묻자 C자로 시작함으로써 즉각 실수를 했으나, 곧바로 정정하면서, 그는 자기 이름은 K로 시작된다고 했다. 그러나 통학증명서철(綴)의 그의 서명을 보고 나는 그가 이름의 철자를 다양하게 쓰고 있다는 것을 알았으며, 그의 필적으로 보아 그가 가르칠 능력이 없다는 것은 의문의 여지가 없었다. 그 자신 역시 자신이 기장(記帳)할 수 없다는 것을 인정했다. … 두 번째 학교는 교실이 길이 15퓌트, 너비 10퓌트*3였는

---

*1 [역주] "summat"은 "somewhat(조금, 어느 정도)"의 방언.

*2 [역주] 영어판에는 이 문장들도 앞뒤의 인용문들과 함께 하나의 인용문으로 표시되어 있고, 프랑스어판에는 앞의 인용문만 인용문으로 표시되어 있다.

137 ≪공장감독관 보고서. 1855년 10월 31일≫, pp. 18-19의 레너드 호너의 보고..

*3 [역주] 길이 4.572m, 너비 3.048m. 따라서 넓이 약 13.94㎡, 즉 약 4.22평.

데, 그 공간에서 75명의 아동들이 무언가 이해할 수 없는 말들을 재잘대고 있었다."[138] "그러나 아동들이 통학증명서는 받지만, 어떤 가치 있는 교육도 받지 못하는 것은 위에서 말한 참담한 곳에서만이 아닌데, 왜냐하면 유능한 교사가 있는 많은 학교에서도, 3살의 유아부터 온갖 나이의 아동들로 왁자지껄 꽉 차 있어서, 교사의 노력들이 거의 소용이 없기 때문이다. 교사의 생계는 비참해서, 고작해야 한 곳에 몰아넣을 만큼 최대한 몰아넣은 아동들로부터 받는 푼돈에 달려 있다. 게다가 학교의 가구는 부실하고, 책이나 기타 교재들이 부족하고, 숨 막히게 악취나는 분위기가 불쌍한 아이들 자체를 짓누르고 있다. 나는 그러한 학교들을 많이 방문했는데, 거기에서는 수많은 아이들이 전혀 아무 것도 하지 않고 있었다. 그런데 이것이 학교에 출석한 것으로 증명되고 있고, 통계표에는 그러한 아동들이 교육을 받고 있는(educated) 것으로 되어 있다."[139]

스코틀랜드에서 공장주들은 통학 의무가 있는 아동들을 가능한 한 배제하려고 하고 있다.

"공장주들이 그토록 싫어하는, 공장법의 교육조항들이 그런 부류의 아동들을 고용으로부터도, 이 법이 의도한 교육의 혜택으로부터도 크게 배제하는 경향이 있다는 것을 입증하는 데에는 더 이상의 논거가 필요치 않다."[140]

이것은 특별 공장법의 규제를 받고 있는 면직물 등의 날염업

---

138 ≪공장감독관 보고서. 1858년 10월 31일≫, pp. 31-32의 존 킨케이드 경의 보고.
139 ≪공장감독관 보고서. 1857년 4월 30일.≫, pp. 17-18의 레너드 호너의 보고.
140 ≪공장감독관 보고서. 1856년 10월 31일≫, p. 66의 J. 킨케이드 경의 보고.; [역주] 독일어판에는 이 인용문이, "교육조항들에 대한 공장주들의 거대한 혐오를 증명하는 데에는 이것으로 충분하다."로 되어 있다.

에서는 기기하고 놀라운 양태로 나타나고 있다. 법률의 규정에 의하면,

"어떤 아동이든, 날염공장에 고용되기 전에, 고용 첫날 직전 6개월 동안 최소한 30일간에 걸쳐 150시간 이상 학교에 출석했어야 하며, 날염공장에 고용이 지속되는 동안 그는 6개월마다 30일간에 걸쳐 150시간 학교에 출석하지 않으면 안 된다. … 출석은 오전 8시부터 오후 6시 사이에 이루어져야 한다. 같은 날에 $2^1/_2$시간 미만, 혹은 5시간을 초과한 출석은 결코 150시간의 일부로 계산되어서는 안 된다. 통상적인 사정 하에서는 아동들은 30일간 매일 5시간[*1] 오전과 오후에 학교에 출석하고, 30일이 지나 150시간이라는 법정 총시간수에 달하면, 즉 그들의 말로 하자면, 그들의 출석부가 채워지면, 그들은 날염공장으로 돌아가, 거기에서 6개월이 끝날 때까지 머물고, 다음 번 통학기간이 되면, 그들은 출석부가 다시 채워질 때까지 다시 학교를 찾는다. … 필수 시간수 만큼 학교에 출석했던 소년들의 다수는, 날염공장에서의 6개월의 작업을 끝내고 다시 학교로 돌아올 때에는, 그들이 지난 번 학교 출석에서 얻은 모든 것을 잃어버리고, 그들이 날염 소년공으로서 처음 학교에 출석했던 때와 똑같은 상태에 있다. … 다른 날염공장들에서는 아동들의 학교 출석이 전적으로 공장의 작업 사정에 달려 있다. 필수 시간수는 6개월마다, 한번에 3시간에서 5시간씩 나뉘어 아마도 6개월에 걸쳐서 채워진다. … 예를 들면, 출석이 하루는 오전 8시부터 11시, 다른 날은 오후 1시부터 4시일 수 있고, 그 아이가 다시 수일간 결석한 후에 오후 3시부터 6시까지 출석할지도 모르며, 그리고 나서 3일이나 4일 연속, 혹은 1주일 동안 출석할 수도 있고, 그러고 나서는 그 아이가 3주일이나 1달 동안 학교에 나타나지 않을 수도 있으며, 그 다음엔 그를 고용하여 부리는 사람이 그를 필요로 하지 않는 뜻밖의 날들, 뜻밖의 시간들에 나타나

[*1] [역주] 영어판, 따라서 원문에는 "적어도 5시간(at least 5 hours)"로 되어 있으나, 독일어판에 따랐다.

곤 한다. 그리하여 그 아이는, 합계 150시간이 채워질 때까지, 학교에서 공장으로, 공장에서 학교로, 말하자면, 들볶인다(buffeted)."141

결합된 노동자인원에 아동과 여성을 압도적으로 추가함으로써 기계장치는, 아직 매뉴팩춰에서는 남성노동자들이 자본의 전제에 맞섰던 저항을 마침내 타파한다.142

b) 노동일의 연장

기계장치가 노동의 생산력을 높이기 위한, 다시 말해서, 상품을 생산하기 위해 필요한 노동시간을 단축하기 위한 가장 강력한 수단이라면, 자본의 담지자로서의 그것은 우선 맨 먼저 그것이 장악한 산업들에서 노동일을 어떤 자연적 한계도 넘어 연장

---

141 ≪공장감독관 보고서. 1857년 10월 31일≫, pp. 41-43의 A. 뤠드그뤠이브의 보고. 오래 전부터 (본문에서 마지막에 든 날염공장의 법이 아니라) 본래의 공장법이 지배하고 있는 영국의 산업부문들에서는 교육조항들에 대한 장해들이 최근 수년 사이에 다소 극복되었다. 공장법의 적용을 받지 않는 산업들에서는 조사위원 화이트를 다음과 같이 가르치고 있는, 유리공장주 J. 게디즈(Geddes)의 견해가 아직도 지배적이다: "내가 알 수 있는 한, 노동자계급의 일부가 최근 수년 동안 누려온 한층 더 많은 교육은 해악이다. 그것은 그들을 독립적으로 만들기 때문에 위험하다."(≪아동노동조사위원회. 제4차 보고서≫, 런던, 1856, p. 253.)

142 "E씨라는 한 공장주가 … 나에게 알려준 바에 의하면, 그는 자신의 기계 직기에 오로지 여성들만을 사용하고, … 기혼 여성들, 특히 가정에 부양해야 할 가족을 두고 있는 기혼 여성들을 단호히 선호합니다. 그들은 미혼 여성들보다 더욱 주의 깊고, 온순하며, 생활필수품을 장만하기 위해 그들의 전력을 다하지 않을 수 없습니다. 그리하여 미덕, 여성의 성격에 고유한 미덕이 그의 화(化)로 됩니다. ― 그리하여 그의 본성중에서 가장 성실하고 온화한 것이 그를 예속시키고 괴롭히는 수단이 됩니다."(≪10시간 공장법안. 3월 15일 애쉴리 경의 연설≫, 런던, 1844, p. 20.)

하는 가장 강력한 수단이 된다. 기계장치는, 한편에서는 자본이 자신의 이러한 부단한 성벽(性癖)을 자유방임할 수 있는 새로운 조건들을 만들어내고, 다른 한편에서는 타인 노동에 대한 자본의 갈망을 첨예하게 하는 새로운 동기를 만들어낸다.

맨 먼저 기계장치에서는 노동수단의 운동과 작업활동이 노동자에 대하여 자립화한다. 노동수단은 그 자체로서 산업적 영구운동기관(Perpetuum mobile)[*1]이 되어, 자신의 인간 조수들의 일정한 자연적 한계들, 즉 그들의 육체적 약점이나 그들의 고집에 부딪히지 않는다면, 그것은 부단히 생산을 계속할 것이다. 자본으로서, 그리고 그 자체로서 자동장치는 자본가에 의식과 의지를 가지고 있는데, 그리하여 그것은 반항적인, 그러나 탄력적인 인간의 자연적 한계를 최소의 저항에 억눌러두려는 충동으로 고무되어 있다.143[*2] 이 저항은 그렇지 않아도 기계에서의 노동의 외관상의 용이함과, 유순하고 다루기 쉬운 여성과 아동의 특성에 의해서 감소되어 있다.144

[*1] [역주] 영구운동기관 — 이 권 제1분책, p. 219, "*1 [역주]" 참조.

143 "기계장치가 전반적으로 도입된 이후 인간의 천성은 그의 평균적 힘을 훨씬 넘도록 강요받아 왔다."(롸버트 오언, ≪공장제도의 영향에 대한 고찰(*Observations on the Effects of the manufacturing System*)≫(wp2판), 런던, 1817. [p. 16.])

[*2] [역주] 본문의 이 문장이 영어판에는, "기계장치는, 자본으로서는, 그리고 그것이 자본이기 때문에, 자본가라는 인물 속에 지능과 의지가 부여되어 있고, 그리하여 그것은 반항적이지만 탄력적인 자연적 장해, 즉 인간에 의한 저항을 최소한으로 축소하려는 열망으로 고무되어 있다. (The automation, as capital, and because it is capital, is endowed, in the person of the capital-ist, with intelligence and will; it is therefore animated by the longing to reduce to a minimum the resistance offered by that repellent yet elastic natural barrier, man.)"로 되어 있다.

기계장치의 생산성은, 이미 본 바와 같이, 그것으로부터 제품에 이전되는 가치구성부분의 크기에 반비례한다. 그 기계장치가 기능을 발휘하는 기간이 길면 길수록, 그 기계장치로부터 부가되는 가치가 분배되는 생산물의 량이 그만큼 더 많아지고, 그 기계장치가 개개의 상품에 부가하는 가치부분은 그만큼 적어진다. 그러나 기계장치의 활동적인 수명은 명백히, 노동일의 길이 즉 하루의 노동과정의 지속시간에, 그 노동과정이 반복되는 일수를 곱한 것에 의해서 규정된다.

기계의 마모는 결코 그 사용시간과 수학적으로 정확히 일치하지 않는다. 그리고 일치한다고 가정하더라도, 매일 16시간씩 $7\frac{1}{2}$년 동안 사용되는 기계는, 15년 동안 매일 단지 8시간만 사용되

---

144 어떤 사물의 최초의 경험적 현상형태를 그 원인으로 간주하기를 좋아하는 영국인들은 자주 자본이 공장제도의 초기에 구빈원과 고아원에서 저질렀던, 그리하여 완전히 자기 뜻대로 조종할 수 있는 인간재료를 획득했던, 헤롯적인(herodisch)[*1] 대대적인 아동유괴를 공장의 긴 노동시간의 원인이라고 말하고 있다. 그리하여, 예컨대, 그 자신이 영국의 공장주인 퓔든(Fielden)은 다음과 같이 말하고 있다: "긴 노동시간은, 아주 많은 극빈 아동들이 전국 각지에서 공급되어 공장주들이 노동자들에 의지하지 않게 되었다는 사정에 의해서 초래되었다는 것, 그리고 이렇게 하여 조달된 비참한 인간 재료를 수단으로 그 [장시간노동이라는: 역자] 관습을 일단 확립하자, 공장주들은 그들의 이웃에도 아주 쉽게 강요할 수 있었다는 것은 명백하다."(J. 퓔든, ≪공장제도의 저주(*The Curse of the Factory System*)≫, 런던, 1836, p.11.) 여성노동과 관련하여 공장감독관 손더스(Saunders)는 1844년의 공장보고서에서 다음과 같이 말하고 있다: "여성노동자들 중에는, 여러 주일 동안 계속해서, 불과 몇 일을 빼고는, 2시간도 안 되는 식사시간을 포함해서 아침 6시부터 자정까지 사용되는 사람들이 있어서, 그들은 1주일에 5일은 집에 오가고, 잠을 자기 위한 시간이 24시간 중 6시간밖에는 없다."

*1 [역주] 헤롯(Herod: 73?-4 B.C.) — 유대의 왕으로서, 어린 그리스도를 죽이기 위해서 베틀레헴의 2살 이하의 모든 사내아이들을 죽였다고 한다. ≪마태복음≫ 제2장 제16절.

는 동일한 기계와 똑 같은 크기의 생산기간을 포괄하고 있으며, 또한 총생산물에 후자보다 더 많은 가치를 부가하는 것이 아니다.*1 그러나 전자의 경우에는 후자의 경우보다 기계의 가치가 2배나 빨리 재생산될 것이며, 또한 자본가는 이 기계를 이용, 그렇지 않으면 15년에 흡수할 만큼의 잉여가치를 $7^1/_2$년 동안에 흡수할 것이다.

기계의 물질적 마모는 이중적이다. 하나의 마모는, 화폐조각들이 유통에 의해서 마모되는 것처럼, 그 사용에서 생기는 것이며, 다른 하나는, 사용되지 않는 검이 칼집에서 녹슬 듯이, 그 비사용(非使用)에서 생긴다. 후자는 자연력에 의한 소모다. 첫째 종류의 마모는 대체로 사용에 정비례하고, 후자는 어느 정도 그에 반비례한다.145

그러나 물질적 마모 외에도 기계는, 말하자면, 도덕적 마모도 입는다. 기계는, 같은 구조의 기계들이 보다 값싸게 재생산될 수 있게 되거나, 보다 우수한 기계들이 그 기계와 나란히 경쟁적으로 나타나든가 함에 따라서, 그 교환가치를 잃어간다.146 두 경우 모두 기계의 가치는, 그것이 아직 아무리 젊고 생활력이 있다 하더라도, 이미 기계 그 자체에 실제로 대상화되어 있는 노동시간에

---

*1 [역주] "후자보다 더 많은 가치를 부가하는 것이 아니다"는 '후자와 동일한 량의 가치를 부가한다'는 의미.

145 "원인 ... 금속제 기계장치의 정밀한 운동 부품의, 휴지(休止)에 의한 손상"(유어, 같은 책, p. 281.)

146 이미 앞에서 언급했던 "맨체스터의 방적업자"(《타임즈[*Times*]》, 1862. 11. 26.)는 기계장치의 비용들 중에 다음의 것을 계상(計上)하고 있다: "그것"(즉, "기계장치의 마모에 대한 공제분")은 기계들이, 완전히 마모되어 버리기 전에, 보다 새롭고 보다 우수한 구조를 가진 다른 기계들에 의해서 교체됨으로써 끊임없이 발생하는 손실을 보상하기 위한 것이기도 하다."

의해서가 아니라, 그 자신의 재생산을 위해서, 혹은 보다 더 좋은 기계의 재생산을 위해서 필요한 노동시간에 의해서 규정된다. 따라서 그것은 많든 적든 감가되어 있다. 기계의 총가치가 재생산되는 기간이 짧으면 짧을수록, 그만큼 도덕적 마모의 위험이 적어지고, 노동일이 길면 길수록, 그 기간은 짧아진다. 어떤 생산부문에 기계장치가 처음으로 도입되는 경우에는 그 기계를 보다 저렴하게 재생산147하기 위한 새로운 방법들이나 개량들이 연달아 나타나서, 개개의 부분들이나 장치들뿐 아니라, 기계 구조 전체에 영향을 미친다. 그리하여 기계장치의 최초의 생존기간 중에는 노동일을 연장하려는 이 특수한 동기가 가장 강력하게 작용한다.148

다른 사정들이 변하지 않은 채로 있고 노동일이 주어져 있는 경우 2배의 노동자수를 착취하기 위해서는 기계와 건물에 투하되는 불변자본 부분도, 원료, 보조재료 등에 투하되는 불변자본과 마찬가지로 2배로 할 필요가 있다. 노동일을 연장하면, 기계장치와 건물에 투하되는 자본부분이 변하지 않더라도, 생산의 규모는 확대된다.149 따라서 잉여가치가 증대할 뿐 아니라, 그 잉여

---

147 "새로 발명된 기계의 첫 번째 한 대를 만드는 데에는 두 번째 것을 만드는 것보다 약 5배나 비용이 많이 든다고 대략 계산되고 있다."(바비지, 같은 책, pp. 211–212.)

148 "망사(網絲) 제조에서의 최근 수년 이래의 개량이 너무나도 커서, £1,200의 비용이 들었던 잘 손질된 기계가 수년 후에는 £60에 팔렸다. ... 개량이 너무나도 급속히 잇따른 나머지 미완성 기계들이 제조업자들의 수중에 방치되었는데, 왜냐하면 새로운 개량들이 그것들을 쓸모없게 만들었기 때문이었다."(같은 책, p. 233.) 그리하여 이 질풍노도의 시기에 망사 제조업자들은 곧바로 본래 8시간의 노동시간을 2교대제에 의한 24시간으로 연장했다.

149 "건물과 기계장치에 대한 추가적인 비용을 초래하지 않고도 추가적인 량의 원료가 가공될 수 있다면, 시장이 증감하고 수요가 교대로 확대·수축함에 따라서 공장주가, 추가적인 고정자본을 사용하지 않고도, 추가적인 유동자본

가치의 착취를 위해 필요한 비용도 감소되는 것이다. 이러한 것은 노동일이 연장되면 언제나 많든 적든 일어나는 것이지만, 이 경우에는 더욱 결정적으로 중요한데, 왜냐하면 무릇 노동수단으로 전화되는 자본이 더욱 중요하기 때문이다.150 기계경영이 발전하면 할수록 자본 중 끊임없이 증대하는 한 구성부분이, 한편에서는 끊임없이 가치증식할 수 있지만, 다른 한편에서는 살아 있는 노동과의 접촉이 단절되자마자 사용가치와 교환가치를 상실하는 형태 속에 구속되기 때문이다. "만일" 하고, 영국의 면화거물 애쉬워쓰(Ashworth) 씨는 나쏘 W. 씨니어 교수에게 다음과 같이 가르쳤다.

"만일 어떤 농부가 자기의 삽을 내려놓는다면, 그는 이 기간 동안 18펜스의 자본을 쓸모없게 만드는 것이다. 만일 우리 사람들"(즉, 공장노동자들) "중의 하나가 공장을 떠난다면, 그는 100,000파운드의 비용이 든 자본을 쓸모없게 만드는 것이다."151

생각해보라! 100,000파운드나 비용이 든 자본을 단 한 순간이

을 사용할 수 있는 기회들이 끊임없이 반복해서 올 것이라는 것은 자명하다."(토렌즈, ≪임금과 단결에 관하여[*On Wages and Combination*]≫, 런던, 1834, p. 64.)

150 본문에서 언급된 사정은 단지 완벽을 기하기 위해서 언급하는 것인바, 이 윤율, 즉 선대되는 총자본에 대한 잉여가치의 비율을 나는 제3권에서 비로소 취급하기 때문이다.

151 애쉬워쓰 씨는 다음과 같이 말했다: "When a labourer lays his spade, he renders useless, for that period, a capital worth 18 d. When one of our people leaves the mill, he renders useless a capital that has cost 100,000 pounds."(씨니어, ≪공장법이 면공업에 미치는 영향에 관한 편지≫, 런던, 1837, pp. 13–14.)

라도 "쓸모없게" 만들다니! 우리 사람들 중의 하나가 무릇 언젠가 공장을 떠나는 것은 참으로 천벌을 받을 일이다! 기계장치의 규모의 증대*¹는, 애쉬워쓰에게 지도받은 씨니어도 이해하고 있는 것처럼, 노동일의 끊임없는 연장을 "바람직하게" 만든다.152

기계는, 단지 그것이 노동력을 직접적으로 감가시키고, 또한 노동력의 재생산에 들어가는 상품들을 값싸게 하여 노동력을 간접적으로 값싸게 함으로써만 상대적 잉여가치를 생산하는 것이 아니라, 기계가 맨 처음 산발적으로 도입되는 경우에는 기계소유자에 의해서 사용되는 노동을 강화된 노동으로 전화시키고, 기계의 생산물의 사회적 가치를 그 개별적 가치보다 높여 자본가로 하여금 하루의 생산물의 보다 적은 가치부분으로 노동력의 하루가치를 대체할 수 있도록 함으로써도 상대적 잉여가치를 생산한다. 그리하여 기계경영이 일종의 독점상태에 있는 과도기 동안에는 이득이 이례적이고, 자본가는 노동일을 최대한 연장함으로써 이 "첫사랑의 시기"를 최대한 철저하게 이용하려고 한다. 이득이

---

*1 [역주] 영어판에는 "기계장치의 사용의 증대(increased use of machinery)".

152 "유동자본에 대한 고정자본의 커다란 비중은 … 장시간 노동을 바람직하게 만든다." 기계장치 등의 규모가 증대함에 따라, "장시간 노동에 대한 충동은 더욱 더 증대할 것인데, 왜냐하면 그 장시간 노동이 커다란 비중의 고정자본을 유리하게 하는 유일한 수단이기 때문이다."(씨니어, 같은 책, pp. 11–13.) "공장에는 그 공장이 짧은 시간 가동하든, 장시간 가동하든 변함이 없는 비용들이 있는바, 예컨대, 임대료・세금들・화재보험료・상시고용 노동자의 임금・기계장치의 손상 및 기타 다양한 부담들로서, 이윤에 대한 그 비율은 생산이 감소함에 따라서 증대한다."*²"(≪공장감독관 보고서. 1862. 10월 31일≫, p. 19.)

*2 [역주] "이윤에 대한 그 비율은 생산이 감소함에 따라서 증대한다."가 독일어판에는 "이윤에 대한 그 비율은 생산의 규모가 증대하는 것과 같은 비율로 감소한다. (deren Proportion zum Profit im selben Verhältnis abnimmt, wie der Umfang der Produktion zunimmt.)"로 번역되어 있다.

크다는 것이 더 많은 이득에 대한 갈망을 격화시키는 것이다.

같은 생산부문 내에서 기계장치가 보편화됨에 따라서 기계의 생산물의 사회적 가치는 그 개별적 가치로 저하하고, 잉여가치는, 자본가가 기계에 의해서 대체한 노동력들로부터 생기는 것이 아니라, 거꾸로 그가 기계에 사용하는 노동력들로부터 생긴다는 법칙이 관철된다. 잉여가치는 오직 자본의 가변부분으로부터만 발생하며, 이미 본 바와 같이, 잉여가치의 량은 두 개의 요인, 즉 잉여가치율과 동시에 사용되는 노동자수에 의해서 규정되어 있다. 노동일의 길이가 주어져 있는 경우, 잉여가치율은 노동일이 필요노동과 잉여가치로 분할되는 비율에 의해서 규정된다. 다른 한편에서, 동시에 사용되는 노동자의 수는 불변자본부분에 대한 가변자본부분의 비율에 달려 있다. 그런데, 기계경영은, 그것이 아무리 생산력을 상승시킴으로써 필요노동을 희생시켜 잉여노동을 확대한다고 하더라도, 오직 어떤 주어진 자본에 의해서 사용되는 노동자의 수를 줄임으로써만 그러한 성과를 가져온다는 것은 명백하다. 기계경영은, 이전에는 가변적이었던, 다시 말해서, 살아 있는 노동력으로 전환되던 자본의 일부분을, 기계장치로, 따라서 어떤 잉여가치도 생산하지 않는 불변자본으로 전화시키는 것이다. 예컨대, 2명의 노동자로부터 24명의 노동자로부터 짜내는 만큼의 잉여가치를 짜낼 수는 없다. 24명의 노동자 각자가 12시간당 단지 1시간의 잉여가치만을 제공하더라도, 그들은 합계 24시간의 잉여가치를 제공하는 반면에, 2명의 노동자의 총노동은 24시간에 달할 뿐이다. 따라서, 기계장치는, 주어진 크기의 어떤 자본이 제공하는 잉여가치의 두 요인 가운데 하나의 요인, 즉 노동자수를 감소시킴으로써만 다른 요인, 즉 잉여가치율을 증대시킴으로써, 잉여가치의 생산을 위한 기계장치의 사용에는 하나의 내재적인 모순이 있다. 이 모순은, 어떤 산업부문에서 기계장치가 보편화됨에 따라 기계적으로 생산된 상품의 가치가 동종의 모든 상품의 규제적인 사회적 가치로 되자마자 드러나며, 자본 자체는 그것을 의식하지 못할지라도,153 착취되는 노동자수의 비례적인 감소를, 상대적 잉여가치뿐 아니라 절대적 잉여가치의 증대를 통해서 보상하기 위해서 극히 강압적으로 노동일을 연장하도록 자본을 다시 내모는 것도 바로 이 모순이다.

따라서 기계장치의 자본주의적 사용은, 한편에서 노동일의 무제한 연장에의 새로운 강력한 동기를 만들어내고, 또한 이러한 경향에 대한 저항을 굴복시키는 방식으로, 노동양식 그 자체와 사회적 노동체(Arbeitskörper)의 성격*1을 변혁한다면, 다른 한편에서는, 부분적으로는 노동자계급 중에서 예전에는 접근하기 어렵던 계층들을 자본에 고용시킴으로써, 부분적으로는 기계에 의해서 축출된 노동자들을 유리(遊離)시킴으로써, 자본의 법칙을 강요당하지 않을 수 없는 과잉 노동자인구154를 만들어낸다. 거기에서 기계가 노동일의 모든 관습적·자연적 한계들을 제거해 버린다는, 근대 산업사의 주목할 만한 현상이 생긴다. 거기에

---

153 이 내재적 모순을 왜 개별 자본가, 그리고 따라서 자본가적 관점에 사로잡혀 있는 경제학이 의식하지 못하는가는, 제3권의 처음 편들[제3편, 이윤율의 경향적 저하의 법칙: 역자]에서 보게 될 것이다.

*1 [역주] "사회적 노동체의 성격"이, 프랑스어판에는 "집단 노동자의 사회적 성격(caractère social du travailleur collectif)"으로, 영어판에는 "사회적 노동 유기체의 성격(character of the social working organism)"으로 되어 있다.

154 기계장치를, 단지 상품의 생산수단으로만이 아니라, "과잉인구(redundant population)"의 생산수단으로도 파악한 것은 리카도*2의 위대한 공적의 하나다.

*2 [역주] 프랑스어판에는 "씨스몽디와 리카도".

서 노동시간을 단축하기 위한 가장 강력한 수단이, 노동자와 그 가족의 생애 전체를 자본의 가치증식을 위해 자유로 처분할 수 있는 노동시간으로 전화하는 가장 확실한 수단으로 돌변한다는 경제학적 역설도 생긴다. "만일"이라며, 고대의 위대한 사상가 아리스토텔레스는 다음과 같이 꿈꿨다.

> "만일, 다이달로스[*1]의 작품들이 스스로 움직인 것처럼, 혹은 헤파이스토스[*2]의 삼각대가 자발적으로 신성한 일을 한 것처럼, 어떤 도구나 지시에 따라서든, 혹은 미리 알아서든, 그가 할 작업을 수행할 수 있다면, 그리하여 직포공의 북이 스스로 베를 짤 수 있다면, 장주(匠主)에게는 조수들이, 주인에게는 노예들이 필요 없을 것이다."155

그리고 키케로 시대의 그리스 시인 안티파트로스는 곡물을 빻는 물레방아의 발명을, 즉 모든 생산적 기계장치의 이 기본형태를 여성노예들의 해방자로서, 그리고 황금시대의 재건자로서 환영했다.156 "이교도들이다, 참으로 이교도들이다!" 슬기로운 바스띠아

---

*1 [역주] 손재주가 뛰어나 비행하는 날개 등 온갖 것을 발명했다는, 그리스 신화 속의 명장(名匠).

*2 [역주] 그리스 신화 속의 불과 대장장이의 신.

155 F. 비제(Biese), ≪아리스토텔레스의 철학(*Die Philosophie des Aristoteles*)≫, 제2권, 베를린, 1842, p. 408.; ([新日本판 역주] 이 문장은 아리스토텔레스, ≪정치학≫, 제1권, 제4장으로부터 인용되어 있다.)

156 나는 쉬톨베르크(Stolberg)가 번역한 그의 시를 여기에 제시하는데, 왜냐하면 그것은, 분업에 관한 앞에서의 인용문과 마찬가지로, 근대적 견해에 대한 고대적 견해의 대립의 특징을 보여주기 때문이다.

> "방아 찧는 손을 놓고, 방아 찧는 처녀들아, 잠들라 고요히!
> 새벽을 알리는 수탉도 그대에게는 소용없다!
> 데오 여신이 처녀의 일을 님프들에게 맡겼고,

(Bastiat)가, 그리고 그에 앞서 더 현명한 맥컬록(Mac-Culloch)이 발견한 바와 같이, 그들은 경제학과 기독교에 관해서 아무것도 이해하지 못했다. 그들은 무엇보다도 특히 기계란 노동일을 연장하기 위한 가장 확실한 수단이라는 것을 이해하지 못했다. 그들은 아마 한 사람의 노예상태를 다른 사람의 완전한 인간적 발전을 위한 수단으로서 용인했을 것이다. 그러나 야비하거나 교양이 부족한 몇몇 졸부들을 "탁월한 방적업자들(eminent spinners)", "대규모 쏘시지 제조업자들(extensive sausage makers)" 그리고 "유력한 구두약 장사들(influential shoe black dealers)"로 만들기 위하여 대중의 노예화를 설교하기에는, 그들에게 고유하게 기독교적인 기관(spezifisch christliche Organ)[*1]이 없었다.

> 님프들은 가볍게 바퀴들 위로 뛰어 오른다.
> 흔들리는 축은 바퀴살과 함께 돌고,
> 무거운 돌절구를 빙글빙글 돌린다.
> 우리도 조상의 삶을 살자,
> 놀면서 여신이 선물하는 재능들을 즐기자"

> "Schonet der mahlenden Hand, o Müllerinnen, und schlafet
> Sanft! es verkünde der Hahn euch den Morgen umsonst!
> Däo hat die Arbeit der Mädchen den Nymphen befohlen,
> Und itzt hüpfen sie leicht über die Räder dahin,
> Daß die erschütterten Achsen mit ihren Speichen sich wäzen,
> Und im Kreise die Last drehen des wälzenden Steins,
> Laßt uns leben das Leben der Väter, und laßt uns der Gaben
> Arbeitlos uns freun, welche die Göttin uns schenkt."

(≪크리스티안 쉬톨베르크 백작 역, 그리스의 시(*Gedichte aus dem Grieschen übersetzt von Christian Graf zu Stolberg*)≫, 함부르크, 1782.)

*1 [역주] 프랑스어판에는 "기독교적인 자선의 재능(bosse de la chrétienne)", 영어판에는 "기독교적 재능(bump of Christianity)".

c) 노동의 강화[*1]

기계장치가 자본의 수중에서 야기하는, 노동일의 무제한 연장은, 이미 본 바와 같이, 나중에는 삶의 뿌리를 위협받는 사회의 반작용을 불러일으키고, 그와 더불어 법률에 의해 제한된 표준노동일을 불러온다. 이 표준노동일의 기초 위에서는 우리가 앞에서 이미 마주쳤던 한 현상이 — 즉, 노동의 강화가 결정적으로 중요한 것으로 발전한다. 절대적 잉여가치의 분석에서는 우선 노동의 외연적 크기가 문제였던 반면에, 노동의 강도는 주어진 것으로 전제되어 있었다. 이제 우리는 외연적 크기의, 내포적 크기 혹은 강도(Gradgröße)로의 급변을 고찰하지 않으면 안 된다.

기계제도가 발전하고 기계노동자라고 하는 독자적인 계급의 경험이 퇴적됨에 따라서 노동의 속도가, 그리고 그와 더불어 노동의 강도가 자연발생적으로 증대한다는 것은 자명하다. 그리하여 영국에서는 반세기 동안 노동일의 연장과 공장노동의 강도의 증대가 나란히 진행되고 있다. 그러나 알다시피, 일시적인 발작들이 아니라 매일매일 반복되는 규칙적인 균일성이 중요한 노동의 경우, 반드시 노동일의 연장과 노동의 강도가 서로를 배제하여, 노동일의 연장은 오직 노동 강도의 약화와만, 그리고 역으로 강도의 상승은 오직 노동일의 단축과만 양립할 수 있는 어떤 결절점이 나타나지 않을 수 없다. 서서히 부풀어 오르는 노동자계급의 반항이 국가를 강제하여 노동시간을 강압적으로 단축하게

[*1] [역주] 프랑스어판에는 여기에, "강화라는 말로 우리는 노동을 더욱 강력하게 하는 방법들을 가리킨다. (Par le mot *intensification*, nous désignons les procédés qui rendent le travail plus intense.)"라는 맑스의 주가 붙어 있다.

하고, 우선 본래의 공장에 표준노동일을 강요하도록 하자마자, 따라서 노동일의 연장에 의한 잉여가치 생산의 증대가 단호히 단절돼버린 이 순간부터, 자본은 모든 힘을 다하여 그리고 완전히 의식적으로 기계체계의 발전의 가속화에 의한 상대적 잉여가치의 생산에 몰두했다. 동시에 상대적 잉여가치의 성격에 하나의 변화가 나타난다. 일반적으로 상대적 잉여가치의 생산방법은, 노동의 생산력을 상승시킴으로써 노동자로 하여금 동일한 노동의 지출로 동일한 시간에 보다 더 많이 생산할 수 있게 하는 것이다. 동일한 노동시간은 총생산물에 여전히 동일한 가치를 부가한다, 비록 이 불변의 교환가치가 이제 보다 많은 사용가치들로서 표현되고, 그리하여 개별 상품의 가치는 저하하지만 말이다. 그러나, 노동일의 강압적인 단축이, 그 단축이 생산력의 발전과 생산조건들의 절약에 가하는 엄청난 자극과 더불어, 동시에 동일한 시간 내의 노동지출의 증대, 노동력의 긴장의 고도화, 노동시간의 기공(氣孔)의 보다 조밀한 충전(充塡), 즉 노동의 농축을 단축된 노동일의 내부에서만 달성할 수 있는 정도까지 노동자에게 강요하자마자, 사태는 달라진다. 어떤 주어진 시간 내로의, 보다 많은 량의 노동의 이러한 압축은 이제 사실대로, 즉 보다 많은 노동량으로서 계산된다. "연장된 크기(ausgedehnter Größe)"로서의 노동시간이라는 척도와 나란히 이제 노동의 밀도(密度)라는 척도가 나타난다.157 10시간 노동일의 보다 더 집약적인 1시간은 이제 12시

---

157 무릇 다양한 생산부문들의 노동의 강도의 차이가 당연히 발생한다. 이 차이는, 이미 A. 스미쓰가 명확히 한 것처럼, 부분적으로는 각 노동 종류마다 고유한 부수적 사정들에 의해서 상쇄된다. 그러나 가치척도로서의 노동시간에 대한 영향은 여기에서도 오직, 내포적 크기와 외연적 크기가 동일한 노동량의 대립적이고 서로 배제하는 표현들로서 나타나는 한에서만 발생한다."1

간 노동일의 보다 밀도가 낮은(poröser) 1시간에 비해서 같거나,[*2] 보다 더 많은 노동 즉 지출된 노동력을 포함하고 있다. 그리하여 그 생산물은 보다 밀도가 낮은 $1\frac{1}{5}$시간의 생산물과 같거나, 그보다 더 많은 가치를 가지고 있다. 노동의 생산력의 증대에 의한 상대적 잉여가치의 증가를 별도로 하면, 이제는, 예컨대, $6\frac{2}{3}$시간의 필요노동에 대한 $3\frac{1}{3}$시간의 잉여노동이, 이전에 8시간의 필요노동에 대한 4시간의 잉여노동이 자본가에게 제공했던 것과 같은 가치량을 자본가에게 제공하는 것이다.

그런데 문제는, 노동은 어떻게 하여 강화되는가?

단축된 노동일의 첫 번째 효과는, 노동력의 작용능력은 그 작용시간에 반비례한다는 자명한 법칙에 입각해 있다. 따라서 일정한 한계 내에서는, 힘의 발휘의 지속시간에서 잃어가는 것이 힘의 발휘의 정도에서 획득된다.[*3] 그러나 노동자가 현실적으로도

---

*1 [역주] "그러나 가치척도로서의 노동시간에 대한 …" 이하의 문장이 영어판에는, "그러나 가치척도로서의 노동시간은 이 경우, 노동의 지속시간과 노동의 강도가 하나의 동일한 노동량에 대한 두 개의 정반대의, 그리고 서로 배제적인 표현이 아닌 한 영향을 받지 않는다. (Labour-time, as a measure of value, is not, however, affected in this case, except in so far as the duration of labour, and the degree of its intensity, are two antithetical and mutually exclusive expression for one and the same quantity of labour.)"로 되어 있다.

*2 [역주] 영어판에는 "같거나"가 없다.

*3 [역주] 이 문장이 프랑스어판에는 "일정한 한계 내에서는, 지속시간에서 잃는 것을 효율에서 얻는다. (Dans certaines limites, on gagne en efficacité ce qu'on perd en durée.)"로 되어 있고, 영어판에는 "따라서 일정한 한계 내에서는 지속시간을 단축함으로써 잃는 것이 노동력의 긴장을 증대시킴으로써 획득된다. (Hence, within certain limits what is lost by shortening the duration is gained by the increasing tension of labour-power.)"로 되어 있다.

보다 많은 노동력을 유동(流動)시킨다고 하는 것, 그것에 대해서는 자본은 지불방법에 의해서 애쓴다.158*1 기계장치가 전혀 어떤 역할도 하지 않든가 중요하지 않은 역할밖에 하지 않은 매뉴팩춰들, 예컨대, 요업(窯業)에서는, 노동일을 단축하기만 해도 노동의 규칙성·균일성·질서·계속성 및 활력이 굉장히 높아진다는 것을 공장법의 실시가 결정적으로 입증하였다.159 하지만 이 효과는 본래의 공장에서는 의문스러워 보였는데, 왜냐하면 여기에서는 기계의 연속적이고 균일한 운동에의 노동자의 종속이 이미 오래전에 극히 엄격한 규율을 만들어냈기 때문이었다. 그리하여 1844년에 12시간 이내로의 노동일의 단축이 토의되었을 때, 공장주들은 거의 이구동성으로,

"그들의 감독관들은 노동자들이 결코 시간도 허비하지 않도록 여러 작업실에서 잘 감독해왔다"고, "노동자들 측의 조심과 주의력의 정도(the extent of vigilance and attention ont eh part of the workmen)는 증대될 수가 거의 없다"고, 그리고, 그리하여 기계장치의 운행(Gang)*2 등과 같은 다른 모든 사정들이 불변이라고 가정하면, "잘 경영되고 있는 공장에서는 노동자들의 주의력을 높이는 것으로부터 어떤 중요한 결과를 기대하는 것은 어리석은 일이다."160라고,

---

158 특히, 제6편에서 설명될 형태인 개수임금(個數賃金, Stücklohn)에 의해서.

*1 [역주] 이 문장이 영어판에는, "더구나 노동자가 현실적으로 더 많은 노동력을 지출한다고 하는 것은, 자본가가 그에게 지불하는 양식에 의해서 보증된다. (That the workman moreover really does expend more labour-power, is ensured by the mode in which the capitalist pays him.)"로 되어 있다.

159 ≪공장감독관 보고서. 1865년 10월 31일≫을 보라.

*2 [역주] 영어판에는 "속도(speed)".

제13장 기계장치와 대공업

단언했다.

이러한 주장은 실험들을 통해서 부정되었다. R. 가드너(Gardner) 씨는 프뤠스톤에 있는 그의 2개의 대공장에서 1844년 4월 20일부터 하루에 12시간 대신에 11시간 노동하게 했다. 약 1년 후에 나타난 결과는,

> "동일한 량의 생산물이 동일한 비용으로 얻어졌으며, 전체 노동자들은 11시간 동안에, 이전의 12시간 동안만큼의 임금을 벌었다."[161]

여기에서는 방적실과 소면실(梳綿室)에서의 실험들은 무시하는데, 왜냐하면 그것들은 기계장치의 속도의 증대(약 2%)와 결부되어 있었기 때문이다. 그에 반해서, 매우 다양한 종류의 가볍고, 무늬가 있는 기호품들까지도 짜고 있던 직물부문에서는 객관적인 생산조건들에 전혀 아무런 변화도 발생하지 않았다. 그 결과는:

> "1844년 1월 6일부터 4월 20일까지는 12시간 노동일에 각 노동자의 주당 평균임금이 10쉴링 $1^{1}/_{2}$펜스였고, 1844년 4월 20일부터 6월 29일까지는 11시간 노동일에 주당 평균임금이 10쉴링 $3^{1}/_{2}$펜스였다."[162]

이 경우 11시간 동안에 이전에 12시간 동안에 생산했던 것보

---

160 《공장감독관 보고서. 1844년 및 1845년 4월 30일에 끝나는 4분기》, pp. 20-21.

161 같은 보고서. p. 19. 개수임금(個數賃金)이 동일했기 때문에, 주임금액은 생산물의 량에 달려 있었다.

162 같은 보고서, p. 20.

다도 더 많이 생산한 것은, 오로지 노동자들의 보다 더 큰, 한결같은 끈기와 그들의 시간 절약 때문이었다. 노동자들은 동일한 임금을 받으며 1시간의 자유 시간을 얻었고, 한편 자본가는 동일한 생산물량을 인수하면서 1시간분의 석탄·가스 등의 소모를 절약했다. 합명회사 호록스·앤드·잭슨(Horrocks and Jacson)의 공장들에서도 비슷한 실험들이 실시되어 동일한 성과를 거뒀다.[163]

우선 노동을 응축하는 주체적 조건, 즉 주어진 시간에 더 많은 힘을 유동시키는 노동자의 능력을 만들어내는 노동일의 단축이 법률에 의해서 강제되자마자, 자본가의 수중에 있는 기계는 동일한 시간에 더 많은 노동을 강탈하기 위한 객체적이고 또한 체계적으로 사용되는 수단이 된다. 이것은 이중의 양식으로, 즉 기계의 속도를 높임으로써, 그리고 동일한 노동자가 감시하는 기계장치의 범위나 그 노동자의 작업 범위를 확대함으로써 일어난다. 기계장치의 구조의 개량은, 부분적으로는 노동자에게 더 큰 압력을 행사하기 위해서 필요하고, 부분적으로는 저절로 노동의 강화를 수반하는데, 이는 노동일의 제한은 자본가들에게 생산비의 가장 엄중한 절약을 강제하기 때문이다. 증기기관의 개량은 1분당 그 피스톤 운동의 회수를 높이는 동시에, 한층 더 힘을 절약함으로써 동일한 원동기로, 석탄 소비는 여전하거나 심지어 줄이면서도, 한층 더 거대한 규모의 기구(機構, Mechanismus)를 작동시킬 수

---

163 같은 보고서, p. 21. 위에서 언급한 실험들에서는 정신적 요소가 중요한 역할을 했다. 노동자들은 공장감독관에게 다음과 같이 설명했다: "우리는 더욱 활기 있게 일하고 있고, 밤에는 이전보다 일찍 떠난다는 보상을 언제나 생각하고 있어, 실을 잇는 가장 어린 직공부터 가장 나이 많은 노동자까지 활기 있고 유쾌한 정신이 공장 전체에 충만해 있으며, 우리는 서로 크게 도울 수 있습니다." (같은 곳.)

있게 한다. 전동기구의 개량은 마찰을 줄이고, 근대적 기계장치를 이전의 그것에 비해서 현저하게 뛰어나게 하는 것이지만, 크고 작은 회전축의 직경과 무게를 끊임없이 작아지는 최소한도까지 축소시켜 간다. 마지막으로, 작업기의 개량은, 근대적 증기직기의 경우처럼, 속도를 높이고 능률을 높이면서도 그 크기를 축소하거나, 또는 방적기의 경우처럼, 그 기체(機體)와 함께 그 기체에 의해서 조종되는 도구들의 규모와 수를 증대시키거나, 또는 50년대 중엽에 자동 뮬방적기(selfacting mule)의 경우 방추의 속도가 약 $1/5$ 높아졌던 식으로, 눈에 띄지 않는 세부적 변경들을 통해서 이들 도구의 민첩성을 증가시킨다.

노동일의 12시간으로의 단축은 영국에서는 1832년부터 시작된다. 이미 1836년에 영국의 한 공장주는 다음과 같이 단언했다:

"지금 공장들에서 수행되는 노동은 … 30-40년 전에 비하면 … 크게 증대한 기계 속도가 요구하는 한층 더 큰 주의력과 활동 때문에 이전보다 엄청나게 많다."[164] [*1]

1844년에 지금은 샤프츠베리 백작(Graf Shaftesbury)인 애쉴리 경(Lord Ashley)은 하원에서 문서로써 입증된, 다음과 같이 발언했다:

"제조과정에 종사하는 사람들이 수행하는 노동은 그들 작업이 시작되었을 때보다 3배나 크다. 기계장치는, 의문의 여지없이, 수

---

[164] 존 필든, 같은 책, p. 32.

[*1] [역주] 이 인용문이 독일어판에는, "이전에 비하면, 공장들에서 수행되는 노동은, 현저하게 증대한 기계 속도가 노동자에게 요하는 한층 더 큰 주의력과 활동 때문에 대단히 증대되어 있다."

백만 명의 체력을 요할 작업을 해왔으나, 그것은 또한 그 무서운 운동의 지배를 받는 사람들의 노동도 엄청나게(prodigiously) 증대시켰다. … 1815년에는, 40번수의 면사를 잣는 1쌍의 뮬 방적기를 따라다니는 노동은 — 노동일을 12시간으로 계산하여 — 8마일을 걸어야 했다. 1832년에는, 같은 번수의 면사를 잣는 1쌍의 뮬 방적기를 따라다니면서 걷는 거리는 20마일이었고, 또한 자주 그보다 더 길었다.*¹ 1825년에는*² 방적공은 이들 뮬 방적기의 각각에서 하루에 820회, 총 1,640회 팔을 뻗치지 않으면 안 되었다. 1832년에는 방적공은 각 뮬 방적기에서 2,200회, 총 4,400회 팔을 뻗쳤다. 1844년에는 2,400회, 총 4,800회였고, 어떤 경우들에는 요구되는 노동량(amount of labour)이 훨씬 더 컸다.*³ … 나는 1842년에 받은 또 다른 문서를 가지고 있는데, 그것이 말하는 바에 의하면, 노동이 누진적으로 증대하고 있는데 — 걸어야 할 거리가 더 많기 때문에 증대할 뿐 아니라, 일꾼은 전보다 비율상 더 적은데, 생산되는 제품의 량은 더 증대되기 때문이고, 더 나아가서

---

*¹ [프랑스어판 주] 노동자가 따라다녀야 하는 뮬 방적기들은 교대로 전진·후퇴하는데, 그것이 전진할 때에는 실토리들이 기다란 실로 늘어난다. 실을 잇는 직공은 이동대가, 끊어진 실을 잇거나 잘못 온 실을 끊기 위한 장치에 접근한 순간을 포착하지 않으면 안 된다. 애쉴리 경이 인용하고 있는 계산은, 그것을 위해서 그가 맨체스터에 파견한 수학자에 의한 것이다.

*² [역주] 영어판에는 "1835년(의문—1815년 혹은 1825년?) [In 1835 (query —1815 or 1825?)]".

³ [역주] 프랑스어판에는 이 다음에, "1노동일의 고역을 평가하기 위해서는, 몸을 4천 내지 5천 번 반대 방향으로 돌려야 할 필요성도, 끊임없이 구부렸다 폈다 하는 노력과 마찬가지로 고려할 필요가 있다. (En estimant les fatigues d'une journée de travail, il faut encore prendre en considération la nécessité de retourner quatre ou cinq mille fois le corps dans une direction opposée,* aussi bien que les efforts continuels d'inclinaison et d'érection.)"는 문장이 이어지고 있고, "*"의 위치에 "동시에 마주보고 있는 2대의 뮬 방적기에서 일하는 방적공에 관한 것이다. (Il s'agit d'un fileur qui travaille à la fois à deux mules se faisant vis-à-vis.)"라는 각주가 붙어 있다.

는, 작업하기 어려운 하급의 면화가 이제 자주 방적되기 때문이다. ... 소면실에서도 역시 노동이 크게 증가했다. 거기에서는 한 사람이 이전에는 두 사람에게 분담됐던 일을 한다. 많은 수의 사람들— 그리고 주로 여성들 —이 고용되어 있는 직포실에서는 ... 방적업에서의 기계장치의 속도 증대 때문에*¹ 지난 수년 동안에 노동이 완전히 10퍼센트 증대했다. 1838년에는, 매주 방적되는 실꾸리(hanks)의 수가 18,000이었는데, 1843년엔 그것이 21,000에 이르렀다. 1819년에는 증기직기에서 북치기(picks)의 회수가 분당 60회였는데 — 1842년에는 140회로서, 노동의 거대한 증대를 보여 주었다."165

12시간법의 지배 하에서 이미 1844년에 노동이 도달한 주목할 만한 강도를 고려하면, 이러한 방향으로 더 발전하는 것은 불가능하며, 따라서 노동시간을 더욱 단축하는 것은 생산을 단축하는 것과 같다는 영국 공장주들의 단언이 당시에는 정당한 것처럼 보였다. 그들의 추론의 이 외관상의 정당성은, 그들의 부단한 감찰관(監察官)인 공장감독관 레너드 호너의, 같은 시기의, 다음과 같은 발언에 의해서 가장 잘 증명된다:

"이제, 생산량은 주로 기계장치의 속도에 의해서 조절되므로, 기계장치를 다음과 같은 조건들, 즉, 너무나 급속한 마모로부터의 기계장치의 보존, 제품의 품질 유지, 그리고 계속적으로 지탱할 수 있는 이상의 노력을 하지 않고 기계의 운동을 따라갈 수 있는 노동

---

*1 [역주] 독일어판과 프랑스어판에는 "방적업에서의 기계장치의 속도 증대 때문에(owing to the increased speed of the machinery in spinning)"가, "기계장치의 속도 증대 때문에(infolge der vermehrten Geschwindigkeit der Maschinerie; par suite de la vitesse accélérée des machines)"로 되어 있다.
165 애쉴리 경, 같은 책, pp. 6-9, 여기저기.

자의 능력이라는 조건들과 일치되는 최대의 속도로 운전하는 것이 공장주의 이익임이 틀림이 없다. 따라서, 공장주가 해결하지 않으면 안 되는 가장 중요한 문제들 중의 하나는, 위의 조건들을 충분히 고려하면서 그가 가동할 수 있는 최대의 속도를 찾아내는 것이다.[*1] 공장주가 너무나 속도를 높인 나머지 속도의 증대를 상쇄하는 이상으로 파손품과 불량품이 나와, 속도를 늦추지 않으면 안 되는 일도 자주 있다. 그리하여 나는 결론짓건대, 활동적이고 영리한 공장주라면 안전한 최대한을 발견할 것이므로, 11시간 동안에 12시간 동안만큼 생산하는 것은 불가능할 것이다. 게다가 나는, 개수임금을 받는 노동자는 같은 속도로 계속할 수 있는 힘에 맞추어 그의 최선을 다할 것이라고 가정했다."[166]

그리하여 호너는, 가드너 등의 실험에도 불구하고, 노동일을 12시간 이하로 더 단축하면, 생산물의 량을 감소시키지 않을 수 없을 것이라고 결론지었다.[167] 그 자신이 10년 후에는, 노동일의 강제적 단축에 의해서 양자 모두 똑같이 최고도로 긴장되는, 기계장치와 인간 노동력의 탄력성을 그 당시 자신이 얼마나 아직 이해하지 못했던가를 보여주는 증거로서, 자신의 1845년의 의구심을 인용하고 있다.

이제 1847년 이후의 시기, 즉 영국의 면공장·양모공장·명주실공장·아마공장들에 10시간법이 실시된 이후의 시기로 넘어가자.

"방추의 속도는 1분당 쓰로슬 방적기에서는 500회전, 뮬 방적

[*1] [역주] 독일어판과 프랑스어판에는 이 문장이 없다.
166 《공장감독관 보고서. 1845년 4월 30일.》, p. 20.
167 같은 보고서, p. 22.

기에서는 1,000회전씩 증가했다. 즉, 1839년에 분당 4,500회전이었던 쓰로슬 방추의 속도는 이제"(1862년) "5,000회전, 5,000회전이었던 뮬 방추의 속도는 이제 분당 6,000회전으로, 전자의 경우에는 10분의 1, 그리고 후자의 경우에는 5분의 1[*1]이 추가로 증가하기에 이르렀다."[168]

맨체스터 인근 패트뤼크롸프트(Patricroft)의 저명한 토목기사인 제임스 네이스미쓰는 1852년에 레너트 호너에게 보낸 한 편지에서 1848-1852년에 이루어진 증기기관의 개량들에 관해서 설명했다. 그는, 정부의 공장통계에서는 증기마력이 계속 1828년의 그 효율에 따라 평가되고 있어서[169] 이제는 단지 명목적일 뿐이며, 실제의 힘의 지표로서만 이용될 수 있을 뿐이라고 말한 후에, 특히 다음과 같이 말하고 이다:

"동일한 중량의 증기기관으로부터 우리는 지금 평균 최소 50% 이상의 작업을 해내고 있다는 것, 그리고 많은 경우 분당 220퓌트로 속도가 제한되어 있던 시절에는 50마력을 내던 동일한 증기기관이 지금은 100마력 이상을 내고 있다는 것을 … 나는 확신한

---

*1 [역주] *MEW*에는 편집자에 의해서 "$^1/_6$"로 수정되어 있고, "제1-4판에는 $^1/_5$"이라는 편집자주가 붙어 있다.

168 《공장감독관 보고서. 1862년 10월 31일.》, p. 62.

169 이것은 1862년의 《의회 보고서(Parliamentary Return)》 이래 변경되었다. 이 보고서에는, 명목마력 대신에, 근대적 증기기관과 물레방아의 실제의 증기마력이 등장하고 있다 (S. 352[*MEW*, S. 410; 이 책, p. 639]의 주 109a를 보라). 또한 연사방추(撚絲紡錘)도 더 이상 (1839년·1850년 및 1856년의 《보고서》들에서처럼) 본래의 방추와 혼동되고 있지 않다. 나아가서, 양모공장들에 대해서는 "기모기(起毛機, gigs)"의 수가 추가되었고, 한편에 황마공장 및 대마공장, 그리고 다른 편에 아마공장 사이에 구분이 설정되었으며, 마지막으로 양말제조업이 처음으로 보고에 도입되어 있다.

다."*¹ "100마력의 근대적 증기기관은, 그 구조 및 보일러의 용적과 구조 등을 개량한 결과, 이전보다 훨씬 더 큰 힘으로 운전될 수 있다."*² "마력과의 비율에서는 이전 시대와 같은 수의 직공들이 고용되더라도, 기계장치와의 비율에서는 보다 소수의 직공들이 있다."170*³

1850년에 연합왕국의 공장들에서는 25,638,716개의 방추와 301,217대의 직기를 가동하기 위해서 134,217명목마력을 사용했다. 1856년에는 방추와 직기의 수가 각각 33,503,580개와 369,205대에 달했다. 만일 소요(所要) 마력이 여전히 1850년과 같은 채로 머물러 있었다면, 1856년에는 175,000마력이 필요했다. 그러나 공식 보고에 의하면, 그것은 단지 161,435마력에 불과했고, 따라서 1850년을 기준으로 계산했을 때보다 10,000마력 이상이나 적었다.171

"그리하여 (1856년의) 보고서(Return)"(공식 통계)"에 의해서 확인된 사실들은, 공장제도가 급속히 확산되고 있다는 것, 마력과

---

*1 [역주] 이 문장이 독일어판에는, "동일한 중량의 증기기관, 자주 근대적 개량들만이 가해졌을 뿐인 동일한 기계들이 이전보다 평균 50% 많은 작업을 수행한다고 하는 것, 그리고 많은 경우 분당 220퀴트로 속도가 제한되어 있던 시절에는 50마력을 냈던 동일한 기계가 오늘날에는 보다 적은 석탄을 소비하면서 100마력 이상을 낸다는 것에는 어떤 의문도 없다."로 되어 있다.

*2 [역주] 이 문장이 독일어판에는, "동일한 명목마력의 근대적 증기기관이, 그 구조를 개량하고, 보일러의 규모 및 구조를 축소한 결과, 이전보다 더욱 더 큰 힘으로 운전된다."로 되어 있다.

170 ≪공장감독관 보고서. 1856년 10월 31일.≫, pp. 14, 20.

*3 [역주] 이 문장이 독일어판에는, "... 그리하여 명목마력과의 비율에서는 이전과 동일한 직공수가 고용되더라도, 작업기와의 비율에서는 이전보다 소수의 직공이 사용된다."로 되어 있다.

171 같은 보고서, pp. 14-15.

의 비율에서는 동수의 노동자들이 고용되고 있지만, 기계장치와의 비율에서는 보다 소수라는 것, 힘의 절약과 다른 방법들에 의해서 증기기관이 보다 더 무거운 기계장치를 가동하게 되었다는 것, 그리고 기계장치 및 제조방법들의 개량에 의해서, 기계장치의 속도의 증대에 의해서, 그리고 기타 다양한 원인들에 의해서 보다 더 많은 량의 제품이 훌륭하게 만들어질 수 있다는 것이다."172 "각종 기계들에 가해진 대(大)개량은 그 기계들의 생산력을 대단히 높였다. 의문의 여지없이, 노동시간의 단축이 … 이들 개량을 자극하였다. 이들 개량은, 노동자 측의 보다 강화된 긴장과 더불어," (2시간 혹은 6분의 1만큼) "단축된 노동일 중에 적어도, 이전에 보다 더 긴 노동일 중에 생산되었던 만큼이 생산되는 효과를 가져왔다."173

노동력의 착취가 한층 더 강화됨에 따라 공장주들의 치부가 얼마나 증대했는가는, 영국의 면공장 등의 공장의 평균 증가가 1838년부터 1850년까지는 매년 32였는데, 1850년부터 1856년까지는 그에 반해서 매년 86이었다는 사정이 이미 증명하고 있다.[118]

1848년부터 1856년까지 8년 동안은 10시간 노동일의 지배 하에서 영국의 공업성장이 위대했는데, 그에 이은 1856년부터 1862년까지 6년 동안에는 이 성장을 다시 훨씬 능가했다. 예컨대, 명주실공장에서는, 방추가 1856년에는 1,093,799개, 1862년에는 1,388,544개였고, 직기가 1856년에는 9,260대 그리고 1862년에는 10,709대였다. 그에 반해서 노동자 수는 1856년에는 56,137명, 1862년에는 52,429명이었다. 이는, 방추 수는 26.9%, 그리고 직기는 15.6% 증가했지만, 같은 기간에 노동자 수는 7% 감소했음을 보여주고 있다. 소모사(Worsted)공장에서는 1850년

---

172 같은 보고서, p. 20.

173 《공장감독관 보고서. 1858년 10월 31일.》, p. 10. 《공장감독관 보고서. 1860년 4월 30일.》, pp. 30 이하와 비교하라.

에는 875,830개의 방추가 사용되고, 1856년에는 1,324,549개 (51.2%의 증가), 그리고 1862년에는 1,289,172개(2.7%의 감소)가 사용되었다. 그러나 1856년에는 산입되어 있으나 1862년에는 산입되어 있지 않은 연사방추를 빼면, 1856년 이래 방추의 수는 대략 변함이 없다. 그에 반해서 1850년 이래 많은 경우 방추와 직기의 속도는 2배가 되었다. 소모사공장의 증기직기의 수는, 1850년에는 32,617대, 1856년에는 38,956대, 그리고 1862년에는 43,048대였다. 거기에는 1850년에는 79,737명, 1856년에는 87,794명, 그리고 1862년에는 86,063명이 고용되어 있었는데, 그러나 그 중 14살 미만의 아동들이 1850년에는 9,956명, 1856년에는 11,228명, 그리고 1862년에는 13,178명이었다. 따라서 직기 수가 현저하게 증가했음에도 불구하고, 1856년에 비해서 1862년에는 고용 노동자 총수는 감소하고, 착취되는 아동들의 수는 증대했던 것이다.[174]

1863년 4월 27일에 의원 페뢴드(Ferrand)는 하원에서 다음과 같이 밝혔다:

"랭커셔와 체셔의 16개 지구 [노동자: 독일어판에 의함] 대표자들이, 나는 그들을 대신하여 말하는 바이지만, 나에게 전한 바에 의하면, 공장에서의 노동은, 기계장치를 개량하는 결과, 끊임없이 증가하고 있습니다. 예전처럼 한 사람이 2명의 조수와 함께 2대의 직기를 돌보는 대신에, 지금은 한 사람이 조수도 없이 3대의 직기를 돌보고 있으며, 4대를 돌보는 것도 결코 드물지 않은 것입니다. 12시간의 노동이, 제시된 사실들로부터 명백한 것처럼, 지금은 10시간 이내로 압축됩니다. 그리하여 지난 10년 동안 공장노동자의 고역이 얼마나 거대한 정도로 증대했는가는 자명합니다."[175]

---

[174] ≪공장감독관 보고서. 1862년 10월 31일.≫, pp. 100, 103, 129, 130.

그리하여, 공장감독관들은, 1844년과 1850년의 공장법들의 유익한 결과들을 지칠 줄 모르고, 또한 전적으로 정당하게 찬양하고 있으면서도, 그럼에도 불구하고 노동일의 단축이 이미 노동자의 건강을, 따라서 노동력 그 자체를 파괴하는 노동의 강도를 야기해왔음을 인정하고 있다.

> "대부분의 면공장·소모사공장·명주실공장에서 지난 수년간 그 운행이 크게 가속화된 기계장치를 노동자들이 만족스럽게 돌볼 수 있기 위해 필요한, 기진맥진하게 하는 흥분 상태가, 내가 보기에는, 그린하우 박사(Dr. Greenhow)가 이 주제에 관한 그의 최근 보고서에서 지적한 바 있는, 폐병에 의한 과도한 사망률의 원인의 하나인 것 같다."[176]

노동일의 연장이 법률에 의해서 단호히 차단되자마자, 노동강도의 체계적인 제고를 통해서 그것을 보상하고, 기계장치의 모든 개량을 노동력의 보다 큰 착취를 위한 수단으로 전화시키는 자본의 경향은, 이윽고 다시 노동시간의 재차 단축이 불가피해지는 전환점으로 내달리지 않을 수 없다는 데에는 추호도 의심할 여지

---

175 근대적 증기직기로는, 한 명의 직포공이 이제는 2대의 직기로 주당 60시간 동안에 일정한 길이와 폭을 가진 한 종류의 직물을 26필 제조하는데, 구식 증기직기로는 단지 4필밖에 제조할 수 없었다. 그런 1필의 직포비용이 이미 1850년대 초에 2쉴링 9펜스에서 $5^{1}/_{8}$펜스로 떨어졌다.

    제2판에의 추가. "30년 전"(1841년)"에는 3명의 실 있는 직공을 거느린 한 명의 방적공이 300-324개의 방추가 달린 한 쌍의 뮬 방적기 이상을 돌볼 것을 요구받지 않았다. 지금"(1871년 말)"은 그는 5명의 실 있는 직공의 도움을 받으면서 2,200개의 방추를 돌보지 않으면 안 되고, 1841년보다 적어도 7배를 생산하고 있다."(≪기예협회보(Journal of the Society of Arts)≫, 1872년 1월 5일 속의 공장감독관 알렉산더 뤠드그뤠이브의 논설)

176 ≪공장감독관 보고서. 1861년 10월 31일.≫, pp. 25-26.

가 없다.177 다른 한편에서는, 1848년부터 현재까지의, 즉 10시간 노동일 시대의 영국 공업의 돌진은 1833년부터 1837년까지의, 즉 12시간 노동일 시대를 능가하고 있는데, 그 능가는 12시간 노동일의 시대가 공장제도의 도입 이래 반세기, 즉 무제한 노동일의 시대를 능가했던 것보다 훨씬 더하다.178

---

177 현재(1867년) 8시간 운동이 랭커셔 공장노동자들 사이에서 시작되었다.

178 다음의 약간의 숫자들은 1848년 이후 영합왕국의 본래의 '공장들(Factories)'의 성장을 보여주고 있다.

	수출: 물량			
	1848년	1851년	1860년	1865년
면공장				
면 사(lb.)	135,831,162	143,966,106	197,343,655	103,751,455
재봉사(lb.)		4,392,176	6,297,554	4,648,611
면직물(yd.)	1,091,373,930	1,543,161,789	2,776,218,427	2,015,237,851
아마·대마공장				
방 사(lb.)	11,722,182	18,841,326	31,210,612	36,777,334
직 물(yd.)	88,901,519	129,106,753	143,996,773	247,012,329
비단공장				
경사·연사·방사(lb.)	466,825*1	462,513	897,402	812,589
직 물(yd.)		1,181,455*2	1,307,293*2	2,869,837
양모공장				
모사·소모사(lb.)		14,670,880	27,533,968	31,669,267
직 물(yd.)		151,231,153	190,371,537	278,837,418

*1: 1846년, *2: lb.

	수출: 가치(£)			
	1848년	1851년	1860년	1865년
면공장				
면 사	5,927,831	6,634,026	9,870,875	10,351,049
면직물	16,753,369	23,454,810	42,141,505	46,903,796
아마·대마공장				
방 사	493,449	951,426	1,801,272	2,505,497
직 물	1,802,789	4,107,396	4,804,803	9,155,358
비단공장				
경사·연사·방사	77,789	196,380	826,107	768,064
직 물		1,130,398	1,587,303	1,409,221
양모공장				
모사·소모사	776,975	1,484,544	3,843,450	5,424,047
직 물	5,733,828	8,377,183	12,156,998	20,102,259

(청서: ≪연합왕국 통계 개요(*Statistical Abstract for the U.Kingd.*)≫, 제

제4절 공장

우리는 이 장의 벽두에서 공장의 몸통인 기계체계의 편제를 고찰했다. 그 다음에는 기계장치가, 여성노동과 아동노동을 취득함으로써 어떻게 자본의 인간 착취재료를 증대시키는지, 노동일의 한없는 연장을 통해서 그것이 어떻게 노동자의 전체 생활시간을 몰수하는지, 그리고 엄청나게 증대하는 생산물을 항상 보다 더 짧은 시간에 공급할 수 있게 하는 기계장치의 진보가 어떻게 결국은, 매순간마다 보다 더 많은 노동을 유동시키기 위한, 혹은 노동력을 항상 보다 더 집약적으로 착취하기 위한 체계적인 수단으로서 이용되는지를 보았다. 이제는 공장 전체로, 그것도 그 가장 완성된 형태의 공장 전체로 눈을 돌리자.

자동식 공장의 핀다로스[*1]인 유어 박사는 이 자동식 공장을, 한

8호 및 제13호, 런던, 1861년 및 1866년을 보라.)

랭커셔에서는 공장들이 1839년과 1850년 사이에는 단지 4% 증가했고, 1850년과 1856년 사이에는 19%, 1856년과 1862년 사이에는 33% 증가했는데, 반면에 이 두 11년 동안 모두 고용된 사람의 수는 절대적으로는 증가했지만, 상대적으로는 감소했다. ≪공장감독관 보고서. 1862년 10월 31일≫, p. 63을 참조하라. 랭커셔에서는 면공장이 우세하다. 그런데 무릇 실과 직물 제조에서 면공장이 어떤 비율을 점하고 있는가는, 잉글랜드・웨일즈・스코틀랜드・아일랜드에서의 이러한 종류의 모든 공장의 45.2%, 모든 방추의 83.3%, 모든 증기직기의 81.4%, 그것들을 가동하는 모든 증기마력의 72.6%, 그리고 고용된 사람 총수의 58.2%를 오로지 면공장들만이 점하고 있다는 사실에서 알 수 있다.(같은 보고서, pp. 62-63.)

*1 [역주] 핀다로스(Pindaros, B.C. 518-B.C. 438) — 귀족주의를 찬양한 그리스의 서정시인, 합창시인.

편에서는,

> "하나의 중심력(원동력)에 의해서 끊임없이 작동되는 생산적 기계들의 체계를 주도면밀한 숙련으로 감시하는, 다양한 등급의 성년·미성년 노동자들의 결합된 협업"

으로 묘사하고, 다른 한편으로는,

> "같은 대상을 생산하기 위해서 끊임없이 일제히 작동하며, 그것들 도두가 하나의 자기제어적인 동력에 종속되어 있는, 다양한 역학적·지능적 기관들로 구성된 거대한 자동장치"

로 묘사하고 있다.*1

이 두 표현은 결코 동일하지 않다. 한 표현에서는 결합된 총노동자, 즉 사회적 노동체(勞動體, Arbeitskörper)가 주도권을 가진 주체로서 나타나고, 기계적 자동장치는 객체로서 나타나고 있는데, 다른 표현에서는, 자동장치 그 자체가 주체이고, 노동자들은 단지 의식 있는 기관들로서 자동장치의 의식 없는 기관들에 부속되어, 이 기관들과 함께 중심동력에 종속되어 있을 뿐이다. 첫 번째 표현은 기계장치의 어떤 가능한 대규모 사용에도 모두 타당하고, 두 번째 표현은 기계장치의 자본주의적 사용, 그리고 따라서 근대적 공장제도의 특성을 묘사하고 있다. 그리하여 유어는 또한, 운동이 출발하는 중심기계를, 자동장치(Automat)로뿐만이 아니라, 전제군주(Autokrat)로도 즐겨 묘사하는 것이다.

> "이들 대작업장에서는 증기라는 인자한 권력이 무수한 자발적

---

*1 [역주] 유어, 같은 책, pp. 13, 14. (新日本判 역주에 의함.)

신하들을 자신의 주위에 소집한다."[179]

노동도구와 함께 그것을 조종하는 기교도 또한 노동자로부터 기계로 옮아간다. 도구의 작업능력이 인간 노동력의 개인적 제한들로부터 해방되는 것이다. 그와 더불어 매뉴팩춰에서의 분업이 의거하고 있는 기술적 토대가 지양된다. 그리하여 자동식 공장에서는, 매뉴팩춰를 특징짓는, 전문화된 노동자들의 서열 대신에, 기계장치의 조수들이 수행하지 않으면 안 되는 노동의 균등화 혹은 평준화의 경향이 나타나고,[180] 부분노동자들의 인위적으로 만들어진 구별들 대신에, 연령과 성(性)이라는 자연적 구별들이 주요하게 나타난다.

자동식 공장에서 분업이 다시 나타나는 한에서는, 그것은 우선 전문화된 기계들에 노동자들을 배분하는 것이며, 공장의 다양한 부분들에 다수의 노동자들을, 그러나 결코 조(組)들로 편성되지는 않는 다수의 노동자들을 배분하는 것인바, 거기에서 그들은 나란히 배열된 같은 종류의 작업기들에 붙어서 노동하고, 따라서 그들 사이에는 단지 단순한 협업이 행해질 뿐이다. 매뉴팩춰의 편성된 조가, 주노동자와 소수의 조수의 관계에 의해서 대체되어 있다. 본질적인 구별은, 실제로 도구기에 붙어서 일하고 있는 노동자들(원동기를 감시하거나 그것에 석탄을 공급하는 일부 노동자들도 여기에 속한다)과, 이들 기계노동자의 (거의 오로지 아동들인) 단순한 조수들 사이의 구별이다. (기계에 단지 노동재료를 대주기만 하는) 모든 "퓌더들(feeders)"은 대체로 조수에 속한

---

[179] 유어, 같은 책, p. 18.

[180] 같은 책, p. 20. 칼 맑스, ≪철학의 빈곤≫, pp. 140, 141 [*MEW*, Bd. 4, S. 156-157] 참조.

다. 이 주요한 부류들 외에, 전체 기계장치의 관리와 끊임없는 수선에 종사하고 있는, 기사·기계공·소목(小木) 등과 같은, 수적으로는 중요하지 않은 직원이 있다. 이들은, 일부는 과학적 교육을 받고, 일부는 수공업적인, 한층 고급의 노동자계층으로서, 공장노동자층의 외부에 속하고, 단지 공장노동자층에 배속되어 있을 뿐이다.181 이 분업은 순전히 기술적이다.

기계에서 하는 모든 노동은 노동자가 자동장치의 단조롭고 연속적인 운동에 그 자신의 운동을 맞추는 것을 배우기 위한, 노동자의 어려서부터의 수업을 요구한다. 총기계장치 자체가 다양한, 동시에 작동하는, 그리고 결합된 한 체계를 이루고 있는 경우에는, 그 기계장치에 기초한 협업도 또한 다양한 종류의 노동자 집단들을 다양한 종류의 기계들에 배분할 것을 요구한다. 그러나 기계경영은, 동일한 노동자를 동일한 기능에 계속 종사하게 함으로써 이 배분을 매뉴팩쳐적으로 고정시킬 필요성은 없애버린다.182 공장의 운동 전체가, 노동자로부터 출발하지 않고, 기계로부터 출발하기 때문에, 노동과정을 중단하지 않고도 계속적으로

---

181 영국의 공장입법은 본문에서 마지막으로 언급한 노동자들을 명시적으로 비(非)공장노동자로서 그 효력범위에서 제외하고 있고, 다른 한편에서 의회가 공표한 ≪보고서들(Returns)≫은, 기사·기계공 등뿐만이 아니라, 공장지배인들·점원들·사환들·창고관리인들·포장공들 등등, 간단히 말해 공장소유자 자신을 제외한 모든 사람들을 역시 마찬가지로 명시적으로 공장노동자의 범주에 포함시키고 있는데, 이는, 다른 경우들에서도 상세히 입증될 수 있는 바의, 통계적 기만의 의도에 특징적이다.

182 유어는 이것을 인정하고 있다. 그는, "필요한 경우" 노동자는 지배인 마음대로 한 기계에서 다른 기계로 옮겨질 수 있다면서, 의기양양 외치고 있다: "이러한 이동은, 노동을 분할하여 한 노동자에게는 바늘의 대가리를 만드는 일을 할당하고, 다른 노동자에게는 그 끝을 뾰족하게 하는 일을 할당하는 오랜 관례와는 명백히 모순된다."[119] 그는 오히려, 자동식 공장에서 왜 "필요한 경우"에만 "오랜 관례"가 폐지되는가를 스스로에게 물었어야 할 것이다.

인원을 교체할 수 있다. 이에 대해서는 1848-1850년의 영국 공장주들의 반란 중에 시행된 릴레이제도*¹가 가장 적절한 증거를 제공하고 있다. 마지막으로는, 기계에 의한 노동을 젊어서 습득하는 빠른 속도도 특수한 부류의 노동자를 오로지 기계노동자로 양성할 필요를 마찬가지로 없애버린다.183 그런데, 단순한 조수들의 작업들은, 공장에서는, 부분적으로는 기계로 대체될 수 있고,184 부분적으로는, 그것들이 전적으로 단순하기 때문에, 이 고

---

*1 [MEW 편집자주] 이 권, SS. 305-309[이 번역 제2분책, pp. 478-487: 역자]을 보라.

183 예컨대, 미국의 내전 당시처럼 긴급한 경우에는 공장노동자가 부르주아에 의해서 예외적으로 도로건설 등과 같은 극히 거친 일에 사용된다. 1862년 및 그 이후 실업(失業)한 면업노동자들을 위한 영국의 "국립작업장들(ateliers nationaux)"이 1848년의 프랑스의 그것들과 다른 점은, 프랑스의 그것들에서는 노동자가 국가의 비용으로 비생산적인 노동을 수행하지 않으면 안 되었는데, 영국의 그것들에서는 부르주아의 이익을 위해서 생산적인 도시적 노동을, 그것도 통상 노동자들보다 싸게 수행하지 않으면 안 되었고, 그리하여 실업한 면업노동자들이 통상 노동자들과 경쟁하게 되었다는 점이다. "면업노동자들의 육체적 외관은 의심할 여지없이 좋아졌다. 이것을 나는 … 남성 노동자에 관한 한, 토목공사에서의 옥외노동 때문이라고 생각한다."(≪공장감독관 보고서. 1863년 10월 31일., p. 59.) (여기가 다루고 있는 것은 '프뤠스턴 황무지(Preston Moor)'에서 일했던 프뤠스턴 공장노동자들이다.)

184 예: 1844년의 법률 이래 아동노동을 대체하기 위해 양모공장에 도입된 각종 기계적 장치들. 공장주님들 자신의 아이들이 공장의 조수로서 "그들의 수업"을 받지 않으면 안 되게 되자마자, 아직 거의 개척되지 않은 기계학의 이 분야가 곧바로 현저하게 비약할 것이다. "기계장치들 가운데 아마 자동 뮬 방적기들(self-acting mules)은 다른 어떤 종류의 기계와 마찬가지로 위험할 것이다. 그것들에서 일어나는 사고의 대부분은 작은 아동들에게 일어나고, 그것도 뮬 방적기가 가동 중에 바닥을 청소하기 위해 그들이 뮬 방적기 밑을 기어 다니기 때문이다. 몇몇 '마인더들(minders)'"(뮬 방적기에 붙어 일하는 노동자)"이 이 반칙 때문에" (공장감독관들에 의해) "고발당해"¹ 벌금형을 선고 받았지만, 어떤 일반적인 이익은 없었다. 만일 기계 제작자들이 자동청소기를 발명, 그것을 사용하여 이들 작은 아동들이 기계장치 밑을 기어 다닐 필

역(苦役)을 담당하고 있는 사람들을 재빨리 그리고 끊임없이 교체할 수 있게 한다.

그런데, 기계장치가 낡은 분업체계를 기술적으로 무너뜨리긴 하지만, 이 분업체계는 우선 매뉴팩처의 전통으로서 관습적으로 공장 내에 존속하고, 곧이어 다음에는 자본에 의해서 노동력의 착취수단으로서 더욱 혐오스러운 형태로 재생산되고 강화된다. 하나의 부분도구를 조작하는 것이 평생의 전문이었는데, 하나의 부분기계에 봉사하는 것이 평생의 전문이 된다.*² 노동자 자체를 어릴 때부터 어떤 부분기계의 부분으로 전화시키기 위해서 기계가 악용된다.185 그리하여 노동자 자신의 재생산을 위하여 필요한 비용이 현저하게 감소될 뿐만이 아니라, 동시에 공장 전체에 대한, 따라서 자본가에 대한 그의 속수무책의 종속이 완성된다. 여기에서도 다른 모든 곳에서와 마찬가지로 사회적 생산과정의

요가 없게 한다면, 그것은 우리의 방지대책에 경사스러운 보탬이 될 것이다."(《공장감독관 보고서. 1866년 10월 31일.》, p. 63.)

*1 [역주] "고발당해"는 맑스에 의한 첨가.

*2 [역주] "하나의 부분도구"와 "하나의 부분기계"가 영어판에는 각각 "하나의 동일한 도구(one and the same tool)" 및 "하나의 동일한 기계(one and the same machine)"으로 되어 있다.

185 기계장치를, 노동수단들의 종합으로서가 아니라, 노동자 자신을 위한 부분노동들의 종합으로서 — "구성하는" 프루동의 황당무계한 착상을 이것으로부터 평가해보라.*³

*3 [MEW 편집자주] MEW, Bd, 4, S. 149 참조.; [역주] 프루동의 《경제학적 모순의 체계, 혹은 빈곤의 철학(Système des contradictions économiques, ou philosophie de la misère)》, 제1권 (빠리, 1846, pp. 135, 136, 161, 164)에 대한, 《철학의 빈곤, 프루동의 빈곤의 철학에 대한 응답(Misère de la philosophie. Réponse à la philosophie de la misère de M. Proudhon)》, (빠리, 브뤼셀, 1847)에서의 비판.

발전에 힘입은 생산성의 증대와, 사회적 생산과정의 자본주의적 이용에 힘입은 생산성의 증대를 구별하지 않으면 안 된다.

매뉴팩춰와 수공업에서는 노동자가 도구를 사용하지만, 공장에서는 그가 기계에 봉사한다.[*1] 매뉴팩춰와 수공업에서는 노동수단의 운동이 노동자로부터 출발하지만, 공장에서는 기계의 운동을 노동자가 따라가지 않으면 안 된다. 매뉴팩춰에서는 노동자들은 살아 있는 하나의 기구의 팔다리를 이루고 있다. 공장에서는 생명이 없는 하나의 기구가 노동자들로부터 독립하여 존재하고 있고, 노동자들은 살아 있는 부속물들로서 그것에 합체된다.

"동일한 기계적 과정이 끊임없이 반복되는 한없는 고역이라는 비참한 타성은 시지푸스의 노동에 필적한다. 노동의 부담이, 바위처럼, 지쳐 빠진 노동자에게 끊임없이 다시 떨어져 오는 것이다.186

기계노동은 신경계통을 극단적으로 공격하는 한편, 근육의 다면적인 움직임을 억압하고, 일체의 자유로운 육체적·정신적 활

---

*1 [역주] "그가 기계에 봉사한다"가 영어판에는 "기계가 그를 사용한다 (the machine makes use of him)".

186 F. 엥엘스, ≪영국에서의 노동자계급의 상태(*Die Lage der arbeitenden Klasse in England*. …≫, 라이프치히, 1845, p. 217.[*2] 전적으로 평범한, 낙관주의적인 자유무역론자인 몰리나리(Molinari)[*3] 씨조차 다음과 같이 말하고 있다: "사람은, 매일 15시간씩 하나의 기구의 단조로운 운동을 감시하면, 같은 시간에 육체적 힘을 사용할 때보다 더 빨리 소모된다. 너무나 길게 연장되지 않는다면, 필시 정신을 위한 유익한 체조로서 이바지할 수 있을 이 감시노동은, 과도하게 지속되면, 정신과 육체를 동시에 파괴한다."(G. de 몰리나리, ≪경제학 연구(*Études Économiques*)≫, 빠리, 1846, [p. 49].)

*2 [*MEW*편집자주] *MEW*, Bd. 2, S. 398을 보라.

*3 [역주] 몰리나리(Gustave de Molinari, 1819-1912) — 벨기에의 경제학자, 자유무역론자.

동을 몰수해버린다.187 노동의 경감(輕減)조차, 노동자를 노동으로부터 해방시키는 것이 아니라, 그의 노동을 그 내용으로부터 해방시킴으로써, 고문의 수단이 된다.*2 모든 자본주의적 생산이 단지 노동과정일 뿐 아니라 동시에 자본의 가치증식과정인 한, 노동자가 노동조건을 사용하는 것이 아니라 거꾸로 노동조건이 노동자를 사용한다는 것은 모든 자본주의적 생산에 공통적인데, 그러나 기계장치와 더불어 비로소 이러한 전도(顚倒)는 기술적으로 명료한 현실성을 획득한다. 노동수단은 자동장치로 전화함으로써 노동과정 자체 중에 자본으로서, 즉 살아 있는 노동력을 지배하고 착취하는 죽은 노동으로서 노동자와 대립한다. 생산과정의 정신적 능력들의 육체노동으로부터의 분리와, 노동에 대한 자본의 권력들로의 이 능력들의 전화는, 이전에 이미 간단히 언급한 것처럼, 기계장치의 토대 위에 구축된 대공업에서 완성된다. 기계노동자의 개별적인, 공허해진 세세한 기량은, 기계체계 속에 체화(體化)되어 있고 이 체계와 함께 "고용주"(master)의 권력을 형성하고 있는 과학과 거대한 자연력, 사회적인 집단노동

---

187 F. 엥겔스, 같은 책, p. 216.*1

*1 [MEW 편집자주] MEW, Bd. 2, SS. 397-398을 보라.

*2 [역주] 이 문장이 프랑스어판에는, "노동의 경감조차, 기계는 노동자를 노동으로부터 해방시키는 것이 아니라 노동으로부터 노동의 흥미를 빼앗아버린다는 의미에서, 하나의 고문이 된다. (La facilité même du travail devient une torture en ce sens que la machine ne délivre pas l'ouvrier du travail, mais dépouille le travail de son intérêt.)"로, 영어판에는, "노동의 경감조차 일종의 고문이 되는데, 왜냐하면 기계는, 노동자를 노동으로부터 해방시키는 것이 아니라, 노동으로부터 모든 흥미를 빼앗아버리기 때문이다. (The lightening of the Labour, even, becomes a sord of torture, since the machind does not free the labourer from work, but deprives the work of all interest.)"로 되어 있다.

앞에서는 보잘 것 없는 부차적인 것으로서 사라져버린다. 그리하여, 그의 두뇌 속에서는 기계장치와 그것들에 대한 그의 독점이 분리할 수 없이 유착되어 있는 이 고용주는 충돌이 일어나는 경우 "직공들"에게 경멸적으로 다음과 같이 외친다:

"공장노동자들은, 그들의 노동은 참으로 저급한 종류의 숙련노동이라는 것, 그리고 그들의 노동보다 더 쉽게 획득되는, 혹은 그 질에 비해서 더 후하게 보수가 주어지는, 혹은 거의 전적인 비숙련자를 단기간 훈련시켜 더 신속히 그리고 더 풍부하게 획득될 수 있는 노동도 결코 없다는 사실을 기억해두는 것이 좋을 것이다.... 고용주의 기계장치는 생산이라는 업무에서, 6개월의 교육이면 가르칠 수 있고, 어떤 평범한 노동자나*¹ 배울 수 있는, 노동자의 노동이나 기술보다도 참으로 훨씬 더 중요한 역할을 하고 있다."188

노동수단의 단조로운 운동에의 노동자의 기술적 종속과, 남녀

---

*1 [역주] "어떤 평범한 노동자나"가 독일어판에는 "어떤 농촌머슴도(jeder Bauernknecht)".

188 "The factory operatives should keep in wholesome remenbrance the fact that theirs really a low species of skilled labour; and that there is none which is more easily acquired or of its quality more amply remunerated, or which, by a short training of the least expert can be more quickly as well as abundantly acquired.... The master's machinery really plays a far more important part in the business of production than the laboue and the skill of the operative, which six months' education can teach, and a common labourer can learn."(《방적업주 및 제조업주의 방위기금. 위원회보고서(*The Master Spinners' and Manufacturers' Defence Fund. Report of the Committee*)》, 맨체스터, 1854, p. 17.) "고용주"가 그의 "살아 있는" 자동장치를 잃을 위험에 처하자마자, 그는 다른 가락으로 피리를 분다는 것은 뒤에서 보게 될 것이다."*²

*2 [新日本판 역주] 제7편, 제21장 "단순재생산"의 주 14[와 그]에 대응하는 본문 참조.

양성과 다양한 연령층의 개인들로 이루어지는 노동체(勞動體)의 독특한 구성은, 완전한 공장체제로 형성되어 가고 또한 이미 앞에서 언급한 감독노동을, 따라서 동시에 육체노동자와 노동감독자로의 노동자의 분할, 즉 하급의 산업졸병과 산업하사관으로의 노동자의 분할을 완전히 발전시키는, 병영적 규율을 만들어낸다.

> "[자동식 공장에서의] 주요한 어려움은 ... 무엇보다도 사람들로 하여금 그들의 종잡을 수 없는 노동 습관들을 포기하고, 그들 자신을 복잡한 자동장치의 변함없는 규칙성에 일치시키도록 훈련시키는 데에 ... 있었다. 공장 속도라는 필요에 적합한 공장 규율의 성공적인 법전을 고안하고 집행하는 것은 헤라클레스적인 사업으로서, 아크롸이트의 고귀한 업적이었다! 그 체제가 완벽하게 조직되어 있고 그 노동이 극도로 경감된 오늘날에조차 사춘기가 지난 사람들을 쓸만한 공장노동자들로 바꾼다는 것은 거의 불가능하다."[189]

부르주아지가 다른 곳에서는 그토록 좋아하는 권력의 분립도, 더욱더 좋아하는 대의제(代議制)도 없이 자본이 자기의 노동자들에 대한 자신의 전제(專制)를 사법적(私法的)으로 그리고 제멋대로 정식화하고 있는 공장법전은 단지, 대규모 협업과 더불어, 그리고 공동의 노동수단, 특히 기계의 사용과 더불어 필요해지는 노동과정의 사회적 규제의 자본주의적 희화(戲畫)에 불과하다. 노예사역자의 채찍 대신에 감독의 처벌기록부가 등장한다.

---

189 유어, 같은 책, p. 15. 아크롸이트의 전기(傳記)를 아는 사람이라면 누구도 이 천재적인 이발사의 머리 위에 "고귀한"이라는 말을 내던지지 않을 것이다. 18세기의 대발명가들 중에서 그는 논쟁의 여지없이 타인의 발명의 최대의 도둑이자 더없는 비열한(鄙劣漢)이었다.[*1]

*1 [新日本版 주] 그는 다른 사람의 발명을 도둑질했다고 소송을 당했고, 그의 방적기 특허는 폭력과 사기로 취득했음이 폭로되어 무효가 되었다.

모든 처벌은 물론 벌금과 임금의 공제로 귀착되고, 공장 리쿠르고스(Lycurgus)들*¹의 입법자적 명민은 그들의 법률의 위반이 가능하면 그 준수보다도 오히려 그들에게 더욱 유리하도록 만들고 있다.190

---

*1 [역주] 리쿠르고스(Lycurgus, B.C. 800-B.C. 730) — 고대 스파르타의 전설적인 입법자.

190 "부르주아지가 프롤레타리아트를 묶어두고 있는 노예상태가 공장제도에서 보다 더 명확히 백일 하에 드러나는 곳은 어디에도 없다. 여기에서는 모든 자유가 법률적으로도, 사실적으로도 없어져버린다. 노동자는 아침 5시 반에는 공장에 가 있지 않으면 안 된다. 만일 단 몇분이라도 늦으면, 그는 처벌을 받고, 만일 10분을 지각하면, 아침식사가 끝날 때까지 아예 들여보내지 않으며, 하루 임금의 4분의 1을 잃는다. 그는 명령에 따라서 먹고, 마시고, 자지 않으면 안 된다. ... 무자비한 종소리가 잠자리에서 그를 불러내고, 아침식사와 점심식탁에서 그를 불러낸다. 그러면 공장 안에서는 어떤가? 공장 안에서는 공장주가 절대적인 입법자다. 그는 자기 멋대로 공장규칙들을 선포한다. 그는 자기 맘대로 자기 법전을 수정하고 추가한다. 그리고 그가 아무리 불합리한 것을 써 넣었더라도 법원은 노동자에게 말한다: 당신들은 이 계약을 당신들의 자유의지에 의해 맺은 것이기 때문에, 당신들은 또한 그것을 지키지 않으면 안 된다. ... 이들 노동자들은 9살 때부터 죽을 때까지 정신적·육체적으로 엄격한 규율 하에서 살도록 선고되어 있는 것이다."(F. 엥엘스, 같은 책, p. 217 이하. [MEW, Bd. 2, SS. 398-400.]) "법원이 말하는" 것을 두 개의 예를 들어 설명하려 한다. 하나의 경우는 1866년 말에 쉐필드(Sheffield)에서 전개된다. 거기에서는 한 노동자가 2년간 계약으로 한 금속공장에 고용되어 있었다. 공장주와 다툰 결과, 그는 그 공장을 떠났고, 어떤 일이 있어도 더 이상은 그를 위해서 일하지 않겠다고 선언했다. 계약위반으로 고소되어, 2개월의 금고형이 선고되었다. (공장주가 계약을 위반하면, 그는 단지 민법상으로(civiliter) 고소될 수 있을 뿐이고, 단지 배상금의 위험을 무릅쓸 뿐이다.) 2개월의 복역 후에 같은 공장주는 옛 계약에 따라서 공장으로 돌아오도록 그를 불렀다. 노동자는, 아니오 하고 선언했다. 그 계약위반에 대해 그는 이미 속죄했던 것이다. 공장주는 다시 고소하고, 법원은 다시 유죄판결을 하고 있는데, 재판관 중의 한 사람인 쉬(Shee) 씨가 이 판결을, 그렇게 되면 사람이 동일한 위법행위 혹은 범죄 때문에 평생 동안 주기적으로 거듭거듭 처벌받을 수도 있는, 법률상 터무니없는 일이라고 공공연하게 비난하고 있음에도 불구

하고 그렇게 유죄판결하고 있는 것이다. 이 판결은, "위대한 무급자들(Great Unpaid)"[1]인 지방의 도그베리들(Dogberries)"[2]에 의해서가 아니라, 런던의 최고법원 중의 하나에 의해서 내려졌다. {제4판을 위하여. — 이러한 일은 지금은 없어졌다. 몇몇 소수의 경우—예컨대, 공공 가스 사업—를 제외하면, 이제 영국에서는 노동자가 계약을 위반하는 경우 고용주와 동등하게 취급되며, 단지 민법상으로만 고소될 수 있다. — F. 엥엘스.} — 두 번째 경우는 1863년 11월 말에 윌트셔(Wiltshire)에서 전개된다. 웨스트베리 리, 리로워즈 밀(Leower's Mill, Westbury Leigh)의 직물공장주인 해럽(Harrupp)이라는 자에게 고용되어 있던 약 30명의 증기직기 여공들이 파업을 벌였는데, 왜냐하면 바로 그 해럽이 아침 지각에 대해서 그녀들에게 임금을 공제하는, 그리고 그것도 2분에는 6펜스, 3분에는 1쉴링 그리고 10분에는 1쉴링 6펜스의 임금을 공제하는 즐거운 습관을 가지고 있었기 때문이었다. 이는 1시간에 9쉴링, 하루에 4파운드 10쉴링꼴인데, 반면에 그들의 년 평균임금은 결코 1주일에 10 내지 12쉴링을 넘지 못하고 있다. 공장시간을 알리는 기적을 불도록 하기 위해서 해럽은 또한 1명의 소년을 고용했는데, 이 소년은 그것을 이따금 아침 6시 전에 불고, 여공들이 바로 거기에 와 있지 않으면, 그가 기적을 그치자마자 문이 닫히고, 밖에 있는 사람은 벌금에 처해진다. 그리고 건물 내에는 어떤 시계도 없었기 때문에 불행한 여공들은 해럽의 사주를 받은 소년 시간지기의 마음대로 된다. "파업(strike)"에 돌입한 여공들, 즉 주부와 소녀들은, 시간지기가 시계로 대체되고 보다 합리적인 벌금률(罰金率)이 도입되면, 다시 작업을 하겠다고 선언했다. 해럽은 19명의 부인과 소녀들을 계약위반이라는 이유로 치안판사들 앞에 불러냈다. 그들은 방청객의 시끄러운 분노 속에서 각각 벌금 6펜스와 재판비용 2쉴링 6펜스의 선고를 받았다. 해럽은 군중의 야유를 들으면서 법원을 떠났다. — 공장주들이 애용하는 작전의 하나는 노동자들에게 제공된 원료의 손상을 이유로 임금공제로써 노동자들을 벌하는 것이다. 이 방법은 1866년에 영국의 도기제조업 지역들에서 총파업을 불러일으켰다. "아동노동조사위원회(Ch. Employm. Commiss.)"의 보고서들(1863-1866년)은 노동자가 일을 하고도 임금을 받기는커녕, 벌칙에 의해서 오히려 그의 "주인(Master)" 나리의 채무자가 되는 경우들을 들고 있다. 최근의 면화공황도 또한 공장 독재자들의 명민한 임금공제에 대한 교훈적인 특징들을 보여주었다. 공장감독관 R. 베이커는 다음과 같이 말하고 있다: "나 자신이 조금 전에 한 면공장주에 대하여 고소조치를 취하지 않을 수 없었던 바, 왜냐하면 그가 이 곤란하고 괴로운 시기에 자신이 고용한 몇몇 어린" (13살 이상의) "노동자들로부터, (그 자신은 단지 6펜스를 지불했을 뿐이고) 법적으로는 오직 3펜스만 공제하도록 허용되어 있을 뿐이며, 관례로는 한 푼도 우리는 단지 공장노동이 수행되는 물질적 조건들만을 지적하고 있다. 계절마다 규칙적으로 산업 전투보고서들[*4]을 생산하는, 밀집한 기계장치 하에서의 생명의 위험은 차치하더라도,[190a] 인

> 공제가 허용되지 않는데도, 의사의 연령증명서 대금으로 10펜스씩을 공제했기 때문이었다. … 그리고 나에게 알려온 바에 의하면, 탈법적으로 동일한 목적을 달성하려는 또 다른 공장주는, 자신을 위해서 일하는 가난한 아동들이 의사에 의해서 그 업무에 적절하다고 증명되자마자, 면방적의 기법과 비결의 습득료로서 그들 각자에게 1쉴링씩을 부과하고 있다. 따라서 어디에서나 일어날 뿐만이 아니라 특히 현재와 같은 시기에 일어나는 파업들과 같은 특별한 표출에는 밑바닥에 흐르는 원인들이 있을 수 있는데, 설명을 하지 않으면 공중(公衆)은 그것들을 이해하지 못한다." 그가 여기에서 언급하고 있는 것은 1863년 6월 다웬(Darwen)의 기계직포공들의 파업이다.[*3] (≪공장감독관 보고서. 1863년 4월 30일≫, pp. 50-51.) (공장보고서들은 언제나 그 공식 날짜 이후까지 미치고 있다.)

[*1] [MEW 편집자주] 위대한 무급자 — 이 책, S. 306을 참고하라. ([역주] 제2분책, p. 480, 주 157을 참조.)

[*2] [역주] 도그베리(Dogberry) — 쉐익스피어의 ≪헛소동(*Much Ado About Nothing*)≫, 제3막, 제3장에 등장하는 경찰관. 시종 제멋대로 지껄여대는 얼간이로서, 여기에서는 영국의 주(州)들에서 명사(名士)들로 이루어진 주치안판사를 가리킨다.

[*3] [역주] "따라서 어디에서나 …" 이하의 두 문장이 독일어판에는, "따라서, 때때로 일어나는 파업들(strikes)이나 현재의 그것"(1863년 6월 다웬의 공장에서 일어난 기계직포공들의 파업을 가리킨다)"과 같은 특별한 현상들을 이해하기 위해서는 알지 않으면 안 되는 저류(底流)들이 존재하는 것이다."로 되어 있다.

[*4] [역주] "산업 전투보고서들"이 영어판에는 "산업 전투에서의 사상자 명단(list of the killed and wounded in the industrial battle)".

[190a] 위험한 기계에 대한 보호법은 유익하게 기능해 왔다. "그러나 … 20년 전까지는 존재하지 않았던, 사고의 다른 원천들이 있는바, 특히 기계장치의 속도의 증대가 곧 그 하나다. 바퀴들·굴대들·방추들 그리고 북들이 지금은 증대된 그리고 증대되고 있는 속도로 운전되고 있다. 끊어진 실을 붙잡기 위해 손가락을 더욱 민첩하고 능숙하게 움직이지 않으면 안 되는데, 왜냐하면 주저하고 부주의하면, 손가락들이 희생되기 때문이다. … 수많은 사고가 자

위적으로 높여진 온도, 원료의 분진으로 충만한 공기, 귀를 먹게 하는 소음 등으로 모든 감각기관들이 똑같이 손상된다. 공장제도 속에서 비로소 온실적으로 성숙한 사회적 생산수단들의 절약은 자본의 수중에서는, 동시에, 노동 중의 노동자의 생존조건들, 즉 공간·공기·빛의 체계적인 강탈로 되고, 또한, 노동자의 편의시설들은 전적으로 논외로 하더라도, 생명에 위험하거나 건강에 해로운, 생산과정의 상황들에 대한 인간의 보호수단들의 체계적 강탈로 된다.191 푸리에가 공장을 "완화된 감옥(Bagnos)"[120]이라

기의 일을 빨리 끝내려는 노동자들의 열성 때문에 발생한다. 공장주들에게는 그들의 기계장치가 계속 가동 상태에 있어야 한다는 것, 즉 실과 직물을 생산하고 있는 것이 가장 중요하다는 것을 기억하지 않으면 안 된다. 1분이라도 정지되면, 그것은 동력의 손실일 뿐 아니라 생산의 손실이며, 노동자들은 생산물의 량에 이해관계가 있는 감독들로부터 기계장치를 계속 가동하도록 닥달을 당한다. 그리고 기계를 계속 가동하는 것은, 무게나 개수에 따라 임금을 받는 노동자들에게도 역시 마찬가지로 중요하다. 그리하여, 많은, 아니 대부분의 공장에서는 가동 중에 기계장치를 청소하는 것이 엄격히 금지되어 있지만, 기계의 몸체가 가동 중에 노동자들이, 책망을 받지 않으면서, 폐기물들을 줍고, 굴대나 바퀴 등을 닦는 것은, 전체는 아니지만, 대부분의 공장에서 한결같은 관행이다. 그리하여 오직 이 하나의 원인으로부터만도 지난 6개월 동안 906건의 사고가 발생했다. ... 많은 량의 청소가 매일매일 계속 이루어지지만, 토요일은 대개 기계장치를 전면적으로 청소하는 날로 정해져 있고, 그 대부분이 가동 중에 수행된다." 청소는 무급이기 때문에, 노동자들은 그것을 가능한 한 빨리 해치우려고 한다. 그리하여, "금요일에, 그리고 특히 토요일에 일어나는 사고의 수는 다른 날들보다 훨씬 많다. 금요일에는 주초 4일간의 평균을 거의 12%, 토요일에는 그 앞 5일간의 평균을 25%나 초과한다. 즉, 노동 시간이 다른 날들에는 $10\frac{1}{2}$시간임에 비해서 토요일에는 $7\frac{1}{2}$시간이라는 — 토요일의 노동시간 수를 고려하면, 다른 5일의 평균보다 토요일에는 그 초과가 65%다."(≪공장감독관 보고서. 1866년 10월 31일≫, pp. 9, 15, 16, 17.)

191 제3권, 제1편에서 나는, 생명에 위험한 기계장치에 대해서 "직공들"의 손발을 지키기 위한 공장법의 조항들에 대한 영국 공장주들의 최근의 전쟁에 관해서 보고할 것이다. 여기에서는 공장감독관 레너드 호너의 한 공식 보고서

고 부르는 것은 부당할까?192

제5절 노동자와 기계의 투쟁

자본가와 임금노동자 사이의 투쟁은 자본관계 그 자체와 더불어 시작된다. 그것은 매뉴팩처 시대 내내 요동친다.193 그러나 기

로부터의 인용으로 충분할 것이다: "나는, 몇몇 공장주들이 일부 사고들에 대해서 용서할 수 없이 경박하게 말하는 것, 예컨대, 손가락을 잃는 것을 하찮은 일이라고 말하는 것을 들었다. 노동자의 생활과 전도(前途)는 그의 손가락들에 크게 달려 있기 때문에, 그 중의 어느 하나를 잃는 것은 그에게는 대단히 심각한 일이다. 나는 그러한 무분별한 소리를 들을 때, 으레 이렇게 묻곤 했다: 만일 당신이 한 사람의 추가적 노동자를 필요로 하고, 두 사람이 응모했는데, 그 두 사람이 다른 점들에서는 모두 적격이지만, 한 사람은 엄지나 검지가 없다면, 당신은 누구를 고용하겠습니까? 누구나 조금도 망설이지 않고 대답했다...." 공장주들은 "그들이 사이비 박애주의적 입법이라고 들어온 것에 대해서 그릇된 편견을" 가지고 있다.(≪공장감독관 보고서. 1855년 10월 31일≫) 이 분들은 "현명한 사람들"이고, 노예소유자 반란[15]에 공연히 열광하는 것이 아니다.

192 노동시간을 강제로 제한하고 또 다른 것들을 규제하는 공장법의 적용을 아주 오랫동안 받아온 공장들에서는 이전의 많은 폐해들이 사라졌다. 기계장치 자체의 개량은, 그것이 어떤 일정한 점에 달하면, "공장건물의 구조개선"을 필요로 하는데, 이 구조개선은 노동자들에게 유리하다. (≪공장감독관 보고서. 1863년 10월 31일≫, p. 109 참조.)

193 존 휴턴(John Houghton), ≪개량된 농업과 상공업(*Husbandry and Trade improved)*≫, 런던, 1727. ≪동인도 무역의 이익들≫, 1720. 존 벨러즈(John Bellers), ≪빈민·제조업·무역·식민·부도덕에 관한 논문집≫, 런던, 1699를 보라. "고용주들과 그들의 노동자들은, 불행하게도, 서로 끊임없는 전쟁상태에 있다. 고용주의 불변의 목표는 그들의 일을 가능한 한 값싸게 시키는 것이며, 이 목적을 위해서는 그들은 어떤 책략을 사용하는 것도 마다하

계장치의 도입 이후에야 비로소 노동자는 자본의 물질적 존재양식인 노동수단 자체와 싸운다. 노동자는, 자본주의적 생산양식의 물질적 토대로서의, 생산수단의 이 특정한 형태에 반항하는 것이다.

17세기에는 거의 전체 유럽이 리본과 레이스를 짜는 기계인 (쉬누르뮐레[Schnurmühle] 혹은 뮐렌쉬툴[Mühlenstuhl]이라고도 불리는) 이른바 리본직기(Bandmühle)에 반대하는 노동자들의 반란을 경험했다.194 17세기의 최초 3분기 말에는 한 네덜란드인이

지 않는데, 반면, 노동자들도 또한 마찬가지로 모든 기회를 이용하여 그들의 고용주들로 하여금 그들의 보다 높은 요구에 동의하도록 압박하는 데에 신경을 쓰고 있다.(≪식료품의 현재의 고가격의 원인에 관한 연구(*An Inquiry into the causes of the Present High Price of Provisions*)≫, 1767, p. 61. (저자는 나싸니엘 포스터 목사[Rev. Nathaniel Forster]로서, 완전히 노동자들의 편이다.)

194*1 리본직기는 독일에서 발명되었다. 이딸리아의 성직자 란첼로띠(Lancellotti)는 1636년에 붸네치아에서 간행된 한 저서*2에서 다음과 같이 말하고 있다: "단치히(Danzig, [독일 영토였으나 1945년 이후 폴란드령이 된, 폴란드 북부의 항구도시 Gdańsk의 독일 명칭: 역자])의 안톤 뮐러(Anton Muller)는 약 50년 전에"(란첼로띠는 쓴 것은 1629년*2) "단치히에서, 한번에 4-6필의 직물을 짜는 대단히 정교한 기계를 보았다. 그러나 시참사회(市參事會)는 이 발명이 대량의 노동자들을 걸인으로 만들지도 모른다고 염려했기 때문에, 이 발명을 억압하고, 그 발명자를 은밀히 교살하거나 익사시키도록 했다"[121] 라이덴(Leyden)에서는 같은 기계가 1629년에야 처음으로 사용되었다. 레이스 노동자들의 폭동이 처음에는 강제로 시참사회로 하여금 그것을 금지시켰던 것이며, 네덜란드 의회 측의 1623년,*3 1639년 등의 다양한 법령들에 의해서도 그 사용이 제한될 수밖에 없었는데, 마침내 1661년 12월 15일의 법령에 의해서 일정한 조건들 하에 그 사용이 허용된다. 라이덴에서의 리본직기의 도입에 관해서 복스호른(Boxhorn)은 (≪정치제도[*Inst. Pol.*]≫, 암스텔담, 1663에서) 다음과 같이 말하고 있다: "이 도시에서는 약 20년 전에 어떤 사람들이 직포를 위한 기계를 발명했는데, 그것을 사용하면, 혼자서도, 그것을 사용하지 않은 경우 더 많은 사람들이 같은 시간에 생산하는 것보다도 더 많이, 더 손쉽게 직물을 생산할 수 있었다. 그 때문에, 이 기계의 사용이 시참사회에 의해서 금지될 때까지, 직포공들의 소요(騷擾)와 불만이 일어났다." 같

런던 근교에 세운 풍력 제재소가 천민들의 폭동 앞에 굴복했다. 아직 18세기 초에도 수력 제재기계는 영국에서 의회의 지지를 받는 민중의 저항을 가까스로 극복했다. 1758년에 에버릿(Everet)이 최초의 수력 전모기(剪毛機)를 제작했을 때, 그것은 일자리를 빼앗긴 100,000명에 의해서 불 질러졌다. 아크라이트의 조소기(粗梳機, scribbling mills)와 소모기(梳毛機)에 반대하여, 그때까지 양털을 빗질하며 살아가던 50,000명의 노동자들이 의회에 청원했다. 19세기의 첫 15년 동안, 특히 증기직기의 사용에 기인한, 영국의 매뉴팩쳐 지역들에서의, 러다이트(Luddite) 운동*4이라는 이름 하의 대량의 기계 파괴는, 씨드머쓰(Sidmouth), 캣슬레이(Castlereagh) 등의 반(反)자코뱅(anti-jacobin) 정부*5에 극

은 기계가 1676년에 쾰른에서 금지되었는데, 한편, 그때 영국에서의 그 기계의 도입은 노동자들의 소요를 불러일으켰다. 1685년 2월 19일의 칙령으로 독일 전역에서 그 기계의 사용이 금지되었다. 함부르크에서는 시참사회의 명령에 의해서 그 기계가 공개적으로 소각되었다. 칼 6세가 1719년 2월 9일에 1685년의 칙령을 갱신했으며, 작쎈선제후국(選帝侯國)은 1765년에야 비로소 그 기계의 공공연한 사용을 허용했다. 세상을 그토록 소란스럽게 했던 이 기계는 실제로 방적기와 기계직기의, 따라서 18세기 산업혁명의 선구자였다. 이 기계는, 전혀 직포 경험이 없는 소년이라도, 단순히 연결봉(連結棒)을 밀고 당김으로써 기계 전체를 그 모든 북들과 함께 가동할 수 있게 하였으며, 그 개량된 형태에서는 한번에 40-50필을 생산했다.

*1 [역주] 프랑스어판과 영어판에서는 이 주 194가 본문 속에 편입되어 있다.
*2 [역주] 프랑스어판에는 '1579년 경에 쓰여지고, 1623년에 붸네치아에서 출판된' 것으로 되어 있다.
*3 [역주] 프랑스어판과 영어판에는, "1632년".
*4 [新日本판 역주] 러다이트 운동 — 1811-1813년의 영국 노동자들의 섬유기계 파괴 소동. 그 지도자로 알려진 "러다이트 장군", "러다이트 왕"의 이름에서 연유한다. 정부는 군대를 동원하여 잔학하게 진압했다.
*5 [新日本판 역주] 반(反)자코뱅 정부 — 프랑스를 급진 자코뱅파를 이어받은

히 반동적인 강압조치들을 취할 구실을 주었다. 노동자가, 기계장치와 그 자본주의적 이용을 구별하고, 그리하여 자신의 공격을 물질적 생산수단 그 자체로부터 그 사회적 이용형태로 바꾸는 것을 배우기까지는 시간과 경험이 필요했다.195

매뉴팩춰 내부에서의 임금을 둘러싼 투쟁들은 매뉴팩춰를 전제하고 있고, 결코 매뉴팩춰의 존재를 겨냥하고 있지는 않다. 매뉴팩춰의 생성을 반대하는 싸움이 벌어지더라도, 그것은 동업조합 장주들(Zunftmeister)과 특권 도시들에 의해서 일어나는 것이지, 임금노동자들에 의해서 일어나는 것이 아니다. 그리하여 매뉴팩춰 시대의 저술가들의 경우, 분업은 주로, 가상적(假想的)으로(virtuell) 노동자를 대체하는 수단으로는 파악되었지만, 현실적으로 노동자를 축출하는 수단으로서는 파악되지 않았다. 이 구별은 자명하다. 예컨대, 지금 500,000명에 의해서 기계로 방적되는 면화를 옛 물레로 방적하기 위해서는 영국에서 1억 명이 필요할 것이라고 말한다면, 그것은 당연히 기계가 결코 존재한 적도 없는 이 1억 명의 자리를 차지했다는 것을 의미하는 것이 아니다. 그것은 단지, 방적기계를 대체하기 위해서는 수천만 명의 노동자가 필요할 것이라는 것을 의미할 뿐이다. 그에 반해서, 증기직기가 영국에서 800,000명의 직포공을 길거리로 내던졌다고 말할 때, 그것은, 일정한 수의 노동자들에 의해서 대체되지 않으

국가로 간주하는, 대(對)나폴레옹 전쟁을 수행한 반동적 영국 정부를 가리킨다.

195 고품스러운 매뉴팩춰들에서는 오늘날에도 아직 기계장치에 대한 노동자의 반란이 때때로 거친 형태로 반복되고 있다. 예컨대, 1865년에 쉐퓔드의 줄[鑢] 연마업에서 그러했다.

면 안 되는, 현존하는 기계장치에 대해서 말하는 것이 아니라, 기계장치에 의해서 실제로 대체되어 있는, 즉 축출되어 있는, 현존하는 노동자수에 대해서 말하는 것이다. 매뉴팩춰 시대에는 수공업적 경영이, 비록 해체되었다고는 하지만, 여전히 그 토대로 남아 있었다. 새로운 식민지 시장들은 중세로부터 물려받은, 비교적 빈약한 수의 도시 노동자들에 의해서는 충족될 수 없었고, 동시에 본래의 매뉴팩춰는, 봉건제의 해체와 더불어 토지로부터 쫓겨난 농촌주민들에게 새로운 생산영역을 열어주었다. 따라서 당시에는 작업장 내의 분업과 협업에서는, 그것들이 고용된 노동자들을 보다 더 생산적이게 한다는 적극적인 측면이 더욱 더 눈에 띄었다.196 협업과 소수의 수중에서의 노동수단의 결합은, 그것이 농업에 적용되면, 많은 나라들에서는 대공업의 시대보다도 훨씬 전에, 생산양식의, 따라서 농촌주민의 생활조건들과 취업수단들의 실로 거대하고, 돌발적이며 폭력적인 혁명을 불러일으킨다.

---

196 제임스 스튜어트 경은 기계장치의 작용도 역시 완전히 이러한 의미에서 파악하고 있다. "따라서 나는 기계를, 보다 많은 인간을 부양할 필요 없이, 근면한 사람의 수를 (사실상) 증가시키는 수단이라고 생각한다. ... 기계의 작용은 새로운 주민의 작용과 어떻게 다른가?"(≪경제학 원리≫, 프랑스어 번역판, 제1권, 제1부, 제1편, 제19장.) 기계는 "일부다처제"를 대체한다고 말하는 페티는 훨씬 더 소박하다. 이러한 관점은 기껏해야 합중국의 일부에만 타당하다. 그에 반해서: "기계장치가 어떤 개인의 노동을 경감하기 위해서 성공적으로 사용될 수는 거의 없다. 그것을 제작하는 데에는 그것을 사용함으로써 절약될 수 있는 시간보다 더 많은 시간이 소비될 것이다. 기계가 실제로 유용한 것은, 단지 그것이 거대한 대중에게 작용할 때, 즉 단 1대의 기계가 수천 명의 일을 도울 수 있을 때뿐이다. 따라서 기계가 가장 많은 곳은, 게으른 사람들이 가장 많은, 인구가 가장 조밀한 나라들이다. ... 그것이 사용되는 것은, 사람이 부족해서가 아니라, 사람들을 대량으로 일 시키기가 쉽기 때문이다."(피어씨 뤠이븐스톤[Piercy Ravenstone], ≪국채제도와 그 효과에 대한 고찰(*Thoughts on the Funding System and its Effects*)≫, 런던, 1824, p. 45.)

그러나 이 투쟁은 원래, 자본과 임금노동 사이에서보다는, 주로 대토지소유자들과 소토지소유자들 사이에서 벌어지며, 다른 한편에서, 노동자들이 양, 말 등의 노동수단에 의해서 축출되는 한, 직접적인 폭력행위들이 여기에서는 맨 먼저 산업혁명의 전제를 이룬다. 노동자들이 먼저 토지에서 쫓겨나고, 그 다음에 양들이 오는 것이다. 영국에서와 같은 대규모의 토지약탈이 비로소 대농업에 그 활동영역(Anwendungsfeld)을 만들어준다.[196a] 그러므로 농업의 이 변혁은 시초에는 정치혁명이라는 외관을 띤다.

  기계로서는, 노동수단은 곧바로 노동자 자체의 경쟁자로 된다.[197] 기계에 의한 자본의 자기가치증식은, 기계가 그 생존조건들을 파괴하는 노동자수에 정비례한다. 자본주의적 생산체제 전체는, 노동자가 자신의 노동력을 상품으로서 판매한다고 하는 데에 기초하고 있다. 분업은 이 노동력을, 하나의 부분도구를 조작하는, 완전히 특수화된 기량으로 일면화한다. 도구의 조작이 기계에 귀속되자마자 노동력의 교환가치는 그 사용가치와 더불어 사라진다. 노동자는, 마치 유통이 폐지된 지폐처럼, 판매되지 않게 된다. 노동자계급 가운데, 자본이 이렇게 과잉인구로, 다시 말해서, 자본의 자기가치증식을 위하여 더 이상 직접적으로 필요하지 않은 인구로 전화시키는 부분은, 한편에서는 기계 경영에 대항한, 낡은 수공업적·매뉴팩춰 경영의 불평등한 투쟁 속에서 몰

[196a] {제4판을 위하여. — 이는 독일에도 역시 타당하다. 우리의 경우 대농업이 존재하고 있는 곳, 따라서 특히 [엘베강의: 역자] 동부에서는 16세기 이래, 그리고 특히 1648년 이래 만연한 "농민추방(Bauernlegen)"에 의해서 비로소 대농업이 가능해졌다. — F. 엥엘스}

[197] "기계장치와 노동은 끊임없이 경쟁하고 있다."(리카도, 같은 책, p. 479.

락하고, 다른 한편에서는 보다 쉽게 접근할 수 있는 모든 산업부문에 범람하여, 그 노동시장을 공급과잉으로 만들고, 그리하여 노동력의 가격을 그 가치 이하로 저하시킨다. 구휼빈민화된 노동자들에게 하나의 커다란 위안이 있다면, 부분적으로는 그 고통이 단지 "일시적"("일시적인 불편[a temporary inconvenience]")이라는 것이고, 부분적으로는 기계장치는 한 생산분야 전체를 오직 점차적으로만 장악하며, 그 때문에 기계장치의 파괴적 작용의 범위와 강도가 극복된다(gebrochen werden)[*1]는 것일 것이다. 하나의 위안은 다른 위안을 무효화한다.[*2] 기계가 어떤 생산분야를 점차적으로 장악하는 경우, 기계는 그것과 경쟁하는 노동자층 속에 만성적 빈곤을 만들어낸다. 이행이 급속한 경우, 기계는 대량적으로 그리고 급성적으로 영향을 미친다. 세계사에, 점차적인, 수십 년에 걸쳐 질질 끈, 마침내 1838년에야 종결된, 영국의 면포수직공(綿布手織工)들의 몰락보다 더 경악스러운 광경은 결코 없다. 그들의 다수는 굶어죽었고, 다수는 오랫동안 하루 $2\frac{1}{2}$펜스로 가족과 함께 근근이 연명했다.198 그에 반해서, 영국의 면기계

[*1] [역주] "... 범위와 강도가 극복된다"가 프랑스어판에는, "범위와 강도를 완화한다(diminuer)"로, 영어판에는 "범위와 강도가 완화된다(be diminished)"로 되어 있다.

[*2] [역주] 이 문장이 프랑스어판에는 "그러나 그 두 패의 위안은 서로를 무력화한다. (Mais ces deux fiches de consolation se neutralisent.)"로 되어 있다.

198 1834년의 구빈법이 실시되기 전에 영국에서 수직포(手織布)와 기계직포 간의 경쟁이 길어진 것은, 최저수준 이하로 깊이 떨어진 임금을 교구의 구호금으로 보충했기 때문이었다. "목사 터너 씨는 1827년에 공업지역인 체셔 월름슬로(Wilmslow)의 주임사제였다. 이민위원회의 질문과 터너 씨의 답변은 기계장치에 대한 인간노동의 경쟁이 어떻게 유지되는가를 보여준다. 질문: '력직기의 사용은 수직기를 축출하지 않았는가요?' 답변: '물론 쫓아냈습니

(綿機械)는 동인도에서는 급성적으로 영향을 미쳤으며, 1834-1835년에 동인도 총독은 다음과 같이 확언했다:

"이 궁핍은 상업사에서 거의 유례를 찾을 수 없다. 면직포공의 해골이 인도의 평원을 표백하고 있다."

물론, 이 직포공들이 덧없는 세상을 하직한 한에서는, 기계는 단지 "일시적인 불편"을 야기했을 뿐이다. 그런데 기계장치는 끊임없이 새로운 생산영역들을 장악함으로써 그 "일시적" 작용은 영속적이다. 따라서 무릇 자본주의적 생산양식이 노동자 맞은 편의 노동조건들과 노동생산물에 부여하는, 자립적이고 소외된 자태는 기계장치와 더불어 완전한 대립으로 발전한다.[199] 그리하여

다. 만일 수직포공들이 임금삭감을 감수할 수 없었다면, 그것은 실제로 쫓아낸 것보다 그들을 훨씬 더 많이 쫓아냈을 것입니다.' 질문: '그러면, 노동자는 자신을 유지하기에 부족한 임금을 감수하면서, 유지를 위한 나머지는 교구의 구호금을 기대하나요?' 답변: '그렇습니다. 그리고 사실상 수직기와 력직기의 경쟁은 구빈세에 의해서 유지되고 있습니다.' 이렇게 굴욕적인 구휼빈곤과 해외이주야말로 근면한 사람들이 기계장치의 도입으로부터 받는 이득이어서, 그들은 훌륭한 그리고 어느 정도 독립적인 숙련공으로부터, 적선의 굴욕적인 빵으로 살아가는 비굴한 가난뱅이로 전락하고 있다. 이것을 그들은 일시적인 불편이라고 부른다."(《경쟁과 협동의 장점의 비교에 관한 현상논문》, 런던, 1834, p. 29.)

[199] "국가의 수입"(다시 말하면, 리카도가 같은 곳에서 설명하고 있듯이, 지주들과 자본가들의 수입[the revenues of landlords and capitalists]으로서, 그들의 부[Wealth]는 경제학적으로 고찰하면, 무릇 = 국민의 부[Wealth of Nation]이다)"을 증대시킬 수 있는 동일한 원인이 동시에 인구를 과잉하게 하고, 노동자의 상태를 악화시킬 수 있다."(리카도, 같은 책, p. 469.) "기계장치의 모든 개량의 한결같은 목표와 경향은, 사실상, 인간의 노동을 완전히 없애버리는 것, 혹은, 성인 남성의 노동을 여성과 아동의 노동으로, 혹은 숙련노동자의 노동을 비숙련노동자의 노동으로 대체함으로써 그 가격을 감소시키는 것이다."(유어, 같은 책, 제1권, p.35.)

기계와 더불어 비로소 노동수단에 대한 노동자의 난폭한 반란이 일어난다.

노동수단이 노동자를 타도한다. 이러한 직접적인 대립은 물론, 새로 도입된 기계장치가 전래(傳來)의 수공업적 혹은 매뉴팩춰적 경영과 경쟁할 때마다 가장 명백하게 나타난다. 그러나 대공업 자체의 내부에서도 기계장치의 계속적인 개량과 자동적 체계의 발달은 유사하게 작용한다.

"개량된 기계장치의 목적은 육체노동을 감소시키는 것, 혹은 인간 장치 대신에 금속 장치의 도움을 빌려 제조과정의 수행이나 연쇄의 완성을 지원하는 것이다."200 "지금까지 손으로 움직이던 기계장치에 동력을 응용하는 것은 거의 일상사다. … 동력의 절약, 보다 좋은 제품의 생산, 같은 시간에 보다 많은 제품의 생산, 혹은 아동·여성 또는 남성을 한 사람이라도 줄이는 것을 목적으로 하는, 기계장치의 자그마한 개량들이 끊임없는데, 그 개량들은, 때때로 겉으로는 전혀 중요하지 않은 것 같지만, 다소 중요한 효과를 가지고 있다."201 "어떤 공정(工程)이 특별한 손재주와 꾸준한 손놀림을 요구하는 경우에는 언제나 그 공정은, 많은 종류의 불규칙을 저지르기 쉬운 교활한 노동자로부터 가능한 한 빨리 회수되어, 아주 자동조절적이어서 아동도 그것을 감시할 수 있는 특별한 기구에 맡겨진다."202 "자동체계에서는 숙련노동*1은 갈수록 폐기된

---

200 《공장감독관 보고서. 1858년 10월 31일》, p. 43.

201 《공장감독관 보고서. 1856년 10월 31일》, p. 15.

202 유어, 같은 책, p. 19. "벽돌 제조에 사용되는 기계장치의 큰 장점은 고용주가 숙련노동자들로부터 완전히 독립된다는 점이다."(《아동노동조사위원회, 제5차 보고서》, 런던, 1866, p. 130, 주 46.)

제2판에의 추가. 그뤠잇 노썬 철도(Great Northern Railway)의 기계부장인 A. 스터롹(Sturrock) 씨는 (기관차 등) 기계제작과 관련하여 다음과 같이 증언하고 있다: "값비싼(expensive) 영국인 노동자들의 사용은 나날이 감소

다."203 "일정한 성과를 내기 위해서 이전과 같은 량의 성인 노동을 사용할 필요성을 없앨 뿐 아니라, 한 등급의 인간 노동을 다른 등급으로, 보다 숙련된 노동을 덜 숙련된 노동으로, 성인 노동을 아동 노동으로, 남성 노동을 여성 노동으로 대체하는, 기계장치의 개량의 효과는 임금률에 새로운 변동을 일으킨다."204*3 "보통의 뮬 방적기를 자동 뮬 방적기로 대체하는 효과는 성인 방적공들의 대부분을 방출하고 미성년자들과 아동들을 고용하는 것이다."205*4

축적된 실제적 경험과 기존의 기계적 수단의 크기, 끊임없는

하고 있다. 영국의 공장의 생산은 개량된 도구들을 사용함으로써 증대되고 있고, 이 도구들은 또한 저급한 노동(a low class of labour)에 의해서 조작된다. … 이전에는 반드시 숙련노동이 증기기관의 모든 부품들을 생산했다. 지금은 증기기관의 부품들이 낮은 숙련의 노동에 의해서, 그러나 좋은 도구들을 가지고 생산된다. 도구들이라고 할 때, 나는 증기기관 제작자[engineer]의 기계장치, 선반, 평삭반(平削盤), 천공기(穿孔機) 등을 의미한다.*2"(《왕립철도위원회. 증언기록》, 제17862호 및 제1867호, 런던, 1867.)

*1 [역주] 독일어판과 프랑스어판에는 "숙련노동"이 "노동자의 재능".

*2 [역주] "도구들이라고 할 때, 나는 증기기관 제작자[engineer]의 기계장치, 선반, 평삭반(平削盤), 천공기(穿孔機) 등을 의미한다."가 독일어판과 프랑스어판에는, "도구들이라고 할 때, 나는 기계제작에 이용되는 기계들을 의미한다."로 되어 있다.

203 유어, 같은 책, p. 20.

204 유어, 같은 책, p. 321.

*3 [역주] 이 문장이 독일어판과 프랑스어판에는, "기계장치의 개량은, 일정한 성과를 달성하기 위해서 사용되는 성인 노동자들의 수의 감소를 필요로 할 뿐 아니라, 어떤 부류의 개인을 다른 부류의 개인으로, 보다 숙련된 자를 덜 숙련된 자로, 성인들을 아동들로, 남성들을 여성들로 대체한다. 이러한 모든 변화는 임금률의 끊임없는 변동을 야기한다."로 되어 있다.

205 유어, 같은 책, p. 23.

*4 [역주] 이 문장이 독일어판과 프랑스어판에는, "기계장치는 끊임없이 성인들을 공장 밖으로 방출한다."로 되어 있다.

기술진보로 인한 기계제도의 비상한 탄력성은 단축된 노동일이라는 압력 하에서의 기계제도의 돌진을 우리에게 보여주었다.*1 그러나, 영국 면공업의 절정의 해인 1860년에 그 누가, 그 후 3년간의 미국의 내전에 의해서 야기된, 기계장치의 급속한 개량과 그에 상응하는, 육체노동의 축출을 예견했겠는가? 여기에서는 이 점에 관한 영국 공장감독관들의 공식 인용문들 중에서 몇몇 개를 예로 들면 충분할 것이다. 맨체스터의 한 공장주는 다음과 같이 밝히고 있다:

> "우리는, 동일한 량의 작업을 하는 데에 이전에는 75대의 소면기를 사용했는데, 지금은 12대를 사용하고 있다. … 노동자들은 14명이 적고, 임금은 주당 10파운드 스털링을 절약하고 있다. 우리가 추산하는 낙면의 절약은 소비 면화량의 약 10%다."*2

---

*1 [역주] 이 문장이 프랑스어판에는, "노동일의 단축에 의한 기계사용의 급속한 진전은, 축적된 실제적 경험과 이미 획득된 기계적 수단, 끊임없는 기술진보로 인한 기계사용의 비상한 팽창력을 우리에게 보여주었다. (La marche rapide imprimée au machinisme par la réduction de la journée de travail nous a montré l'élasticité extraordinaire dont il est susceptible, grâce à une expérience pratique accumulée, à l'éxtendue des moyens mécaniques déjà acquis et aux progrès de la technologie.)"로 되어 있고, 영어판에는, "축적된 실제적 경험과 기존의 기계적 수단, 끊임없는 기술진보로 인한 공장제도의 비상한 팽창력은 단축된 노동일이라는 압력 하에서의 공장제도의 거대한 발전에 의해서 우리에게 입증되었다. (The extraordinary power of expansion of the factory system owing to accumulated practical experience, to the mechanical means at hand, and to constant technical progress, was proved to us by the giant strides of that system under the pressure of a shortened working-day.)"로 되어 있다.

*2 [역주] 이 문장이 독일어판과 프랑스어판에는, "75대의 소면기 대신에 12대를 사용하고 있는데, 그 12대가, 더 좋은 품질은 아니지만, 같은 품질의 제품을 동일한 량 제공하고 있다. … 임금의 절약은 주당 10파운드 스털링, 낙면의 절약은 10%에 달하고 있다."로 되어 있다.

맨체스터의 어떤 정방공장(精紡工場)에서는,

"속도를 증대시키고 여러 자동공정들을 도입함으로써 노동자의 수가 한 부문에서는 4분의 1, 다른 부문에서는 절반 이상이 감소했고, 제2의 소면기 대신에 정소기(精梳機)를 도입함으로써 이전에 소모실에 고용되었던 노동자의 수를 크게 감소시켰다."[*3]

다른 한 방적공장에서는 '직공들'의 전반적 절약을 10%로 추산하고 있다. 맨체스터의 방적업자인 길머회사(Messrs. Gilmour)는 다음과 같이 말하고 있다:

"우리 송풍실(送風室) 부문(blowing-room department)에서는, 새로운 기계장치로 우리의 경비가 임금과 노동자에서 완전히 3분의 1 줄었다고, … 권선기실(捲線機室, jack-frame room)과 신장기실(伸張機室, drawing-frame room)에서는 비용이 약 3분의 1, 그리고 노동자가 마찬가지로 3분의 1, 방적실에서는 비용이 약 3분의 1 줄었다고 생각한다. 그러나 이것이 전부가 아니다. 우리의 실이 직포공장으로 가면, 그것은 우리의 새로운 기계장치의 사용으로 훨씬 더 좋기 때문에, 그것들은 구식 기계의 실보다 더 많은 직물을, 더 값싸게 생산할 것이다.[*1]"[206]

공장감독관 A. 뤠드그뤠이브는 이에 대해서 다음과 같이 말하

[*3] [역주] 프랑스어판에는, "제2의 소면기 대신에 … 크게 감소시켰다"가 없고, 영어판에는, "맨체스터의 어떤 정방공장(精紡工場)에서는,"이 "맨체스터의 어떤 정방공장(精紡工場)에서는, 내가 들은 바에 의하면"으로 되어 있고, 그 모두가 함께 인용문으로 되어 있다.

[*1] [역주] "더 많은 직물을, 더 값싸게 생산할 것이다"가 독일어판과 프랑스어판에는, "더 많고 더 좋은 직물을 생산할 것이다"로 되어 있다.

[206] ≪공장감독관 보고서. 1863년 10월 31일≫, p. 108 이하.

고 있다:

> "생산의 증대에도 불구하고 노동자의 감소는 끊임없이 일어나고 있다. 양모공장들에서는 최근 노동자의 [새로운: 독일어판에 따라서] 감소가 시작되어, 계속되고 있다. 수일 전 롸치데일 근교에 사는 한 학교장이 내게 말한 바에 의하면, 여학교에서의 (학생수의: 역자) 커다란 감소는, 단지 공황의 압박에 의해서만이 아니라, 양모공장들에서의 기계장치의 변화에 의해서도 야기되는 것으로서, 그 변화의 결과 70명의 반시간공(半時間工)의 감소가 발생했다."207

458   다음 표[122]는, 미국의 내전에 힘입은, 영국 면공업에서의 기계개량들의 총결과를 보여주고 있다.

공장 수

	1856년	1861년	1868년
잉글랜드 및 웨일즈	2,046	2,715	2,405
스코틀랜드	152	163	131
아일랜드	12	9	13
연합왕국	2,210	2.887	2,549

---

207 같은 보고서, p. 109. 면화공황 중의 기계장치의 급속한 개량은 영국의 공장주들로 하여금 미국의 내전이 끝나자마자 순식간에 세계시장을 다시 공급과잉상태로 만들게 하였다. 직물은 1866년 후반 6개월 동안에 거의 팔리지 않게 되었다. 그리하여 중국과 인도로 상품의 위탁판매가 시작되었는데, 그것은 당연히 "공급과잉(glut)"을 더욱 격화시켰다. 1867년 초에 공장주들은 그들의 비열한 타개책, 5%의 임금인하를 단행했다. 노동자들은 저항했고, 이론적으로 완전히 정당하게, 유일한 구제책은 시간단축, 즉 주당 4일 노동하는 것이라고 선언했다. 상당히 장기간의 저항 끝에 자칭 산업지휘관들은, 어떤 곳들에서는 5%의 임금인하와 함께, 어떤 곳들에서는 임금인하 없이 그렇게 하기로 결심하지 않을 수 없었다.

증기직기 수

잉글랜드 및 웨일즈	275,590	368,125	344,719
스코틀랜드	21,624	30,110	31,864
아일랜드	1,633	1,757	2,746
연합왕국	298,847	399,992	379,329

방추 수

잉글랜드 및 웨일즈	25,818,576	28,352,125	30,478,228
스코틀랜드	2,041,129	1,915,398	1,397,546
아일랜드	150,512	119,944	124,240
연합왕국	28,010,217	30,387,467	32,000,014

취업인원 수

잉글랜드 및 웨일즈	341,170	407,598	357,052
스코틀랜드	34,698	41,237	39,809
아일랜드	3,345	2,734	4,203
연합왕국	379,213	451,569	401,064

따라서 1861년부터 1868년까지 338개의 면공장이 사라졌다. 다시 말해서, 보다 더 생산적이고 보다 더 대규모의 기계장치가 보다 더 소수의 자본가들의 수중에 집중되었다. 증기직기의 수는 20,663대가 감소했다. 그러나 동시에 그 생산물은 증대했던바, 이제는 개량된 직기 1대가 옛 직기 1대보다 많이 생산한 것이다.[459] 마지막으로, 방추 수는 1,612,547개가 증가했는데, 취업 노동자의 수는 50,505명이 감소했다. 따라서 면화공황이 노동자들을 짓눌렀던 "일시적" 빈곤은, 기계장치의 급속하고 지속적인 발전

으로 증대되고 공고해졌다.

하지만 기계장치는 언제나 임금노동자를 "과잉"으로 만들려고 하는 우세한 경쟁자로서만 작용하는 것이 아니다. 그것은 자본에 의해서 임금노동자에게 적대적인 력능(力能)으로서 시끄럽게 그리고 의도적으로 선포되고, 취급된다. 그것은 자본의 전제(專制)에 반대하는 주기적인 노동자 봉기, 파업 등을 진압하기 위한 가장 강력한 전투수단이 된다.[208] 가스켈(Gaskell)에 의하면, 증기기관은 애당초부터 "인간력"의 적대자였고, 자본가들로 하여금, 시작되고 있는 공장제도를 위기로 내몰려고 위협하는 노동자들의 증대하는 요구들을 박살낼 수 있게끔 하였다.[209] 오로지 노동자들의 폭동들에 대한 자본의 전투수단으로서만 태어난, 1830년 이래의 발명들의 전체 역사를 저술할 수도 있을 것이다. 우리는 무엇보다도 자동 뮬 방적기(self-acting mule)를 상기하는데, 왜냐하면 그것은 자동체계의 새로운 한 시대를 열고 있기 때문이다.[210]

증기망치의 발명가 네이스미쓰는 노동조합조사위원회(Trades Unions Commission)에서의 증언 속에서, 1851년 기계노동자들의 대대적인 장기 파업 때문에 그가 도입한, 기계장치의 개량에

---

[208] "불어서 납유리 병을 만드는 업계에서의 고용주와 직공의 관계는 만성적 파업(strike)과 같다." 그리하여 주요한 작업들이 기계장치에 의해서 수행되는 압착 유리의 제조가 약진하게 된다. 이전에는 년간 350,000파운드의 취체(吹製) 납유리를 생산했던, 뉴캣슬(Newcastle)의 한 회사는 이제는 그 대신에 3,000,500파운드의 압착 유리를 생산하고 있다.(《아동노동조사위원회. 제4차 보고서》, 1865, pp. 262-263.)

[209] 가스켈, 《영국의 공업인구(*The Manufacturing Population in England*》, 런던, 1833, pp. 3, 4. [역주: 독일어판에는 "pp. 11, 12".]

[210] 퓌어번 씨는, 자신의 기계공장에서의 파업들 때문에, 기계제작을 위한 기계의 몇 가지 매우 중요한 용법들을 발명했다.

관해서 다음과 같이 보고하고 있다:

"우리의 현대적 기계 개량의 특징은 자동식 도구기의 도입입니다. 이제 기계노동자가 해야 하는 것, 어떤 소년이나 할 수 있는 것은, 스스로 일하는 것이 아니라, 기계의 아름다운 노동을 감시하는 것입니다. 오로지 자신의 숙련에만 의존하는 모든 노동자층은 이제 일소되었습니다. 이전에는 저는 기계공 1명당 4명의 소년을 고용했습니다. 이들 새로운 기계적 결합 덕택에 저는 성년 남자의 수를 1,500에서 750으로 줄였습니다. 그 결과 저의 이윤은 현저히 증대했습니다."[123]

유어는 면직물 날염업에서의 채색날염용 기계에 관해서 다음과 같이 말하고 있다.

"마침내 자본가들은 이 참을 수 없는 예속상태"(즉, 그들에게는 성가신, 노동자들의 계약조건들)"로부터의 해방을 과학이라는 자원에서 찾으려 하였고, 즉시 그들의 정당한 지배*1, 즉 신체의 아래부분들에 대한 머리의 지배*1를 회복했다.'

그는, 파업이 그 직접적 계기였던, 날실에 풀을 먹이기 위한 한 발명에 대해서 다음과 같이 말하고 있다.

"분업이라는 낡은 전선 뒤에 난공불락의 요새를 구축하고 있다고 망상했던 불평분자 일당은, 새로운 기계적 전술에 의해 측면공격을 받아 자신들의 방어수단들이 쓸모없어진 걸 알고, 무조건 항복하지 않을 수 없었다."

---

*1 [역주] "지배"가 독일어판에서는 "권리".

자동 뮬 방적기(self-acting mule)의 발명에 관해서는 그는 다음과 같이 말하고 있다.

> "근로계급들 사이에 질서를 회복하도록 되어 있는 창조물.... 이 발명은, 자본이 과학을 자신에게 봉사하게 하면, 말 안 듣는 노동자에게 언제나 순종을 가르칠 것이라는, 이미 제출된 위대한 학설을 확증하고 있다."[211]

유어의 저서는 1835년에, 따라서 공장제도의 발전이 아직 비교적 미약했던 시기에 출간되었음에도 불구하고, 그것은, 그 숨김없는 파렴치(offenherziger Zynismus) 때문만이 아니라, 그가 자본의 두뇌의 어리석은 모순을 지껄여대는 소박함 때문에도, 여전히 공장정신의 전형적인 표현이다. 예컨대, 그는 자본은 자본에 의해 고용된 과학의 도움으로

> "말 안 듣는 노동자에게 언제나 순종을 가르칠 것"이라는 "학설"을 전개한 후에, "그것(물리·역학)은 가난한 사람들을 괴롭히는 수단으로서 부유한 자본가의 편에 가담하고 있다고 비난받아 왔다"는 데에 분노하고 있다.

그는, 기계장치의 급속한 발달이 얼마나 노동자들에게 유리한가를 상세히 설교하고 난 후에, 그는 그들에게, 노동자들은 그들의 불복종, 즉 파업(strikes) 등에 의해서 기계장치의 발전을 촉진하고 있다고 경고하고 있다. 그는 다음과 같이 말한다:

> "이러한 난폭한 반역은 근시안적 인간을, 스스로를 괴롭히는 사

---

[211] 유어, 같은 책, pp. 367–370. [역주: 영어판에는, pp. 368–370.]

람의 경멸할 만한 성격에서 보여준다."*1

몇 페이지 앞에서는 정반대로 이렇게 말하고 있다:

"공장 노동자들의 잘못된 견해에서 기인하는 난폭한 충돌들과 중단들이 없었다면, 공장제도는 훨씬 더 급속히 그리고 모든 이해관계자에게 훨씬 더 유익하게 발전했을 것이다."

그리고 나서 그는 다시 외친다:

"대(大)브뤼튼(Great Britain) 면업지대들의 사회상태*2를 위해서는 다행스럽게도, 기계장치의 개량은 점진적이다." 그는 말한다: "'그것'(기계장치의 개량)"은 성인의 일부를 축출하고, 그리하여 그들의 수를 그들의 노동에 대한 수요에 비해서 남아돌게 함으로써 성인의 임금을 낮춘다고들 한다. 그것은 분명히 아동들의 노동에 대한 수요를 증대시키고, <u>그들의</u> 임금률을 증대시킨다."

다른 한편에서는, 이 동일한 위안 분배자는 아동들의 저임금을, "그 저임금은 그 부모들이 그들의 아이들을 너무 어린 나이에 공장에 보내는 것을 가로막는다"는 이유로 변호하고 있다. 그의 저서 전체는 무제한한 노동일에 대한 옹호이며, 만일 입법이 13살의 아동들을 하루에 12시간 이상 혹사시키는 것을 금지한다면, 그것은 그의 자유주의적인 영혼에 중세의 최암흑시대를 상기시키는 것이다. 그가, 공장노동자들에게, 기계장치에 의해서 그들에게

---

*1 [역주] 이 문장이 독일어판에는, "이러한 폭력적인 반역은 인간의 근시안을, 그 경멸할 만한 성격, 즉 자신을 자신의 교수형 집행인으로 만드는 사람의 성격에서 보여주고 있다."로 되어 있다.

*2 [역주] "면업지대들의 사회상태"가 독일어판에는, "공장지대들의 주민".

"그들의 불멸의 이익에 대해서 숙고할 여가를 마련해주신" 섭리에 감사의 기도를 권하는 것을 이것이 가로막지는 않는다.212

제6절 기계장치에 의해 축출된 노동자들에 관한 보상설

제임스 밀, 맥컬록, 토렌스(Torrens), 씨니어, 존 스튜어트 밀 등과 같은 일련의 모든 부르주아 경제학자들은, 노동자들을 축출하는 모든 기계장치는 언제나 동시에 그리고 필연적으로, 이 동일한 노동자들을 고용하기에 충분한 자본을 유리(遊離)시킨다고 주장한다.213

어떤 자본가가, 예컨대, 한 벽지공장에서 100명의 노동자를 1인당 년 30파운드 스털링에 사용한다고 가정하자. 따라서 그에 의해서 매년 지출되는 가변자본은 3,000파운드 스털링이다. 그가 50명의 노동자를 해고하고, 남아 있는 50명을, 그에게 1,500파운드 스털링의 비용이 든 기계장치와 함께 사용한다고 하자. 간단히 하기 위해서 건물, 석탄 등은 무시하기로 한다. 나아가서, 매년 소비되는 원료도 전과 마찬가지로 3,000파운드 스털링이라고 가정한다.214 이러한 변태(變態)에 의해서 그 어떤 자본이 "유

---

212 유어, 같은 책, pp. 368, 7, 370, 280, 321, 281, 475.

213 리카도는 원래 이러한 견해를 공유했으나, 그에게 특징적인 과학적 공평무사와 진리애(眞理愛)로써 나중에는 그것을 명시적으로 철회했다. ≪경제학 및 과세의 원리≫, 제31장, "기계장치에 관하여(On Machinery)"를 보라.

214 주의하다, 나는 전적으로 위에서 언급한 경제학자들의 방식으로 예증을 하고 있다.

리되어" 있는가? 옛 경영방식에서는 6,000파운드의 지출 총액이, ⁴⁶²
절반은 불변자본으로, 절반은 가변자본으로 구성되어 있었다. 그
것이 이제는 4,500파운드 스털링(원료에 3,000파운드 스털링,
기계에 1,500파운드 스털링)의 불변자본과 1,500파운드 스털링
의 가변자본으로 구성되어 있다. 가변자본, 즉 살아 있는 노동력
으로 전환되는 자본부분은 총자본의 절반 대신에 단지 $1/4$을 구성
하고 있을 뿐이다. 여기에서는 자본의 유리 대신에, 더 이상 노동
력과 교환되지 않는 형태로의 자본의 구속, 즉 가변자본의 불변
자본으로의 전화가 발생한다. 6,000파운드 스털링의 자본은, 다
른 것들이 변함이 없는 상황에서는, 이제 결코 50명 이상의 노동
자를 고용할 수 없다. 기계장치가 개량될 때마다 자본은 더욱더
적은 노동자들을 고용하게 된다. 만일 새로 도입되는 기계장치가
그것에 의해서 축출되는 노동력과 노동도구의 총액보다 덜 든다
면, 따라서, 예컨대, 1,500파운드 스털링 대신에 단지 1,000파운
드 스털링에 불과하다면, 1,000파운드 스털링의 가변자본이 불
변자본으로 전화될 것, 즉 구속될 것이며, 다른 한편에서는 500
파운드의 자본이 유리될 것이다. 이 500파운드 스털링은, 연간
임금이 동일하다고 가정하면, 50명이 해고 되어 있는데, 약 16명
에 대한 고용기금, 아니 16명보다 훨씬 적은 수의 노동자의 고용
기금을 이루는데, 왜냐하면 이 500파운드는, 그것이 자본으로 전
화되기 위해서는 다시 그 일부가 불변자본으로 전화되지 않으면
안 되고, 따라서 역시 그 일부만이 노동력으로 전화될 수 있기 때
문이다.

그러나, 새로운 기계장치의 제작이 보다 많은 수의 기계공들을
취업시킨다고 가정하더라도, 그것이 길거리로 내던져진 벽지제조

공들에 대한 보상일 수 있겠는가? 최선의 경우에도 기계장치의 제작은, 그 사용이 축출하는 노동자들보다 적은 노동자를 사용한다. 해고된 벽지제조공들의 임금만을 표현했건 1,500파운드 스털링의 금액은, 이제 기계장치라는 형태에서는, 1) 그 생산에 필요한 생산수단의 가치, 2) 그것을 제작하는 기계공들의 임금, 3) 그들의 "고용주"의 것이 되는 잉여가치를 표현한다. 나아가서, 일단 완성되면, 기계는 그 사후까지 갱신될 필요가 없다. 따라서 추가적인 수의 노동자들을 계속 취업시키기 위해서는, 벽지공장주가 차례차례 기계에 의해서 노동자들을 축출하지 않으면 안 된다.

실제로 저 변호론자들도 이런 식의 자본의 유리를 말하고 있는 것은 아니다. 그들이 말하고 있는 것은 유리된 노동자들의 생활수단들이다. 예컨대, 위의 경우에 기계장치는, 50명의 노동자들을 유리시키고, 그럼으로써 "자유롭게 처분할 수 있도록" 할 뿐 아니라, 동시에 1,500파운드 스털링의 가치의 생활수단들과 그들 노동자들의 관련을 폐기하고, 그리하여 이들 생활수단들을 "유리시킨다"는 것은 부정될 수 없다. 기계장치는 노동자를 생활수단으로부터 유리시킨다고 하는 단순하고 또한 결코 새로울 것 없는 사실이 따라서 경제학적으로는 기계장치는 생활수단을 노동자를 위해서 유리시킨다거나, 혹은 그를 사용하기 위한 자본으로 전화된다로 들리는 것이다. 보다시피, 만사는 표현방식에 달려 있는 것이다. 나쁜 것도 좋게 말할 수 있다(Nominibus mollire licet mala).[124]

이 이론에 의하면, 1,500파운드 스털링의 가치의 생활수단들은, 50명의 해고된 벽지제조공의 노동에 의해서 증식되는 자본이었다. 따라서 이 자본은, 이 50명이 휴가를 받자마자 할일을 잃고,

앞서 말한 50명이 그것을 다시 생산적으로 소비할 수 있는 어떤 새로운 "투자처"가 발견될 때까지는 안착할 수가 없다. 따라서 조만간에 자본과 노동자는 다시 결합하지 않으면 안 되고, 그러면 거기에 보상이 있다. 따라서 기계장치에 의해서 축출되는 노동자들의 고초도, 이 세상의 부(富)와 마찬가지로, 무상한 것이다.

1,500파운드 스털링이라는 금액의 생활수단들은 해고된 노동자들에게 결코 자본으로서 대립하지 않았다. 그들에게 자본으로서 대립한 것은 지금은 기계장치로 전화된 1,500파운드 스털링이었다. 보다 더 자세히 고찰하면, 이 1,500파운드 스털링은 해고된 50명의 노동자들에 의해 1년간에 생산된 벽지의 일부만을 대표할 뿐이었고, 노동자들은 그것을 현물로(in natura)가 아니라 화폐형태로 그들의 사용자로부터 임금으로서 받았던 것이다. 1,500파운드 스털링으로 전화된 벽지로 그들은 같은 금액의 생활수단들을 구매했다. 따라서 이들 생활수단은 노동자들에 대해서, 자본으로서가 아니라, 상품으로서 존재했고, 노동자들 자신은 이들 상품에 대하여, 임금노동자로서가 아니라, 구매자로서 존재했다. 기계장치가 그들을 구매수단으로부터 "유리시켰다"는 사정은 그들을 구매자로부터 비구매자로 전화시킨다. 그리하여 그 상품들에 대한 수요가 감소되었다. 그것이 전부다(Voilà tout). 단일 이 감소된 수요가 다른 방면으로부터의 수요의 증가에 의해서 보충되지 않으면, 그들 상품의 시장가격은 떨어진다. 만일 이것이 비교적 오래 그리고 비교적 광범위하게 지속되면, 그들 상품의 생산에 종사하던 노동자들의 이동이 일어난다. 이전엔 생활필수품을 생산했던 자본의 일부는 다른 형태로 재생산된다. 시장가격이 떨어지고 자본이 이동하는 동안에, 생활필수품의

생산에 종사하는 노동자들도 그들의 임금의 일부로부터 "유리된다." 따라서 저 변호론자님은, 기계장치는 노동자들을 생활수단들로부터 유리시킴으로써 동시에 이 생활수단들을 그 노동자들을 사용하기 위한 자본으로 전화시킨다는 것을 증명하는 대신에, 그와는 정반대로 특효의 수요공급의 법칙으로써, 기계장치는, 그것이 도입되는 생산부문에서뿐만이 아니라, 그것이 도입되지 않는 부문들에서조차도 노동자들을 길거리로 내던진다는 것을 증명하고 있다.

경제학적 낙관주의에 의해서 희화화된 실제의 사실은 이렇다: 기계장치에 의해서 축출되는 노동자들은 작업장으로부터 노동시장으로 내던져지고, 거기에서 이미 자본주의적 착취를 위해 자유롭게 이용될 수 있는 노동력의 수를 증대시킨다. 제7편에서는, 여기에서 우리에게 노동자계급에 대한 보상으로서 서술되고 있는 기계장치의 이러한 작용은, 그와는 반대로, 노동자에게는 극히 무서운 재앙으로서 닥친다는 것이 증명될 것이다. 여기에서는 다만 다음 사실만 말해둔다: 한 산업부문으로부터 내던져진 노동자들은 물론 어떤 다른 부문에서 일을 찾을 수 있다. 만일 그들이 그러한 일을 발견하고, 그리하여 그들과, 그들과 함께 유리된 생활수단들 간의 인연이 다시 맺어진다고 하더라도, 이는 투자처를 찾는 어떤 새로운 추가자본을 매개로 하여 일어나는 것이지, 이미 이전부터 기능하고 있고 이제는 기계장치로 전화된 자본을 매개로 하여 일어나는 것은 결코 아니다. 그리고 그때에도 그들의 전망은 얼마나 암울한가! 분업에 의해서 불구화되어, 이 가련한 자들은 그들의 옛 노동영역 밖에서는 거의 가치가 없기 때문에, 그들은 단지 저급한, 따라서 언제나 공급과잉이며 저임금인, 몇

안 되는 노동부문들에만 들어갈 뿐이다.215 나아가서, 각 산업부문은 매년 새로운 인간의 흐름을 끌어당기고, 이 인간의 흐름은 그 각 산업부문에 규칙적인 보충과 팽창을 위한 인력들을 제공한다. 기계장치가 지금까지 어떤 일정한 산업부문에 고용되어 있던 노동자들의 일부를 유리시키자마자, 보충인원도 새롭게 배분되어 다른 노동부문들에 흡수되는데, 한편, 최초의 희생자들은 이 과도기에 대부분 영락하여 위축된다.

기계장치 그 자체는 생활수단들로부터의 노동자들의 "유리"에 대해 책임이 없다는 것은, 의문의 여지가 없는 사실이다. 기계장치는 그것이 장악하는 부문에서 그 생산물을 저렴하게 하고 증대시키는 것이며, 다른 산업부문들에서 생산되는 생활수단의 양을 우선은 변화시키지 않는다. 따라서, 기계장치가 도입된 후에도 사회는, 비노동자들에 의해서 낭비되는, 년간 생산물의 거대한 부분을 전적으로 도외시하더라도, 축출된 노동자들을 위한 같은 양의, 혹은 더 많은 생활수단들을 가지고 있다. 그리고 이것이 경제학적 변호론의 요점이다! 기계의 자본주의적 사용과 불가분한 모순들이나 적대관계들은 존재하지 않는바, 왜냐하면 그것들은,

---

215 이 점에 관해서 리카도 학파의 한 사람은 J. B. 쎄의 객설(客說, Fadaise)을 다음과 같이 반박하고 있다: "분업이 잘 발달한 곳에서는 노동자의 숙련은 그 숙련이 취득된 그 특수한 부문에서만 이용할 수 있다. 그 자신이 일종의 기계다. 따라서 사물들은 그것들에 알맞은 자리를 발견하는 경향이 있다고 아무리 반복해서 앵무새처럼 지껄여 봐도 아무 소용이 없다. 우리 주의를 살펴보면, 그들은 오랫동안 그들에 알맞은 자리를 발견할 수 없다는 것, 그리고 그들이 그것을 발견하더라도, 그 자리는 과정의 초기보다 언제나 낮다는 것을 인정하지 않을 수 없다."(≪최근 맬더스 씨가 옹호한, … 수요의 본성과 소비의 필요성에 관한 원리들의 연구(*An Inquiry into those principles, respecting the Nature of Demand and the Necessity of Consumption, lately advocated by Mr. Malthus etc.*)≫, 런던, 1821, p. 72.)

기계장치 그 자체로부터 생기는 것이 아니라, 기계장치의 자본주의적 사용으로부터 생기는 것이기 때문이다! 따라서 기계장치는 그 자체로서 고찰하면 노동시간을 단축하는 반면에, 그것이 자본주의적으로 사용되면 노동일을 연장하고, 그 자체는 노동을 경감하는 반면에, 자본주의적으로 사용되면 노동의 강도를 증대시키며, 그 자체로서는 자연력에 대한 인간의 승리지만, 자본주의적으로 사용되면 자연력에 의해서 인간을 억압하고, 그 자체로서는 생산자의 부를 증대시키지만, 자본주의적으로 사용되면 그를 빈민화 하는 등등이기 때문에, 부르주아 경제학자는 간단히, 기계장치를 그 자체로서 고찰하면, 저 모든 명백한 모순들은 일상적 현실의 단순한 외관(外觀)일 뿐이며, 그 자체로서는, 따라서 또한 이론적으로도 결코 존재하지 않는다는 것을 매우 정확하게 증명한다고 단언한다. 그리하여 그는 더 이상의 어떤 머리도 아껴서 전혀 쓰지 않을 뿐 아니라, 나아가서는 기계장치의 자본주의적 사용과 싸우는 것이 아니라 기계장치 그 자체와 싸우는 어리석음을 자신의 반대자에게 떠넘기고 있다.

부르주아 경제학자[*1]도, 그 경우 일시적인 불편도 생긴다는 것을 결코 부정하지 않는다. 그러나 뒷면이 없는 메달이 어디에 있겠는가! 부르주아 경제학자에게는 기계장치의 자본주의적 이용 이외의 다른 어떤 이용은 있을 수 없다. 따라서 기계에 의한 노동자의 착취(Ausbeutung)는 그에게는 노동자에 의한 기계의 이용

[*1] [新日本판 역주] 프랑스의 정치가이자 역사학자인 띠에르(Louis-Adolphe Thiers, 1797-1877)를 가리킨다. 프랑스의 대표적 경제학자이기도 했다. [역주: 띠에르는 나아가, 7월 왕정(1830. 7. 29.-1848. 2. 23.)에서 내무대신(1832과 1834), 총리대신(1836과 1840)을 지냈고, 빠리 꼬뮌을 잔인하게 진압한 후 대통령(1871-1873)을 지냈다. 그는 빠리 꼬뮌의 학살자다.]

(Ausbeutung)과 동일하다. 따라서 기계장치의 자본주의적 사용이 현실적으로 어떠한가를 폭로하는 사람은, 기계장치의 사용 일반을 바라지 않은 사람이고, 사회진보의 적이다![216] 저 유명한 참수살인범(斬首殺人犯) 빌 싸이크스(Bill Sikes)[*2]의 논법(論法) 그대로다:

> "배심원 여러분, 이 도붓장수의 목은 물론 잘렸습니다. 그러나 이 사실은 제 책임이 아닙니다. 그것은 칼의 책임입니다. 이런 일시적인 불쾌한일 때문에 칼의 사용을 그만둬야 하겠습니까? 생각해 보십시오! 칼이 없다면, 어디에 농업과 수공업이 있겠습니까? 그것은, 해부학에서 지식을 주는 것과 마찬가지로, 외과수술에서는 치료를 하지 않습니까? 즐거운 식탁에서는 고분고분한 조수가 아닙니까? 칼을 없앤다면 — 그것은 우리를 야만의 구렁텅이로 다시 내던지는 것입니다."[216a]

기계장치는, 그것이 도입되는 노동부문에서 필연적으로 노동

---

[216] 이 건방진 크뤠틴병의 대가는 특히 맥컬록이다. 그는, 예컨대, 짐짓 8살 아동의 순진함을 가장하여 이렇게 말하고 있다: "만일 노동자의 숙련을 더욱더 발달시켜 그가 같은 량의 혹은 보다 적은 량의 노동으로 끊임없이 더 많은 량의 상품을 생산할 수 있게 되는 것이 유익하다면, 이러한 결과를 달성하도록 가장 효과적으로 그를 도울 기계장치의 도움을 그가 이용하는 것도 유익할 것임에 틀림없다."(맥컬록, ≪경제학 원리≫, 런던, 1830, p. 166. [역주: 독일어판에는, "p. 182".])

[*2] [역주] 영국의 작가 찰스 디킨스(Charles Dickens)의 소설 ≪올리버 튀스트(Oliver Twist)≫(1837)의 등장인물. 주인공 올리버 튀스트의 주요 적대자의 하나.

[216a] "방적기계의 발명가는 인도를 파멸시켰는데, 그렇지만 그것은 우리와는 별로 관계가 없다."(A. 띠에르[Thiers], ≪재산에 관하여[De la Propriété]≫, 빠리, 1848, p. 275.) 띠에르 씨는 여기에서 방적기계와 기계직기를 혼동하고 있는데, "그렇지만 그것은 우리와는 별로 관계가 없다."

자를 축출하긴 하지만, 다른 부문들에서는 고용의 증가를 불러일으킬 수도 있다. 그러나 이 작용은 이른바 보상설과는 아무런 공통점도 없다. 모든 기계제 생산물, 예컨대, 1엘레의 기계제 직물은, 그것에 의해 축출된 같은 종류의 수제(手製) 생산물보다 싸기 때문에 다음과 같은 절대적 법칙이 나온다: 기계적으로 생산된 제품의 총량이 그것에 의해서 대체된, 수공업적 혹은 매뉴팩취적으로 생산된 제품의 총량과 여전히 같다면, 사용되는 노동의 총량은 감소한다. 노동수단들 그 자체, 즉 기계장치나 석탄 등의 생산을 위해 혹시 필요한 노동의 증대는, 기계장치의 사용에 의해서 생기는 노동의 감소보다 적을 것임에 틀림없다. 그렇지 않다면, 기계제 생산물은 수제 생산물과 마찬가지로 비싸거나 그보다도 더 비쌀 것이다. 그런데 실제로는, 감소된 수의 노동자들에 의해 생산되는 기계제 제품의 총량은, 구축(驅逐)되는 수공업 제품의 총량과 여전히 같은 것이 아니라, 그보다 훨씬 더 많아진다. 400,000엘레의 기계제 직물이 100,000엘레의 수제 직물보다 더 적은 노동자들에 의해서 생산된다고 가정하자. 4배의 생산물에는 4배의 원료가 들어 있다. 원료의 생산은 따라서 4배가 되지 않으면 안 된다. 그러나 건물·석탄·기계들 같은, 소모된 노동수단들에 관해서 말하자면, 그것들을 생산하기 위해 필요한 추가적 노동이 증대할 수 있는 한계는, 기계제 생산물의 량과, 동일한 수의 노동자들에 의해 생산될 수 있는 수제 생산물의 량의 차이에 따라서 변동한다.

따라서 어떤 한 산업부문에서 기계경영이 확대됨에 따라 그 부문에 생산수단들을 공급하는 다른 부문들의 생산이 우선 증대된다. 그에 의해서 취업 노동자의 총수가 얼마나 증대하는가는, 노동일의 길이와 노동의 강도가 주어져 있는 경우, 사용되는 자본들의 구성에, 즉 그 자본들의 불변적 구성부분들과 가변적 구성부분들의 비율에 달려 있다. 이 비율은 또한 기계장치가 그 산업들을 이미 얼마나 장악했는가, 혹은 장악하고 있는가에 따라서 대단히 다르다. 탄광과 금속광산에서 일하지 않을 수 없는 인간의 수는, 광산용의 새로운 기계장치의 사용에 의해서 최근 수십 년 동안에 그 증대가 완만해지긴 했지만, 영국의 기계제도의 발전과 더불어 엄청나게 팽창했다.217 새로운 종류의 노동자가 기계와 더불어 탄생하는바, 곧 기계의 생산자다. 우리가 이미 알고 있는 바와 같이, 기계경영은 이 생산부문 자체를 끊임없이 대규모로 점령해간다.218 나아가서 원료에 관해서 말하자면,219 예컨대, 면방적업의 폭풍 같은 돌진이, 합중국의 면화재배를, 그리고 그와 더불어 아프리카 노예무역을 온실적으로 촉진시켰을 뿐 아니라, 동시에 흑인사육을 이른바 경계-노예제 주(州)들*1의 주요

---

217 1861년의 국세조사(제2권, 런던, 1863)에 의하면, 잉글랜드와 웨일즈의 탄광들에 고용된 노동자의 수는 246,613명에 이르며, 그 중 75,546명은 20살 미만, 173,067명은 20살 이상이었다. 20살 미만 가운데 835명이 5살에서 10살, 30,701명이 10살에서 15살, 42,010명이 15살에서 19살이다. 철·구리·납·주석 및 기타 모든 금속광산들의 취업자 수는 319,222명이었다.

218 잉글랜드와 웨일즈에서 1861년에 기계장치의 생산에 종사한 사람은 60,807명이었는데, 거기에는 공장주들과 그들의 점원 등이 포함되어 있고, 마찬가지로 이 부문의 모든 대리점들과 상인들도 포함되어 있다. 그에 반해서, 재봉틀 등과 같은 보다 작은 기계의 생산자들은 제외되어 있고, 마찬가지로 방추 등과 같은, 작업기용 도구들의 생산자들도 제외되어 있다. 토목기사들의 총수는 3,329명이었다.

219 철은 가장 중요한 원료 중의 하나이기 때문에, 1861년에 잉글랜드와 웨일즈에는 125,771명의 주철공(鑄鐵工)이 있었는데, 그 중 123,430명은 남성이었고, 2,341명은 여성이었다는 것을 여기에 언급해둬야 할 것이다. 남성 주철공 중 30,810명은 20살 미만, 92,620명은 20살 이상이었다.

산업으로 만들었다는 것은 추호도 의심의 여지가 없다. 1790년에 합중국에서 최초의 노예인구조사가 실시되었을 때에는 그 수가 697,000명이었음에 비해서, 1861년에는 약 4백만 명에 달했다. 다른 한편에서는, 기계 양모공장의 번영이 농지를 더욱더 목양지(牧羊地)로 전화시키면서 농촌노동자들의 대량 추방과 "과잉화"를 불러일으켰다는 것도 그에 못지않게 확실하다. 아일랜드는 지금 이 순간에도, 1845년 이래 거의 반감된 인구를 아일랜드의 지주들(Landlords)과 영국의 양모공장주 나리들의 요구에 정확히 일치하는 크기로 아직 더욱더 내려누르는 과정을 겪고 있다.

어떤 노동대상이 그 최종 형태에 달하기까지 통과하지 않으면 안 되는 전(前)단계 혹은 중간단계들을 기계장치들이 장악하게 되면, 그 기계제품이 들어가는, 아직도 수공업적으로 혹은 매뉴팩춰적으로 경영되는 제조업들에서 노동재료와 더불어 노동수요가 증대한다. 예컨대, 기계방적업이 실을 아주 싸고 아주 풍부하게 공급했기 때문에, 수직포공들은 우선은 비용을 증대시키지 않고도 시간껏 일할 수 있었다. 그리하여 그들의 수입이 증대했다.[220] 그리하여, 예컨대 잉글랜드에서 제니 방적기와 쓰로슬 방적기, 뮬 방적기에 의해서 태어난 800,000명의 면직포공들이 결

---

*1 [역주] 프랑스어판에는 여기에 다음과 같은, 저자의 주가 붙어 있다: "경제 노예제 주들(*border slave-states*)이란, 북부 주들과 남부 주들의 중간의 노예제 주들을 말하며, 거기에서는 수출용으로 사육한 흑인들을 가축처럼 팔았다."

220 "4명의 성인(면직포공)과 실을 감는 노동자(winders)로서의 2명의 아동으로 이루어진 한 가족은, 전세기(前世紀) 말과 금세기 초에, 하루에 10시간 노동하는 경우, 1주일에 4파운드 스털링을 벌었다. 일이 아주 절박할 때에는, 그들은 더 벌 수 있었다. … 그 전에는 그들은 늘 실의 공급 부족에 시달렸다."(가스켈, 같은 책, pp. 25-27. [역주: 독일어판에는 "pp. 34, 35".])

국 다시 증기직기에 의해서 파멸될 때까지는, 면직포업에 인간이 유입되었다. 그리하여 기계에 의해 생산된 의복재료들이 넘쳐나면서, 재봉틀이 나타날 때까지는, 남자재봉공들·여자재봉공들·바느질여공들이 증대한다.

기계경영이 상대적으로 적은 수의 노동자들로써 공급하는 원료·반제품·노동도구 등의 량이 증대함에 따라서 이들 원료와 반제품들의 가공은 무수한 아종(亞種)들로 분화되며, 그리하여 사회적 생산부문들의 다양성이 증대한다. 기계경영은 사회적 분업을 매뉴팩춰와는 비교도 안 될 만큼 훨씬 더 널리 촉진하는데, 왜냐하면 기계경영은 그것에 의해 장악된 산업들의 생산력을 비교도 안 될 만큼 훨씬 더 고도로 증대시키기 때문이다.

기계장치의 직접적인 결과는, 잉여가치와, 동시에 그것이 표현되는 생산물의 량을 증대시키며, 그리하여 자본가계급들이 그 가족과 함께 먹고사는 물질과 함께 이 사회계층들 자체를 증대시키는 것이다. 그들의 부의 증대와, 제1차적 생활수단의 생산을 위해 필요한 노동자수의 끊임없는 상대적 감소는 새로운 사치욕(奢侈慾)과 함께 동시에 그 충족을 위한 새로운 수단들을 만들어낸다. 사회적 생산물의 더욱더 큰 부분이 잉여생산물로 전화되며, 잉여생산물의 더욱더 큰 부분이 세련되고 다양화된 형태들로 재생산되고 소비된다. 다른 말로 하자면, 사치품생산이 증가한다.221 생산물들의 세련화와 다양화는, 대공업이 창조하는 새로운 세계시장 관계들로부터도 또한 기인한다. 더욱더 많은 외국의 기호품들

---

221 F. 엥엘스는 《영국 노동자계급의 상태》에서 바로 이들 사치품노동자들 대부분의 비참한 상태를 지적하고 있다. 이에 관한 대량의 새로운 예증들이 "아동노동 조사위원회"의 보고서들에 있다.

이 국내 생산물과 교환될 뿐만 아니라, 더욱더 많은 량의 외국의 원료·첨가물·반제품 등이 국내 산업에 생산수단으로 들어간다. 이러한 세계시장 관계들과 더불어 운수업에서의 노동수요가 증대하고, 이 운수업은 수많은 새로운 아종들로 분화된다.222

노동자의 수가 상대적으로 감소하면서 증대하는 생산수단 및 생활수단은 운하·부두·터널·교량 등과 같이, 그 생산물이 먼 장래에야 비로소 열매를 맺는 산업부문들에서의 노동의 확대를 촉진한다. 직접적으로 기계장치를 토대로, 혹은 기계장치에 상응한 산업상의 일반적 변혁을 토대로, 전적으로 새로운 생산부문들이, 그리고 따라서 새로운 노동영역들이 형성된다. 하지만 가장 발달한 나라들에서조차 총생산에서 차지하는 그 몫은 결코 중요하지 않다. 그 부문들에 고용되는 노동자의 수는 가장 거친 육체노동의 필요성이 재생산되는 데에 비례하여 증대한다. 가스제조업·전신업·사진업·증기항해업 및 철도산업이 현재 이런 종류의 주요 산업들로 간주될 수 있다. (잉글랜드 및 웨일즈에 대한) 1861년의 국세조사 결과에 의하면, 가스산업(가스제조업, 기계적 장치들의 생산, 가스회사들의 대리점 등)에 15,211명, 전신업에 2,399명, 사진업에 2,366명, 증기항해업에 3,570명 및 철도업에 70,599명으로, 그 가운데 약 28,000명이 다소간 항구적으로 고용된 "미숙련의" 토목노동자와 전적인 관리·영업 직원들이다. 따라서 이 새로운 5개 산업의 인원 총수는 94,145명이다.

마지막으로, 대공업의 영역에서 비상히 높아진 생산력은, 다른 모든 생산영역들에서의 내포적으로도 외연적으로도 증대된 노동력의 착취를 실제로 수반하면서, 노동자계급의 끊임없이 더 큰

---

222 1861년에 잉글랜드와 웨일즈에서 상선에 고용된 선원은 94,665명이었다.

부분을 비생산적으로 사용할 수 있게 하고, 그리하여 특히 "시중꾼 계급"이라는 이름 하에 하인·하녀·집사 등과 같은 옛 가내노예들을 갈수록 대량으로 재생산할 수 있게끔 한다. 1861년의 국세조사에 의하면, 잉글랜드와 웨일즈의 총인구는 20,066,224명으로서, 그 가운데 9,776,259명은 남자, 10,289,965명은 여자였다. 여기에서 노동하기에는 너무 늙었거나 너무 어린 사람들, 모든 "비생산적인" 여자들·소년들·아동들, 그 다음에 관리들·성직자들·법률가들·군인들 등과 같은 "이데올로기적" 신분들, 나아가서 지대·이자 등의 형태로 타인의 노동을 소비하는 것이 전업(專業)인 모든 자들, 마지막으로 피구휼빈민들·부랑자들·범죄자들 등을 빼면, 생산·상업·금융 등에서 무언가 기능하고 있는 모든 자본가들을 포함하여, 다양한 연령층의 남녀 약 800만 명이 남는다. 이들 800만 명은 다음과 같이 구성되어 있다:

농업노동자 (목동 및 차지농업가들의 집에 사는 머슴들과 하녀들 포함)	1,098,261명
모든 면·양모·소모사·아마·대마·견·황마 공장들 및 기계제 양말·레이스 제조업 취업자	642,607명[223]
모든 탄광과 금속광산 취업자	565,835명
전체 금속공장들(용광로·압연공장 등)과 각종 금속가공업 취업자	396,998명[224]
시중꾼 계급	1,208,648명[225]

---

[223] 이 중 177,596명만이 13살 이상의 남성이다.

[224] 이 중 여성은 30,501명.

[225] 이 중 남성은 137,447명. 개인 집에서 사용되고 있지 않은 모든 사람들은 이 1,208,648명에서 제외되어 있다.

모든 섬유공장들의 취업자들을 탄광 및 금속광산의 종업원들과 합산하면, 1,208,442명이 되고, 전자를 모든 금속공장 및 가공업 종업원들과 합산하면, 그 총수는 1,039,605명이 되어, 두 경우 모두 현대 가내노예들의 수보다 적다. 자본주의적으로 이용되는 기계장치의 얼마나 감격적인 성과인가!*¹

제7절 기계경영의 발달에 따른 노동자들의 방출과 흡인. 면업공황

경제학의 분별력 있는 대표자라면 누구나 시인하듯이, 기계장치의 새로운 도입은, 그것이 맨 먼저 경쟁하는 종래의 수공업과 매뉴팩춰의 노동자들에게 역병(疫病)처럼 작용한다. 거의 모두가 공장노동자들의 노예상태를 개탄하고 있다. 그러면, 모두가 내놓는 비장의 패(牌)는 무엇인가? 기계장치는, 그 도입기와 발전기의 공포 후에, 임금노예를 최종적으로 감소시키는 것이 아니

제2판에의 추가. 1861년부터 1870년까지 남성 하인의 수는 거의 2배가 되었다. 그들은 267,671명으로 증가했다. 1847년에는 (귀족의 사냥터를 위한) 2,694명의 사냥터 관리자가 있었는데, 1869년에는 4,921명이 되었다. — 런던의 소시민의 집에서 사용되고 있는 어린 처녀들은 구어(口語)로 "little slaveys", 즉 작은 노예들이라고 부른다.

*1 [역주] 프랑스어판에는 여기에 다음과 같은 주가 붙어 있다: "한 나라의 주민이 유복한 계급에 봉사하기 위해 공급하는 하인들의 비율은 국민의 부와 문명의 진보를 가리킨다. (La proportion survant laquelle la population d'un pays fournit des domestiques, au service des classes aisées, indique son progrès en richesse nationale et civilisation." (R. M. 마틴[Martin], ≪합병 전과 후의 아일랜드[Ireland before and after the Union]≫, 제3판, 런던, 1848, p. 179.)

라, 결국은 증가시킨다는 것이다! 그렇다, 경제학이 환호하며 내세우는 혐오스러운 정리(定理), 즉 자본주의적 생산양식의 영원한 자연필연성을 확신하는 어떤 "박애주의자"에게나 혐오스러운 정리는, 이미 기계경영에 기초한 공장조차, 일정한 성장기가 지나면, 즉 장단(長短)간의 "이행기" 후에는, 그것이 본래 길거리에 내던졌던 것보다도 더 많은 노동자들을 혹사시킨다는 것이다!226*1

---

226 이에 반해서 가닐은, 노동노예 수의 절대적 감소를 기계경영의 최종결과라고 생각하고 있으며, 그들 노동노예의 희생으로 그 수가 증가한 "예절바른 사람들(gens honnêtes)"이 먹고 살면서, 그들의 주지의 "완성될 수 있는 완전성(perfectibilité perfectible)"*2을 발전시킨다고 생각하고 있다. 그는 생산의 운동을 거의 이해하고 있지 못하지만, 기계장치의 도입이 취업 노동자들을 구휼빈민들로 전화시키고, 또한 그 발전이, 그것이 파멸시켰던 것보다 더 많은 노동노예들을 탄생시킨다면, 기계장치는 아주 숙명적인 시설이라는 것은 최소한 감지하고 있다. 자기 자신의 관점의 백치성은 자시 자신의 언어로만 표현될 수 있다: "<u>생산하고 소비하도록 선고받은 계급들은 감소하고, 노동을 지휘하며 주민 전체를 구원·위무·계몽하는 계급들은 증가한다.... 그리고 노동 비용의 감소, 풍부한 생산물과 값싼 소비재로부터 생기는 일체의 혜택을 제 것으로 한다.</u> 이러한 방향으로 인류는 자신을 천재의 최고 개념으로까지 자신을 고양하고, <u>종교의 신비로운 심오함까지 간파하며, 도덕</u>('일체의 혜택을 제것으로 하는 ...' 그것)"에 유익한 원칙들을 확립하고, <u>자유</u>"(의문의 여지없이, 생산하도록 선고된 계급을 위한)"와 권력, 복종과 정의, 의무와 인성을 수호하기 위한 법률들을 제정한다.(Les *classes condamnées à produire et à consommer* diminuent, et les classes qui dirigent le travail, qui soulagent, consolent et éclairent toute la population, se multiplient... *et s'approprient tous les bienfaits* qui résultent de la diminution des frais du travail, de l'abondance des productions et du bon marché des consommations. Dans cette direction, l'espèce humaine s'élève aux plus hautes conceptions du génie, *pénètre dans les profondeurs mystérieuses de la religion*, établit les principes salutaires *de la morale* [qui consiste à s'approprier tous les bienfaits, etc.], les lois tutélaires *de la liberté* [sans doute pour les *classes condamnées à produire*] et du pouvoir, de l'obéissance et de la justice, du devoir et de l'humanité.)" 이 횡설수설은, M. Ch. 가닐, ≪경제학 체계, ... (*Des Syatèmes d'Ékonomie Politique etc.*)≫, 제2

실제로는 이미 몇몇 실례, 예컨대, 영국의 소모사공장들과 견공장들에서 분명해진 것처럼, 공장부문들의 비상한 확장은, 일정한 발전 정도에 달하면, 사용 노동자 수의 상대적인 감소뿐 아니라, 절대적인 감소와도 결합될 수 있다.*³ 1860년에 의회의 명령으로 연합왕국의 모든 공장에 대한 특별조사가 실시되었을 때, 랭커셔·체셔·요크셔의 공장지대 가운데 공장감독관 R. 베이커 (Baker)에게 할당된 지역에는 652개의 공장이 있었는데, 이 가운데 570개 공장이 증기직기는 85,622대, (연사방추를 제외한) 방추는 6,819,146개, 증기기관은 27,439마력, 물레방아는 1,390마력, 고용 인원은 94,119명을 보유하고 있었다. 그에 비해서 1865년에는 동일한 공장들이 증기직기는 95,163대, 방추는 7,025,031개, 증기기관은 28,925마력, 물레방아는 1,445마력, 고용 인원은 88,913명을 보유하고 있었다. 따라서 1860년부터 1865년까지 이들 공장들에서는 증기직기가 11%, 방추가 3%, 증기마력이 5% 증가했는데, 반면에 고용 인원의 수는 동시에 5.5%가 감소했던 것이다.²²⁷ 1852년부터 1862년 사이에 영국의

판, 빠리, 1821, 제1권, p. 224에 있다. 같은 책, p. 212도 참조.

*1 [역주] 프랑스어판에는 이 주가 본문에 편입되어 있다.

*2 [역주] "주지의 '완성될 수 있는 완전성(perfectibilité perfectible)'"이 프랑스어판에는, "푸리에가 그토록 재치 있게 비웃었던 '완성될 수 있는 완전성'('perfectibilité perfectible' raillée avec tant de verve par Fourier)"으로 되어 있다.

*3 [*MEW* 편집자주] SS. 438-439[이 분책, pp. 684-685: 역자]를 참조하라.

227 ≪공장감독관 보고서. 1865년 10월 31일≫, pp. 58 이하. 그러나 동시에 더 많은 수의 노동자들을 고용하기 위한 물질적 토대도, 11,625대의 증기직기, 628,576개의 방추, 2,695마력의 증기기관 및 물레방아를 가진 110개의 새로운 공장들에 주어져 있었다.(같은 곳.)

양모가공은 현저하게 성장했지만, 취업노동자의 수는 거의 정체된 채였다.

"이는 새로 도입된 기계장치들이 그 전 시기의 노동을 얼마나 대량으로 축출했는가를 보여준다."228

경험적으로 주어지는 경우들에서는 취업 공장노동자들의 증가는 흔히 단지 외관상일 뿐이다. 다시 말하면, 이미 기계경영에 입각해 있는 공장의 확장 때문이 아니라, 방계(傍系)부문들의 점차적인 합병 때문이다. 예컨대, 1838-1858년의 력직기의 증가 및 그에 의한 공장 취업노동자들의 증가는 (영국의) 면공업에서는 단순히 이 사업부문의 확장 때문이었는데, 그 반면에 다른 공장들에서는, 그 전에는 인간의 근력에 의해서 작동되던 양탄자·리본·아마포 직기 등에 증기력을 새로 사용했기 때문이었다.229 따라서 이들 공장노동자들의 증가는 단지 고용 노동자 총수의 감소의 표현에 불과했다. 마지막으로 여기에서는, 금속공장을 제외하면, 어디에서나 (18살 미만의) 미성년 노동자들과 여성들, 아

---

228 ≪공장감독관 보고서. 1862년 10월 31일≫, p. 79.
　제2판에의 추가. 1871년 12월 말에 공장감독관 A. 뤠드그뤠이브는, 브랫퍼드에서 열린 "신기계학회(New Mechanics' Institution)"의 강연에서 다음과 같이 말했다: "얼마 전부터 나를 놀라게 한 것은 양모공장들의 변화된 모습이었습니다. 과거에는 그 공장들이 여성들과 아동들로 가득 차 있었는데, 지금은 기계장치가 모든 일을 하고 있는 것 같습니다. 이에 대해서 한 제조업자에게 설명을 요청하자, 그는 나에게 다음과 같이 말했습니다: '옛 체계 하에서는 나는 63명을 고용했는데, 개량된 기계장치를 도입한 후에 나는 직공들을 33명으로 줄였고, 또 최근에는, 새로운 대대적인 개변의 결과, 그들 33명을 13명으로 줄일 수 있었다.'"

229 ≪공장감독관 보고서. 1856년 10월 31일≫, p. 16.

동들이 공장 종업원들의 아주 우세한 요소를 형성하고 있다는 것은 전적으로 도외시하고 있다.

하지만, 기계경영에 의해서 다량의 노동자가 실제로 축출되고 또한 잠세적으로 대체됨에도 불구하고, 동종의 공장 수의 증가나 기존 공장들의 규모의 확대로 표현되는, 기계경영 자체가 성장함에 따라서, 결국은 어떻게 공장노동자들이, 그들에 의해서 축출된 매뉴팩춰 노동자들이나 수공업자들보다 많아질 수 있는가를 우리는 알고 있다. 예컨대, 매주 사용되는 500파운드 스털링의 자본이, 옛 경영양식에서는 $2/5$의 불변적 구성부분과 $3/5$의 가변적 구성부분으로 구성된다고, 즉 200파운드 스털링은 생산수단들에 투하되고, 300파운드 스털링은 노동력에, 가령 노동자 1인당 1파운드 스털링씩 투하된다고 하자. 기계경영과 더불어 총자본의 구성은 변화된다. 그것은 이제는, 예컨대, $4/5$의 불변적 구성부분과 $1/5$의 가변적 구성부분으로 나누어진다. 즉, 이제 단지 100파운드 스털링만이 노동력에 투하된다. 따라서 이전 취업 노동자의 3분의 2는 해고된다. 이 공장경영이 확장되어, 여타의 생산조건들은 불변인 채로, 사용되는 총자본이 500파운드 스털링에서 1,500파운드 스털링으로 증대된다면, 이제는, 산업혁명 이전 만큼인 300명의 노동자들이 고용된다. 사용되는 자본이 다시 2,000파운드 스털링으로 증대되면, 400명의 노동자들이 고용되고, 따라서 옛 경영양식에서보다 $1/3$이 더 많아진다. 절대적으로는 사용 노동자 수가 100명만큼 증가되어 있지만, 상대적으로는, 즉 선대(先貸) 총자본에 대한 비율에서는 800명만큼 감소되어 있는바, 왜냐하면 옛 경영양식에서는 2,000파운드 스털링의 자본은 400명이 아니라 1,200명의 노동자들을 고용했을 것이기 때문이다. 따라서 고용 노동자수의 상대적 감소는 그 절대적 증가와 모순되지 않는다. 위에서는, 총자본이 증대하더라도, 생산조건들이 여전히 불변이기 때문에, 그 구성이 여전히 불변이라고 가정했다. 그러나 이미 알고 있는 바와 같이, 기계제도가 발전할 때마다 기계장치·원료 등으로 구성되어 있는 불변적 자본부분은 증대하고, 반면에 노동력에 투하되는 가변적 자본부분은 감소하며, 동시에 알고 있는 것처럼, 그 어떤 다른 경영양식에서도 결코 개량이 이토록 항상적이지 않고, 따라서 총자본의 구성이 결코 이토록 가변적이지 않다. 그러나 이 끊임없는 변화도 역시 휴식기와, 주어진 기술적 토대 위에서의 단순히 량적인 확장에 의해서 끊임없이 중단된다. 그와 더불어 고용 노동자들의 수가 증가한다. 그리하여 연합왕국의 면·양모·소모사·아마·견 공장들의 모든 노동자의 수가 1835년에는 불과 354,684명이었을 뿐이었는데, 1861년에는 (남녀 양성의, 그리고 8살 이상 모든 연령층의) 증기직포공들의 [474] 수만도 230,654명에 달했다. 물론 이 성장은, 아시아와 유럽 대륙으로 축출된 수직포공들은 전적으로 도외시하더라도, 영국의 면수직포공들과 그들 자신에 고용된 가족들이 1838년에도 아직 800,000명을 헤아렸음을 고려하면,[230] 그다지 커 보이지 않는다.

아직 이 점에 관해서 약간 더 언급하면서는, 우리는, 우리의 이론적 서술 자체가 아직 미치고 있지 않은, 순수하게 사실적인 관

---

[230] (면 및 면이 섞인 재료의) "수직포공들의 고난이 한 칙명위원회의 조사 대상이었는데, 그러나 그들의 고난을 인정하고 개탄했음에도 불구하고, 그들의 상태의 개선(!)은, 아마도 필시, 우연과 시간의 변화에 내맡겨졌고, 그리하여 이 고난이 지금은" (20년 후에야!) "거의(*nearly*) 사라진 것으로 기대되는바, 그것은 아마 틀림없이 오늘날 증기직기의 대확장에 의한 것일 것이다."(≪공장감독관 보고서. 1856년 10월 31일≫, p. 15.)

계들을 부분적으로 다룬다.

어떤 산업부문에서 기계경영이 종래의 수공업 혹은 매뉴팩춰를 희생시키면서 확장되는 한, 그 성공은, 말하자면, 활과 화살로 무장한 군대에 대한 격발총으로 무장한 군대의 승리처럼, 확실하다. 기계가 최초로 그 활동영역을 정복하는 이 제1기는, 그 기계의 도움으로 생산되는 비상한 이윤 때문에 결정적으로 중요하다. 이 이윤은 그 자체로서 가속적인 축적의 한 원천을 이룰 뿐 아니라, 끊임없이 새롭게 형성되어 새로운 투자로 돌진하는 사회적 추가자본의 커다란 부분을 이 혜택 받은 생산영역으로 끌어들인다. 최초의 질풍노도 시기의 이 특별한 돈벌이는 기계장치가 새롭게 도입되는 생산영역들에서 끊임없이 반복된다. 그러나 공장제도가 일정한 범위로 보급되어 일정한 성숙도에 도달하자마자, 특히 그 자신의 기술적 토대인 기계가 그 자체 다시 기계에 의해서 생산되게 되자마자, 석탄과 철의 채굴, 그리고 금속의 가공과 운송제도가 변혁되어, 무릇 대공업에 적합한 전반적인 생산조건들이 조성되자마자, 이 생산양식은 하나의 탄력성을, 즉 오로지 원료와 판로에서만 한계를 발견하는, 돌발적이고 비약적인 확장력을 획득한다. 기계장치는, 한편에서는, 예컨대, 조면기가 면화 생산을 증대시킨 것처럼, 직접적으로 원료를 증대시킨다.231 다른 한편에서는, 기계생산물의 싼 가격과 변혁된 운수·통신기관은 외국시장들을 정복하기 위한 무기들이다. 이들 시장의 수공업적 생산물을 파멸시킴으로써 기계경영은 이들 외국시장을 강제로 자신의 원료 생산지로 전화시킨다. 그리하여 동인도는 대(大)브

---

231 기계장치가 원료의 생산에 영향을 미치는 다른 방법들에 관해서는 제3권에서 언급될 것이다.

뤼튼을 의한 면화·양모·대마·황마·쪽[藍] 등의 생산을 강요당했다.232 대공업 국가들에서의 노동자의 끊임없는 "과잉화"는 급속한 해외이주와 타국의 식민지화를 촉진하고, 이들 국가는, 예컨대, 오스트레일리아가 양모의 생산지로 전화된 것처럼,233 모국을 위한 원료 생산지로 전화된다. 기계경영의 주요 근거지들에 대응하는 새로운 국제분업이 창출되고, 이 분업이 지구의 일부분을, 공업을 주로 하는 생산지로서의 다른 부분을 위한, 농업을 주로 하는 생산지로 바꾸어버리는 것이다. 이러한 혁명은 농업에서의 변혁들과 관련되어 있는데, 여기에서는 이에 대해서 더 이상 자세히 논하지 않는다.234

---

232 동인도로부터 대브뤼튼으로의 면화 수출:
 1846년   34,540,143파운드
 1860년   204,141,168파운드
 1865년   445,947,600파운드
  동인도로부터 대브뤼튼으로의 양모 수출
 1846년   4,570,581파운드
 1860년   20,214,173파운드
 1865년   20,679,111파운드

233 희망봉으로부터 대브뤼튼으로의 양모 수출
 1846년   2,958,457파운드
 1860년   16,574,345파운드
 1865년   29,920,623파운드
  오스트레일리아로부터 대브뤼튼으로의 양모 수출
 1846년   21,789,346파운드
 1860년   59,166,616파운드
 1865년   109,734,261파운드

234 합중국의 경제적 발전은 그 자체가 유럽의, 특히 영국의 대공업의 산물이다. 오늘날의 모습(1866년)에서도 합중국은 아직 여전히 유럽의 식민지로 간주되지 않으면 안 된다. {제4판을 위하여. — 그 후 합중국은 세계 제2의 공업국으로 발전했는데, 그렇다고 해서 그 식민지적 성격을 완전히 잃은 것

476 글래드스톤 씨의 발의에 의해 1867년 2월 18일 하원은 1831-1866년에 연합왕국의, 모든 종류의 곡물·곡류 및 곡분(穀粉)의 총수출입 통계를 작성하도록 명령했다. 다음은 그 총괄적인 결과다. 곡분은 쿼터 단위로 곡물로 환산되어 있다.[125]

각 5년간 및 1866년

	1831-1835	1836-1840	1841-1845	1846-1850
년평균 수입 (쿼터)	1,096,373	2,389,729	2,843,865	8,776,552
년평균 수출 (쿼터)	225,263	251,770	139,056	155,461
년평균 수입초과 (쿼터)	871,110	2,137,959	2,704,809	8,621,091
년평균 인구	24,621,107	25,929,507	27,262,569	27,797,598
국내생산을 초과하는, 인구 1인당 곡물 평균소비량 (쿼터)	0.036	0.082	0.099	0.310

은 아니다. — F. 엥엘스}

합중국으로부터 대브뤼튼으로의 면화 수출 (단위: 파운드)

1846년   401,949,393   1852년   765,630,544
1859년   961,707,264   1860년 1,115,890,608

합중국으로부터 대브뤼튼으로의 곡물류 수출 (단위: cwt.=약 50.8kg)

	1850년	1862년
밀	16,202,312	41,033,503
보리	3,669,653	6,624,800
귀리	3,174,801	4,426,994
호밀	388,749	7,108
밀가루	3,819,440	7,207,113
메밀	1,054	19,571
옥수수	5,473,161	11,694,818
비어 또는 빅 (보리의 일종)	2,039	7,675
완두	811,620	1,024,722
콩 종류	1,822,972	2,037,137
수입총량	35,365,801	74,083,441

	1851-1855	1856-1860	1861-1865	1866
년평균 수입 (쿼터)	8,345,237	10,913,612	15,009,871	16,457,340
년평균 수출 (쿼터)	307,491	341,150	302,754	216,218
년평균 수입초과 (쿼터)	8,037,746	10,572,462	14,707,117	16,241,122
년평균 인구	24,572,923	28,391,544	29,381,760	29,935,404
국내생산을 초과하는, 인구 1인당 곡물 평균소비량 (쿼터)	0.291	0.372	0.501	0.543

공장제도의 엄청난 돌발적인 팽창가능성과 세계시장에의 그 의존성은 필연적으로 열병적인 생산과 그에 따른 시장의 과잉공급을 야기하고, 그들 시장의 수축과 함께 마비상태가 나타난다. 산업 활동은, 중위(中位)의 활황, 번영, 과잉생산, 공황 및 침체라는 일련의 시기들로 전화된다. 기계경영이 노동자들의 고용에, 그리고 그와 함께 노동자들의 생활상태에 가하는 불확실성과 불안정성은 산업순환의 이러한 시기 변동과 더불어 통상적으로 된다. 번영기를 제외하면, 시장에서의 각자의 몫을 둘러싼 극히 격렬한 투쟁이 자본가들 사이에 미친 듯이 벌어진다. 이 몫은 생산물이 얼마나 싼가에 정비례한다. 이 때문에 노동력을 대체하는 개량된 기계장치와 새로운 생산방법들을 사용하는 데에서의 경쟁 외에, 임금을 노동력의 가치 아래로 강제로 내리누름으로써 상품을 싸게 하려고 열망하는 시점이 매번 나타난다.235

---

235 레스터(Leicester)의 제화(製靴)공장주들의 "공장폐쇄(lock out)"에 의해 길거리로 내던져진 노동자들은, 1866년 7월 "영국노동조합협회(Trade Societies of England)"에 대한 호소문에서 다음과 같이 말하고 있다: "20년 전에 레스터의 제화업은 꿰매는 대신에 못을 박는 방식의 도입으로 변혁되었습니다. 당시는 좋은 임금을 받을 수 있었습니다. 곧 이 새로운 사업이 대단히 확대되었습니다."[1] 여러 상회들 사이에서, 누가 가장 멋진 제품을 공급할

477 따라서 공장노동자 수의 증대는 공장에 투하되는 총자본이 훨씬 더 빠른 비율로 증대하는 것을 조건으로 하고 있다. 그러나 이 과정은 단지 산업순환의 간조기와 만조기의 내부에서만 실현된다. 게다가 이 과정은, 때로는 잠세적으로 노동자를 대체하고, 때로는 실제로 노동자를 축출하는 기술적 진보에 의해서 끊임없이 중단된다. 기계경영에서의 이러한 질적 변화는, 노동자들을 끊임없이 공장으로부터 제거하거나, 신참자의 새로운 유입에 대하여 그 문을 닫아버리는데, 반면에 공장들의 단순한 량적인 확장은 내던져진 노동자들 외에 새로운 보충인원까지도 삼켜버린다. 그

수 있느냐를 둘러싸고 대경쟁이 벌어졌습니다. 하지만 곧이어 갑자기 더욱 나쁜 종류의 경쟁, 즉 시장에서 서로 싸게 파는(undersell) 경쟁이 벌어졌습니다. 그 해로운 결과들이 곧바로 임금의 삭감으로 나타났는데, 노동 가격의 하락이 아주 급속해서 이제는 많은 상회들이 원래 임금의 단지 반밖에 지불하지 않습니다. 그런데, 임금은 더 낮게 더 낮게 떨어지고 있지만, 이윤은, 임금률이 변할 때마다, 증대하는 것으로 보입니다." — 산업의 불경기조차 공장주들에 의해서, 극단적으로 임금을 삭감함으로써, 즉 노동자의 가장 필수적인 생활수단을 직접적으로 도둑질함으로써 비상한 이윤을 얻기 위해서 이용된다. 하나의 예. 코펜트리(Coventry)의 견직물업 공황에 관한 것이다: "내가 노동자들로부터 만이 아니라 공장주들로부터도 받은 정보에 의하면, 임금이, 외국 생산자들의 경쟁이나 다른 사정들에 의해서 불가피해진 것보다도 훨씬 더 많이 삭감되었다는 데에는 의문의 여지가 없는 것으로 보인다. ... 직포공의 대다수가 30% 내지 40%가 삭감된 임금으로 일하고 있다. 5년 전에는 리본 1개를 만드는 데에 직포공이 6쉴링이나 7쉴링을 받았는데, 지금은 단지 3쉴링 3펜스나 3쉴링 6펜스를 받고 있다. 다른 작업도, 이전에는 공임이 4쉴링이나 4쉴링 3펜스였는데, 지금 2쉴링이나 2쉴링 3펜스이다. 임금삭감은, 수요를 증대시키기 위해 필요한 것보다 훨씬 더 크게 이루어진 것으로 보인다. 실제로, 많은 종류의 리본의 경우, 직포 비용의 감소[*2]는 제품의 판매가격의 그에 상응한 어떤 감소를 동반하지 않았다."(≪아동노동조사위원회. 제5차 보고서, 1866년≫ 제1호, p. 114에서의 론지 씨의 보고.

*1 [역주] 영어판에는 이 문장이 없다.
*2 [역주] "직포 비용의 감소"가 독일어판에는 "임금삭감".

리하여 노동자들은 끊임없이 방출·흡인되고, 이리 밀리고 저리 밀리며, 이 경우 모집되는 노동자들의 성(性)과 연령, 숙련은 부단히 변동한다.

공장노동자의 운명은, 영국 면공업의 운명을 일별하면 가장 잘 알 수 있다.

1770년부터 1815년까지 면공업이 불황 혹은 침체상태에 있었던 것은 5년간이었다. 이 최초의 45년 동안 영국의 공장주들은 기계장치와 세계시장을 독점하고 있었다. 1815년부터 1821년까지는 불황, 1822년과 1823년은 번영, 1824년에는 단결금지법[126]의 폐지, 공장들의 전반적인 대확장, 1825년에는 공황; 1826년에는 면업노동자들의 대빈곤과 봉기; 1827년엔 희미한 호전, 1828년에는 증기직기와 수출의 커다란 증가; 1829년에는 이전의 모든 해를 능가하는, 특히 인도로의, 수출; 1830년에는 시장의 공급과잉, 대곤경; 1831년부터 1833년까지는 지속적인 불황; 동아시아(인도와 중국) 무역이 동인도회사의 독점으로부터 탈취된다.*1 1834년에는 공장들과 기계장치의 커다란 증가, 노동자들의 부족. 새로운 구빈법*2이 농촌노동자들의 공장지대로의 이주를 촉진한다. 농촌 지역들로부터의 아동의 일소(一掃). 백인노예 매매. 1835년에는 거대한 번영. 동시에 면포수직공들

---

*1 [新日本판 역주] 동인도회사는, 자유무역주의의 대두에 의해서, 그 무역독점이 공격의 표적으로 되어, 1813년에 차(茶) 이외의 인도 무역의 독점권이 폐지되고, 1833년에는 차 무역과 대(對) 중국 무역의 독점권이 폐지되었다.

*2 [新日本판 역주] 이전의 구빈행정은—— 주민으로부터 구빈세를 징수하여, 노동능력이 있는 사람은 노역장에서 일시키고, 그렇지 않은 사람을 구휼했는데, 1834년에 실시된 개정법은, 자유주의 원리를 도입하여, 년로자와 병약자를 제외한, 노역장 밖의 사람의 구제를 극단적으로 제한했다.

의 아사(餓死). 1836년에는 거대한 번영. 1837년과 1838년에는 불황과 공황. 1839년에는 회복. 1840년에는 대불황, 봉기들, 군대의 개입. 1841년과 1842년에는 공장노동자들의 가공할 고난. 1842년에는 곡물법 폐지를 강요하기 위해 공장주들이 공장을 폐쇄하고 노동자들을 몰아내다. 노동자들은 수천 명씩 요크셔로[*1] 몰려갔는데, 군대에 의해 쫓겨 돌아오고, 그들의 지도자들은 랭커스터(Lancaster)에서 재판에 회부되다. 1843년에는 심각한 궁핍. 1844년에는 회복. 1845년에는 거대한 번영. 1846년에는 처음엔 지속적 호황, 다음에는 반동의 징후, 곡물법 폐지. 1847년에는 공황. "커다란 빵덩어리(big loaf)"[87]를 축하하여 19퍼센트 이상 임금의 전반적인 삭감. 1848년에는 지속적인 불황. 맨체스터는 군대에 의해서 경비. 1849년에는 회복. 1850년에는 번영. 1851년에는 물가 하락, 임금 저하, 파업 빈발. 1852년에는 호전되기 시작. 파업들의 지속, 공장주들은 외국노동자들을 수입하겠다고 위협하다. 1853년에는 수출의 증대. 프레스턴에서의 8개월 간의 파업과 심각한 궁핍. 1854년에는 번영, 시장의 공급과잉. 1855년 합중국·캐나다·동아시아 시장들로부터 파산 보고 쇄도. 1856년 거대한 번영. 1857년에는 공황. 1858년에는 호전. 1859년 거대한 번영, 공장들의 증가. 1860년에는 영국 면공업의 절정. 인도와 오스트레일리아, 기타 시장들이 공급 과잉되어, 1863년에도 아직 그 재고품을 거의 흡수하지 못했다. 프랑스와의 통상협정. 공장과 기계장치의 거대한 증가. 1861년에는 호황이 잠시 지속, 반동, 미국의 내전, 면화 기근. 1862년부터 1863년까지는 완전한 붕괴.

---

*1 [역주] "요크셔로"가 영어판에는 "랭커셔와 요크셔의 도시들로".

면화 기근의 역사는 너무나도 특징적이기 때문에, 잠시 머물러 살펴보지 않을 수 없다. 1860년부터 1861년까지의 세계시장의 상황으로부터 미루어 짐작할 수 있는 것처럼, 면화 기근은 공장주들에게는 적시에 닥쳐와 부분적으로는 유익했던바, 이 사실은 맨체스터 상업회의소의 보고서들에서 인정되었고, 의회에서 파머스턴(Palmerston)과 더비(Derby)에 의해서 공포되었으며, 여러 사건들에 의해서 입증되어 있다.236 물론 1861년에는 연합왕국의 2,887개 면공장 가운데 다수는 작은 공장들이었다. 공장감독관 A. 뤠드그뤠이브의 보고에 의하면, 그의 관할구역에는 그 2,887개 공장 가운데 2,109개 포함되어 있는데, 그 가운데 392개 공장 즉 19%는 단지 10증기마력 미만을 사용하고, 345개 공장 즉 16%는 10 내지 20마력 미만을 사용하는데, 그에 비해서 1,372개 공장은 20마력 이상을 사용하고 있다.237 작은 공장들의 다수는 1858년 이래의 번영기에 주로 투기꾼들에 의해서 설립된 직물공장이었는데, 그들 투기꾼들 가운데 어떤 사람은 실을, 어떤 사람은 기계장치를, 다른 어떤 사람은 건물을 제공했고, 이전의 작업감독들(overlookers)이나 다른 재력이 없는 사람들에 의해서 경영되었다. 이 소공장주들은 대부분 몰락했다. 면화 기근에 의해서 저지된 상업공황도 그들에게 동일한 운명을 준비해두었을 것이다. 그들은 공장주 수의 $1/3$을 점하고 있었지만, 그들의 공장들은 면공업에 투하된 자본의 불균등하게 적은 부분만을 흡수했다. 마비의 규모에 관해서 말하자면, 신뢰할 만한 추산에 의하면, 1862년 10월에는 방추의 60.3%와 직기의 58%가 멈

---

236 《공장감독관 보고서. 1862년 10월 31일》, p. 30 참조.
237 같은 보고서, pp. 18–19.

취 있었다. 이는 이 산업부문 전체에 관한 것이어서, 개개의 지역에서는 물론 대단히 달랐다. 극히 소수의 공장들만이 완전 (주당 60시간) 조업했고, 다른 공장들은 단속적(斷續的)으로 조업했다. 완전한 시간 동안 그리고 통상적인 개수임금으로 취업한 소수의 노동자들에게 있어서조차, 좋은 면화가 나쁜 면화로, 씨 아일랜드(Sea Islands) 면화가 (가는 실 방적의 경우) 이집트 면화로, 미국과 이집트 면화가 (동인도의) 수라트(Surat)로, 그리고 순면이 낙면과 수라트의 혼합물로 교체된 결과, 주임금이 필연적으로 감소되었다. 수라트면의 보다 짧은 섬유, 그 더러운 상태, 실이 잘 끊어지는 것, 날실에 풀을 먹일 때 전분(澱粉)을 온갖 종류의 무거운 성분들로 대체한 것 등이 기계장치의 속도와 한 사람의 직포공이 감시할 수 있는 직기의 수를 감소시켰고, 기계의 오류에 따른 노동을 증대시켰으며, 생산물량과 더불어 개수임금을 제한했던 것이다. 수라트면을 사용하는 경우, 완전히 취업하더라도, 노동자의 손실은 20%, 30% 그리고 그 이상에 달했다. 그러나 대다수의 공장주들은 또한 개수임금률을 5%, $7\frac{1}{2}$%, 그리고 10%나 삭감했다. 그리하여 주당 3일, $3\frac{1}{2}$일, 4일밖에 취업하지 못하거나, 하루에 단지 6시간밖에 취업하지 못하는 노동자들의 상태를 알 수 있다. 이미 상대적으로 호전된 후인 1863년에도 직포공, 방적공 등의 주임금은 3쉴링 4펜스, 3쉴링 10펜스, 4쉴링 6펜스, 5쉴링 1펜스 등이었다.[238] 이렇게 고통에 가득 찬 상황에서도 임금삭감을 위한 공장주들의 발명정신은 멈추지 않았다. 부분적으로는, 공장주의 나쁜 면화, 부적당한 기계장치 등으로 인한 제품의 결함에 대한 벌금으로서 임금이 삭감되었다. 그리고 공장

---

238 ≪공장감독관 보고서. 1863년 10월 31일≫, pp. 41-45, 51.

주가 노동자들의 "오두막(cottages)"의 소유주인 경우에는, 공장주는 명목임금*1에서 공제함으로써 집세를 자기 자신에게 지불했다. 공장감독관 뤠드그뤠이브가 (1쌍의 자동 뮬방적기[selfacting mules]를 돌보는) 자동 뮬방적기 감시공들(selfacting minders)에 관해서 말하는 바에 의하면, 그들은,

"만 14일 동안 일한 후에 8쉴링 11펜스를 벌었고, 이 금액에서 집세가 공제되었는데, 공장주가 선물로 집세의 절반을 되돌려 주었다. 그들 감시공은 6쉴링 11펜스를 가져갔다. 많은 곳에서는 1862년 후반기에 자동 뮬방적기 감시공들은 주당 5쉴링에서 9쉴링이었고, 직포공들은 주당 2쉴링에서 6쉴링이었다.*2"239

노동자들이 짧은 시간밖에 일하지 않았을 때에조차 집세가 으레 임금에서 공제되었다.240 랭커셔의 몇몇 지방에서 갑자기 일종의 기아병(飢餓病, Hungerpest)이 발생한 것도 결코 불가사의가 아니다! 그러나 이 모든 것들보다 더욱 특징적인 것은, 생산과정의 혁명이 어떻게 노동자를 희생시키면서 진행되었는가 하는 것이었다. 그것은, 개구리의 해부 실험처럼, 전형적인 무가치한 생체의 실험(experimenta in corpore vili)이었다. 공장감독관 뤠드그뤠이브는 다음과 같이 말하고 있다:

"내가 비록 여러 공장에서의 노동자들의 실제 소득을 제시했지

---

*1 [역주] "명목임금"이 영어판에는 "이 비참한 임금(these miserable wages)".
*2 [역주] 마직막 문장이 독일어판에는, "1862년 말경에 직포공들의 주임금은 2쉴링 6펜스 이상에 분포되어 있었다."로 되어 있다.
239 같은 보고서. pp. 41-42.
240 같은 보고서, p. 57.

만, 그렇다고 해서 그들이 매주 같은 금액을 받는다는 것은 아니다. 노동자들은 공장주들의 끊임없는 실험(experimentalizing) 때문에 큰 동요를 겪고 있다. … 노동자들의 벌이는 면화 혼합의 질에 따라 오르내려서, 어떤 때에는 이전 임금의 15%까지, 그러고 나서 1·2주 후에는 50 내지 60%까지 떨어지곤 한다."241

이들 실험은 노동자들의 생활수단만을 희생시키면서 실시된 것이 아니었다. 그들은 그들의 오감(五感) 전체를 희생시키지 않으면 안 되었다.

"수라트면을 다루는 일에 종사하는 사람들은 나에게 대단히 불만을 호소한다. 그들의 말에 의하면, 면화 곤포를 풀 때에는 참을 수 없는 냄새가 나서, 욕지기가 난다. … 혼면실(混綿室)·조소면실(粗梳綿室, scribbling-[room])·소면실(梳綿室)에서는 비산(飛散)하는 티끌과 먼지가 기도(氣道)를 자극하고, 기침이 나게 하고, 숨쉬기 어렵게 한다. 분명히 수라트면에 포함되어 있는 먼지의 자극 때문에 피부병도 유행한다. … 섬유가 짧기 때문에, 많은 량의 동물성·식물성 풀이 사용된다. … 먼지 때문에 기관지염이 더욱 만연한다. 같은 원인으로 인후염도 일반적이다. 씨실이 자주 끊어져 직포공이 북의 눈을 통해 씨실을 빨면, 구토와 소화불량이 생긴다."*1

---

241 같은 보고서, pp. 50-51.

*1 [역주] 이 인용문이 독일어판에는 다음과 같이 되어 있다: "면화 짐풀기에 종사하고 있는 사람들은, 참을 수 없는 악취가 그들을 역겹게 한다고 내게 호소했다. … 혼면실·조소면실·소면실에서 사용되는 사람들은 비산한 티끌과 먼지로 머리의 모든 구멍들이 자극받아 기침이 나고 숨쉬기 어렵다. … 섬유가 짧기 때문에 실에 풀을 먹일 때에 다량의 재료가 첨가되고, 이전에 사용되던 전분 대신에 실로 온갖 대용물이 사용된다. 직포공들의 구토와 소화불량은 그 때문이다. 먼지 때문에 기관지염과 인후염이 만연하고, 나아가 수라트면에 포함되어 있는 먼지에 의한 피부 자극 때문에 피부병도 만연한다."

다른 한편에서, 전분의 대용품들은, 실의 무게를 증가시킴으로 써, 공장주들에게는 포르투나투스(Fortunatus)^{*1}의 지갑이었다. 그 대용품들은 "15파운드의 원료를, 그것이 직포된 후에는 26파운드^{*2}가 나가게"²⁴² 하였다. 공장감독관들의 1864년 4월 30일 보고서에는 다음과 같이 쓰여 있다:

"이 산업은 지금 이 자원을 믿을 수 없을 정도로까지 이용하고 있다. 믿을 수 있는 소식통으로부터 들은 바에 의하면, 무게 8파운드의 직물이 $5^1/_4$파운드의 면화와 $2^3/_4$파운드의 풀로 만들어져 있었다. 그리고 다른 무게 $5^1/_4$파운드의 직물은 그 중 2파운드가 풀이었다. 이것들은 수출용의 보통 셔츠감(Shirtings)이었다. 다른 종류의 직물들에는 때때로 풀이 50%나 첨가되고, 그 때문에 공장주는, 자신이 직물을, 명목적으로 그것들에 들어간 실 값보다도 싸게 팖으로써 부자가 되고 있다고 자랑할 수 있을 것이고, 또한 실제로도 자랑하고 있다."²⁴³

그러나 노동자들은, 단지 공장 안에서는 공장주들의 실험들 하에서만, 그리고 공장 밖에서는 시당국들의 실험들 하에서만, 단지 임금삭감과 실업에 의해서만, 궁핍과 적선에 의해서만, 상·하의원들의 찬양연설들에 의해서만 시달림을 당하지 않으면 안 되었던 게 아니다.

---

*1 [新日本判 역주] 포르투나투스(Fortunatus) — 16세기 초 독일 통속소설(초판 1509년)에 등장하는 인물. 비워지지 않는 지갑을 가지고 있었다. [역주: 로마 신화의 "Fortuna"(행운·운명의 여신)에서 따온 이름일 것이다.]

*2 [역주] 독일어판에는 "20파운드".

242 같은 보고서, pp. 62-63.

243 ≪공장감독관 보고서. 1864년 4월 30일≫, p. 27.

"면화 기근의 결과 초년(初年)에 실직하고, 그리하여 사회에서 버림받은 사람들이 된 불행한 여성들은, 지금 사업이 회복되고 일자리가 많지만, 여전히 불행한 계급의 성원들로 남아 있으며, 계속 그러할 것이다. 그리하여 지금 성시(城市)에는 내가 지난 25년 동안 알던 것보다 더 많은 젊은 매춘부들이 있다."244*1

그리하여 영국 면공업의 최초 45년간, 즉 1770-1815년에는 단지 5년간의 공황과 침체가 있었을 뿐인데, 그러나 이는 영국 면공업의 세계독점의 시대였다. 제2기인 1815년부터 1863년까지 48년 동안에는, 불황과 침체가 28년임에 비해서 회복과 번영은 단지 20년에 달할 뿐이다. 1815-1830년부터 유럽 대륙 및 합중국과의 경쟁이 시작된다. 1833년 이래 "인종의 파괴"*2[127]를 통한 아시아 시장들의 확장이 강행된다. 곡물법의 폐지 이후, 1846년부터 1863년까지에는 중위의 활황과 번영이 8년임에 비해서 불황과 침체는 9년이다. 번영기에조차 성년의 남성 면업노동자들의 상태가 어떠했는가는 첨부한 주에서 판단해야 할 것이다.245

---

244 ≪공장감독관 보고서. 1865년 10월 31일≫, pp. 61-62의, 볼턴(Bolton)의 경찰서장 해뤼스(Harris) 씨의 편지로부터.

*1 [역주] 이 인용문이 독일어판에는 다음과 같이 되어 있다: "면화 기능의 결과 실직한 불행한 여성들은 사회의 버림받은 사람들이 되었고, 그대로 머물렀다. ... 젊은 매춘부들의 수가, 지난 25년간 보다 증가했다."

*2 [역주] 영어판에는 이 뒤에 "인도 수직기 직포공들의 대량 사명(the whole-sale extinction of Indian hand-loom weavers)"라는 문구가 괄호 속에 있다.

245 1863년 봄, 이민협회의 설립을 위한 면업노동자들의 한 호소문에는 특히 다음과 같이 쓰여 있다: "현재의 재기불능의 상황에서 공장노동자들을 일으켜 세우기 위해서는 공장노동자들의 대규모 이민이 필수적이라는 것은 거의 누구도 부정하지 않을 것입니다. 그러나 계속적인 이민의 흐름이 언제나 필요하고, 그것이 없이는 그들이 평소에 그들의 지위를 유지할 수 없다는 것을 보여주기 위해서, 우리는 감히 다음과 같은 사실들을 주목해주시기를 간청합

제8절 대공업에 의한 매뉴팩춰, 수공업 및 가내노동의 변혁

a) 수공업 및 분업에 기초한 협업의 폐지

우리는 이미, 기계장치가 어떻게 수공업에 기초한 협업과 수공업적 분업에 기초한 매뉴팩춰를 지양하는지를 보았다. 첫 번째

니다: — 1814년에는, 수출된 면제품의 (단지 량적 지표일 뿐인) 공식가치는 17,665,378파운드 스털링이었고, 그 실제 시장가치는 20,070,824파운드 스털링이었습니다. 1858년에는 수출된 면제품의 공식가치는 182,221,681파운드 스털링였으나, 그 실제 혹은 시장가치는 단지 43,001,322파운드 스털링으로서, 10배의 물량이 이전의 2배 남짓한 가격에 팔렸습니다. 무릇 국가에, 그리고 특히 공장노동자들에게 이토록 불리한 결과를 낳는 데에는 여러 원인들이 함께 작용했고, 상황이 허용한다면, 우리는 그것들을 더욱 명확하게 여러분들에게 알려야 할 것입니다. 지금은 다음 사실을 말씀드리는 것으로 충분합니다. 즉, 가장 명백한 원인은 노동의 끊임없는 과잉인바, 이 노동이 없이는 그 영향이 이토록 파괴적인 이 사업이 수행돼오지 못했을 것이며, 그것을 파멸로부터 구하기 위해서는 시장의 끊임없는 확장이 필요합니다. 우리의 면공장들은 산업의 주기적인 침체에 의해서 정지될 터인데, 이 주기적인 침체는 현재의 제도 하에서는 죽음 그것과 마찬가지로 불가피합니다. 그러나 인간 정신은 끊임없이 일하고 있으며,*1 지난 25년 동안, 아주 낮게 잡아, 6백만 명이 이 나라를 떠났지만, 자연적인 인구 증가와 값싼 생산을 위한 노동의 추방 때문에, 성년 남성의 커다란 비율이 최고의 번영기인데도 어떤 조건으로도 공장에서 일자리를 얻지 못하고 있습니다."(≪공장감독관 보고서. 1863년 4월 30일≫, pp. 51-52.) 면업 파국의 시기에 공장주들이 어떻게 온갖 방법으로, 심지어 국가의 힘을 빌어서까지, 공장노동자들의 해외이민을 저지하려 했는가는 뒤의 한 장에서 보게 될 것이다.

*1 [역주] "그러나 인간 정신은 끊임없이 일하고 있으며"가 영어판에는, "그러나 그렇다고 해서 인간의 발명정신은 멈추어 있지 않다."로 되어 있다.

종류의 한 예는 예초기(刈草機)인데, 그것은 풀 베는 사람들의 협업을 대체한다. 두 번째 종류의 적절한 예는 바늘 제조용 기계다. 애덤 스미쓰에 의하면, 그의 시대에 10명의 남자는 분업을 통해서 48,000개 이상의 바늘을 만들었다. 그에 비해서 단 1대의 기계가 11시간의 1노동일 동안에 145,000개를 공급한다. 1인의 성년 여성 혹은 소녀가 평균 그러한 기계 4대를 감시하고, 따라서 그 기계장치로 하루에 600,000개, 1주일에는 3,000,000개 이상의 바늘을 생산한다.246 개별적인 작업기가 협업이나 매뉴팩춰를 대신하는 한에서는, 그 작업기 자체가 다시 수공업적 경영의 토대로 될 수 있다. 그러나 기계장치에 기초한 수공업적 경영의 이러한 재생산은, 인간의 근육을 대신하여 기계적 동력, 즉 증기나 수력이 기계를 가동하자마자 언제나 일반적으로 등장하는 공장경영으로의 과도기를 이룰 뿐이다. 소경영은, 버밍엄의 몇몇 매뉴팩춰들처럼 증기기관을 임대한다거나, 직물업의 어떤 부문들에서 열기관[114]을 사용하는 등등을 통해서, 산발적으로 그리고 또한 일시적으로만 기계적 동력과 결합될 수 있다.247 코벤트리의 견직물업에서는 "오두막 공장(Cottage-Fabriken)"이라는 실험이 자연발생적으로 전개되었다. 사각형으로 열을 지어 세워진 오두막들의 중앙에 증기기관을 위한 이른바 기관실(Engine House)이 설치되고, 이 증기기관이 회전축들에 의해서 오두막들(cot-

---

246 《아동노동조사위원회, 제3차 보고서》, 1864, p. 108, 제447호.
247 합중국에서는 기계장치에 기초한 수공업의 이러한 재생산이 빈번하다. 불가피하게 공장경영으로 이행할 때에는, 바로 그 때문에 거기에서는, 유럽에 비해서, 그리고 심지어 영국에 비해서도, 집적이 7마일의 장화를 신고[*1] [=급속히: 역자] 진행될 것이다.

*1 [역주] 이 책(제2분책), p. 499의 역주 1 참조.

tages) 속의 직기들과 연결되었다. 모든 경우에 증기는, 예컨대 직기당 $2\frac{1}{2}$쉴링에, 임대되었다. 이 증기료는, 직기들이 가동되든 가동되지 않든, 매주 지불되었다. 오두막마다 2-6대의 직기가 있었는데, 그것들은 직포공의 소유거나, 외상으로 구매한 것이거나, 임차한 것이었다. 오두막 공장과 본래의 공장 사이의 투쟁은 12년 이상 계속되었다. 이 투쟁은 300개 오두막 공장들(cottage factories)의 전멸과 함께 끝났다.[248] 공정(工程)의 성격상 처음부터 대규모 생산을 전제로 하지 않는 경우, 예컨대, 편지봉투 제조나 강철펜 제조 등과 같이 최근 수십 년 동안에 새로 생긴 산업들은 일반적으로, 공장경영으로의 짧은 과도기로서, 우선 수공업 경영을, 그리고 다음에는 매뉴팩춰 경영을 거쳤다. 이러한 변태는, 제품의 매뉴팩춰적 생산이, 어떤 일련의 발전단계적 공정들도 포함하지 않고, 다수의 이질적인 공정들을 포함하고 있는 경우에는 여전히 가장 곤란하다. 이러한 것은, 예컨대, 강철펜공장의 큰 장해였다. 하지만 약 15년 전에 이미 6개의 이질적인 공정을 단번에 수행하는 자동장치가 발명되었다. 수공업은 최초의 강철펜 12다스를 1820년에 7파운드 스털링 4쉴링[=1,728펜스: 역자]에 공급했고, 매뉴팩처는 그것을 1830년에 8쉴링에 공급했으며, 공장은 그것을 오늘날 도매상에 2 내지 6펜스에 공급하고 있다.[249]

---

248 ≪공장감독관 보고서. 1865년 10월 31일≫, p. 64 참조.

249 질로트(Gillott) 씨는 버밍엄에 최초의 대규모 강철펜공장을 세웠다. 그 공장은 이미 1851년에 1억 8천만 개 이상의 펜을 공급했으며, 년간 120톤의 강철판을 소비했다. 연합왕국에서 이 산업을 독점하고 있는 버밍엄은 현재 년간 10억 개의 강철펜을 생산하고 있다. 고용 인원의 수는, 1861년의 국세조사에 의하면, 1,428명이고, 그 중 1,268명이 5살 이상의 여성 노동자다.

b) 매뉴팩쳐와 가내노동에 대한 공장제도의 반작용

공장제도가 발전하고 그에 수반하여 농업이 변혁됨에 따라, 다른 모든 산업부문들에서 생산규모가 확대될 뿐 아니라, 그 성격도 또한 변한다. 생산과정을 그 구성국면들로 분해하고, 그리하여 주어진 문제들을 역학·화학 등, 요컨대, 자연과학을 응용하여 해결하는 기계경영의 원리가 어디에서나 규정적으로 된다. 그리하여 기계장치는, 때로는 이 부분과정을, 때로는 저 부분과정을 위해서 매뉴팩쳐로 돌진한다. 그와 더불어, 옛 분업에서 유래하는, 매뉴팩쳐 편성의 강고한 결정(結晶)이 해체되고, 끊임없이 변하게 된다. 이 점은 차치하더라도, 총노동자의, 즉 결합된 노동인원의 구성이 근본적으로 변혁된다. 매뉴팩쳐 시대와는 반대로, 이제 분업 계획은, 가능한 한 언제나, 여성노동, 모든 연령층의 아동노동, 비숙련 노동자의 사용, 요컨대, 영국인이 그것을 특징적으로 부르고 있듯이, "cheap labour", 즉 값싼 노동의 사용을 기초로 하여 세워진다. 이는, 기계장치를 사용하든 사용하지 않든, 대규모로 결합된 생산에만 해당되는 것이 아니라, 노동자들의 개인 주택에서 수행되든 작은 작업장들에서 수행되든, 이른바 가내공업에도 해당된다. 이 이른바 근대적 가내공업은, 독립적인 도시 수공업, 자립적인 농민경제, 그리고 무엇보다도 노동자 가족의 주택을 전제로 하는 구식 가내공업과 명칭 이외에는 어떤 공통점도 가지고 있지 않다. 그것은 이제 공장이나 매뉴팩쳐, 선대상인(先貸商人)들의 외주(外注) 부서로 전화되어 있다. 자본은, 그것이 공간적으로 대규모로 집적하여 직접 지휘하는 공장노동자들·매뉴팩쳐 노동자들·수공업 노동자들 외에도, 대도시들과 평원(平原)에 흩어져 있는, 다른 일군(一群)의 가내노동자들을 보이지 않은 실에 의해서 움직인다. 그 한 예: 아일랜드의 런던데리(Londenderry)에 있는 틸리(Tilie)회사의 셔츠공장은 1,000명의 공장노동자들과 농촌에 흩어져 있는 9,000명의 가내노동자들을 사용하고 있다.250

값싸고 미성숙한 노동력의 착취는 근대적 매뉴팩춰에서는 본래의 공장에서보다도 더욱 파렴치해지는데, 왜냐하면 공장에 존재하는 기술적 토대, 즉 기계에 의한 근력(筋力)의 대체 및 노동의 용이함이 매뉴팩춰에는 대부분 없고, 여성의 혹은 미성숙한 신체가 독성 물질 등의 영향에 극히 비양심적으로 내맡겨지기 때문이다. 이러한 착취는, 이른바 가내노동에서는 매뉴팩춰에서보다도 더욱 파렴치해지는바, 왜냐하면 노동자들의 저항력은 그들의 분산과 함께 감소하기 때문이고, 일련의 모든 약탈적인 기생충들이 본래의 일거리제공자들[Arbeitgeber]과 노동자들 사이로 모여들기 때문이며, 가내노동은 어디에서나 같은 생산부문 내의 기계경영 혹은 최소한 매뉴팩춰경영과 투쟁하기 때문이고, 빈곤이 노동자에게서 가장 필요한 노동조건들, 즉 공간·빛·환기 등을 빼앗기 때문이며, 취업의 불규칙성이 증대하기 때문이고, 마지막으로는 대공업과 대농업에 의해서 "불필요"해진 사람들의 이 최후의 피난처에서는 노동자의 경쟁이 필연적으로 그 최대한에 달하기 때문이다. 처음부터 노동력의 무자비한 낭비이자 노동기능의 정상적인 전제들의 약탈인, 기계경영에 의해서 비로소 체계적으로 확립되는 생산수단들의 절약, 그것은, 어떤 산업부문에서 사회적 노동생산력 및 결합된 노동과정의 기술적 토대가 덜 발달

---

250 《아동노동조사위원회, 제2차 보고서》, 1864, p. LXVIII, 제415호.

해 있으면 덜 발달해 있을수록 더욱더 그 적대적이고 살인적인 측면을 드러낸다.

c) 근대적 매뉴팩춰

이제 몇몇 실례로써 위에 기록한 명제들을 설명하려 한다. 독자는 사실은 이미 노동일에 관한 장[제8장: 역자]에서 많은 예증들을 알고 있다. 버밍엄과 그 인근의 금속 매뉴팩춰들은 대부분 대단히 힘든 노동에 10,000명의 여성 외에 30,000명의 아동들과 소년들을 사용하고 있다. 여기에서 그들은 건강에 해로운 황동주조소들·단추공장들·에나멜작업·도금작업·칠작업의 일을 하고 있다.251 성년과 미성년 노동자들에 대한 과도노동으로 런던의 다양한 신문인쇄소들과 서적인쇄소들에게는 "도살장"이라는 명예로운 이름이 보증되어 왔다.251ᵃ 똑같은 과도노동은 제본소에서도 이루어지고 있고, 그 희생자는 여기에서는 특히 성년여성들, 소녀들 그리고 아동들이다. 로프 제조소에서의 미성년자의 중노동, 제염소(製鹽所)나 양초 매뉴팩춰, 기타 화학 매뉴팩춰에서의 야간노동. 기계로 경영되지 않는 견직물업에서의, 직기를 돌리기 위한 소년들의 살인적 소모.252 어린 소녀들과 여성들이 특히 즐겨 사용되는, 가장 악명 높고, 가장 불결하며, 가장 저임금

---

251 그리고 지금도 쉐퓔드에서는 줄[鑢]갈기에 실로 아동이 사용되고 있다!

251ᵃ 《아동노동조사위원회. 제5차 보고서》, 1866, p. 3, 제24호; p. 6, 제55, 제56호; p. 7, 제59, 제60호.

252 같은 보고서, pp. 114-115, 제6-7호. 다른 곳에서는 기계가 인간을 대신하고 있는데, 여기에서는 소년이 말 그대로 기계를 대신하고 있다고, 위원은 올바로 지적하고 있다.

의 노동은 넝마의 선별이다. 알다시피, 대브뤼튼은, 자국의 무수한 넝마를 도외시하더라도, 전 세계 넝마거래의 중심지로 되어 있다. 일본, 아주 먼 남아메리카 국가들 및 카나리아 제도(諸島)로부터 거기로 넝마가 흘려 들어온다. 그러나 그 주요 공급원은 독일・프랑스・러시아・이딸리아・이집트・터키・벨기에 및 네덜란드다. 이 넝마는 비료, (침구용의) 털부스러기와 쇼디(Shoddy, 인조 양모)의 제조를 위해서 이용되고, 또한 종이의 원료로서 이용된다. 넝마를 선별하는 여성들은, 그 자신이 첫 희생자인 천연두나 기타 전염병들을 퍼뜨리는 매체 역할을 한다.253 과도노동, 힘들고 부적합한 노동, 그리고 어렸을 때부터 소모돼온 노동자들의 그에 따른 난폭화의 전형적인 예로서는, 광업과 탄광업 외에도, 새로 발명된 기계가 영국에서 아직 산발적으로만 사용되고 있는(1866년) 기와나 벽돌 제조업이 있다. 5월에서 9월까지는 노동이 아침 5시부터 저녁 8시까지 계속되고, 건조가 옥외에서 이루어질 때에는 자주 아침 4시부터 저녁 9시까지 계속된다. 아침 5시부터 저녁 7시까지의 노동일은 "단축된", "적당한" 노동일로 간주되는 것이다. 남녀 아동들이 6살 때부터, 그리고 심지어는 4살 때부터 사용된다. 이 아동들은 성인과 똑같은 시간 동안 일하고, 그보다 더 오래 일하는 경우도 자주 있다. 노동은 가혹하고, 여름의 더위는 더욱더 녹초가 되게 한다. 예컨대, 모슬리(Mosley)의 한 기와공장에서는 24살의 한 처녀가, 점토(粘土)를 나르고 기와를 쌓는 2명의 소녀를 조수로 하여, 매일 2,000장의 기와를 만들었다. 이 소녀들은 매일 10톤을, 30퓌트 깊이의

---

253 넝마거래에 관한 보고 및 수많은 예증들에 관해서는, ≪공중위생, 제8차 보고서(*Public Health, VIII. Report*)≫, 런던, 1866, 부록, pp. 196－208을 보라.

점토 구덩이의 미끄러운 면을 따라 끌어 올려, 210퓌트 이상 떨어진 곳으로 끌고 갔다.

"도덕적으로 크게 타락하지 않고 아동이 기와공장이라는 연옥(煉獄)을 통과하는 것은 불가능하다. … 아주 어려서부터 늘상 듣는 상스러운 말들, 그들이 무지하고 반쯤 미개한 채 성장하는 음란하고, 품위 없고, 파렴치한 습관들은 그 후의 생애에 그들을 무법적이고, 자포자기적이며, 방탕하게 만든다. … 타락의 가공할 원천의 하나는 주거양식이다. 어김없이 숙련노동자이자 한 조(組)의 우두머리인[*1] 조형공(造型工, moulder)마다 자신이 거느리는 7명의 조원들에게 자신의 오두막(cottage)에서 숙식을 제공한다. 그의 가족원이든 아니든, 성년 남자들이든, 소년들이든, 소녀들이든, 모두가 다 이 오두막에서 자는데, 거기에는 보통 방이 2개, 예외적으로 3개가 있고, 모두 단층이며, 환기가 좋지 않다. 이 사람들은 낮의 고된 노동[*2]으로 너무나도 지쳐 있기 때문에, 건강·청결을 위한 규칙들도, 예의범절도 전혀 지켜지지 않는다. 이들 오두막의 다수는 어수선·불결 그리고 먼지의 표본이다. … 이런 종류의 노동에 어린 소녀들을 사용하는 이 제도의 최대의 해악은, 그것이 으레 그들을 어려서부터 그 후의 생애 전체를 통해 극히 자포자기적인 무리로 만들어버린다는 점이다. 그들은, 자기들이 여성임을 천성(Nature)이 가르쳐주기 전에, 거칠고 입이 험한 사내악동들(rough, foul-mouthed boys)이 된다. 더러운 누더기 조각들을 걸치고, 다리는 무릎 위까지 드러내놓고, 머리와 얼굴엔 오물이 덕지덕지 붙은 채, 그들은 모든 예의범절이나 수치심을 경멸하게 된다. 그들은 식사시간에 풀밭에 벌렁 사지를 쭉 뻗고 드러눕던가, 이웃 개천에서 사내아이들이 목욕하는 것을 구경한다. 마침내 낮의 고

---

*1 [역주] "어김없이 숙련노동자이자 한 조의 우두머리인"이 독일어판에는 괄호로 묶여 있고, "어김없이(always)"가 "본래(eigentlich)"로 되어 있다.
*2 [역주] "고된 노동(hard work)"이 독일어판에는 "발한(發汗, Transpiration)".

된 노동이 끝나면, 그들은 보다 나은 옷을 걸치고 남자들과 함께 술집으로 간다."

이 계급 전체에 어려서부터 대단한 폭음이 지배적이라는 것은 그저 당연할 수밖에 없다.

"최악은, 벽돌제조공들이 자포자기하게 된다는 것이다. 좀 나은 부류 중의 한 사람이 싸우쏠휠드(Southallfield)한 목사에게 이렇게 말했다: 벽돌공을 개심(改心)시키려고 하는 것은 악마를 개심시키려는 것이나 마찬가지입니다, 목사님!(You might as well try to raise and improve the devil as a brickie, Sir!)"²⁵⁴

근대적 매뉴팩춰(여기에서는 본래의 공장들 이외의 모든 대규모 작업장들을 의미한다)에서의 노동조건들의 자본주의적 절약에 관해서는 제4차(1861년) 및 제6차(1864년) ≪공중위생 보고서≫에 대단히 풍부한 공식 자료가 있다. 작업장들(workshops), 특히 런던의 인쇄공들이나 재봉공들의 작업장들에 대한 묘사는 우리 소설가들의 가장 혐오스러운 상상력을 능가한다. 노동자들의 건강상태에 대한 그 영향은 자명하다. 추밀원[71]의 수석의무관이자 ≪공중위생보고서≫의 공식 편집자인 싸이먼 박사는 특히 다음과 같이 말하고 있다:

"나의 제4차 보고서"(1861년)"에서 나는, 노동자들이 자신들의 제1의 위생권, 즉, 그들의 고용주가 무슨 작업을 위해서 그들을 모

---

254 ≪아동노동조사위원회. 제5차 보고서≫, 1866, pp. XVI-XVIII, 제86-97호 및 pp. 130-133, 제39-71호. 또한 같은 위회회의 ≪제3차 보고서≫, 1864, pp. 48, 56도 참조.

집했든, 그 노동이 고용주에게 달려 있는 한, 그 노동은 피할 수 있는 모든 비위생적인 조건들로부터 해방되어 있어야 한다는 권리를 주장하는 것이 실제로는 얼마나 불가능한가를 밝혔다. 이들 노동자가 이 위생적 정의를 스스로 획득할 수 없는데도, 그들은 봉급을 받는 위생경찰 당국으로부터 어떤 효과적인 지원도 받지 못하고 있다는 것을 나는 지적했다. … 무수한 남녀 노동자들의 생명이 지금, 단지 그들의 직업이 낳는 끝없는 육체적 고통에 의해서 헛되이 고통받고 있고, 단축되고 있는 것이다."[255]

건강상태에 대한 작업장들의 영향을 예증하기 위해서 싸이먼 박사는 다음과 같은 사망률 표를 제시하고 있다:[256]

각 산업에 고용된 모든 연령층의 인원수	건강에 관해 비교된 산업들	각 산업의, 10만 명 당 연령별 사망률		
		25-35살	35-45살	45-55살
958,265	잉글랜드와 웨일즈의 농업	743	805	1,145
남 22,301 여 12,377	런던의 재봉공	958	1,262	2,093
13,803	런던의 인쇄공	894	1,747	2,367

---

255 《공중위생. 제6차 보고서》, 런던, 1864, pp. 29-31.
256 같은 보고서, p. 30. 싸이먼 박사는, 런던의 25-25살의 재봉공들과 인쇄공들의 사망률은 실제로는 훨씬 더 높은데, 이는 런던의 사용자들이 30살까지의 많은 젊은이들을 농촌에서 (자신의 수공업을 익히려는) "도제들"이나 "견습공들(improvers)"로서 받아들이고 있기 때문이라고 지적하고 있다. 이들은 국세조사에서는 런던 사람으로 계산되어 런던의 사망률 계산의 기초가 되는 머리수를 팽창시키지만, 그에 비례하여 런던의 사망자수에 기여하지는 않는다. 그들의 대부분은, 결국 그리고 특히 중병에 걸리면, 농촌으로 되돌아간다.(같은 곳.)

d) 근대적 가내노동[*1]

이제 이른바 가내노동으로 눈을 돌려보자. 대공업의 배후에서 형성된 자본의 이 착취영역과 그 터무니없는 상태를 표상하기 위해서는, 예컨대, 영국의 몇몇 벽지(僻地) 마을들에서 운영되고 있는, 외관상으로는 전적으로 목가적인 못 제조업을 보아야 할 것이다.[257] 여기에서는 아직 전혀 기계적으로 경영되지 않거나 기계경영 및 매뉴팩쳐적 경영과 경쟁하고 있지 않은, 레이스 공장과 밀짚 세공업 부문에서 몇몇 예를 드는 것만으로도 충분하다.

영국의 레이스 생산에 종사하고 있는 150,000명 가운데 약 10,000명은 1861년 공장법의 지배 하에 있다. 나머지 140,000명의 대다수는 성년여성과, 남자는 아주 소수지만, 남녀 미성년자들 및 아동들이다. 이 "싸구려" 착취재료의 건강상태는, 노팅엄 종합진료소(General Dispensary)의 의사인 트루먼(Trueman) 박사의 다음 표로부터 알 수 있다. 대부분 17살에서 24살인 686명의 레이스 제조 여공 환자들 중 폐결핵은 다음과 같았다:

1852년	45명당 1명	1857년	13명당 1명
1853년	28명당 1명	1858년	15명당 1명
1854년	17명당 1명	1859년	9명당 1명
1855년	18명당 1명	1860년	8명당 1명
1856년	15명당 1명	1861년	8명당 1명[258]

[*1] [역주] 영어판에는 "근대적 가내공업(Modern Domestic Industry)".

257 여기에서의 문제는, 기계로 절단하여 만든 못과는 다른, 망치로 두드려 만든 못이다. ≪아동노동조사위원회, 제3차 보고서≫, pp. XI, XIX, 제125-130호; p. 52, 제11호; pp. 113-114, 제487호; p. 137, 제674호를 보라.

폐결핵률의 이러한 진보는 가장 낙천적인 진보론자들도, 거짓말을 일삼는(lügenfauchendst), 독일의 자유무역론 행상인[*1]도 만족시킬 것임에 틀림없다.

1861년의 공장법은 기계장치에 의해서 수행되는 한에서의, 본래의 레이스 제조를 규제하고 있고, 이것은 영국에서 통례다. 우리가 여기에서 간단히 고찰하는, 그리고 물론 노동자들이 매뉴팩춰나 상품창고 등에 집적되어 있지 않고, 단지 이른바 가내노동자들인 부문들은, 1) 마무리(finishing)(기계로 제작된 레이스들을 마지막으로 매만지는 작업으로서, 다시 수많은 세(細)부문들을 포함하는 범주), 2) 레이스 짜기로 나뉜다.

레이스 마무리(lace finishing)는 소위 "여장주(女匠主)의 집들(Mistresses Houses)"이나, 혼자 혹은 아이들을 데리고 있는 성년여성들의 자택에서 가내노동으로서 운영된다. "여장주의 집들"을 가진 성년여성들 자신도 가난하다. 작업장은 그들의 자택의 일부다. 그들은 공장주들이나 창고 소유자들 등으로부터 주문을 받으며, 그들의 방의 넓이와 변동하는 사업의 수요에 따라 성년여성들과 소녀들, 어린 아동들을 사용한다. 취업 여성노동자들의 수는, 이들 작업장 중 몇몇에서는 20명에서 40명까지, 다른 곳에서는 10명에서 20명까지 변동한다. 아동들이 노동을 시작하는 최저연령은 평균 6살이지만, 5살 미만도 많다. 보통 노동시간은 아침 8시부터 저녁 8시까지 지속되고, $1\frac{1}{2}$시간의 식사시간이 있는데, 이 식사는 불규칙적이고, 그조차 악취 나는 작업굴(作業

---

258 《아동노동조사위원회, 제2차 보고서》, p. XXII, 제166호.

[*1] [新日本판] 맑스가 여기에서 말하고 있는 것은 속류경제학자 퐈우혀(Julius Faucher, 1820-1878)다. 이 번역서 제2분책, pp. 397-398 참조.

窟)에서 하는 경우도 흔하다. 경기가 좋을 때에는 노동은 자주 아침 8시(때로는 6시)부터 밤 10시, 11시 혹은 12시까지 지속된다. 영국의 병영에서는 병사 1인당 규정된 공간이 500-600입방퓌트[약 14-17m³: 역자]고, 군병원에서는 1,200입방퓌트[약 34m³: 역자]다. 저 작업굴에서는 1인당 67-100입방퓌트[약 1.9-2.8m³: 역자]다. 동시에 가스등(燈)이 공기 중의 산소를 소비한다. 레이스를 깨끗이 유지하기 위해서 아동들은, 바닥이 포석(鋪石)이나 벽돌로 이루어져 있는데도, 겨울에도 흔히 신발을 벗지 않으면 안 된다.

"노팅엄에서는 14명*¹에서 20명의 아동들이, 필시 12퓌트평방 [약 13.4m²≒4평: 역자]을 넘지 않는 작은 방에 처박혀, 지루하고 단조로워 심히 지치게 하는데다가 온갖 비위생적인 상태에서 수행되는 노동에 24시간 중 15시간 사용되는 일이 드물지 않다. … 극히 어린 아동들조차, 손가락을 쉬게 하거나 동작을 느리게 하는 일이 거의 없이, 놀랍게 긴장된 주의력과 속도로 일한다. 질문을 받아도 그들은 단 한 순간이라도 놓칠까봐 일에서 눈을 떼지 않는다."

노동시간이 연장되면 될수록, "긴 막대기"가 자극제로서 "여장주들(mistresses)"에게 이용된다.

"단조롭고, 눈을 혹사시키며, 한결같은 자세 때문에 심히 지치게 하는 작업에의 오랜 구속이 끝나감에 따라서 아동들은 점차 녹초가 되고, 새들처럼 안절부절못하게 된다. 그것은 정말 노예노동이다."("Their work is like slavery.")²⁵⁹

---

*1 [역주] 독일어판에는 "15명".
259 ≪아동노동조사위원회, 제2차 보고서≫, 1864, pp. XIX, XX, XXI.

여자가 자신의 몇몇 아이들과 함께 집에서, 즉, 근대적 의미로는 셋방에서, 흔히 다락방에서 일하는 경우에는, 상황이 어쩌면 더 나쁘기도 있다. 이런 종류의 노동은 노팅엄 주변 80마일까지 퍼져 있다. 도매상에 고용된 아동이 저녁 9시나 10시에 퇴근할 때, 집에서 완성하도록 다시 한 다발을 들려 보내는 일도 자주 있다. 자본가적 바리새인은 물론 그의 임금노예 중 한 사람을 시켜 "이것은 어머니 몫이다"라며 거드름을 피우지만, 이 가엾은 아이가 자지 못하고 앉아서 돕지 않으면 안 된다는 것을 아주 잘 알고 있다.260

레이스 뜨기업은 주로 영국의 두 농업지역에서 경영되는데, 그 하나는, 데뷘셔(Devonshire)의 남해안을 따라 20에서 30마일에 걸쳐 있으면서 노쓰데뷘(North Devon)의 소수 지역들을 포함하는 허니톤(Honiton) 레이스 지역이고, 다른 지역은, 버킹엄·베드퍼드(Bedford)·노쌤프톤(Northampton) 백작령의 대부분과 옥스풔드셔(Oxfordshire) 및 헌팅던셔(Huntingdonshire)의 인접 부분들을 포함하고 있다. 농업일용노동자들의 오두막들(cottages)이 일반적으로 작업장으로 되어 있다. 다수의 제조업주들은 3,000명 이상의 이러한 가내노동자들을 사용하고 있는데, 주로 아동과 미성년자들로서, 오로지 여성뿐이다. 레이스 마무리(Lace finishing)의 경우에 묘사했던 상황이 재현된다. 단지, "영장주의 집들(mistresses houses)" 대신에, 가난한 성년여성들에 의해서 그들의 오두막들에서 운영되는 이른바 "레이스학교들(lace schools)"이 등장할 뿐이다. 5살부터, 때로는 더 어려서부

---

260 같은 보고서, pp. XXI, XXII.

터, 12살 혹은 15살까지 아동들이 이러한 학교들에서 일하는데, 가장 어린 아동들이 첫 1년간에는 4시간에서 8시간, 나중에는 아침 6시부터 저녁 8시, 10시까지 노동한다.

> "방들은 일반적으로 작은 오두막들(cottages)의 보통의 안방들이고, 굴뚝은 외풍을 막기 위해서 막혀 있으며, 수용자들은 자신들의 체온만으로 보온을 하는데, 겨울에도 자주 그렇다. 다른 경우에는, 이 이른바 교실들은 난로가 없는 작은 곳간들 같다. … 이 굴(窟) 속의 과밀(過密)과 그에 따른 공기의 부패는 종종 극단적이다. 게다가, 하수구·변소·부패물, 그리고 작은 오두막들의 주변에 으레 있는 다른 오물의 유해한 작용이 있다."

공간과 관련해서는:

> "한 레이스학교에서는 18명의 소녀들과 1명의 여교사가 1인당 35입방퓌트[약 1m³: 역자]고; 냄새를 참을 수 없는 다른 학교에서는 18명이 1인당 24$\frac{1}{2}$입방퓌트[약 0.7m³: 역자]다. 이 산업에서는 2살과 2$\frac{1}{2}$살의 아동들도 고용되고 있다."[261]

버킹엄과 베드풔드의 농촌 백작령들에서 레이스 뜨기가 끝나는 곳에서 밀짚 세공업이 시작된다. 이 밀짚 세공업은 하트풔드셔(Hertfordshire)의 대부분과, 에쎅스(Essex)의 서부 및 북부에 뻗쳐 있다. 1861년에는 밀짚 가공과 밀짚모자 제조에 48,043명이 종사하고 있었는데, 그 중 3,815명은 모든 연령층의 남성이고, 나머지는 여성이었는데, 그것도 14,913명은 20살 미만이었고, 그 중 약 7,000명은 아동이었다. 레이스학교들 대신에 여기에서는 "밀짚세공학교들(straw plait schools)"이 등장한다. 여기

---

261 같은 보고서, pp. XXIX, XXX.

에서 아동들은 보통 4살부터, 때로는 3살에서 4살 사이부터 밀짚세공 수업을 시작한다. 물론 교육은 전혀 아무것도 받지 않는다. 아동들 자신이, 반쯤은 굶주린 그들의 어머니들이 지시한, 하루에 대개 30야드의 제품을 완성하기 위해서 그야말로 일에만 붙들려 매어 있는 이 흡혈시설들과 구별하여, 초등학교를 "진짜 학교들(natural schools)"이라고 부른다. 이 어머니들은 그 후 집에서도 또한 그들을 자주 밤 10시, 11시, 12시까지 일하게 한다. 밀짚은 그들의 손가락을 베고, 또한 끊임없이 밀짚을 축이는 입을 벤다. 밸러드(Ballard) 박사가 요약한, 런던 의무관(醫務官)들의 전체적 견해에 의하면, 300입방퓌트[약 8.5m³: 역자]가 침실이나 작업실에서의 1인당 최소 공간이다. 그러나 밀짚세공학교들에서는 그 공간이 레이스학교들에서보다도 더 적게 할당되어 있어서, 1인당 $12^{2}/_{3}$, 17, $18^{1}/_{2}$ 그리고 22입방퓌트*1 미만이다.

위원 화이트는 다음과 같이 말하고 있다:

"이 숫자들 중 작은 것은, 한 아동을 각 변이 3퓌트[약 91.4cm: 역자]인 상자에 넣었을 때 그가 차지할 공간의 절반보다도 작은 공간을 의미한다."

이것이 12살 혹은 14살까지의 아동들의 인생의 즐거움이다. 가난하고 영락한 부모들은 단지 아동들로부터 가능한 한 많이 얻어내는 것밖에는 생각하지 않는다. 아동들은, 성장하면, 부모에 관해서는 전혀 개의치 않고, 그들을 떠난다.

"이렇게 자란 주민들 사이에 무지와 악덕이 넘치는 것은 전혀 놀랄

---

*1 [역주] 각각, 약 0.36m³, 약 0.48m³, 약 0.52m³.

일이 아니다. … 그들의 도덕성은 최저 수준에 있으며, … 대단히 많은 여자들은 사생아를 가지고 있고, 그것도, 범죄 통계에 가장 정통한 사람들조차 놀랄 미숙한 나이에 사생아를 가지고 있다."262

그리고 이러한 모범적 가족들의 고국은, 분명히 기독교에서는 권위가 있는 몽딸랑베르(Montalembert) 백작*2이 말하는 바에 의하면, 유럽의 기독교 모범국이다!

임금은, 방금 다룬 산업부문들에서는 일반적으로 비참한데(밀짚세공학교에서는 아동들의 예외적인 최대임금이 3쉴링이다), 특히 레이스 지역들에서 일반적으로 널리 시행되고 있는 현물임금제도(Trucksystem)에 의해서 그 명목액 아래로 더욱 깊이 떨어진다.263

e) 근대적 매뉴팩춰와 가내노동의 대공업*1으로의 이행. 그 경영양식들에 대한 공장법의 적용에 의한 이 혁명의 촉진

여성 노동력과 미성숙 노동력의 노골적인 남용, 모든 정상적인 노동조건들과 생활조건들의 노골적인 강탈, 그리고 과도노동과 야간노동이라는 노골적인 잔혹에 의한 노동력의 저렴화는 결국 더

---

262 같은 보고서, pp. XL, XLI.

*2 [역주] 몽딸랑베르 백작(Montalembert, Charles Forbes de Tryon, comte de, 1810-1870) — 프랑스의 정치가, 평론가. 제2공화국 때에는 입헌국민회의 및 입법국민회의 의원. 오를레앙파. 카톨릭당의 당수.

263 ≪아동노동조사위원회, 제1차 보고서≫, 1863, p. 185.

*1 [역주] 영어판에는 "근대적 기계공업(Modern Mechanical Industry)".

이상 넘을 수 없는 어떤 자연적 한계에 부딪히며, 그와 함께 이러한 토대에 의거한 상품의 저렴화와 자본주의적 착취 일반도 그러한 한계에 부딪힌다. 마침내 이 점에 도달하자마자, 그런데 그것은 오래 걸리지만, 기계장치를 도입하고 분산된 가내노동을 (혹은 매뉴팩춰도) 급속히 공장경영으로 전화시키는 순간이 닥친다.

이러한 움직임의 최대의 예는 의류장구(衣類裝具, Wearing Apparel)"(의류에 속하는 상품들)의 생산이 제공하고 있다. "아동노동조사위원회(Children's Employment Commission)"에 의하면, 이 산업은 밀짚모자 및 숙녀용 모자 제조업자, 캡[cap] 제조업자, 재봉업자, 밀리너(milliners)와 드레스 메이커(dressmakers),264 내복 제조업자와 재봉여공, 코르셋 제조업자, 장갑 제조업자, 제화업자, 그밖에 넥타이, 옷깃 등의 제조 같은 수많은 소부문들을 포괄하고 있다. 잉글랜드와 웨일즈에서 이 산업에 종사한 여성 인원은 1861년에 586,298명이었는데, 그 가운데 최소 115,242명은 20살 미만, 16,560명은 15살 미만이었다. 연합왕국에서 이러한 여성노동자들의 수(1861년)는 750,334명이었다. 같은 시기에 잉글랜드와 웨일즈에서 모자 제조업・제화업・장갑 제조업 및 양복업에 종사한 남성노동자의 수는 437,969명이었고, 그 가운데 14,964명은 15살 미만, 89,285명은 15살에서 20살, 333,117명은 20살 이상이었다. 이 보고에는 이 산업에 속하는 수많은 소부문들이 누락되어 있다. 그러나 있는 그대로의 숫자를 취하더라도, 1861년의 국세조사에 의하면, 잉글랜드와 웨

---

264 밀리너리(Millinery)는 본래는 단지 머리장식과만 관련이 있었지만, 숙녀용 외투 및 만틸라(Mantille, 여성용 소형 망토[manteau])와도 관련이 있으며, 한편 드레스메이커(Dressmakers)는 독일의 여성복 제조여공(Putzmacherinnen)과 동일하다.

일즈만으로도 합계 1,024,267명으로 밝혀지고, 따라서 농경과 목축이 흡수하고 있는 만큼과 대략 같다. 무엇 때문에 기계장치는 그토록 엄청난 량의 생산물을 마법처럼 불러내는 것을 돕고, 그토록 엄청난 량의 노동자들을 "유리시키는 것"을 돕는가를 우리는 이해하기 시작한다.

"의류장구(Wearing Apparel)"의 생산은, [부분적으로는]*1 그것들의 흩어진 기관들(mambra disjecta)은 이미 존재하고 있고 그 내부에서는 단지 분업만이 재생산되는 매뉴팩춰들에 의해서, [부분적으로는]*1 이전처럼 개인적 소비자들을 위해서는 아니지만, 매뉴팩춰들과 선대상인들을 위해서 일하며, 그리하여 제화업 등과 같이 자주 도시 전체 및 지방 전체가 그러한 부문을 전문으로서 수행하기도 하는 소규모 수공업 장주들에 의해서, 마지막으로 가장 광범위하게는, 매뉴팩춰들과 선대상인들의, 그리고 심지어는 소규모 장주들의 외주부서를 이루는 이른바 가내노동자들에 의해서 운영되고 있다.265 대량의 노동재료, 원료, 반제품 등은 대공업이 공급하고 있고, 대량의 값싼, (자비와 연민에 내맡겨진 [taillable à merci et miséricorde*2]) 인간재료는 대공업과 대농업에 의해서 "유리된 사람들"로 이루어져 있다. 이 분야에 매뉴팩춰들이 발생한 것은 주로 어떠한 수요변동에도 응할 태세가 되어 있는 대군(大群)을 수하에 두려는 자본가의 욕망 덕택이었다.266

---

*1 [역주] 영어판에 따라서 삽입하였음.

265 영국의 밀리너리(millinery)와 드레스 제조(dressmaking)는 대부분 사용자의 집에서, 일부는 거기에 거주하며 고용된 여성노동자들에 의해서, 일부는 타지에 거주하는 일용여성노동자들에 의해서 운영되고 있다.

*2 [新日本판 역주] 이것은 중세에 프랑스의 농노에 적용된 용어였는데, 나중에 법률상의 권리가 없는 것을 표현하는 용어가 되었다.

하지만 이들 매뉴팩춰는 자신의 곁에, 분산된 수공업적 경영과 가내경영을 광범한 토대로서 존속시켰다. 이들 노동부문들에서 그 제품의 누진적인 저렴화를 동시에 수반한 잉여가치의 대량 생산은 주로, 인간으로서 가능한 최대의 노동시간과 결합된, 비참한 연명에 필요한 최저한의 임금 덕택이었고, 현재도 그렇다. 판매시장을, 특히 영국에게 있어서는 더욱이 영국의 관습과 취향이 널리 유행하는 식민지 시장을 끊임없이 확대했고 또한 매일매일 확대하고 있는 것은, 상품으로 전화된 인간의 땀과 인간의 피가 값싼 것 바로 그것이었다. 마침내 결절점에 도달했다. 해묵은 방법의 토대, 즉 체계적으로 발전한 분업을 다소간에 수반한, 노동자재료의 순전히 잔인한 착취는, 증대하는 시장에, 그리고 한층 더 급속히 증대하는 자본가들의 경쟁에 더 이상 충분치 않았다. 기계장치의 시대가 온 것이다. 여성복 제조업, 재봉업, 제화업, 바느질, 모자 제조업 등 이 생산분야의 무수한 부문 전체를 한결같이 장악하는 결정적으로 혁명적인 기계, 그것은 — 재봉틀이다.

496 노동자들에 대한 재봉틀의 직접적인 영향은, 대공업 시대에 새로운 사업부문들을 정복하는 모든 기계장치의 영향과 대략 같다. 아주 어린 나이의 아동들은 배척된다. 기계노동자들의 임금은, 그 다수가 "극빈자들 중 최극빈자들"("the poorest of the poor")에 속하는 가내노동자들의 임금에 비해서 상승한다. 기계와 경쟁하게 된, 비교적 좋은 형편이었던 수공업자의 임금은 낮아진다. 새로운 기계노동자들은 전적으로 소녀들과 젊은 여성들이다. 기

---

266 위원 화이트는 1,000명 내지 1,200명을 고용하고 있는 어떤 군복 매뉴팩춰를 방문했는데, 거의 모두가 여성이었고, 그가 방문한 어떤 구두 매뉴팩춰는 1,300명의 거의 절반이 아동들과 미성년자들이었다.(≪아동노동조사위원회, 제2차 보고서≫, p. XLVII, 제319호.)

계력의 도움으로 그들은 비교적 힘든 작업에서 남성 노동의 독점을 폐지하고, 비교적 가벼운 작업에서는 대량의 늙은 여성들과 아주 어린 아동들을 몰아낸다. 우세한 경쟁이 가장 약한 손노동자들을 타도한다. 최근 10년간 런던에서의 아사(餓死, death from starvation)의 무서운 증가는 기계재봉업의 확산과 나란히 가고 있다.267 기계의 무게, 크기 및 특성에 따라서, 앉거나 서서, 손과 발로 혹은 손만으로 재봉틀을 움직이는 새로운 여성노동자들은 커다란 노동력을 지출한다. 그들의 일은, 그 과정이, 옛 제도보다는 대개 짧지만, 오래 지속되기 때문에, 건강에 해롭다. 제화·코르셋 제조·모자 제조 등의 경우처럼, 그렇잖아도 비좁고 가득 찬 작업장에 재봉틀이 들어가는 곳에서는 어디에서나 건강에 해로운 영향이 증대된다. 위원 로드(Lord)는 다음과 같이 말하고 있다:

> "30명 내지 40명의 기계노동자들이 일하고 있는, 천장이 낮은 작업장에 들어설 때의 느낌은 견딜 수 없다. … 일부는 다리미를 달구기 위해 사용되는 가스난로 때문인 열기는 끔찍하다. … 그러한 곳에서는 적당한 노동시간, 즉 아침 8시부터 저녁 6시까지의 노동시간이 지켜지는 경우에조차 매일 어김없이 3명이나 4명이 졸도한다."268

---

267 일례. 1864년 2월 26일에 중앙호적등기소장(Registrar General)[128]의 사망 주보(週報)는 5건의 아사를 싣고 있다. 같은 날 ≪타임즈(*Times*)≫는 또 하나의 새로운 아사를 보도하고 있다. 1주일에 6명의 아사 희생자!

268 ≪아동노동조사위원회, 제2차 보고서≫, 1864, p. LXVII, 제406-409호; p. 84, 제124호; p. LXXIII, 제441호; p. 68, 제6호; p. 84, 제126호; p. 78, 제85호; p. 76, 제69호; p. LXXII, 제438호.

사회적 경영양식의 변혁, 생산수단의 변화의 이 필연적 산물은 과도적 형태들이 다양하게 교착(交錯)하는 가운데 수행된다. 이들 과도적 형태들은, 재봉틀이 이런저런 산업부문을 이미 장악하고 있는 범위와 그 기간에 따라 달라지고, 노동자들의 기존의 상태에 따라서도, 매뉴팩취적 경영과 수공업적 경영 혹은 가내경영 중 어느 것이 우세한가에 따라서도, 작업장의 임차료269 등에 따라서도 달라진다. 예컨대, 노동이 주로 단순협업에 의해서 대부분 이미 조직되어 있는 여성복 제조업에서는 재봉틀은 우선은 단지 매뉴팩취적 경영의 하나의 새로운 요소를 이룸에 불과했다. 재봉업·내복 제조업·제화업 등에서는 모든 형태들이 뒤섞여 있다. 여기에는 본래의 공장경영. 저기에서는 중간 고용주들이 우두머리 자본가(Kapitalist en chef)로부터 원료를 받아 "작은 방들"이나 "다락방들"에 10명 내지 50명 또는 더 많은 임금노동자들을 재봉틀 주변에 모아 놓고 있다. 마지막으로는, 어떤 기계든, 전혀 편성된 체계를 형성하지 않고 소형으로 사용할 수 있는 경우에 그렇듯이, 수공업자들이나 가내노동자들이, 자신의 가족과 함께, 혹은 소수의 외부 노동자들을 끌어들여, 역시 자기 자신의 것인 재봉틀들을 이용하고 있다.270 사실 지금 영국에서는, 자본가가 자신의 건물에 다수의 기계를 집결시켜 놓고, 그 다음에 그 기계생산물을 가내노동자 대군에 분배하여 더 가공시키는 제

---

269 "작업장을 위한 건물의 임차료는 종국적으로 결정적인 요인인 것으로 보인다. 따라서 소고용주들과 가족들에게 일을 내주는 구제도가 가장 오래 유지되고 가장 일찍 재개된 것은 수도(首都)에서였다."(같은 보고서, p. 83, 제123호.) 결론적 구절은 전적으로 제화업에만 관련되어 있다.

270 노동자들의 상태가 피구휼빈민의 그것과 거의 구별되지 않는 장갑 제조업 등에서는 이런 일은 없다.

도가 압도적이다.271 하지만, 과도적 형태의 다양성이 본래의 공장경영으로의 전화 경향을 은폐하는 것은 아니다. 이러한 경향은, 재봉틀 자체의 성격, 즉 이전에는 분리되어 있던 사업부문들을 동일한 건물 속에서 또한 동일한 자본의 지휘 하에 결합시키도록 추동하는 재봉틀의 다양한 응용가능성에 의해서 증대되며, 예비적인 시치기와 몇몇 다른 작업들은 기계 곁에서 수행되는 것이 가장 적합하다는 사정에 의해서도 증대되고, 마지막으로는, 자신의 기계를 가지고 생산하는 수공업자들과 가내노동자들의 불가피한 수탈에 의해서 증대된다. 그들은 부분적으로는 현재 이미 이 운명에 다다랐다. 재봉틀에 투하되는 자본량의 끊임없는 증대272는 생산에 박차를 가하여 시장의 정체(停滯)를 야기하는데, 이 정체는 가내노동자들에게 재봉틀을 매각하라는 신호의 종을 울린다. 그러한 기계 자체의 과잉생산은 그 판로가 필요한 생산자들로 하여금 그것들을 1주일마다 임대하지 않을 수 없도록 만들고, 그와 더불어 소규모 기계소유자들에게 치명적인 경쟁을 야기한다.273 게다가 끊임없이 계속되는 기계의 구조변화와 저렴화는 그 구형(舊型)들을 마찬가지로 감가시켜, 그것들을 다시 터무니없는 가격에 대량으로 사들여 대자본가들의 수중에서 이윤을 챙기면서 이용하게 한다. 마지막으로, 증기기관에 의한 인간의 대체는, 모든 유사한 변혁과정에서처럼, 여기에서도 결정적이다. 증기력의 사용은 처음에는, 기계의 진동, 그 속도 조절의 어

---

271 같은 보고서, p. 83, 제122호.

272 도매를 위해 생산되는, 레스터(Leicester)의 장화 제조업과 구도 제조업에서만도 1864년에 이미 800대의 재봉틀이 사용되고 있었다.

273 같은 보고서, p. 제124.

려움, 비교적 가벼운 기계들의 급속한 파손 등과 같은 순전히 기술적인 장해들에 부딪히는데, 그것들은 경험이 곧 극복하는 법을 가르쳐주는 장해들일 뿐이다.274 한편에서는, 비교적 대규모 매뉴팩춰들에서의 많은 작업기의 집적이 증기력을 사용하도록 한다면, 다른 한편에서는, 증기와 인간의 근력의 경쟁이 대공장들에서의 노동자와 작업기의 집적을 촉진한다. 그리하여 영국은 현재 "의류장구(Wearing Apparel)"라는 거대한 생산 분야에서도, 기타 대부분의 사업들에서도, 매뉴팩춰와 가내수공업, 가내노동의 공장경영으로의 변혁을 경험하고 있는데, 이 변혁은, 저 모든 형태들이 대공업의 영향 하에서 전적으로 변화·분해·왜곡되어 이미 오랫동안 공장제도의 긍정적인 발전계기들이 없이 그 공장제도의 온갖 기괴한 것들만을 재생산하고 심지어는 그 이상의 짓들을 해온 후에 경험하고 있는 일이다.275

자연발생적으로 일어나고 있는 이 산업혁명은, 여성과 미성년자, 아동들이 노동하는 모든 산업부문으로 공장법을 확장함으로

---

274 런던 핌리코(Pimlico)의 육군피복창, 런던데뤼(Londonderry)의 틸리 앤드 헨더슨사(Tillie and Henderson)의 내복공장, 약 1,200명의 "공원들"을 사용하는, 리머릭(Limerick)의 테이트시(Firma Tait)에서 그러했다.

275 《공장제도로의 경향》(같은 보고서, 부록, p. LXVII.) "모든 직업이 현재 과도기 상태에 있으며, 레이스 산업이나 직포업 등에서 일어났던 것과 동일한 변화를 겪고 있다."(같은 보고서, 제405호.) "하나의 완전한 혁명"(같은 보고서, p. XLVI. 제318호.) 1840년의 "아동노동조사위원회" 당시에는 양말 제조업은 아직 손노동이었다. 1846년 이후 각종 기계장치가 도입되어, 지금은 증기에 의해서 가동되고 있다. 영국의 양말제조업에 고용된, 3살부터 모든 연령층의 남녀 총수는 1862년에 약 120,000명*1이었다. 그 가운데, 1862년 2월 11일의 의회보고서에 의하면, 단지 4,063명만이 공장법의 적용을 받고 있었다.

*1 [역주] 영어판에는 "약 129,000명".

써 인위적으로 촉진된다. 노동일의 길이, 휴식, 시작과 마감시각에 대한 강제적 규제, 아동의 교대제도, 일정한 나이 미만의 모든 아동의 제외 등은, 한편에서는, 더 많은 기계장치276와, 증기에 의한 동력으로서의 근육의 교체277를 강요한다. 다른 한편에서는, 시간에서 잃는 것을 공간에서 얻기 위해서 난로, 건물 등과 같은 공동으로 이용되는 생산수단의 확장, 따라서, 한 마디로 말하면, 생산수단의 보다 거대한 집적과 그에 상응한 노동자들의 보다 거대한 밀집이 일어난다. 공장법으로 위협받는 매뉴팩춰마다 열렬히 되풀이하는 주요 항의는, 사실상, 사업을 이전의 규모로 계속해가기 위해서는 보다 큰 투자가 불가피하다는 것이다. 그러나 매뉴팩춰와 가내노동 사이의 중간형태들과 가내노동 그 자체에 관해서 말하자면, 그들의 지반은 노동일과 아동노동의 제한과 더불어 침하한다. 값싼 노동력의 무제한한 착취가 그들의 경쟁력의 유일한 토대를 이루고 있는 것이다.

공장경영의 본질적인 조건은, 특히 그 경영이 노동일의 규제를 받게 되고나서는, 결과의 정상적인 확실성, 즉 주어진 시간 내에 일정량의 상품 혹은 소기의 유용효과를 생산하는 것이다. 나아가서, 노동일이 규제될 때의 법정(法定) 휴식은 생산과정에 있는

---

276 그리하여, 예컨대, 요업에서는 "글래스고우의 브뤼태니아 도기제작소 (Britannia Pottery, Glasgow)"의 코크란(Cochran)사는 다음과 같이 보고하고 있다: "생산고를 유지하기 위해서 우리는 비숙련노동에 의해 운전되는 기계들을 광범하게 사용하게 되었고, 우리는 옛 방법에 의해서보다 더 많은 량을 생산할 수 있다고 매일 확신하고 있다."(≪공장감독관 보고서. 1865년 10월 31일≫, p. 13.) "공장법의 영향은 기계장치를 더 도입하지 않을 수 없도록 하는 것이다."(같은 보고서, pp. 13-14.)

277 그리하여 요업에서는 공장법이 적용된 이후 수동 녹로(handmoved jiggers) 대신에 동력 녹로(power jiggers)가 크게 증가했다.

제품을 손상시키지 않으면서 노동을 돌연히 그리고 주기적으로 중지하는 것을 상정(想定)하고 있다. 결과의 이러한 확실성과 노동의 중단 가능성은 물론, 요업·표백업·염색업·제빵업·대부분의 금속제조업에서와 같이 화학적·물리적 과정이 어떤 역할을 하는 공장들에서보다는, 순전히 기계적인 공장에서 보다 쉽게 달성될 수 있다. 무제한한 노동일과 야간노동, 인간의 자유로운 황폐화라는 관행 하에서는 어떤 자연발생적인 장해도 금방 생산에 대한 영원한 "자연적 제한"으로 간주된다. 어떤 독약도, 공장법이 그러한 "자연적 제한들"을 근절하는 것보다 더 확실히는 해충을 근절하지 못한다. 요업의 소유주들보다 더 큰소리로 "불가능들"을 외친 사람은 아무도 없다. 1864년에 그들에게 공장법이 강제되었고, 16개월 후에는 이미 모든 불가능들이 사라졌다. 공장법이 불러일으킨,

> "증발에 의해서가 아니라 압력에 의해서 찰흙반죽(slip)을 만드는 개량된 방법, 제품을 굽지 않은 상태로 건조하기 위한 새로운 구조의 가마 등은 도예에서 대단히 중요한 사건들이며, 지난 한 세기 동안 유례가 없는 진보를 보여주고 있다. ... 그것은, 제품에의 효력은 보다 빠르면서도, 연료를 현저하게 절약하여 가마의 온도를 현저하게 낮추기까지 했다."[278]

모든 예언에도 불구하고 도기의 비용가격은 증대하지 않고, 오히려 생산물량은 증대하여, 1864년 12월부터 1865년 12월까지 12개월간의 수출은 그 가치에서 이전 3년간의 평균보다 138,628 파운드 스털링을 초과했다. 성냥제조에서는 소년들이 심지어 점

---

278 ≪공장감독관 보고서. 1865년 10월 31일≫, pp. 96 및 127.

심식사를 목에 넘기는 동안에조차 올라오는 유독성 증기를 얼굴에 쏘이면서 나뭇개비들을 뜨거운 인(燐)혼합물에 적시는 것이 자연법칙으로 간주되고 있었다. 시간을 절약해야 할 필요와 함께 공장법(1864년)*¹은, 그 증기가 노동자에게 닿을 수 없는 "침지기(浸漬機, dipping machine)"를 강제했다.279 그리하여 지금은 아직 공장법을 적용받지 않고 있는 레이스 제조업 부문들에서, 다양한 레이스 재료들을 건조시키는 데에 필요한 시간이 3분부터 1시간, 또는 그 이상으로 각기 다르기 때문에 식사시간이 규칙적일 수 없다고 주장하고 있다. 이에 대해서 "아동노동조사위원회"의 위원들은 다음과 같이 응수하고 있다:

> "사정은, 우리의 제1차 보고서에서 다루어진*² 벽지인쇄업의 경우와 마찬가지다. 이 부문의 주요 제조업자들 중 일부는, 사용되는 재료들의 성격상, 그리고 그것들의 다양한 공정 때문에 심각한 손실을 보지 않고는 식사를 위해 어떤 일정한 시간에 정지할 수 없다고 주장했다. 그러나 당연한 주의와 사전 준비에 의해서 우려하는 어려움이 극복된다는 것이 증거에 의해 판명되었고, 따라서 의회의 이번 회기에 통과된*³ 공장법 확장법(Factory Acts Extension

---

*1 [新日本판 역주] 1864년의 공장법은 공장의 정의(定義)를 "사람들이 보수를 위해서 일하는 장소는 모두 공장으로 간주한다"고 확장하여, 비로소 가내공업을 포괄했다. 또한 공장의 청결과 환기를 유지하기 위해서 특별규칙을 작성하는 권한과, 그 위반에 대하여 1파운드 스털링 이하의 벌금을 부과하는 권한을 공장감독관에게 부여했다.

279 이 기계장치와 다른 기계장치들이 성냥공장에 도입됨으로써 그 공장의 어떤 부서에서는 230명의 젊은이가 14살에서 17살까지의, 32명의 소년·소녀로 대체되었다. 노동자의 이러한 절약은 1865년에는 증기력의 이용에 의해서 더욱 추진되었다.

*2 [역주] 독일어판에는, "우리의 제1차 보고서에서 다루어진"이 없다.

*3 [역주] 독일어판에는, "그러나 당연한 ..."부터 "...통과된"까지가 생략되어 있다.

Act)"(1864년)"제6절 제6조에 의해서 그들에게는 법률의 통과 후 18개월의 유예기간이 주어지고, 그 후에는 그들은 공장법에 명기된 식사시간을 지켜야 한다."[280]

이 법률이 의회를 통과하자마자 공장주 나리들은 다음과 같은 것을 발견했다:

> "우리 제조업 부문에 공장법이 도입되면 발생할 것으로 우리가 예측했던 불편은 일어나지 않았음을 말씀드리게 되어 다행입니다. 우리는 생산을 전혀 방해받고 있지 않습니다. 요컨대, 우리는 같은 시간에 더 많이 생산하고 있습니다."[281]

보다시피, 분명 누구도 그 독창성을 비난하지 않을 영국 의회는 경험을 통해서, 노동일의 제한과 규제에 대한 생산의 모든 이른바 자연적 장해들을 하나의 강제법이 간단히 제거해버릴 수 있다는 것을 마침내 깨달았다. 그리하여 어떤 산업부문에 공장법을 도입할 때에는 공장주가 그 기간 내에 기술상의 장해들을 제거하도록 6개월 내지 18개월의 유예기간이 설정된다. "불가능? 그 따위 어리석은 말은 나에게 하지 마라!(Impossible? Ne me dites jamais ce bête de mot!)"라는 미라보(Mirabeau)[*1]의 말은 특히 근대 과학기술에 타당하다. 그러나 공장법이 매뉴팩쳐적 경영의 공장경영으로의 전화에 필요한 물질적 요소들을 그와 같이 온실에서처럼 성숙시킨다면, 그것은 동시에 자본투하의 증대의 필요

---

280 《아동노동조사위원회, 제2차 보고서》, 1864, p. IX, 제50호.

281 《공장감독관 보고서. 1865년 10월 31일》, p. 22.

*1 [역주] 미라보(Mirabeau, Honoré-Gabriel-Victor Riqueti, comte de, 1749-1791) — 프랑스 혁명기의 정치가. 대부르주아지 및 부르주아지화한 귀족의 이해의 옹호자.

성에 의해서 소장주들의 몰락과 자본의 집적을 촉진한다.282

순전히 기술적인, 그리고 기술적으로 제거할 수 있는 장해들을 도외시하면, 노동일의 규제는 노동자들 자신의 불규칙적인 습관에 부딪히는데, 특히 개수임금이 지배적이고, 하루 중 혹은 1주일 중 어떤 시간의 허비가 사후의 과도노동이나 야간노동으로 벌충될 수 있는 경우가 그러한데, 그 방법은 성년 노동자를 잔인하게 만들어 그의 미성숙한 동료들과 여성 동료들을 파멸시키게 된다.283 노동력 지출에서의 이러한 불규칙성은 단조로운 고역(苦役)의 권태에 대한 하나의 자연발생적인 거친 반응이긴 하지만, 그러나 그것은, 비할 수 없이 보다 더 높은 정도에 있어서는, 생

---

282 "그러나 명심해야 할 것은, 그 개량들은, 일부 사업체들에서는 완전히 실행되었지만, 결코 일반적이지는 않으며, 다수의 낡은 매뉴팩춰에서는 다수의 현재 소유자들의 재력을 넘는 투자 없이는 사용될 수 없다." 부감독관 메이(May)는 다음과 같이 쓰고 있다: "그러한 (공장법 확장법과 같은) 조치의 도입에 불가피하게 수반하는 일시적인 혼란이며, 실로 고치려고 했던 해악들을 직접적으로 가리키고 있음에도 불구하고, …, 나는 기뻐하지 않을 수 없다."*1 (같은 보고서, pp. 96-97.)

*1 [역주] 이 주가 독일어판에는, "필요한 개량들은 … 다수의 낡은 매뉴팩춰에서는 현재 소유자들의 재력을 넘는 자본투하 없이는 채택될 수 없다. … 공장법의 도입에는 필연적으로 일시적인 혼란이 수반된다. 이 혼란의 규모는 고쳐야 할 폐해의 크기에 정비례한다."로 되어 있다.

283 예컨대, 용광로에서는 "주말이 다가올수록 일반적으로 노동시간이 크게 길어지는데, 이는 노동자들이 월요일에는, 그리고 때로는 화요일의 일부 혹은 전부에는 빈둥거리는 습관 때문이다."(《아동노동조사위원회, 제3차 보고서》, p. VI.) "소장주들은 일반적으로 노동시간이 아주 불규칙적이다. 그들은 이틀이나 사흘을 허비하고 나서는, 그것을 벌충하기 위해 철야로 일한다. … 그들은, 자기 아이들이 있는 경우, 으레 그들을 일하게 한다."(같은 보고서, p. VII.) "작업시간의 손실을 연장노동에 의해서 만회하는 가능성과 습관에 의해 조장되는, 작업개시 시간의 불규칙성."(같은 보고서, p. VIII.) "버밍엄에서는 … 어떤 때는 빈둥거리고, 다른 때는 노예처럼 일하면서 … 막대한 시간이 허비된다."(같은 보고서, p. XI.)

산 자체의 무정부성에 기인하는 것이고, 생산의 이 무정부성은 다시 자본에 의한 고삐 풀린 노동력 착취를 전제하고 있다. 산업순환의 일반적인 주기적 부침(浮沈) 및 각 생산부문에서의 특수한 시장동요 외에도, 특히, 항해에 유리한 계절의 주기성에 기초하든, 유행에 기초하든, 이른바 성수기(Saison, season)가 있고, 또한 극히 짧은 기간에 이행해야 하는 대형 주문이라는 돌발성이 있다. 이렇게 주문하는 습관은 철도 및 전신과 함께 확대된다.

예컨대, 런던의 한 공장주는 다음과 같이 말하고 있다:

"전국에 걸친 철도체계의 확장은 단기 주문을 크게 부추겨 왔습니다. 이제는 구매자들이 2주일에 한번 꼴로 글래스고우·맨체스터·에딘버러로부터 우리가 상품을 공급하는 씨티(city)의 도매상에 와서는, 예전에 하던 대로 재고에서 사가는 대신에, 즉각 수행하지 않으면 안 되는 작은 주문들을 합니다. 수년 전에는 우리는 언제나 다음 성수기의 수요를 충족시키기 위해서 한가한 때에 일할 수 있었지만, 지금은 아무도 다음의 수요가 무엇일지 예언할 수 없습니다."[284]

아직 공장법의 적용을 받지 않는 공장들과 매뉴팩춰들에서는 이른바 성수기 중에, 돌연한 주문 때문에 경련적으로, 가공할 과도노동이 주기적으로 광범하게 행해진다. 공장과 매뉴팩춰, 선대상인의 외주 부서에서는, 즉, 그렇잖아도 전적으로 불규칙적이고, 그 원료와 그 주문을, 여기에서는 건물·기계 등의 이용을 전혀 고려하지 않고 노동자들의 가죽 외에는 어떤 위험도 무릅쓰지 않

---

[284] 《아동노동조사위원회, 제4차 보고서》, p. XXXII. "철도체계의 확장은 돌발적으로 주문하는 이 관행과, 그에 따른 노동자들의 서두름, 식사시간 무시, 시간외 노동에 크게 기여했다고 한다."(같은 보고서, p. XXXI.)

는 자본가에게 전적으로 의존하는 가내노동의 영역에서는 언제나 이용할 수 있는 산업예비군이 아주 조직적으로 대량 육성되며, 1년 중 어떤 기간에는 비인간적인 노동강제에 의해서 대량으로 살해되고, 다른 기간에는 노동의 부족으로 룸펜화된다.*¹

"아동노동조사위원회"는 다음과 같이 말하고 있다: "고용주들은 가내노동의 상습적인 불규칙성을 이용하여, 가외의 노동이 시급히 필요할 때에는, 밤 11시, 12시, 혹은 2시까지, 즉 통상적인 표현으로 하면, '모든 시간'을 일하게 하는데, 그것도 악취가 당신들을 쓰러뜨릴 정도의(the stench is enough to knock you down)" 장소에서여서, "당신들이 문으로 가서 문을 열면 아마 더 가지 못하고 몸서리칠 것입니다."285 심문을 받은 증인의 한 사람인 어떤 제화공은 고용주들에 대해서 다음과 같이 말하고 있다: "그들은 기이한 사람들입니다. 그들은 소년이 반년 동안 지나치게 혹사당해도, 다른 반년 동안 거의 빈둥거린다면, 그 소년에게 전혀 해롭지 않다고 믿고 있습니다."286

기술적 장해와 마찬가지로, 이 이른바 "사업상의 관례들"("사업의 발달과 함께 발달해온 관례들[usages which habe grown with the growth of trade]")도 이해관계가 있는 자본가들은 생산의 "자연적 한계들"이라고 주장했고, 주장하고 있는데, 이는 공장법이 맨 처음 면업귀족들(Baumwoll-Lords)을 위협했을 당시에 그들이 즐겨 외쳤던 주장이다. 그들의 공업이 다른 공업들보다 더 많이 세계시장에, 따라서 항해에 의거하고는 있지만, 경험

---

*1 [역주] "노동의 부족으로 룸펜화된다."가 영어판에는 "노동의 부족으로 굶어죽는다"로 되어 있다.
285 《아동노동조사위원회, 제4차 보고서》, p. XXXV, 제235 및 237호.
286 같은 보고서, p. 127, 제56호.

은 그들의 거짓을 책망했다. 그 이후 이른바 "사업상의 장해"는 어느 것이나 영국의 공장감독관들에 의해서 공허한 망상으로 취급되고 있다.287 실제로 아동노동조사위원회의 철저하게 양심적인 조사는, 몇몇 산업에서는 이미 사용되고 있던 노동총량이 노동일의 규제에 의해서만 1년에 걸쳐서 보다 더 균등하게 배분된다는 것,288 노동일의 규제는 살인적이고, 무의미하며, 그 자체가 대공업이라는 체제에 부적절한, 유행이라는 변덕에 대한 최초의 합리적인 굴레라는 것,289 대양 항해와 통신수단 일반의 발달이 성수기 노동의 본래의 기술적 기초를 폐기했다는 것,290 소위 통제 불가능하다는 다른 모든 사정들도 건물의 확장, 추가적인 기계장치, 동시에 고용하는 노동자 수의 증가,291 및 도매제도에 대

---

287 "주문의 선적을 제때에 완료하지 못한 사업상의 손실에 관해서 말하자면, 이는 1832년과 1833년에 공장주들이 즐겨 내세운 주장이었다고 나는 기억한다. 지금은 이 문제에 대해서 뭐라고 내세우든, 그것은 증기가 모든 거리를 반감(半減)시키고, 또 새로운 운송규칙을 확립하기 이전과 같은 힘을 가질 수 없을 것이다. 이 주장은 당시에도 조사해 보면 분명히 입증되지 않았고, 이제 와서 다시 시도해 봐도 틀림없이 입증하지 못할 것이다."(《공장감독관 보고서. 1862년 10월 31일》, pp. 54-55.)

288 《아동노동조사위원회, 제3차 보고서》, p. XVIII, 제118호.

289 존 벨러즈는 1699년에 이미 다음과 같이 말하고 있다: "유행의 불확실성은 가난에 시달리는 사람들을 증가시킨다. 그것은 두 개의 커다란 해악을 하고 있다. 첫째, 포목상과 직포장주들은, 봄이 와서 무엇이 유행할지를 알기 전에는 자본을 투하하여 장인들(journeymen, Gesellen)을 계속 고용하지 않기 때문에, 겨울에는 장인들이 일이 없어 가난에 시달리며, 둘째로는, 봄에는 장인들이 부족하지만, 직포장주들은 3개월이나 반년 안에 왕국의 상업에 공급하기 위해서 많은 도제들을 끌어들이지 않을 수 없는데, 그리하여 경작지에서 일손을 빼앗아 농촌에서 노동자들을 고갈시키며, 도시는 그 대부분을 거지들로 채우고, 걸식을 부끄러워 하는 사람들의 일부를 겨울에 굶어죽게 한다.(《빈민・제조업・무역・식민・부도덕에 관한 논문집》, p. 9.)

290 《아동노동조사위원회, 제5차 보고서》, p. 171, 제34호.

한 그 자연발생적 반작용292에 의해서 제거된다는 것을 입증하고 있다. 하지만 자본은, 자신의 대변자들의 입을 통해 몇 번이고 언명하고 있는 바와 같이, 노동일을 강제법적으로 규제하는 "의회가 제정한 일반적인 법률의 압박 하에서만"293 그러한 변혁에 동의한다.

제9절. 공장입법. (보건조항들과 교육조항들.) 영국에서의 그 일반화

공장입법, 즉 그 생산과정의 자연발생적 형태에 대한 사회의

---

291 그리하여, 예컨대, 브랫퍼드의 수출상들의 증언 중에는 다음과 같은 것이 있다: "이러한 사정들 하에서는 분명히 소년들을 아침 8시부터 저녁 7시나 7시 30분까지보다 더 오래 일 시킬 필요가 없는 것 같습니다. 그것은 단지 추가적인 노동자와 추가적인 지출의 문제일 뿐입니다. 일부 사용자들이 그토록 탐욕스럽지만 않다면, 소년들은 늦게까지 일하지 않을 것입니다. 기계 1대를 추가하는 데에는 단지 16파운드 스털링이나 18파운드 스털링의 비용이 들 뿐입니다. 현재 발생하고 있는 시간외 노동의 대부분은 불충분한 기계와 장소의 부족 때문입니다."(같은 보고서, p. 171, 제35, 36, 38호.

292 같은 보고서 [p. 81, 제32호]. 덧붙여 말하자면, 노동일의 강제적 규제를 공장주들에 대한 노동자들의 보호수단이자 도매상에 대한 공장주 자신들의 보호수단으로 간주하는 런던의 한 공장주는 다음과 같이 말하고 있다: "우리 업무에서의 압박은, 예컨대, 상품을 범선에 실어 일정한 성수기에 목적지에 도달하게 하면서, 동시에 범선과 증기선 간의 운임차액을 챙기려고 하거나, 혹은 경쟁자들보다 먼저 해외시장에 나타나려고, 2척의 증기선 중에 먼저 출항하는 배를 선택하는 하송인(荷送人)들 때문입니다."

293 어떤 공장주는 다음과 같이 말하고 있다: "이것은, 의회가 제정한 일반적인 법률의 압박 하에, 비용을 들여 공장을 확장함으로써 미연에 방지될 수 있을 것이다."

최초의 의식적이고 계획적인 이 반작용은, 면사와 자동식 기계들(self-actors), 전신(電信)과 마찬가지로, 대공업의 필연적 산물이다. 영국에서의 공장법의 일반화로 넘어가기 전에, 우리는 영국 공장법 중 노동일의 시간수와는 관계가 없는 몇몇 조항들에 관해서도 또한 간단히 언급하지 않으면 안 된다.

자본가로 하여금 그것들을 쉽게 회피할 수 있도록 한 문구들은 차치하더라도, 보건조항들은 극도로 빈약해서, 실제로 벽을 하얗게 칠하기와 그밖에 몇몇 청결조치들, 환기, 위험한 기계장치로부터의 보호를 위한 규정들에 한정되어 있다. 제3권에서[*1] 우리는, 공장주들에게 그들의 "일꾼들"의 손발을 보호하기 위해 작은 지출을 강제하는 조항에 대한 공장주들의 열광적인 투쟁에 되돌아올 것이다. 여기에서는, 이해관계가 적대적인 사회에서는 각자는 자신의 사리(私利)를 추구함으로써 공익을 증진한다는 자유무역의 교조(敎條)가 다시 찬란하게 입증된다. 하나의 실례로 충분할 것이다. 주지하다시피, 아일랜드에서는 최근 20년 동안에 아마 산업이 크게 증대했고, 그에 따라 타마(打麻)공장들(scutching mills)(아마를 두들겨 쪼개기 위한 공장들)도 크게 증가했다. 거기에는 1864년에 이러한 공장이 약 1,800개가 있었다. 가을과 겨울에는 주기적으로, 인근 소작인들의 아들과 딸, 아내들인 주로 미성년자들과 여성들이, 기계에 대해서는 전혀 아무것도 모르는 사람들이 들일에서 불려와 타마공장의 압연기(壓延機, [rollers: 역자])에 아마를 먹인다. 사고들은 그 량과 심각성에서 기계장치의 역사상 전혀 유례가 없다.[*2] 킬디넌(Kildinan)(코크[Cork] 인근)

---

*1 [역주] 제3권, 제1편, 제5장, 제2절 "노동자들을 희생시키는 노동조건들의 절약" 참조.

의 한 타마공장에서만도 1852년부터 1856년까지 6건의 사망사고와 60건의 중대한 신체절단사고가 있었는데, 그 모두는 그 가격이 불과 몇 쉴링밖에 안 하는 극히 단순한 장치들로 예방할 수 있는 것들이었다. 다운패트릭(Downpatirck)의 공장들의 검증의(檢證醫, certifying surgeon)인 W. 화이트 박사는 1865년 12월 16일의 한 공식 보고서에서 다음과 같이 단언하고 있다:

> "타마공장들에서의 심각한 사고들은 가장 끔찍한 성질의 것들이다. 많은 경우 몸의 4분의 1이 몸통에서 찢어져 나가, 죽든가, 아니면 여생을 비참한 무능력과 고통 속에 살게 된다. 국내에 공장들이 증가하면, 당연히 이 전율할 결과들도 확산될 것이며, 이 공장들이 법률의 지배를 받게 되면, 그것은 아주 다행일 것이다. 나는, 타마공장들에 대한 적절한 감독을 통해서 생명과 팔다리의 거대한 희생을 막을 수 있을 것이라고 확신한다."[294]

자본주의적 생산양식에는 가장 간단한 청결설비들과 보건설비들조차 국가의 강제법에 의해서 강제할 필요가 있다는 것보다 무엇이 자본주의적 생산양식을 더 잘 특징지을 수 있겠는가? 1864년의 공장법은 요업에서,

> "200개 이상의 작업장을 희게 칠하게 하고 청소하게 했는데, 이

---

*2 [역주] "사고들은 그 량과 심각성(Intensität)에서 기계장치의 역사상 전혀 유례가 없다."가, 프랑스어판에는 "공장의 역사상 그토록 많고 그토록 끔찍한 사고들은 유례가 없다.(Dans l'histoire des fabriques il n'y a pas d'exemple d'accidents si nombreux et si affreux)"로, 영어판에서는 "사고들은, 그 수에서도 그 종류에서도, 기계장치의 역사상 전혀 유례가 없다."(The accidents, both as regards number and kind, are wholly unexampled in the history of machinery.)"로 되어 있다.

294 같은 보고서, p. XV, 제72호 이하.

러한 청소는 오랫동안, 많은 경우에는 20년 동안, 그리고 몇몇 경우에는 전적으로 절제(節制, abstinence)된 후여서"(이것이 자본가의 "절제"다!) "거기에는 27,800명의 노동자들이 고용되어 지금까지 장시간의 주간노동과 자주 야간노동 내내 유독한 공기를 호흡했던바, 이 유독한 공기는, 그렇지 않았다면 상대적으로 해가 없었을 직업을 질병과 죽음으로 가득 채웠다. 이 법률은 환기시설을 크게 개선했다."295

동시에 공장법의 이 부분은, 자본주의적 생산양식은 그 본질상 어떤 일정한 점을 넘으면 어떻게 어떤 합리적 개량도 배제하는가를 명확히 보여주고 있다. 거듭 지적한 것처럼, 영국의 의사들은, 계속적인 작업의 경우 1인당 500입방퓌트의 공간이 간신히 부족하지 않은 최소한이라고 이구동성으로 단언하고 있다. 그렇다 하자! 공장법이 만일 그 모든 강제조치들을 통해서 소(小)작업장들의 공장으로의 전화를 간접적으로 촉진하고, 그리하여 간접적으로 소자본가들의 소유권을 침해하며 대자본가들에게 독점을 보장한다면, 작업장 내의 노동자마다 필요한 공간을 법률적으로 강제하는 것은 수천 명의 소자본가들을 일격에 직접적으로 수탈하는 것일 것이다! 그것은, 자본주의적 생산양식의 근원, 즉 노동력의 "자유로운" 구매와 소비를 통한, 크고 작은, 자본의 자기증식을 공격하는 것일 것이다. 그리하여 이 500입방퓌트의 공기 앞에서 공장법은 파탄이 나버린다. 보건당국들, 산업조사위원회들, 공장감독관들은 500입방퓌트의 필요성과, 그것을 자본에 강제하는 것의 불가능성을 거듭거듭 반복해서 말하고 있다. 그리하여 그들은 실제로는 노동[자들]의 폐결핵과 기타 폐질환들이 자본의

---

295 《공장감독관 보고서. 1865년 10월 31일》, p. 127.

하나의 생활조건이라고 천명하고 있는 것이다.296

공장법의 교육조항들은, 전체적으로는 빈약한 것으로 보이지만, 초등교육을 노동의 강제조건으로 선언하고 있다.297 그 성과는 교육 및 체육298과 육체노동의 결합 가능성, 따라서 또한 육체노동의 교육 및 체육과의 결합 가능성을 처음으로 입증했다. 공장감독관들은 곧 교사들의 증인심문을 통해서, 공장의 아동들은 정규적인 주간 학생들보다 절반밖에 수업을 받지 않지만, 그들과 같거나, 자주 더 많이 배우고 있다는 것을 발견했다.

> "이것은, 반나절 동안만 학교에 있기 때문에 그들은 언제나 활기차고, 거의 언제나 가르침을 받아들일 준비가 되어 있으며 받아들이려 한다는 간단한 사실로 설명될 수 있다. 반(半)은 육체노동,

---

296 경험적으로 알려진 바에 의하면, 건강한 평균적인 개인이 중간 정도의 강도로 1번 호흡을 때마다 약 25입방인치의 공기가 소비되고, 1분당 약 20번 호흡한다. 그에 따르면, 1개인의 24시간 동안의 공기소비는 약 720,000입방인치, 즉 416입방퓌트가 된다. 그러나, 알다시피, 한번 들이마셨던 공기는, 자연이라는 대작업장에서 정화되기 전에는, 더 이상 같은 과정에 이용될 수 없다. 발렌틴(Valentin)과 브루너(Brunner)의 실험에 의하면, 1사람의 건강한 남자는 1시간에 약 1,300입방인치의 탄산가스를 내뿜는 것으로 나타나서, 이는 약 8온스의 고체탄소가 폐에서 배출되는 것이 된다. "사람마다 최소한 800입방퓌트를 가져야만 한다."(헉슬리[Huxley, Thomas Henry].)

297 영국의 공장법에 의하면, 부모는 14살 미만의 아동들을, 그들이 동시에 초등교육을 받도록 하지 않고는, "통제 받는" 공장들에 보낼 수 없다. 공장주는 이 법을 준수할 의무가 있다. "공장교육은 의무적이며, 노동의 한 조건이다." (《공장감독관 보고서. 1865, 10월 31일》, p. 111.)

298 공장아동들과 가난한 학생들의 강제교육을 체육(소년들에 대해서는 군사훈련도)과 결합시킨 극히 유익한 성과에 대해서는, 《의사록(議事錄, Report of Proceedings etc.)》, 런던, 1863, pp. 63–64의, "전국 사회과학 진흥협회 (National Association for the Promotion of Social Science)" 제7년차 대회에서의 N. W. 씨니어의 연설, 그리고 《공장감독관 보고서. 1865년 10월 31일》, pp. 118, 119, 120, 126 이하를 보라.

그리고 반은 학업이라는 그들의 노동제도는 노동과 학업의 각각을 다른 것에 대해서 휴식과 기분전환이 되게끔 하고 있고, 따라서 이 노동과 학업 이 양자는, 아동이 그 중 어느 하나에만 계속 매어 있는 경우보다, 아동에게 훨씬 더 알맞다. 오전 내내 학교에 있었던 소년이, (특히 더운 날에는), 자기 일을 끝내고 활기차고 쾌활하게 오는 소년과 겨룰 수 없다는 것은 명백하다."299

그 외의 예증들은, 1863년 에딘버러의 사회과학 대회에서의 씨니어의 연설에서 볼 수 있다. 거기에서 그는, 무엇보다도 역시, 상류계급 및 중류계급 아동들의 일면적이고 비생산적이며, 장시간의 수업일이 어떻게 교사의 노동을 쓸데없이 증가시키며, 어떻게 "한편에서는 교사가 아동들의 시간과 건강, 정력을 무익할 뿐 아니라 절대적으로 해롭게 낭비하는가"300를 보여주고 있다. 돠

---

299 《공장감독관 보고서. 1865년 10월 31일》, pp. 118–119. 한 소박한 비단 공장주는 "아동노동조사위원회"의 조사위원들에게 다음과 같이 말하고 있다: "유능한 노동자들을 생산하는 참된 비결은 어렸을 때부터 교육과 노동을 결합하는 데에 있다고 저는 확신합니다. 물론 일은 너무나 어려워서도 안 되고, 지루해서도 안 되며, 비위생적이어서도 안 됩니다. 그러나 나는 이 결합의 이점을 전혀 의심하지 않습니다."*1 나는 내 자식들도, 자신들에게 학업의 다양성을 부여하기 위해서, 약간의 노동과 놀이를 하기를 바랍니다."(《아동노동조사위원회, 제5차 보고서》, p. 82, 제36호.)

*1 [역주] 독일어판에는, "그러나 나는 이 결합의 이점을 전혀 의심하지 않습니다."가 없다.

300 씨니어[의 연설], 같은 책, p. 66. 일정한 고도(高度)에 달한 대공업이 물질적 생산양식과 사회적 생산관계의 변혁을 통해서 어떻게 두뇌들까지 변혁하는가는, N. W. 씨니어의 1863년의 연설과 1833년의 공장법에 대한 그의 맹비난을 비교하면, 또한 상술(上述)한 [사회과학: 역자] 대회의 견해들과, 영국의 어떤 농촌지역들에서는 가난한 부모들이 자기 아이들을 교육시키는 것이 아직도 여전히 아사(餓死)라는 형벌에 의해서 금지되어 있다는 사실을 비교하면, 명확히 알 수 있다. 예컨대, 스넬(Snell) 씨도, 가난한 사람이 교구의 구휼을 요청할 때에는 자신의 아이들을 퇴학시키지 않을 수 없다는 것을 써머

버트 오언을 추적하면 상세히 알 수 있는 것처럼, 일정한 연령 이상의 모든 아동들에 대하여 생산적 노동을 학업 및 체육과 결합시키는 미래 교육의 맹아는, 단지 사회적 생산을 증대시키기 위한 방법으로서만이 아니라, 전면적으로 발달한 인간을 생산하기 위한 유일한 방법으로서, 공장제도로부터 싹텄다.

이미 본 바와 같이, 대공업은, 한 인간 전체를 하나의 세부작업에 평생토록 종속시키는 매뉴팩쳐적 분업을 기술적으로 지양하는데, 한편 동시에 대공업의 자본주의적 형태는, 본래의 공장에서는 노동자를 하나의 부분기계의 자의식이 있는 부속품으로 전화시킴으로써, 다른 모든 곳에서는, 부분적으로는 기계와 기계노동을 산발적으로 사용함으로써,301 부분적으로는 분업의 새로운 토대로서 여성노동과 아동노동, 비숙련노동을 도입함으로써 그

쎗셔(Somersetshire)의 관행이라고 보고하고 있다. 펠탬(Feltham)의 사제인 울러스턴(Wollaston)*1 씨도 어떤 가족들에게 모든 보조금이 거부된 경우들에 대해 얘기하고 있는데, 그것은 "그들이 그들의 아이들을 학교에 보내고 있었기 때문이었다"!

*1 [역주] "울러스턴(Wollaston)"이 영어판에는 "울러턴(Wollarton)".

301 인력으로 가동되는 수공업적 기계들이 발달한, 그리하여 기계적 동력을 전제하는 기계장치와 직접적·간접적으로 경쟁하는 곳에서는 그 기계를 가동하는 노동자와 관련하여 커다란 변혁이 일어난다. 애초에는 증기기관이 이 노동자를 대체했는데, 이제 이 노동자가 증기기관을 대체해야 한다. 그리하여 그의 노동력의 긴장과 지출은 엄청나지고, 더구나 이러한 고문(拷問)을 당해야만 하는 미성년자에게는 더욱 그러하다! 그리하여 위원 론지는 코벤트리와 그 주변에서, 더 어린 아동들이 보다 작은 규모의 직기를 돌려야 하는 것은 도외시하더라도, 10살에서 15살까지의 소년들을 리본 직기를 돌리는 데에 사용되는 것을 보았다. "그것은 엄청나게 힘든 노동이다. 소년은 단지 증기력의 대용품일 뿐이다."(《아동노동조사위원회, 제5차 보고서, 1866년》, p. 114, 제6호.) 공식 보고서가 부르듯이, "이러한 노예제도"의 치명적 결과들에 대해서는, 같은 보고서, 그 페이지 이하를 보라.

분업을 한층 더 기괴하게 재생산한다. 매뉴팩쳐적 분업과 대공업의 본질 간의 모순은 폭력적으로 드러난다. 그 모순은 특히, 근대적 공장들과 매뉴팩쳐들에 고용된 아동들의 대부분이, 극히 어렸을 때부터 가장 간단한 작업에 붙박여 여러 해 동안 착취당하면서도, 나중에 그들을 같은 매뉴팩쳐나 공장에서라도 사용할 수 있게 할 아무런 노동도 배우지 못한다는 끔찍한 사실에서 나타난다. 예컨대, 영국의 서적인쇄업에서는 이전에는 옛 매뉴팩쳐 및 수공업 제도에 상응하여 도제들이 보다 쉬운 노동으로부터 보다 더 내용이 풍부한 노동으로 이행해갔다. 그들은 완전한 인쇄공이 되기까지 수업과정을 거쳤다. 읽고 쓸 수 있다는 것은 그들 모두에게 수공업상의 한 필요조건이었다. 인쇄기가 등장하자 이 모든 것이 달라졌다. 인쇄기에는 한 사람의 성인노동자, 즉 기계관리공과, 주로 11-17살의 기계소년공들이라는 두 종류의 노동자들이 사용되는데, 이들 소년공들의 작업은 오로지 인쇄용지를 펴서 인쇄기에 넣는다든가, 인쇄된 종이를 거기에서 꺼내는 것이다. 그들은, 특히 런던에서는, 일주일에 수일 동안은 쉬지도 않고 매일 14, 15, 16시간을, 그리고 번번이 식사와 수면을 위한 겨우 2시간을 빼고는 36시간을 잇달아 이 고생을 한다!302 그들의 대부분은 읽을 줄도 모르고, 으레 대단히 황폐하고 비정상적인 사람들이 된다.

"그들을 그들이 해야 할 일을 할 수 있게끔 하는 데에는 어떤 지적 훈련도 필요치 않다. 그 일에는 기술을 위한 여지는 거의 없고, 판단을 위한 여지는 더더욱 거의 없다."¹ 그들의 임금은, 소년으로

---

302 같은 보고서, p. 3, 제24호.

서는 다소 높지만, 그들이 성장하는 데에 따라 비례적으로 상승하지는 않으며, 그들의 대다수는 기계관리공이라는 보다 임금이 높고 보다 책임감이 있는 지위로의 승진을 기대할 수 없는데, 왜냐하면 각 기계에는 관리공원 단 1명에 불과하지만, 소년공들은 적어도 2명, 그리고 때로는 4명이 붙어 있기 때문이다."303

그들은, 그들이 해온 아동의 노동에는 너무나 나이를 먹자마자, 따라서 17살이 되자마자, 인쇄업으로부터 해고된다. 그들은 범죄의 신병(新兵)들이 된다. 그들에게 다른 어딘가에 일자리를 알선해주려는 몇몇 시도는 그들의 무지, 난폭함, 육체적·정신적 타락 때문에 수포로 돌아갔다.

작업장 내부의 매뉴팩춰적 분업에 관해서 타당한 것은, 사회 내부의 분업에 관해서도 타당하다. 수공업과 매뉴팩춰가 사회적 생산의 일반적 토대를 이루고 있는 한, 오로지 한 생산부문에의 생산자의 종속, 즉 그의 직업의 본원적 다양성의 파열304은 발전 510

---

*1 [역주] 이 문장이 독일어판에는, "그들에게는 숙련을 위한 기회가 거의 없고, 판단을 위한 기회는 더더욱 거의 없다."로 되어 있다.

303 같은 보고서, p. 7, 제60호.

304 "고지(高地) 스코틀랜드의 몇몇 지역에서는, … 불과 몇 년 전까지도, 모든 농민이, 통계 보고에 의하면, 스스로 무두질한 가죽으로 자신의 구두를 만들었다. 많은 양치기들과 소작인들(cotters) 역시, 자기 자신이 양털을 베고, 자기 자신이 아마 밭에 씨를 뿌렸기 때문에, 자기 손 외에는 다른 누구의 손도 닿지 않은 의복을 입고 아내·자식들과 함께 교회에 다녔다. 이것들을*2 마련하는 데에는, 송곳·바늘·골무 및 직포에 사용되는 아주 소수의 철제(鐵製) 부품들 외에는, 거의 아무 것도 사지 않았다. 염료 역시 주로 여성들이 수목이나 관목, 풀에서 채취했다."(듀갈드 스튜어트, ≪경제학 강의≫, Sir W. 해밀턴 편, ≪저작집≫, 제8권, pp. 327-328)

*2 [역주] 여기까지가 독일어판에는, "고지(高地) 스코틀랜드의 몇몇 지역에서는, … 많은 양치기들과 소작인들(cotters)은 아내 및 아이와 함께, 통계 보고 (Statistical Account)에 의하면, 그들 자신이 무두질한 가죽으로 그들 자신

의 필연적인 계기이다. 이 토대 위에서 각각의 특수한 생산부문은 그 부문에 조응하는 기술적 형태를 경험적으로 발견하여 그것을 천천히 완성해가고, 어떤 일정한 성숙도에 도달하자마자 그 형태를 급속히 결정(結晶)시킨다. 여기저기에서 변화를 불러일으키는 것은, 상업이 제공하는 새로운 노동재료 외에는, 노동도구의 점차적인 변화다. 경험적으로 적절한 형태가 일단 획득되면, 노동도구 역시, 그것이 종종 수천 년 동안이나 한 세대의 수중에서 다른 세대의 수중으로 전해지는 것이 입증하듯이, 화석화된다. 특징적인 것은, 18세기까지도 특수한 수공업들(Gewerke)은 mysteries (mystères, [비밀·비결·불가사의])305라고 불렸고, 그 암흑 속은 오직 경험상 그리고 직업상 그 내막을 아는 사람만이 밀고 들어갈 수 있었다는 점이다. 대공업은 이 장막을, 즉 인간에게 그 자신의 사회적 생산과정을 은폐하고, 자연발생적으로 분화된 상이한 생산부문들을 서로, 그리고 심지어는 각 부문의 내막을 아는 사람에게까지 수수께끼로 만들었던 장막을 찢어버렸다. 각 생산과정을, 그 자체로서, 그리고 우선 인간의 손을 전혀 고려하지 않고, 그 구성요소들로 분해한다고 하는 대공업의 원리는 기술학이라고 하는 전적으로 근대적인 과학을 만들어냈다. 잡다한 색깔의, 외관상 연관이 없고 화석화된, 사회적 생산과

이 만든 구두를 신고, 그 재료를 스스로 양에서 베거나 그 아마를 스스로 재배한, 그들 자신의 손 외에는 결코 누구의 손도 닿지 않은 의복을 입고 다녔다. 의복을"로 되어 있다.

305 에티엔느 부알로(Eiienne Boileau)의 유명한 ≪직업의 책(Livre des métiers)≫에는 무엇보다도 특히, 장인이 장주에게 채용될 때에는, "그의 동료들을 형제처럼 사랑하고, 그들을 도울 것이며, 직업상의 비밀을 임의로 누설하지 않고, 나아가 전체의 이익을 위하여, 구매자에게 타인 제품의 결함을 지적함으로써 자신의 상품을 권하지 않을 것"을 맹세해야 한다고 적혀 있다.

정의 형태들은, 의식적으로 계획적인, 그리고 소기의 유용효과에 따라 체계적으로 특수화된 자연과학의 응용 속에서 해체되었다. 기계장치가 아무리 복잡하더라도 단순한 역학적 힘의 끊임없는 반복을 기계학이 착각하지 않는 것과 전적으로 마찬가지로, 기술학은, 사용되는 도구가 아무리 다양하더라도 인체의 모든 생산적 행위가 필연적으로 취하는 운동의, 소수의 커다란 기본적 형태들을 발견했다. 근대적 공업은 생산과정의 기존 형태를 결코 최종적인 것으로 간주하지도, 다루지도 않는다. 그리하여, 과거의 모든 생산양식의 기술적 기초가 본질적으로 보수적이었던 반면에, 근대적 공업의 기술적 기초는 혁명이다.306 기계장치와 화학적 과정, 다른 방법들에 의해서 근대적 공업은, 생산의 기술적 토대와 더불어, 노동자들의 기능과 노동과정의 사회적 결합들을 끊임없이 변혁한다. 그와 함께 근대적 공업은 사회 내부의 분업도 마찬가지로 끊임없이 혁명하고, 다량의 자본과 다량의 노동자들을 한 생산부문으로부터 다른 생산부문으로 끊임없이 내던진다. 따라서 대공업의 본성은 노동의 변화, 기능의 유동(流動), 노동자의 전면적인 가동성을 야기한다. 다른 한편에서 근대적 공업은,

---

306 "부르주아지는, 생산도구들을, 따라서 생산관계들을, 따라서 사회관계 전체를 끊임없이 혁명하지 않고는 존속할 수 없다. 그에 반해서 낡은 생산양식의 변함없는 유지가 이전의 모든 산업계급들의 제1의 존재조건이었다. 생산의 끊임없는 변혁, 모든 사회적 상태의 끊임없는 동요, 영원한 불안정과 운동은 부르주아 시대를 이전의 모든 시대보다 특히 두드러지게 한다. 단단하고 녹슨 모든 관계들은, 그에 수반하는, 오래 존경을 받아온 관념들 및 견해들과 함께 해체되고, 새로 형성되는 모든 관계들은 그것이 굳어지기도 전에 낡아져버린다. 모든 신분적인 것 및 항상적인 것은 증발하고, 모든 신성한 것은 더럽혀지며, 사람들은 마침내 자신들의 사회적 지위, 즉 자신들의 상호 관계를 냉정한 눈으로 바라보지 않을 수 없게 된다."(F. 엥엘스·칼 맑스, ≪공산당 선언≫, 런던, 1848, p. 5 [*MEW*, Bd. 4, S. 465.])

그 자본주의적 형태에서는, 낡은 분업을 그 화석화된 특징들과 함께 재생산한다. 우리는 이미, 이러한 절대적 모순이 어떻게 노동자의 생활상태의 모든 평온·견고함·확실성을 폐기하고, 노동자의 수중으로부터 노동수단과 더불어 끊임없이 생활수단을 빼앗으려고 307 위협하며, 그의 부분기능과 함께 노동자 자신을 쓸모없이 만들려고 위협하는가를; 이러한 모순이 어떻게 노동자계급의 끊임없는 희생이라는 축제, 노동력의 극히 무한한 낭비 그리고 사회적 무정부상태의 황폐화 속에서 맹위를 떨치는가를 보았다.*1 이것은 부정적 측면이다. 그러나 노동의 변화가 지금

---

307 "당신이 나의 생활수단을 빼앗아간다면,
   당신은 나의 생명을 빼앗는 것이다."(쉐익스피어)[90]

*1 역주] "우리는 이미, 이러한 절대적 모순이 어떻게"에서부터 "... 떨치는가를 보았다"까지가 영어판에는, "우리는 이미, 근대적 공업의 기술적 필연성과 그 자본주의적 형태에 고유한 사회적 성격 사이의 절대적 모순이 어떻게, 노동자의 상태의 모든 고정성과 안정을 일소하는가를; 어떻게 그것이 노동도구들을 탈취함으로써 노동자의 손에서 그의 생존수단을 낚아채려고 위협하며, 그의 세부기능을 억압함으로써 그를 쓸모없이 만들려고 위협하는가를 보았다. 우리는 또한 이미, 이러한 적대가 어떻게, 자본이 언제고 임의로 처분할 수 있도록 비참한 상태에 묶여 있는 산업예비군이라는 기괴함의 창출로; 노동자계급의 부단한 인간희생으로, 노동력의 극히 거침없는 낭비로, 그리고 모든 사회적 진보를 사회적 재앙으로 만드는 사회적 무정부 상태로 인한 파괴로 분출되는가도 보았다. (We have seen how this absolute contradiction between the technical necessities of modern industry, and the social character inherent in its capitalistic form, dispels all fixity and security in the situation of the labourer; how it constantly threatens, by taking away the instruments of labour, to snatch from his hands his means of subsistence, and, by suppressing his detail-function, to make him superfluous. We have seen, too, how this antagonism vents its rage in the creation of that monstrosity, an industrial

오직 압도적인 자연법칙으로서, 그리고 오직 도처에서 장애에 부딪히는 자연법칙의 맹목적으로 파괴적인 작용을 수반하면서만 관철되고 있다면,308 대공업은, 자신의 파국들(Katastrophen) 자체를 통해서, 노동들의 변화를, 그리고 그리하여 노동자의 가능한 한 최대한의 다면성을 일반적인 사회적 생산법칙으로서 인정하고, 이 법칙의 정상적인 실현에 관계들을 맞추는 것을 사활의 문제로 만든다. 근대적 공업은, 자본의 변화하는 착취욕을 위하여 사용 가능하게 예비해두는 비참한 노동자 인구라는 기괴한 사태를, 변화하는 노동수요를 위한 인간의 절대적 사용 가능성으로 대체하는 것을; 단지 사회적 세부기능의 담지자에 불과한 부분개인(Teilindividuum)을, 다양한 사회적 기능들이 그에게는 서로 교대로 수행하는 활동양식인, 전면적으로 발달한 개인으로 대체하는 것을 사활의 문제로 만든다.*1 대공업에 기초하여 자연발

---

    reserve army, kept in misery in order to be always at the disposal of capital; in the incessant human sacrifices from among the working-class, in the most reckless squandering of labour-power and in the devastation caused by a social anarchy which turns every economic progress into a social calamity.)"로 되어 있다.

308 어떤 프랑스 노동자는 쌘프란씨스코에서 돌아올 때에 다음과 같이 쓰고 있다: "나는 내가 캘리포니아에서 종사했던 그 모든 생업들을 내가 할 수 있을 것이라고는 결코 믿지 않았다. 나는 내가 서적인쇄업 외에는 아무것도 잘 할 수 없다고 굳게 확신하고 있었다. … 직업을 바꾸기를 내복을 바꿔 입는 것보다 더 쉽게 하는 모험가들의 세계의 한 중앙에 일단 들어서자, 맙소사! 나도 남들처럼 했다. 광산노동이라는 일이 벌이가 신통치 않다는 것이 입증되었기 때문에 나는 그것을 포기하고 도시로 가서, 차례로 인쇄공, 기와공, 납주물공 등이 되었다. 어떤 일이든 할 능력이 있다는 이 경험 때문에, 나는 내가 연체동물이라기보다는 인간이라고 느끼고 있다."(A. 코르봉[Corbon], ≪직업교육에 관하여[*De l'enseignement professionnel*]≫, 제2판, p. 50.)

*1 [역주] "그러나 노동의 변화가 지금"부터 "생사의 문제로 만든다."까지가

생적으로 발전하는 이러한 변혁과정의 한 계기는 종합공학학교와 농학학교이고, 다른 한 계기는 노동자의 아동들이 기술학과

> 영어판에는, "그러나 만일, 한편에서, 노동의 변화가 현재 압도적인 자연법칙에 따라서, 그리고 모든 지점에서 저항에 부딪히는 자연법칙의, 맹목적으로 파괴적인 작용을 수반하면서 관철되고 있다면, 근대적 공업은, 다른 한편에서, 그 파국들을 통해서, 노동의 변화를, 따라서 다양한 노동에 대한 노동자의 적합성을, 따라서 그의 다양한 재능의 최대한의 발전을 생산의 근본적 법칙으로서 인정할 필요성을 강제한다. 이 법칙이 정상적으로 기능하는 데에 사회적 생산양식을 적응시키는 것이 사회의 생사의 문제로 되는 것이다. 근대적 공업은, 평생 동안 하나의, 작은, 동일한 작업을 반복함으로써 불구화된, 그리하여 단지 인간의 파편으로 전락한 오늘날의 세목(細目)노동자를, 전면적으로 발달한 개인, 즉 다양한 노동에 적합하고, 생산의 어떤 변화에도 대응할 채비가 되어 있으며, 그에게는 그가 수행하는 상이한 사회적 기능들이 단지 그 자신의 자연적 그리고 습득된 능력들을 자유롭게 펼치는 수많은 양식(樣式)일 뿐인 개인으로, 사활을 걸고, 대체하도록 강요한다. (But if, on the one hand, variation of work at present imposes itself after the manner of an overpowering natural law, and with the blindly destructive action of a natural law that meets with resistance at all points, modern industry, on the other hand, through its catastrophes imposes the necessity of recognising, as a fundamental law of production, variation of work, consequently fitness of the labourer for varied work, consequently the greatest possible development of his varied aptitudes. It becomes a question of life and death for society to adapt the mode of production to the normal functioning of this law. Modern Industry, indeed, compels society, under penalty of death, to replace the detail-worker of to-day, crippled by life-long repetition of one and the same trivial operation, and thus reduced to the mere fragment of a man, by the fully developed individual, fit for a variety of labours, ready to face any change of production, and to whom the different social functions he performs, are but so many modes of giving free scope to his own natural and acquired powers.)"로 되어 있다.

다양한 노동도구들의 실제 조작에 관하여 약간의 교육을 받는 "직업학교(écoles d'enseignement professionnel)"다. 자본으로부터 빠듯이 쟁취한 최초의 양보로서의 공장입법이 초등교육을 단지 공장 노동과 결부시키고 있을 뿐이라면, 노동자계급이 불가피하게 정치권력을 장악하는 경우, 기술 교육 역시 노동자 학교들에서 이론적으로도 실천적으로도 그 자리를 획득할 것이라는 데에는 추호도 의문의 여지가 없다. 마찬가지로, 생산의 자본주의적 형태와 그에 상응한 노동자들의 경제적 상태는 그러한 변혁의 효소들과, 그리고 낡은 분업의 지양이라는, 그러한 변혁의 목표와 극단적으로 모순된다는 것도 의문의 여지가 없다. 하지만, 하나의 역사적인 생산형태의 모순들의 발전은 그것이 해체되고 새롭게 형성되는 유일한 역사적인 길이다. "제화공이여, 구두 골 곁에 있어라(Ne sutor ultra crepidam)"![129]라는, 수공업적 지혜의 이 절정(絶頂, nec plus ultra)은, 시계제조공 와트(Watt)가 증기기관을, 이발사 아크롸이트(Arkwright)가 날실직기(織機) 513를, 보석세공사 풀턴(Fulton)이 기선(汽船)을 발명한 순간부터 끔찍한 어리석음이 되었다.309

---

309 경제학사에서 정말 특이한 인물인 존 벨러즈(John Bellers, [1654–1725])는, 17세기 말에 이미, 정반대의 방향에서지만, 사회의 양극에 비대와 위축을 야기하는 현재의 교육과 분업의 필연적 지양을 완전히 명확하게 파악하고 있었다. 그는 특히 다음과 같이 훌륭하게 말하고 있다: "게으른 학습은 게으름을 배우는 것보다 거의 좋을 게 없다. … 육체노동, 그것은 본래 하느님(Got)의 법도다. … 노동이 육체의 건강을 위해 필요한 것은, 식사가 육체의 생존을 위해 필요한 것과 같다. 왜냐하면 안일에 의해 면하는 고통은 병이 되어 나타날 것이기 때문이다. … 노동은 생명의 등(燈)에 기름을 붓고, 사고(思考)는 그것에 불을 붙인다. … 유치하고 어리석은 작업"(이는 바제도파[Basedows]*1와 근대의 그 아류에 대한, 예감에 의한 경고다)"은 아동들의 정신을 어리석게끔 방치한다."(≪모든 유익한 직업 및 농업 전문학교의 설립

공장입법이 공장과 매뉴팩춰 등에서의 노동을 규제하는 한에서는, 이는 우선은 단지 자본의 착취권에 대한 간섭으로서 나타날 뿐이다. 그에 반해서 이른바 가내노동310에 대한 모든 규제는 곧바로 부권(父權, patris potestas)에 대한, 즉, 근대적으로 해석하면, 친권(親權, elterliche Autorität [부모의 권위])에 대한 직접적인 침해로서 나타나는바, 다정다감한 영국 의회가 오랫동안 짐짓 뒷걸음질 치는 체했던 조치다. 하지만 사실의 힘은, 낡은 가족제도 및 그에 상응하는 가족노동의 경제적 기초와 더불어, 낡은 가족관계 자체도 해체하고 있다는 것을 마침내 인정하지 않을 수 없게끔 하였다. 아동의 권리를 선언하지 않으면 안 되었다.

"아동노동조사위원회"는 1866년의 최종보고서에서 다음과 같이 말하고 있다:

> "심히 불행하게도, 남녀 아동들이 어느 누구에게서보다도 그들의 부모들로부터 보호될 필요가 있다는 것이 전체 증언으로부터 명백하다." 일반적으로 아동노동이라는, 그리고 특수하게는 가내

을 위한 제안[*Proposals for Raising a College of Industry of all Useful Trades and Husbandry*]》, 런던, 1696, pp. 12, 14, 18.)

*1 [역주] 바제도(Basedow, Johann Bernhard, 1724-1790) — 루쏘(Rousseau)와 코메니우스(Comenius, Johann Amos, 1592-1670. 체코 출신의 근대 교육학의 선구자)의 영향을 받은 독일의 교육학자. 그는, 독일의 교육제도를 부르주아적 계몽주의의 방향으로 개혁하고, 청년들을 과학적 토대 위에서, 그리고 애국주의적으로 교육할 것을 자신의 목표로 삼았다. (*MEW*의 인명 색인에 따름)

310 그런데 이것은, 우리가 이미 레이스 매뉴팩춰와 밀짚세공업에서 본 것처럼,*2 그리고 특히 쉐퓔드, 버밍엄 등의 금속 매뉴팩춰들에서도 상세히 입증될 수 있는 것처럼, 소규모의 작업장들에서도 대부분 행해지고 있다.

*2 [*MEW*편집자주] 이 권, S. 490-493[이 분책, pp. 763-770: 역자]을 보라.

노동이라는 무제한한 착취제도가 "유지되고 있는 것은 오로지 부모들이, 아무런 저지도 통제도 받지 않고, 이 자의적이고 해로운 권력을 그들의 어리고 연약한 자식들에게 행사할 수 있기 때문이다. … 자기들의 아이들을 단지 '얼마간의 주급(週給)을 받는 기계들'로 만드는 절대적 권력을 부모들이 가져서는 안 된다. … 따라서, 아동들과 미성년자들은 너무나 일찍부터 자신들의 육체적 힘을 파괴하고, 자신들의 지적·도덕적 존재의 수준을 저하시키는 것으로부터 보호되어야 한다는 것을, 모든 경우에, 자연권으로서 입법부에 정당하게 요구할 수 있다."[*1]"311

514

그러나 친권의 남용이 자본으로 하여금 미성숙한 노동력을 직접적 혹은 간접적으로 착취하게 한 것이 아니고, 거꾸로 자본주의적 생산양식이, 친권에 조응하는 경제적 토대를 폐절함으로써, 친권을 남용하게 한 것이다. 그런데 자본주의 체제 내에서의 옛 가족제도의 해체가 아무리 끔찍하고 매스껍게 보이더라도, 대공업은, 가정의 영역 저편의, 사회적으로 조직된 생산과정 속에서 여성과 미성년자, 남녀 아동에게 결정적인 역할을 할당함으로써, 보다 고도의 형태의 가족 및 남녀관계를 위한 새로운 경제적 토대를 창출하고 있다. 기독교적·게르만적 가족형태를 절대적인 것으로 간주하는 것은, 말이 난 김에 말하자면, 서로 하나의 역사적인 발전계열을 형성하고 있는 고대 로마적 형태, 혹은 고대 그

---

*1 [역주] "… 따라서, 아동들과 미성년자들은" 이하가 독일어판에는, "… 아동들과 미성년자들은, 자신들의 육체적 힘을 일찍부터 파괴하고, 자신들의 도덕적·지적 존재의 수준을 저하시키는 친권의 남용에 대하여 입법부의 보호를 요구할 권리를 가지고 있다."로 되어 있다.

311 《아동노동조사위원회, 제5차 보고서》, p. XXV, 제162호 및 《제2차 보고서》, p. XXXVIII, 제285, 289호, p. XXV, XXVI, 제191호.

리스적 형태, 혹은 근동적(近東的, orientalisch) 형태를 절대적인 형태로 간주하는 것과 마찬가지로 당연히 어리석다. 다양한 연령층의 남녀 개인들이 결합된 노동인원의 구성도, 노동과정이 노동자를 위해서 존재하는 것이 아니라 노동자가 노동과정을 위해서 존재하는, 자연발생적으로 포악한 자본주의적 형태에서는 퇴폐와 노예상태라는 해악의 원천이지만, 적당한 상황 하에서는 거꾸로 인간다운 발전의 원천으로 급변하지 않을 수 없다는 것도 마찬가지로 명백하다.312

공장법을, 기계경영의 최초의 산물인 방적업과 직포업에 대한 하나의 특별법으로부터 모든 사회적 생산의 법률로 일반화해야 할 필요성은, 이미 본 바와 같이, 대공업의 역사적 발전과정에서 생기는바, 그 대공업의 배후에서는 매뉴팩쳐와 수공업, 가내공업의 전래의 형태가 완전히 변혁되고, 매뉴팩쳐는 끊임없이 공장으로, 수공업은 끊임없이 매뉴팩쳐로 급변하며, 마지막으로 수공업과 가내노동의 분야들은, 상대적으로 놀랍게 짧은 기간에, 광폭(狂暴)하기 그지없는 자본주의적 착취가 제멋대로 횡행하는 비탄의 소굴이 된다. 마침내 두 개의 사정이 형세를 결정하는바, 첫째로는, 자본은, 그것이 사회 외곽의 개별적인 지점들에서만 국가의 통제를 받게 되면, 다른 지점들에서 더욱 더 과도하게 보상을 받는다는, 끊임없이 새롭게 반복되는 경험이고,313 둘째로는, 경쟁조건들의 평등, 즉 노동착취의 평등한 제한을 요구하는 자본가들 자신의 외침이다.314 이에 관해서, 두 개의 애끓는 절규를

---

312 "공장노동은 가내노동과 아주 마찬가지로, 아니, 어쩌면 더욱 더 순수하고 훌륭할 수 있다."(≪공장감독관 보고서. 1865년 10월 31일≫, p. 129.)

313 같은 보고서, pp. 27, 32.

들어보자. W. 쿡슬리(Cooksley)사(브뤼스톨의 못, 사슬 제조업자들)는 공장규제를 자발적으로 자기들의 사업에 도입했다.

"종래의 불규칙적인 제도가 이웃 공장들에서 만연하고 있기 때문에 쿡슬리사는 그 소년공들이 6시 이후에 다른 곳에서 노동을 계속하도록 유혹을 받는(enticed) 불리한 처지에 처해 있다. 그들은 당연히 이렇게 말한다: '이는, 그 이익을 우리가 완전히 누려야 할 소년의 힘의 일부를 소모해버리는 것이기 때문에, 우리에게는 부당하고 손실입니다.'"315

J. 심프슨(Simpson) 씨(런던의 종이상자·봉투 제조업자)는 아동노동조사위원회 위원들에게 다음과 같이 설명하고 있다:

"그는 그것"(법률상의 간섭)"을 위해서 어떤 청원에도 서명할 것이다. … 실제로, 그는, 자기는 작업장을 닫았는데, 다른 사람들이 그보다 늦게까지 작업하면서 그의 주문들을 채 가지 않을까, 밤이면 언제나 불안을 느꼈다(he always felt restless at night)."316 아동노동조사위원회는 다음과 같이 개괄적으로 말하고 있다: "같은 사업부문의 소규모 작업장들은 전혀 법적 제한을 받지 않고 있는데, 대규모 고용주들의 공장들만 규제를 받아야 한다면, 그것은 그들 대규모 고용주들에게 부당할 것이다. 그리고 소규모 작업장들이 규제를 면제 받을 경우 초래될 시간상 불공정한 경쟁조건에서 발생할 불공평에, 대규모 제조업자들에게는, 청소년 노동과 여성 노동의 공급이 법적 규제가 면제된 작업장들로 쏠린다는 불이익이 더해질 것이다. 더 나아가서는, 소규모 작업장들을 증가시키

---

314 이에 관한 많은 증거들은 ≪공장감독관 보고서≫에 있다.
315 ≪아동노동조사위원회, 제5차 보고서≫, p. X, 제35호.
316 같은 보고서, p. IX, 제28호.

는 자극이 될 것인데, 이들 작업장은 인민의 건강·안락·교육 및 전반적 개선에 거의 예외 없이 조금도 유익하지 않다."317

516 아동노동조사위원회는 그 최종보고서에서, 그 중 약 절반이 소경영과 가내노동에 의해서 착취되고 있는, 1,400,000명 이상의 아동들·미성년자들·여성들을 공장법 아래에 두도록 제안하고 있다.318 이 위원회는 다음과 같이 말하고 있다:

"그러나 그 방대한 수의 아동과 미성년자, 여성 전체를 위에서 언급한 보호 입법 하에 두는 것이 의회에 온당하다면 …, 의문의 여지없이, 그러한 입법은, 그보다 더 직접적인 대상인 어린 사람들과 허약한 사람들에게만이 아니라, 이들 작업에 고용되어 모두가, 직접적으로 그리고 간접적으로, 그 영향 하에 들어올 더 많은 성인 노동자들에게도 가장 유익한 효과를 발휘할 것이다."*1 그것은 그들

---

317 같은 보고서, p. XXV, 제165-167호. 왜소(矮小)경영에 비(比)한 대경영의 장점들에 관해서는 ≪아동노동조사위원회, 제3차 보고서≫, p. 13, 제144호; p. 25, 제121호; p. 26, 제125호; p. 27, 제140호 등을 참조하라.

318 규제되어야 할 산업부문들은 다음과 같다: 레이스 제조업, 양말공장, 밀짚세공업, 수많은 종류의 의류 제조업, 조화(造花) 제조업, 구두·모자·장갑 제조업, 양복 제조업, 용광로에서 바늘 제조업 등까지 모든 금속 공장, 제지공장, 유리 제조업, 담배 제조업, 고무(India-Rubber)공장, 연사(撚絲, 직포용) 제조업, 수제(手製) 카펫 직포업, 우산·양산 제조업, 방추와 실패 제조업, 서적인쇄업, 서적 제본업, 문방구 제조업(Stationery, 종이상자·카드·색종이 등이 이에 속한다.), 밧줄 제조업, 흑옥(黑玉)장신구 제조업, 벽돌공장, 수제(手製)비단 직포업, 코번트리(Coventry) 직포업, 제염업, 양초공장, 시멘트공장, 설탕 정제업, 비스킷 제조업, 각종 목공 및 기타 잡노동.

*1 [역주] 인용문의 여기까지가 독일어판에는, "의회가 우리의 제안을 전면적으로 받아들인다면, 의문의 여지없이, 그러한 입법은, 그것이 우선적으로 다루는 미성년자들과 허약한 사람들뿐만이 아니라, 직접적으로"(여성들) "그리고 간접적으로"(남성들) "그 입법의 작용범위에 들어올 더 많은 성년 노동자들에게도 가장 유익한 효과를 발휘할 것이다."로 되어 있다.

에게 규칙적이고 적당한 노동시간을 강제할 것이다. 그것은 그들의 작업장을 위생적이고 깨끗한 상태로 유지하게 할 것이다.[*1] 그것은 그리하여 그들 자신의 복지와 국가의 복지가 크게 의존하는 체력의 축적을 소중히 하고 개선할 것이다. 그것은 떠오르는 세대의 체질을 손상시키고 황폐화시키는 유년기의 과도노동으로부터 그들을 구출할 것이다. 마지막으로, 그것은 그들에게 — 최소한 13살까지는 — 초등교육의 기회를 보증할 것이며, 그럼으로써 … 우리 보조위원들의 보고서에 충실히 묘사되어 있고, 극히 비통한 심정과 국민적 굴욕감 없이는 바라볼 수 없는 저 철저한 무지를 종식시킬 것이다."[319]

토리당 내각은, 1867년 2월 5일의 개원식(開院式) 칙어(勅語)를 통해서, 산업조사위원회의 제안들[319a]을 "법안들(Bills)"로 작성했다고 발표했다. 이를 위해서 새로운 20년에 걸친 무가치체(無價値體)에 대한 실험(Experimentum in corpore vili)이 필요했던 것이다. 이미 1840년에 아동노동을 조사하기 위한 의회 위원회가 임명되어 있었다. 그 위원회의 1842년 보고서는, 나쏘 W. 씨니어의 말에 의하면,

---

*1 [역주] 독일어판엔 이 문장이 없다.

319 같은 보고서, p. XXV, 제169.

319[a] 공장법확장법(Factory Acts Extension Act)은 1867년 8월 12일에 통과되었다. 이 법률은, 모든 금속 주물공장과 단조공장, 기계공장을 포함한 금속공장, 나아가, 유리·종이·구타페르카(Guttapercha)·탄성 고무·담배 제조업, 서적 인쇄업, 서적 제본업, 마지막으로는 50명 이상이 고용되어 있는 모든 작업장을 규제한다. — 노동시간규제법(Hours of Labour Regulation Act)은, 1867년 8월 17일에 통과되어, 소규모 작업장들과 이른바 가내노동을 규제한다. — 나는 제2권[*2]에서 이들 법률과 1872년의 새로운 광산법 등에 대해서 다시 언급할 것이다.

*2 [역주] 현재의 '제3권[MEW, Bd. 25]' 제1편, 제5장 "불변자본 사용의 절약".

"자본가들과 부모들 측의 탐욕과 사리사욕, 잔인함, 그리고 미성년자들과 아동들의 곤궁과 타락, 파멸에 관한, 지금까지 보았던 것 중에 가장 끔찍한 광경을" 펼쳐 보여 주었다. ... "그것은 지난 시대의 참상들을 묘사하고 있는 것이라고 생각할지도 모른다. 그러나 불행히도 그들 참상이 계속 과거와 마찬가지로 심각하다는 증거[*1]가 있다. 2년 전에 하드위크(Hardwicke)가 발간한 소책자는, 1842년에 비난을 받은 악폐가 오늘날"(1863년) "에도 만개해 있다고 말하고 있다. 이 보고서가 20년 동안이나 주목을 받지 못하고, 그 사이에 도덕이란 말이 무엇인지 조금도 이해하지 못한 채, 지식도, 종교도, 천성적 애정도 없이 자란 아동들이 지금 세대의 부모가 될 수 있었던 것은 노동자계급 아동들의 도덕과 건강에 대한 일반적 무관심의 기묘한 증거다."[320]

그 동안에 사회적 상황이 이미 변했다. 의회는 1863년의 위원회 요구들을 감히, 1842년 당시의 요구들처럼 거부하지 못했다. 그리하여 위원회가 그 보고서의 일부를 처음 공개했던 1864년에는 이미 (요업을 포함한) 토기(土器)산업, 벽지·성냥·탄약통 및 뇌관의 제조가 비로드 제조업과 함께 섬유공업에 적용되는 법률들의 지배를 받게 되었다. 1867년 2월 5일의 개원식 칙어에서 당시 토리당 내각은, 그 동안 1866년에 그 작업을 완료한 위원회의 최종 제안들에 기초하여 다시 다른 법안들을 발표했다.

1867년 8월 15일에는 공장법확장법(Factory Acts Extension Act)이, 8월 21일에는 작업장규제법(Workshop's Regulation Act)이 국왕의 재가를 받았는데, 전자는 대규모 사업부문들을, 후자는

[*1] [역주] 독일어판에는 "보고들".

320 씨니어, ≪사회과학대회(*Social Science Congress*)≫, pp. 55-58.

소규모 사업부문들을 규제한다.

공장법확장법은 용광로, 제철공장 및 제동(製銅)공장, 주물공장, 기계제조공장, 금속가공공장, 구타페르카공장, 제지공장, 유리공장, 담배공장, 나아가 인쇄업과 서적 제본업, 그리고 년간 최소 100일 동안 50명 이상이 동시에 고용되는 이런 종류의 모든 공업작업장들을 규제한다.

작업장규제법에 의해서 포괄되는 영역의 확장에 대한 이해를 돕기 위해서 그 법률 속에 확정된 몇몇 정의(定義)들을 여기에 들어두자.518

> "**수공업**이란" (이 법률에서는) "어떤 물품이나 그 일부를 직업적으로, 혹은 벌이를 목적으로, 혹은 부수적으로 제조하는, 혹은 판매를 위하여 어떤 물품을 직업적 혹은 부수적으로 변경・수리・장식・완성, 혹은 다르게 개작하는 모든 육체노동을 의미한다."
> "**작업장**이란, 아동이나 미성년자, 여성에 의해서 수공업이 수행되고, 그러한 아동이나 미성년자, 여성을 고용하고 있는 사람이 접근하고 통제할 권리를 가진, 실외 혹은 실내의 모든 방과 장소를 의미한다."
> "**취업**이란, 임금을 받든 안 받든, 장주(匠主) 또는, 이 법에 규정된 부모 중 1인의 밑에서 수공업에 종사하는 것을 의미한다."
> "**부모**란, 아버지・어머니, 후견인, 또는 어떤 ... 아동 또는 미성년자를 감독 혹은 통제하는 사람을 의미한다."

제7조, 즉 이 법률의 규정들에 반(反)한, 아동들・미성년 노동자들・여성들의 고용에 대한 처벌조항은, 부모든 아니든, 작업장의 점유자에 대해서만이 아니라,

> "아동이나 미성년자, 여성의 노동으로부터, 혹은 그들을 통제하면서 직접적인 이득을 얻는 부모 또는 다른 사람"

에 대해서도 벌금을 규정하고 있다.

대공장들을 겨냥한 공장법확장법은 다수의 야비한 예외규정들과 자본가들과의 비겁한 타협으로 공장법보다 후퇴해 있다.

작업장규제법은, 그 모든 세목(細目)들이 빈약했고, 그 실행이 위임된 도시 및 지방 당국의 수중에서 사문(死文)인 채로 머물러 있었다. 1871년에 의회가 그들 당국에게서 이 전권을 회수하여 공장감독관들에게 이양하자, 그들 감독관들의 감독범위에는 일거에 100,000개 이상의 작업장이 증대했고, 벽돌공장 하나만도 300개 이상이 증대했는데, 이미 지금까지도 너무나 빈약하게 채워져 있던 공장감독관 인원은 극히 주도면밀하게도 단지 8명의 보조원만이 증원되었다.321

그리하여 영국의 이 1867년의 입법에서 눈에 띄는 것은, 한편에서는 지배계급의 의회에 강요된, 지나친 자본주의적 착취에 대하여 그토록 이례적이고 광범한 조치들을 원칙적으로 취하지 않을 수 없는 필요성이고, 다른 한편에서는 그 후 의회가 이들 조치를 현실적으로 실행할 때의 중도이폐(中道而廢)와 반감, 불성실(mala fides)이다.

1862년의 조사위원회는 또한, 토지소유자의 이해와 산업자본가의 이해가 일치한다는 점에서 다른 모든 산업과 구별되는 산업인 광산업에 대한 새로운 규제를 제안했다. 이들 양자의 이해의 대립이 공장입법을 촉진했던바, 광산입법에서의 지연과 농간들은 이러

---

321 공장감독 인원은 2명의 감독관, 2명의 부감독관 및 41명의 보조감독관들로 구성되어 있었다. 8명의 추가 보조감독관들이 1871년에 임명되었다. 공장법들을 집행하기 위한 총비용은 잉글랜드·스코틀랜드·아일랜드에서 1871/72년에, 위반자들에 대한 소송비를 포함하여, 단지 25,347파운드 스털링에 달했을 뿐이었다.

한 대립이 없는 것으로 충분히 설명이 된다.

1840년의 조사위원회가 이미 아주 끔찍하고 분노를 자아내는 폭로를 하여 유럽 전체에 대단한 물의를 불러일으켰기 때문에, 의회는 1842년의 광산법(Mining Act)에 의해서 자신의 양심을 구출하지 않을 수 없었는데, 거기에서는 여성들과 10살 미만의 아동들의 갱내 노동을 금지하는 데에 국한되어 있었다.

그 후 1860년에 광산감독법(Mines' Inspection Act)이 등장했는데, 그에 의하면, 광산들은 특별히 임명된 관리들의 감독을 받으며, 10살에서 12살 사이의 소년들은, 취학증명서를 가지고 있거나, 일정한 시간 수 동안 학교에 다니는 경우 외에는 고용되어서는 안 된다. 이 문서는, 임명된 감독관의 수가 가소로울 만큼 적었고, 그들의 권한이 미미했기 때문에, 그리고 앞으로 보다 상세히 밝혀질 다른 사정들 때문에 전적으로 사문(死文)인 채로 머물렀다.

광산에 관한 최근의 청서들[4] 중의 하나는, ≪광산에 관한 특별위원회의, ... 증거자료가 첨부된 보고서, 1866년 7월 23일 (*Report from the Select Committee on Mines, together with ... Evidence, 23 July 1866*)≫이다. 그것은, 하원의원들로 구성된, 증인들을 소환하여 심문할 전권이 주어진 한 위원회의 저작으로서, 2절판의 두꺼운 책인데, 그 안에는 "보고(Report)" 그 자체는 단지 5줄밖에 포함되어 있지 않고, 그 내용인 즉은, 위원회로서는 무슨 말을 해야 할지 모르겠으며, 더 많은 증인들을 심문하지 않으면 안 된다는 것이다!

증인심문 방식은, 변호사가, 파렴치하고 마음을 어지럽히는 반대심문을 통해서, 증인이 마음의 평정을 잃고 왜곡된 발언을 하

게끔 하려고 하는,*¹ 영국 법정들에서의 반대심문(cross exami-
nations)을 생각나게 한다. 여기에서는 그 변호사들이 의회의 심
문위원들 자신들로서 그 중에는 광산소유자들과 채광업자들
(Exploiteurs)도 있고, 증인들은 광산노동자들로서, 대부분 탄광
노동자들이다. 광대극 전체가 자본의 정신을 너무나도 특징적으
로 보여주고 있기 때문에 여기에 약간 발췌하여 제시하지 않을
수 없다. 용이하게 개관(槪觀)하도록 조사 등의 결과를 항목별로
제시한다. 영국의 청서 속의 질문과 의무적인 답변에는 번호가
붙여져 있으며, 여기에서 그 진술이 인용되는 증인들은 탄광의
노동자들임을 상기시켜 둔다.

　1. **10살 이상 소년들의 광산 취업**.*² 노동은, 광산까지의 어쩔
수 없는 왕복을 포함하여 대개 14시간 내지 15시간 계속되고, 예
외적으로는 더 길어, 아침 3시, 4시, 5시부터 저녁 4시, 5시까지*³
계속된다.(제6, 452, 83호.) 성년 노동자들은 2개 조(組)로, 즉 8
시간씩 노동하지만, 소년들에게는, 비용을 절약하기 위하여, 그
러한 교대가 없다.(제80, 203, 204호.) 어린 아동들은 주로 광산
의 여러 구역의 여닫이문들*¹을 열고 닫는 데에 사용되고, 보다

---

*1 [역주] "변호사가, 파렴치하고 마음을 어지럽히는 반대심문을 통해서, 증인이 마음의 평정을 잃고 왜곡된 발언을 하게끔 하려고 하는"이 영어판에는 "변호사가, 파렴치하고, 갑작스러우며, 애매한 그리고 맥락도 없이 뒤얽힌 질문들을 통해서 증인을 위협하고, 놀라게 하며, 혼란시키고, 그 증인으로부터 억지로 끌어낸 답변들에 억지 의미를 부여하려고 하는 (the advocate tries, by means of impudent, unexpected, equivocal and involved questions, put without con-nexion, to intimidate, surprise, and confound the witness, and to give a forced meaning to the answers extorted from him)"으로 되어 있다.

*2 [역주] 이하 항목들은 영어판에 따라 굵은 글씨체로 표시해둔다.

*3 [역주] 영어판에는 "저녁 5시, 6시까지".

나이가 든 아동들은 더 힘든 작업인 석탄운반 등에 사용된다.(제122, 739, 740호.) 지하에서의 장시간 노동은 18살 혹은 22살까지 지속되고, 그때에야 본래의 광산노동으로 이행한다.(제161호.) 오늘날에는 아동들과 미성년자들이 과거 어느 시기보다도 더 심하게 혹사되고 있다.(제1663-1667호.) 광산노동자들은 거의 이구동성으로, 14살까지는 광산노동을 금지하기 위한 의회입법을 요구하고 있다. 그런데 지금 (그 자신 채광업자인) 허씨 뷔뷔안(Hussey Vivian)[*2] [등: 역자]은 다음과 같이 질문하고 있다:

> "노동자의 의견은 그 노동자 가족의 빈곤에 달려 있는 것 아니겠습니까?" 그리고 브루스 씨(Mr. Bruce): "부모 중 1명이 다쳤거나, 병약하거나, 아버지가 죽어 어머니만 있는 경우, 12살에서 14살 사이의 아동이 가족을 위해서 하루에 1쉴링 7펜스를 버는 것을 막는 것은 아주 가혹한 처사일 것이라고 생각하지 않습니까? ... 당신은 일반적인 규칙을 정하지 않으면 안 됩니까? ... 당신들은, 그들의 부모의 상태가 어떻든 12살과 14살 미만 아동들의 고용을 막는 입법을 권장할 용의가 있습니까?" "그렇습니다."(제107-110호.) 뷔뷔안: "14살 미만 아동들의 고용을 막는 법률이 통과되면, ... 아동들의 부모들은 다른 방면에서, 예컨대, 제조업에서 자기 아이들의 일자리를 찾지 않을까요?" "일반적으로는 그렇지 않을 것으로 생각합니다."(제174호.) 킨에어드(Kinnaird): "일부 소년들은 문지기입니까?" "그렇습니다." "문을 여닫을 때마다 일반적으로 통풍이 아주 잘 되지 않습니까?" "예. 일반적으로 그렇습니다." "아주 쉬운 일인 것처럼 들리는데, 실제로는 고통스러운 일입니까?" "그는 감옥에 갇혀 있는 것과 마찬가지로 거기에 갇혀 있습니다." 부르주아 뷔뷔안: "등불이 있다면, 소년은 독서를 할 수 있지 않은

---

*1 [역주] 영어판에는 "환기문들(ventilating doors)".

*2 [역주] 하원의원들로 구성된 위원회이기 때문에 허씨 뷔뷔안 등의 심문자들은 당연히 하원의원들이다.

가?" "예, 촛불들이 있으면, 읽을 수 있습니다. ... 책을 읽다가 발각이 되면, 야단을 맞을 것입니다. 그는 일하기 위해 거기에 있는 것이고, 그는 일해야 할 의무가 있으며, 무엇보다도 일에 신경을 써야 합니다. 그리고 갱내에서 독서가 허용되리라고는 생각하지 않습니다."(제139, 141, 143, 158, 160호.)*1

2. 교육. 광산노동자들은, 공장에서처럼, 아동들의 강제교육을 위한 법률을 요구하고 있다. 그들은, 10-12살의 소년을 사용하기 위해서 취학증명서를 요구하고 있는 1860년의 법률 조항은 순전히 기만적인 것이라고 단언하고 있다. 자본가적 예심판사들의 "매우 양심적인(peinlich)" 심문절차가 여기에서는 참으로 우스꽝스럽다.*2

---

*1 [역주] 이 질문들과 대답 등이 독일어판에는 다음과 같이 되어 있다: "이 요구는 부모의 빈곤 정도에 달려 있는 것 아닙니까?" — 그리고 브루스 씨: "아버지가 죽거나 불구가 되었다든가 등등의 경우, 그 가족에게서 이 수입원(收入源, Ressource)을 빼앗는 것은 가혹하지 않을까요? 그런데도 일반적인 원칙은 관철되지 않으면 안 된다. 당신들은 어떤 경우에도 14살까지의 아동들의 지하에서의 노동을 금지하고자 하는가?" 대답: "어떤 경우에도."(제107-110호.) 뷔뷔안: "광산에서의 14살 전의 노동이 금지되면, 부모들이 그 아동들을 공장 등에 보내지 않을까요? — 일반적으로 안 보낼 것입니다."(제174호.) 노동자: "문을 여닫는 것은 쉬운 것처럼 보입니다. 그것은 아주 고통스러운 일입니다. 끊임없이 [문을: 역자] 끌어당겨야 하는 것은 차치하더라도, 소년은 깜깜한 감옥에 갇혀 있는 것과 마찬가지로 갇혀 있습니다." 부르주아 뷔뷔안: "소년은, 빛이 있다면, 문지기를 하는 동안 독서를 할 수 있지 않은가요? — 첫째로 그는 스스로 양초를 사지 않으면 안 될 것입니다. 그러나 또한 그것이 그에게는 허용되지 않습니다. 그가 거기에 있는 것은 자기의 일을 돌보기 위해서이고, 그는 의무를 수행하지 않으면 안 됩니다. 저는 갱내에서 독서를 하고 있는 소년을 전혀 본 적이 없습니다."((제139, 141, 143, 158, 160호.)

*2 [역주] 이 문장이 영어판에는, "이 문제에 관한 증인심문은 참으로 우스꽝스럽다. (The examination of the witnesses on this subject is truly droll.)".

(제115호) "그것(법률)이 더 필요한 것은 고용주들에 대해서입니까, 아니면 부모들에 대해서입니까?" "그것은 양쪽 모두에 대해서 필요하다고 생각합니다." (제116호) "다른 쪽보다 어느 한쪽이 더 필요하다고 말할 수 없습니까?" "그렇습니다(No), 저는 그 질문에는 대답하기 어렵습니다."*¹ (제137호) "고용주 쪽에서는 소년들이 학교에 갈 수 있는 시간을 가져야 한다고 바라는 것 같습니까?" "아닙니다, 그런 목적으로 시간은 결코 단축되지 않습니다."*² (제211호) 킨에어드 씨: "광부들은 일반적으로 자신들의 교육을 개선하고 있다고 해야 하지 않습니까? 일하기 시작한 후에 자신의 교육을 크게 개선한 사람들의 예가 있습니까? 혹은, 그들은 오히려 일을 그만두면, 획득했던 이득을 잃는 것 아닙니까?"*³ "그들은 일반적으로 더 나빠지고 있습니다. 그들은 개선되고 있지 않습니다. 그들은 악습들에 물듭니다. 그들은 음주와 도박 등등에 빠져, 완전히 파멸해 버립니다." (제454호) "그들은 야간학교를 열어 (교육시키려는) 어떤 시도를 합니까?" "야간학교가 있는 탄광은 거의 없고, 혹시 그런 탄광이 있더라도 소수의 소년들만이 그런 학교에 갑니다. 그러나 그들은 육체적으로 탈진해 있기 때문에, 학교에 가봤자 아무 소용이 없습니다."*⁴ (제443호) "그렇다면 당신들은"하고 이 부르주아는 결론을 내린다, "교육을 반대하는군요?" "전혀 그렇지 않습니다. 그러나." 등.*⁵ "그러나 그들(고용주들)은

---

*1 [역주] 이 문장이 독일어판에는, "제가 어떻게 대답해야 하겠습니까?"

*2 [역주] 이 문답이 독일어판에는, "고용주는 노동시간을 학교수업에 맞추려는 어떤 의욕(Verlangen)을 보여주고 있습니까? — 결코 아닙니다."

*3 [역주] 이 질문이 독일어판에는, 질문자(킨에어드)가 생략되어 있고, "광산노동자들은 나중에 그들의 교육을 개선합니까?"

*4 [역주] 이 문답이 독일어판에는, "'왜 아이들을 야간학교에 보내지 않습니까? — 대부분의 탄광지역에는 어떤 야간학교도 없습니다. 그러나 중요한 문제는, 장시간의 과도노동으로 아동들이 탈진되어 있어, 피로 때문에 눈이 저절로 감긴다는 것입니다.' '그래서' 하고 이 부르주아는 결론을 내린다, '당신들은 교육을 반대하는군요? — 결코 아닙니다. 그러나 ...'".

*5 [역주] 이 문답이 독일어판에는 "제454호"의 일부로 되어 있다. 바로 앞의

그것들(취학증명서들)을 요구하도록 되어 있지 않나요?"*¹ "법으로는 그렇습니다. 그러나 제가 알기로는 고용주들이 그것들을 요구하지 않습니다."(제444호) "그렇다면, 증명서 요구에 관한 이 법률조항은 광산들에서는 일반적으로 이행되고 있지 않다는 것이 당신들의 의견이군요?"*² "그것은 이행되고 있지 않습니다."(제717호) "사람들은 이 (교육의) 문제에 관심이 많은가?" "그들의 절대다수가 관심이 많습니다."(제718호) "그들은 이 법률이 시행되기를 열망하는가?" "절대다수가 그렇습니다."(제720호) "이 나라에서 어떤 법이든 … 주민 스스로가 그것을 시행하도록 돕지 않고도 실제로 유효할 수 있다고 생각합니까?" "많은 사람이 소년의 고용을 반대하고자 할 것이지만, 반대하면 아마 그는 찍힐 것입니다."*³ (제721호) "누구에게 찍힌단 말입니까?" "그의 고용주에게요."(제722호) "고용주들은 법을 준수하는 사람을 … 박해할 것이라고 생각하나요?" "그들은 그럴 것으로 믿습니다."(제123호)*⁴ "읽지도 쓰지도 못하는 10살에서 12살 사이의 소년을 고용하는 것을 반대하는 노동자에 대해서 들은 적이 있습니까?"*⁵ "그들에게는 선택의 여지가 없습니다."(제1634호) "의회의 개입을 요구하나요?" "광부들의 아이들의 교육에 무언가 효과적인 것이 이루어지려면, 그것이 의회의 법률에 의해서 강제되지 않으면 안 될 것이라

'역주' 참조.

*1 [역주] 이 질문이 독일어판에는, "광산소유자 등은, 10살에서 12살 사이의 아동들을 사용할 때, 1860년의 법률에 의해서 취학증명서를 요구하지 않으면 안 되도록 되어 있지 않습니까?"

*2 [역주] 이 질문이 독일어판에는, "당신들의 의견에 의하면, 이 법률 조항은 일반적으로 이행되지 않고 있군요?"

*3 [역주] 이 문답이 독일어판에는, "그러면 왜 그들은 그 시행을 강요하지 않습니까? ― 취학증명서가 없는 소년은 거부되기를 많은 노동자가 원하지만, 그러나 그는 찍힌 사람(a marked man)이 될 것입니다."

*4 [역주] 독일어판에는, "(제723호)".

*5 [역주] 이 질문이 독일어판에는, "노동자들은 왜 그러한 소년들을 사용하는 것을 거부하지 않는가?"

고 생각합니다." (제1636호) "그러한 의무를 광부들에게만 부여하고자 합니까, 아니면 대(大)브뤼튼의 모든 근로인민에게입니까?"*¹ "제가 여기에 온 것은 광부들을 대변하기 위해서입니다." (제1638호) "왜 그들(탄광 소년들)을 다른 소년들과 구별하시나요?" "그들은 예외를 이루고 있기 때문입니다." (제1639호) "어떤 점에서?" "육체적인 점에서." (제1640호) "왜 교육이 다른 계급의 소년들보다 그들에게 더 귀중한가요?" "더 귀중한지는 모르겠으나, 광산에서의 과도노동 때문에 거기에 고용되어 있는 소년들에게는 일요학교나 주간(晝間)학교의 교육을 받을 기회가 더 적습니다." (제1644호) "이러한 종류의 문제를 그 자체로서 절대적으로 다루는 것은 불가능하지 않은가요?" (제1646호) "학교는 충분히 있는가요?"*² ─ "아닙니다" ... (제1647호) "국가가 만일 모든 아동을 학교에 보내야 한다고 요구한다면, 그들이 갈 학교가 있을까요?" "없습니다. 그러나 그러한 상황이 발생한다면, 학교들은 곧 생길 것이라고 생각합니다."*³ "그들(소년들) 중의 일부는 전혀 읽지도 쓰지도 못한다고 생각이 되는데요?" "대다수가 ... 못합니다. 성인들 자신들도 대다수가 못합니다."*⁴ (제705, 725호)

3. 여성노동*⁵. 여성노동자들은 1842년 이후 더 이상 지하에서는 사용되지 않지만, 지상에서는 석탄 등의 적재(積載), 운하와 철도차량까지 탄통(炭桶)을 끌고 가는 작업, 석탄의 선별 등에 사

---

*1 [역주] 이 질문이 독일어판에는, "그것은 대브뤼튼의 모든 노동자의 아이들에 해당하는 것입니까, 아니면 단지 광부들에 해당하는 것입니까?"

*2 [역주] 이 질문이 독일어판에는, "이 지역들에 학교는 충분한가요?"

*3 [역주] 이 문답이 독일어판에는, "국가가 모든 아동을 학교에 보내도록 요구하더라도, 그 모든 아동들을 위한 학교들이 어디에 있단 말입니까? ─ 상황이 요구하자마자 학교들은 저절로 생길 것이라고 믿습니다."

*4 [역주] "그들(소년들) 중의 일부는" 이하가 독일어판에는, "아동들뿐 아니라 성년 광산노동자들의 대다수가 쓰지도 읽지도 못합니다."

*5 [역주] 영어판에는, "여성 고용".

용되고 있다. 그들의 사용은 최근 3-4년 동안에 대단히 증가했다. (제1727호.) 그들은, 12살에서부터 50살, 60살까지로, 대부분이 광부들의 부인들, 딸들 그리고 과부들이다. (제647, 1779, 1781호.)*¹

    (제648호) "광산노동자들은 여성들의 고용에 대해서 어떻게 생각합니까?" "제 생각에는, 그들은 일반적으로 옳지 않다고 보고 있습니다." (제649호) "어떤 이유로 반대한다고 생각합니까?" "그것은 여성을 타락시킨다고 생각합니다." (제650*²-654, 701호) "복장이 특이합니까?"*³ "그렇습니다. ... 그것은 오히려 남자 복장이며, 제 생각엔, 그 때문에 모든 수치심이 사라집니다." "그 여자들은 담배를 피웁니까?"*⁴ "일부는 피웁니다."*⁴ "그리고 그것은 매우 더러운 노동이지요?"*⁴ "대단히 더럽습니다." "그들은 검은 그을음 투성이가 됩니까?"*⁴ "지하 탄갱에 있는 사람들만큼 까맣게 됩니다. ... 제 생각에는, 아이들이 딸린 여성(그리고 그들 중에는 그러한 여성들이 많다)은 자기 아이들에게 자기의 책무를 이행할 수 없습니다."*⁵ (제709호) "과부들이 그만큼의 벌이(1주일에 8-10 쉴링)가 되는 일자리를 다른 곳에서 찾을 수 있다고 생각합니까?" "저는 그에 대해서는 아무것도 말할 수 없습니다." (제710호) "그런데도 당신들은" (냉혹한 놈아!) "그들이 이렇게 해서 생계를 꾸려가는 것을 저지할 작정인가요?" "그렇습니다." (제1715, 1717호) "여성의 고용에 대하여 ... 이 지역의 일반적인 분위기는 무엇인가요?"*¹ "그 분위기는 그것이 여성을 타락시킨다는 것입니다.

---

*1 [역주] 영어판에는, "(제645, 1779호).

*2 [역주] 독일어판에는, "제651".

*3 [역주] 독일어판에는 이 질문이 없다.

*4 [역주] 독일어판에는, "많은 여성이 담배를 피웁니다."

*5 [역주] "대단히 더럽습니다." 이하가 독일어판에는, "노동은 갱 그것 속에서처럼 더럽습니다. 그들 중에는 많은 기혼 여성들이 있는데, 그들은 가정의 책무를 이행할 수가 없습니다."

그리고 우리는 광부로서 여성을 보다 더 존중하고자 하며, 그들이 탄광에서 일하지 않았으면 합니다. ... 일부 작업은 대단히 힘듭니다. 이들 소녀들 가운데 일부는 하루에 10톤이나 끌어 올립니다." (1237호)[*2] "광산에 고용된 여성들이 공장에 고용된 여성들보다 덜 도덕적이라고 생각하나요?" "... 나쁜 사람들의 비율이 ... 공장의 소녀들에 비해서 좀 더 많을 겁니다." (제1733호) "그렇지만 공장의 도덕 상태에 대해서도 만족하는 건 아니지요?" "네. 만족하지 않습니다." (1734호) "공장에서도 역시 여성 고용을 금지하기를 바랍니까?" "아닙니다. 그렇지 않습니다." (제1735호) "왜 바라지 않습니까?" "공장노동은 여성들에게 보다 고결한 일이라고 생각합니다."[*3] (1736호) "하지만, 공장노동도 그들의 도덕에 해롭다고 생각하지요?" "탄광에서 일하는 것만큼은 아닙니다. 그러나 제가 볼 때, 사회적 관점에서 더욱 그렇습니다. 저는 그것을 도덕적인 이유에서만 보지 않습니다. 소녀들의 사회적 행동거지의 타락은 극도로 개탄스럽습니다. 이들 400명 내지 500명의 소녀들이 광부의 아내가 되면, 남자들은 이러한 타락 때문에 크게 고통을 당하고, 그들이 가정을 저버리고 통음(痛飮)을 하는 원인이 됩니다."[*4] (1737호) "그러나 광산에서의 여성 고용을 중단시키려고 한다면, 제철소에서의 여성 고용도 마찬가지로 중단시켜야 하는 것 아닙니까?" "저는 다른 업종에 대해서는 말할 수 없습니다."[*5] (제1740

---

*1 [역주] 독일어판에는 "(1715호) '어디에서 그런 기분이 드는가?'"

*2 [역주] 독일어판에는 "제1732호)".

*3 [역주] 이 답변이 독일어판에는, "공장노동은 여성에게 보다 고결하고 보다 합당합니다."

*4 [역주] 이 답변이 독일어판에는, "아닙니다. 탄광에서의 노동에 비하면, 훨씬 해롭지 않습니다. 그런데 저는, 도덕적인 이유에서만이 아니라, 육체적·사회적 이유에서도 말하고 있습니다. 소녀들의 사회적 타락은 비참하고 지독합니다. 이들 소녀가 광산노동자들의 아내가 되면, 남자들은 이러한 타락 때문에 심히 고통을 당하고, 그 때문에 집을 나와 통음하게 됩니다."

*5 [역주] 이 문답이 독일어판에는, "그러나 동일한 것은 제철소에 고용된 여성들에 대해서도 해당되지 않을까요? — 저는 다른 산업부문에 대해서는 말할

호) "제철소에 고용된 여성들의 상황과, 탄광의 지상에 고용된 여성들의 상황 사이에 어떤 차이가 있나요?" "저는 그것에 대해서 아무것도 확인한 적이 없습니다."*¹ (제1741호) "당신들은 한 부류와 다른 부류 사이의 차이를 발견할 수 있습니까?" "저는 그것을 확인해보지 않았지만, 우리 지역의 상태가 개탄스럽다는 것은 집집을 방문하여 알고 있습니다. ..." (제1750호) "당신들은 여성을 타락시키는 모든 고용에 개입하려고 합니까?" "이런 식으로는 해로울 것으로 생각합니다. 영국인들의 최선의 감정은 어머니의 가르침으로부터 획득되어 왔습니다. ..."*² (제1751호) "그것은 농업 노동에도 마찬가지로 해당되지 않나요?" "그렇습니다. 그러나 그것은 단지 두 계절뿐이지만, 우리는 네 계절 내내 일합니다. ... 그들은 흔히 살갗까지 젖은 채 밤낮으로 일하여, 체질이 약해지고, 건강이 망가집니다." (제1753, 1793, 1794호) "당신들은 이 주제"(즉, 여성고용)"를 전반적으로 연구하지는 않았지요?" "저는 살아가면서 그것을 분명히 알았고, 탄광에서의 여성고용의 영향에 비견할 만한 것은 분명 아무것도 보지 못했습니다. ... 그것은 남자의 일 ... 강한 남자의 일입니다." (제1808호) "이 문제 전체에 대한 당신의 생각은, 광부들 가운데 자신을 향상시켜 인갑답게 되려고 하는, 비교적 좋은 부류도, 그들의 아내들로부터 도움을 받기는커녕, 그들 때문에 타락한다는 것이지요?" "그렇습니다."*³

이 부르주아들이 이런저런 어지러운 질문들을 더 한 후에, 과부들이나 가난한 가족 등에 대한 그들의 "동정(同情)"의 비밀이

수 없습니다."

*1 [역주] 이 답변이 독일어판에는, "저는 그러한 문제를 생각해보지 않았습니다."

*2 [역주] 이 문답이 독일어판에는, "여성을 타락시키는 고용은 어디에서나 그것을 폐지하기를 당신은 크게 원하고 있지 않나요? — 그렇습니다. ... 아동들의 최선의 감정은 어머니의 훈육에서 생기는 것임에 틀림없습니다."

*3 [역주] 이 문답 전체가 독일어판에서는 답변으로 처리되어, "광부들 가운데 자신을 향상시켜 인갑답게 되려고 하는, 비교적 좋은 부류도, 그들의 아내들로부터 도움을 받기는커녕, 그들 때문에 타락해버립니다."로 되어 있다.

마침내 드러난다:

"탄광주는 어떤 신사들을 감독으로 임명하는데, 이들의 정책은 탄광주의 마음에 들기 위해서 만사를 가장 경제적으로 처리하는 것이며, 이들 소녀들은, 남자라면 하루에 2쉴링 6펜스가 아니면 고용할 수 없는 일에, 하루에 1쉴링에서 1쉴링 6펜스에 고용되고 있다."(제1816호)

4. 검시(檢屍) 배심원들.

(제360호) "당신들 지역의 검시관의 검시(coroner's inquests)와 관련하여, 재해가 발생했을 때 노동자들은 그들 검시 절차를 신뢰하고 있습니까?"*1 "아니오. 그렇지 않습니다."(제361, 364, 366, 368, 371, 375호)*2 "왜 신뢰하지 않지요?" "특히, 광산 등에 대해서는 아무것도 모르는 사람들이 일반적으로 [배심원으로: 독일어판에 따라서] 임명되기 때문입니다." "노동자들은 배심원으로 전혀 호출되지 않나요?"*3 "제가 아는 한, 증인으로서밖에는 결코 없습니다." "일반적으로 이들 배심원으로 호출되는 사람들은 누구입니까?"*4 "일반적으로 부근의 상인들인데 … 사정상 그들은 때때로 그들의 고용주들 … 일터의 소유주들의 영향을 받기 쉽습니다. 일반적으로 그들은 자기들 앞에 불려온 증인들에 대해서, 그리고 사용되는 전문용어 등에 대해서 아무런 지식도 없고, 이해하지도 못합니다."*4 "배심원이 탄광에 취업한 적이 있는 사람들로 구성되기

---

*1 [역주] "그들 검시 절차를 신뢰하고 있습니까?"가 독일어판에는, "그 사법절차에 만족하고 있습니까?"

*2 [역주] 독일어판에는, "(제361-375호)".

*3 [역주] 독일어판에는 이 질문이 생략되어 있다.

*4 [역주] 이 답변이 독일어판에는, "부근의 소상인들이 채용되는데, 그들은 자기들의 고객인 광산소유자들의 영향 하에 있고, 증인들의 기술적 술어들을 전혀 이해하지 못합니다."

를 바랍니까?"*1 "그렇습니다. 부분적으로라도 … 그들(노동자들)은 판결이 일반적으로 제시된 증거와 부합하지 않는다고 생각하고 있습니다."*2 (제378호) "불편부당한 배심원을 호출하는 것이 큰 목표 아닌가요?"*3 "예. 그렇습니다." (제379호) "당신들은, 배심원이 상당 정도 노동자들로 구성되면 불편부당할 것이라고 생각합니까?" "노동자들이 편파적으로 행동해야 할 어떤 동기도 저는 알지 못합니다. … 그들은 필연적으로 광산과 관련된 작업들에 대해서 보다 잘 알고 있습니다."*4 (제380호) "노동자들은 불공평하게 가혹한 판결을 내리는 경향이 있을 것으로 생각하지 않습니까?"*5 "아닙니다. 저는 그렇지 않을 것으로 믿습니다."

5. 부정한 도량형 등. 노동자들은, 2주마다의 지불 대신에 1주마다의 지불, 탄통(炭桶)의 용적 대신에 무게에 의한 계량, 부정한 도량형의 사용에 대한 보호를 요구하고 있다.

(제1071호) "만일 기만적으로(fraudulent) 탄통을 크게 만든다면, 14일 전에 통지하고 일을 그만둘 수 있지 않을까요?" "그러나 다른 곳에 가 봐도, 똑같은 일이 벌어지고 있습니다." (제1072호) "그러나 그는 부정행위가 저질러지고 있는 그 곳도 떠날 수 있지 않습니까?" "부정행위는 일반적입니다. 그가 가는 곳마다, 그는 그것에

---

*1 [역주] 독일어판에는 이 질문이 생략되어 있다.

*2 [역주] 이 답변이 독일어판에는, "우리는 광산노동자가 배심원의 일부를 구성할 것을 요구합니다. 대체로 판결은 증인들의 진술과 배치(背馳)되어 있습니다."

*3 [역주] 이 질문이 독일어판에는, "배심원들은 불편부당해야 하지 않나요?"

*4 [역주] 이 문답이 독일어 판에는, "노동자들은 그럴까요? — 그들이 불편부당하지 않아야 할 어떤 동기도 저는 모릅니다. 그들은 전문지식을 가지고 있습니다."

*5 [역주] 이 질문이 독일어판에는, "그러나 그들은 노동자들의 이익을 위해서 부당하게 가혹한 판결을 내리는 경향이 있지 않을까요?"

굴복하지 않을 수 없습니다."*¹ (제1073호) "[그러나 매번: 독일어판에 따라서] 14일 전에 통고하고 떠날 수 있지요?" "그렇습니다."

그만 끝내자!

6. 광산 감독. 노동자들은 폭발성 가스에 의한 재해로만 고통을 당하는 것이 아니다.

(제234호 이하)*² "우리는 갱내의 환기가 나쁜 것에 대해서 대단히 많이 불평했습니다. … 환기가 전반적으로 너무 나빠서 숨을 쉴 수가 없습니다. 얼마 동안 일을 하고 나면, 다른 어떤 일도 할 수가 없습니다. 실로, 제가 일하고 있는 구역에서는 그 때문에 사람들이 일을 그만두고 집으로 가지 않을 수 없었습니다. … 그들 중 일부는, 폭발성 가스가 없는 곳인데도 바로 환기 상태가 나빠서 수주일 동안이나 일을 못했습니다. … 주(主)갱도들에는 일반적으로 공기가 많지만, 사람들이 일하는 현장으로 공기를 들여보내려는 노력은 하지 않고 있습니다."*³ "왜 감독관에게 말하지 않습니까?"*⁴ "사실을 말하자면, 그 문제를 겁내는 사람이 많습니다. 감독관에게 말했기 때문에 희생당하고 해고당한 사람들이 있습니다." "왜? 그는 불평을 했기 때문에 찍힌 사람인가요?" "그렇습니다." "그리고 그는 다른 탄광에서도 일자리를 얻기 어려운가요?" "그렇

524

---

*1 [역주] 독일어판에는 "그가 가는 곳마다" 이하가 생략되어 있다.

*2 [역주] 영어판에는, "(제234, 241, 251, 254, 274, 275, 554, 276, 293호)".

*3 [역주] 독일어판에는, "우리는, 사람들이 거의 숨을 쉴 수 없을 만큼 탄갱 내의 환기가 나쁜 것에 대해서도 마찬가지로 불평하지 않을 수 없습니다. 그 때문에 어떤 종류의 일도 할 수가 없게 됩니다. 그리하여, 예컨대, 제가 일하고 있는 광구(鑛區)에서는 바로 지금 독성공기(Pestluft) 때문에 많은 사람들이 수주일 동안 병상(病床)에 있습니다. 주갱도들에는 대개 환기가 충분하지만, 바로 우리가 일하고 있는 곳들은 그렇지 않습니다."

*4 [역주] 독일어판에는 이 질문이 생략되어 있다.

습니다."*¹ "당신들 주위의 광산들은, 법률의 규정들을 지키도록 충분히 점검되고 있다고 생각합니까?"*¹ "아닙니다. 그것들은 전혀 점검되고 있지 않습니다. ... 감독관이 딱 1번 갱내로 내려간 적이 있는데, 그러고 나서 7년이 지나고 있습니다. ... 제가 속한 지역에는 감독관 수가 충분하지 않습니다. 70살도 넘은 1명의 노인이 130개 이상의 탄광을 점검하고 있습니다." "보조감독관들을 원합니까?"*¹ "그렇습니다."*² (제280호)*³ "그러나 당신들이 원하는 모든 것을 노동자들로부터의 정보 없이 해내기 위해서 필요한 만큼 많은 수의 감독관을 정부가 유지할 수 있다고 생각합니까?" "아닙니다. 그것은 ... 거의 불가능할 것이라고 생각합니다." "감독관들이 보다 자주 오는 것이 바람직스럽겠지요?" "그렇습니다. 그리고 와달라고 하지 않아도."*⁴ (제285호) "감독관들로 하여금 탄갱들을 그토록 자주 점검하게 하면, 적절하게 환기해야 할 책임(!)을 탄갱의 소유주들로부터 정부 관리들로 전가하는 결과가 될 것이라고 생각하지 않습니까?"*⁵ "아닙니다. 저는 그렇게 생각하지 않습니다.

---

*1 [역주] "사실을 말하자면, ... "부터 여기까지가 독일어판에는, "환기에 관해서 감독관에게 불평을 하면, 그는 해고되고 찍힌 사람이 되어, 다른 곳에서도 결코 일자리를 찾을 수 없습니다."

*2 [역주] "아닙니다. 그것들은 ..."부터 여기까지가 독일어판에는, "1860년의 '광산감독법'은 순전한 종이조각일 뿐입니다. 감독관은 그 수가 너무나도 적어서, 어쩌면 7년에 1번 정도 형식적으로 방문할 뿐입니다. 우리 감독관은 완전히 무능한 70살의 남자인데, 그가 130개 이상의 탄광을 관리하고 있습니다. 더 많은 감독관들 외에도 보조감독관들이 필요합니다."

*3 [역주] 영어판에는, "(제280, 277호)".

*4 [역주] 이들 문답들이 독일어판에는, "그렇다면, 당신들이 원하는 모든 것을 노동자들로부터의 정보 없이 스스로 할 수 있는, 많은 수의 감독관을 정부가 유지해야 합니까? — 그것은 불가능하지만, 그들은 스스로 광산 자체에서 정보를 얻으러 와야 합니다."

*5 [역주] 이 질문이 독일어판에는, "당신들은, 그 결과가 환기 등에 대한 책임(!)을 광산소유주로부터 정부 관리들에게 전가하는 것으로 될 것이라고 생각하지 않습니까?"

이미 존재하는 법을 집행하는 것이 그들의 업무여야 한다고 생각합니다." (제294호) "당신들이 보조감독관들이라고 할 때, 현재의 감독관들보다 봉급이 적고, 자질이 낮은 사람들을 의미합니까?" "당신들이 보다 좋은 사람들을 구할 수만 있다면, 우리는 결코 자질이 낮은 사람들을 원하지 않습니다." (제295호) "당신들은 단지 더 많은 감독관들을 원합니까, 아니면 감독관보다 낮은 등급의 사람들을 원합니까?" "부산하게 돌아다니면서, 모든 것이 정상적으로 유지되고 있는지를 지켜볼 사람,*1 자기 자신을 돌보지 않을 사람을 원합니다." (제297호) "당신들의 소망이 달성되어 낮은 등급의 감독관들이 임명된다면, 기량 부족 등 때문에 위험하지 않을까요?" "저는 그렇게 생각하지 않습니다. 정부가 그것을 고려하여 적합한 사람들을 그 자리에 임명할 것으로 생각합니다."*2

이런 식의 심문은 마침내 조사위원장 자신에게조차 너무나 어리석게 생각된다. 그는 다음과 같이 참견한다:

(제298, 299호)*3 "당신들은, 광산의 모든 상세한 것들을 조사하고, 모든 갱구의 구석구석에 들어가 진정한 사실들을 조사할 사람들을 원하고 있고, … 그들이 수석감독관에게 보고하면, 그는 자신의 과학적 지식을 응용하여 그들이 말한 사실들을 처리하겠지요?"*4 (제531호) "이 낡은 갱도들을 모두 환기시키려면, 대단히 많은 비용이 들지 않을까요?" "예, 비용은 들겠지만, 인명은 보호

---

*1 [역주] 독일어판에는, "모든 것이 정상적으로 유지되고 있는지를 지켜볼 사람"이 없다.
*2 [역주] 이 답변이 독일어판에는, "아닙니다. 적합한 인물들을 임명하는 것은 정부의 일입니다."
*3 [역주] 독일어판에는 누락되어 있다.
*4 [역주] 이 질문이 독일어판에는, "당신들은, 광산 속을 스스로 둘러보고 감독관에게 보고할 실무적인 사람들을 원하고 있고, 그러면 그 감독관은 자신의 보다 고도의 과학을 적용할 수 있습니다."

될 것입니다."

(제581조.) 어떤 탄광노동자는 1860년 법률의 제17조에 대하여 항의하고 있다.

"현재 광산감독관은, 만일 광산의 어떤 부분이 들어가 일하기에 부적합하다는 것을 발견하면, 그것을 광산소유주와 내무대신에게 보고하지 않으면 안 됩니다. 그 후 소유주에게는 그 문제를 검토하도록 20일간이 주어집니다. 20일이 지나면, 그는 어떤 변경도 거부할 수 있습니다. 그런데, 거부할 때, 광산소유주는 내무대신에게 서한을 보내면서, 동시에 5명의 광산기사를 추천하고, 내무대신은 광산소유주 자신이 지명한 그들 5명의 기사들 중에서 1명을, 제 생각엔, 재결자(裁決者)로서 임명하거나, 그들 중에서 재결자들을 임명합니다. 그 경우 광산소유주는 사실상 자기 자신의 재결자를 임명하는 것이라고 우리는 생각합니다."[*1]

(제586호) 스스로 광산소유주인 부르주아 심문관은 말한다:

"그러나 ... 이는 단지 탁상공론적인 항의 아닌가요?" (제588호) "그러면 당신들은 광산기사들의 정직성을 아주 형편없이 보고 있군요?" "그것은 대단히 부당하고 불공정합니다."[*2] (제589호) "광산기사들은 일종의 공적 성격을 가지고 있으며, 당신들이 염려하는 것과 같은 편파적인 결정은 내리지 않을 것이라고 생각하지 않습니까?" "저는 그 사람들의 개인적 성격에 관한 질문에 대답하지 않겠습니다. 저는, 많은 경우 그들이 실로 대단히 편파적으로

[*1] [역주] "내무대신은 ..." 이하가 독일어판에는, "그들 중에서 대신은 중재재판관들을 선발하지 않으면 안 됩니다. 이 경우 광산소유주는 사실상 자기 자신의 재판관들을 임명하는 것이라고 우리는 확언합니다."

[*2] [역주] 이 답변이 독일어판에는, "제가 말하는 것은, 그것이 부당하고 불공정하다는 것입니다."

행동한다고 확신하며, 또한 인간의 생명이 걸려 있는 경우에는 그들의 수중에서 그렇게 되어서는 안 된다고 확신합니다."*¹

바로 그 부르주아는 뻔뻔스럽게도 이렇게 묻는다:

"당신들은, 폭발하면 광산소유주도 손해를 본다고는 생각하지 않습니까?"

마지막으로 (제1042호):

"당신들 랭커셔의*² 노동자들은, 정부의 도움을 구하지 않고, 당신들 자신의 이익을 스스로 돌볼 수는 없습니까?" "없습니다."

1865년에 대브뤼튼에는 3,217개의 탄광과 ― 12명의 감독관이 있었다. 요크셔의 한 광산소유주는(《타임즈》, 1867년 1월 26일), 감독관들의 시간 전체를 잡아먹는 관료주의적 업무들을 도외시하더라도, 감독관은 각 광산을 10년에 단 한번만 순찰할 수 있을 것이라고 스스로 계산하고 있다. 최근 수년 동안에 (특히 1866년과 1867년에) 대참사가 그 건수에서도 규모에서도 (때때로 200-300명의 노동자들이 희생되면서) 누진적으로 증대해온 것도 결코 기이한 일이 아니다. 이것이 "자유로운" 자본주의적 생산의 아름다운 점들(Schönheiten, beauties)인 것이다!

아무튼 1872년의 법률은, 결함이 많긴 하지만, 광산에 고용된 아동들의 노동시간을 규제하고, 이른바 재해에 대하여 채광업자들(Exploiteure)과 광산소유자들에게 어느 정도 책임을 지우는

---

*1 [역주] "인간의 생명이 걸려 있는 ..." 이하가 독일어판에는, "인간의 생명이 걸려 있는 경우에는 그들한테서 이러한 권력을 빼앗아야 한다고 확신합니다."
*2 [역주] 독일어판에는 "랭커셔의"가 없다.

최초의 법률이다.

농업에서의 아동과 미성년자, 여성의 고용을 조사하기 위한 1867년의 칙명 위원회는 대단히 중요한 몇몇 보고들을 공표했다. 공장입법의 원칙들을 수정된 형태로 농업에 적용하려는 여러 시도가 있었으나, 현재까지는 모두 완전히 실패했다. 그러나 여기에서 나는, 이러한 원칙들을 전반적으로 적용하려는 불가항력적인 경향의 존재에 대하여 주의를 환기시키지 않을 수 없다.

공장입법의 일반화가 노동자계급의 육체적·정신적 보호수단으로서 불가피해졌다면, 다른 한편에서 그것은, 이미 시사한 바와 같이, 왜소한 규모의 분산된 노동과정들의, 사회적으로 대규모로 결합된 노동과정들로의 전화를, 따라서 자본의 집적과 공장체제의 단독지배를 일반화하고 촉진한다. 공장입법의 일반화는, 자본의 지배가 아직 그 배후에 부분적으로 은폐되어 있는 모든 고풍스러운 형태들과 과도형태들을 파괴하고, 자본의 직접적이고 적나라한 지배로써 그것들을 대체한다. 그와 동시에 그것은 이 지배에 대한 직접적인 투쟁도 또한 일반화한다. 공장입법의 일반화는, 개개의 작업장들에서는 균일성과 규칙성, 질서, 절약을 강요하는 반면에, 노동일의 제한과 규제가 기술에 가하는 엄청난 자극에 의해서 전체로서의 자본주의적 생산의 무정부성과 파국, 노동의 강도, 그리고 기계장치와 노동자의 경쟁을 증대시킨다. 공장입법의 일반화는, 소기업 및 가내노동의 영역들을 파괴함으로써, "과잉인구"의 최후의 피난처들을, 그리고 그와 함께 사회기구 전체의 지금까지의 안전판(安全瓣)을 파괴한다. 그것은, 생산과정의 물질적 조건들과 사회적 결합을 성숙시킴으로써, 생산과정의 자본주의적 형태의 모순들과 적대들을, 그리하여 동시에 새로운 사회의 형성요소들과 낡은 사회의 변혁동인(變革動

囚)들을 성숙시킨다.322

---

322 협동조합 공장과 협동조합 상점의 아버지이지만, 이미 말했던 것처럼, 이 고립적인 변화요소들의 파급효과(Tragweite)에 관한 그의 추종자들의 환상은 결코 갖지 않았던 로버트 오언은, 자신의 실험을 실제로 공장제도에서 출발했을 뿐 아니라, 이론적으로도 그것을 사회혁명의 출발점이라고 천명했다. 라이덴(Leyden) 대학교의 경제학 교수인 뷔쎄링(Vissering) 씨도, 평범한 속류경제학을 그에 가장 어울리는 형태로 전개하고 있는 자신의 ≪실천 경제학 요람(Handboek van Praktische Staathuishoudkunde)≫(1860-1862) 속에서 대공업을 극구 반대하며 수공업기업을 열렬히 지지했을 때, 무언가 그러한 것을 예감하고 있는 것으로 보인다. ― {제4판을 위하여. ― 서로 모순된 공장법(Factory Acts), 공장법 확장법(Factory Acts Extension Act) 및 작업장법(Workshops Act)에 의해서 영국의 입법이 야기한 "새로운 법률상의 분규"(S. 264, [MEW, Bd. 23, S. 318; 이 번역, 제2분책, p. 498])는 마침내 감당할 수 없게 되었고, 그리하여 모든 관련 입법이 1878년에 공장·작업장법(Factory and Workshop Act)으로 편찬되었다. 물론 여기에서는 영국의 이 현행 산업법전을 상세히 비판할 수는 없다. 따라서 다음과 같은 지적들로 충분할 것이다. 이 법률이 포괄하는 바는, (1) 섬유공장. 여기에서는 거의 전부가 예전대로다. 허용된 노동시간은, 10살 이상의 아동들에게는 하루 $5\frac{1}{2}$시간 또는 6시간인데, 6시간인 경우엔 토요일은 휴무; 미성년자와 여성에게는 5일간은 10시간, 토요일엔 최고 $6\frac{1}{2}$시간. ― (2) 비(非)섬유공장. 여기에서는 규정들이 이전보다 (1)의 규정들에 가까워졌으나, 아직도 자본가들에게 유리한 많은 예외들이 존재하며, 이 예외들은 많은 경우 내무대신의 특별허가에 의해서 더욱 확대될 수 있다. ― (3) 대략 이전의 법률에서처럼 정의된 작업장(Workshops). 아동들, 미성년 노동자들 및 여성들이 고용되어 있는 경우, 작업장은 비섬유공장들과 대략 동등하게 취급되지만, 세부적인 면들에서는 다시 완화되어 있다. ― (4) 아동들과 미성년 노동자들은 전혀 고용되지 않고, 단지 18살 이상의 남녀들이 고용되는 작업장(Workshops). 이 범주에 대해서는 더 한층 완화되어 있다. ― (5) 가족구성원들만이 그 주택에서 종사하고 있는 가내 작업장(Domestic Workshops). 규정들은 더욱 더 탄력적이고, 또한 동시에 감독관은, 대신이나 판사의 특별허가 없이는, 동시에 거실로서 이용되지 않는 공간밖에는 들어갈 수 없다는 제한이 있으며, 마지막으로 가족 내부의 밀짚 세공업, 레이스 제조업, 장갑 제조업은 무조건적으로 방임되어 있다. 모든 결함에도 불구하고 아직도 이 법률은, 1877년 3월 23일의 스위스 연방공장법과 더불어, 이 대상에 대한 단연 가장 훌륭한 법률이다. 이 법률을, 방금 언급한 스위스의 연방법과 비교하면 특히 흥미로운데, 왜냐하

제10절 대공업과 농업

　대공업이 농업과 그 생산담당자들의 사회적 관계에 불러일으키는 혁명은 더 뒤에서야 비로소 서술될 수 있다. 여기에서는 몇몇 결과를 미리 간략히 시사하는 것만으로 충분하다. 농업에서의 기계장치의 사용은, 그것이 공장노동자에게 가하는 육체적 불이익은 대체로 없지만,323 기계장치는 여기에서는 노동자들의 "과잉화"에는, 뒤에서 자세히 보게 되는 바와 같이, 더욱 강렬하게, 그리고 반발 없이 작용한다. 예컨대, 케임브릿지 주 및 써뤀(Suffolk) 주에서는 최근 20년 동안 경지 면적은 대단히 확장된 반면에, 농촌인구는 같은 기간에, 상대적으로만이 아니라, 절대적으로도 감소했다. 북아메리카 합중국에서는 농업기계들은 우선은 잠재적으로만 노동자들을 대체하고 있다. 즉, 그것은 생산자로 하여금 더 큰 면적을 경작할 수 있게끔 하고 있지만, 취업 노동자들을 현실적으로 축출하고 있지는 않다. 잉글랜드와 웨일

　면 두 입법 방법―영국적인, "역사적인", 그때그때 개입하는 방법과, 대륙적인, 프랑스 혁명의 전통에 입각한, 보다 보편화하는 방법―의 장단점들이 아주 명확해지기 때문이다. 유감스럽게도 영국의 이 법전은 그것을 작업장에 적용할 때에는 대부분 아직 죽은 문서인데 ― 감독인원이 불충분하기 때문이다. ― F. 엥엘스.}

323　영국 농업에 사용되는 기계장치에 대한 상세한 서술은, W. 함(Hamm) 박사의 ≪영국의 농업 기구와 기계(*Die landwirthschaftlichen Geräthe und Maschinen Englands*)≫(제2판, 1856)에서 볼 수 있다. 영국 농업의 발전과정에 관한 약술(略述)에서는 함 씨는 너무나 무비판적으로 레온스 드 라뻬르뉴(Leonce de Lavergne) 씨를 추종하고 있다. {제4판을 위하여. ― 지금은 물론 시대에 뒤떨어져 있다. ― F. 엥엘스.}

즈에서는 1861년에 농업기계의 제작에 관여하는 사람의 수가 1,034명에 달했던 반면에, 증기기관과 작업기들의 사용에 고용된 농업노동자의 수는 단지 1,205명에 불과했다.

농업 분야에서 대공업은, 그것이 낡은 사회의 보루, 즉 소농민(Bauer)을 섬멸하고, 그를 임금노동자로 바꿔치는 점에서, 가장 혁명적으로 작용한다. 농촌의 사회적 변혁에 대한 요구와 사회적 대립은 그리하여 도시의 그것들과 차이가 없어진다. 진부하기 그지없는 극히 불합리한 경영 대신에 과학의 의식적이고 기술학적인 응용이 나타난다. 어린애처럼 미발전한 형태의 농업과 제조업을 휘감고 있던 본원적인 가족적 유대의 해체는 자본주의적 생산양식에 의해서 완성된다. 그러나 자본주의적 생산양식은 동시에 새로운, 보다 고도의 통합의 물질적 전제들, 즉 대립적으로 완성된 형태들을 토대로 한, 농업과 공업의 결합의 물질적 전제들을 만들어낸다. 자본주의적 생산양식이 대중심지들에 집적시키는 도시인구가 끊임없이 과중(過重)해짐에 따라서, 자본주의적 생산은, 한편에서는 사회의 역사적 동력을 축적하고, 다른 한편에서는 인간과 토지 사이의 물질대사를, 즉 먹고 입는 수단으로서 인간에 의해 소비된 토지성분들의 토지에의 복귀를, 따라서 지속적인 토지 비옥도의 영원한 자연조건을 교란한다. 그와 더불어 그것은 동시에 도시 노동자들의 육체적 건강과 농촌노동자들의 정신적 생활을 파괴한다.[324] 그러나 그것은, 단순히 자연발생적

---

[324] "당신들은 인민을 두 개의 적대적인 진영으로, 즉 우둔한 소농민들과 나약한 난쟁이들로 나누고 있다. 아이구, 하느님 맙소사! 농업적 이익과 상업적 이익으로 분열된 국민이, 이 기괴하고 부자연스러운 분열에도 불구하고, 그뿐 아니라 바로 그 결과로, 건강하다고 자처하고, 실로 개화되고 문명화된 국민으로 간주되고 있다."(데이빗 어커트, ≪상용어≫, p. 119.) 이 단락은, 현대를 판단하고 비난할 줄은 알지만, 이해할 줄은 모르는, 어떤 종류의 비판의 강점과 약점을 동시에 보여주고 있다.

으로 생겨난 저 물질대사의 상태들을 파괴함으로써, 동시에 그 물질대사를, 사회적 생산을 규제하는 법칙으로서 그리고 인간의 완전한 발전에 적합한 형태로 체계적으로 재건하도록 강제한다. 농업에서도 제조업에서와 마찬가지로 생산과정의 자본주의적 변혁은 동시에 생산자들의 순교사(殉敎史, Martyrologie)로서, 노동수단은 노동자의 억압수단·착취수단·빈곤화수단으로서, 노동과정의 사회적 결합은 노동자의 개인적 활기·자유·자립성의 조직적인 억압으로서 나타난다. 집중은 도시노동자들의 저항력을 높이는 반면에, 보다 더 광범한 지면으로의 농촌노동자들의 분산은 동시에 그들의 저항력을 꺾어버린다. 도시 공업에서와 마찬가지로 근대적 농업에서도 생산력의 증대와 보다 큰 노동의 유동화는 노동력 자체의 황폐화와 쇠약화를 대가로 하여 획득된다. 그리고 자본주의적 농업의 진보는 어느 것이나, 단지 노동자를 약탈하는 기술의 진보일 뿐 아니라, 동시에 토지를 약탈하는 기술의 진보이며, 일정한 기간 동안 토지의 비옥도를 높이는 진보는 어느 것이나 동시에 이 비옥도의 지속적인 원천을 파괴하는 진보다. 어떤 나라가, 예컨대, 북아메리카합중국처럼, 대공업을 배경으로 발전하면 할수록 이 파괴과정은 그만큼 더 급속하다.325 따라서 자본주의적 생산은, 오로지 모든 부의 원천인 토지

---

325 리비히, ≪농업 및 생리학에의 응용 화학[*Die Chemie in ihrer Anwendung auf Agrikultur und Physiologie*]≫, 제7판, 1862, 특히 제1권의 "농업상의 자연법칙들에 관한 서론" 참조. 자연과학적 관점에서 근대적 농업의 부정적 측면을 전개한 것은 리비히의 불멸의 공적들 중의 하나다. 농업사에 관한 그의 개관(概觀, Aperçus) 또한, 중대한 오류가 없진 않지만, 탁견들을 내포하고 있다. 하지만 그가 감히 다음과 같이 멋대로 말하고 있는 것은 유감스럽다: "더욱더 잘게 부수고 더욱더 자주 쟁기질을 함으로써 기공(氣孔)이 있는 토양 내부의 환기가 촉진되며, 공기가 작용할 토양의 표면은 커지고 갱신되지만, 쉽게 이해할 수 있는 바와 같이, 수확의 증가는 경지에 사용된 노동에 비례할 수 없으며,

와 노동자를 동시에 파괴함으로써만, 사회적 생산과정의 기술과 결합을 발전시킨다.

수확은 훨씬 더 적은 비율로만 증가한다." 리비히는 다음과 같이 덧붙이고 있다: "이 법칙은 J. St. 밀에 의해서 최초로 그의 ≪경제학 원리≫, 제1권, p. 17에 다음과 같이 서술되어 있다: '토지의 생산물은, 다른 사정에 변함이 없다면(caeteris paribus), 고용 노동자 수의 증가에 대해 체감하는 비율로만 증가한다는 것은'" (밀 씨는 리카도 학파의 법칙을 잘못된 형태로 반복하고 있는바, 왜냐하면 "the decrease of the labourers employed", 즉 사용되는 노동자의 감소는 영국에서는 끊임없이 농업의 진보와 보조를 맞추고 있기 때문에, 영국에 관해서 영국에서 발견된 법칙이 적어도 영국에서는 전혀 적용되지 않기 때문에 [수확체감의 법칙은 농업의 일반적 법칙이라고 말하고 있기 때문이다: 역자]) "'농업의 일반적인 법칙이다.'라고. 밀이 이 법칙의 이유를 몰랐다는 것은 주목할 만하다."(리비히, 같은 책, 제1권, p. 143과 주.) 리비히가 "노동"이라는 단어를 경제학에서와는 달리 이해하는, 그 잘못된 의미는 차치하더라도, 그가, J. St. 밀 씨를 한 이론의 최초의 제창자라고 하고 있는 것은 어쨌든 "충분히 주목할 만한데", 이 이론은 A. 스미스의 시대에 제임스 앤더슨(James Anderson)이 최초로 공표했고, 19세기 초에 이르기까지 각종 저서들에서 반복되었으며, 1815년에는 무릇 표절의 대가인 맬더스(그의 인구론 전체가 파렴치한 표절이다)가 자기의 것으로 삼은 것이고, 웨스트(West)가 앤더슨과 같은 시대에 앤더슨과는 독립적으로 전개했던 것이며, 1817년에는 리카도가 일반적인 가치이론과 연관시켜 그 후 리카도의 이름 하에 세계를 일주한 것이고, 1820년에 (J. St. 밀의 아버지인) 제임스 밀에 의해서 속류화되고, 마침내 누구보다도 역시 J. St. 밀 씨에 의해서 이미 상투어가 된 학파적 도그마로서 반복된다. J. St. 밀의 어쨌든 "주목할 만한" 권위는 거의 오로지 이와 유사한 오인(誤認) 덕분이라는 것은 부인할 수 없다.

제5편
절대적·상대적 잉여가치의 생산

제14장
절대적·상대적 잉여가치

노동과정은 우선, 그 역사적 형태들과는 상관없이, 인간과 자연 간의 과정으로서 추상적으로 고찰되었다(제5장을 보라). 거기에서는 다음과 같이 말했다: "과정 전체를 그 결과의 관점에서 고찰하면, 노동수단과 노동대상 양자는 생산수단으로서 나타나고, 노동 그 자체는 생산적 노동으로서 나타난다."[*1] 그리고 각주 7에서는 다음과 같이 보충되었다: "단순한 노동과정의 입장에서 발생하는, 생산적 노동에 대한 이러한 규정은 자본주의적 생산과정에 대해서는 결코 충분하지 않다."[*2] 여기에서는 이것이 더욱 상세히 전개되지 않으면 안 된다.

노동과정이 순수하게 개인적인 과정인 한, 나중에 분리될 모든 기능들을 동일한 노동자가 혼자서 수행한다. 살아가기 위해서 자연의 대상물들을 취득하면서 그는 자기 자신을 통제한다. 나중에

---

*1 [역주] *MEW*, Bd. 23, S. 196. (이 번역본, 제2분책, p. 304.)
*2 [역주] 같은 곳.

는 그가 통제된다. 개별적인 인간은, 자기 자신의 두뇌로 통제하면서 자기 자신의 근육을 움직이지 않고서는 자연에 작용을 가할 수 없다. 자연체계[타고난 신체조직: 역자]에서 머리와 손이 긴밀히 결합되어 있는 것처럼, 노동과정에서는 두뇌노동과 손노동은 통합된다. 나중에는 그것들이 적대적인 대립으로까지 분리된다. 생산물은 일반적으로 개인적 생산자의 직접적 생산물에서 사회적 생산물로, 하나의 총노동자의 공동생산물, 즉 노동대상을 취급하는 데에 그 성원들이 직접적·간접적으로 간여하는(näher oder ferner stehen) 결합된 노동인원의 공동생산물로 전화된다. 따라서 노동과정 자체의 협업적 성격과 더불어 생산적 노동의 개념도, 그리고 그 담당자인 생산적 노동자의 개념도 필연적으로 확대된다. 이제는 생산적으로 노동하기 위해서 더 이상 스스로 손을 댈 필요가 없다. 총노동자의 기관(器官)으로서 그 부분기능들 중의 어느 하나를 수행하면 충분하다. 생산적 노동에 관한, 물질적 생산 그 자체의 본성에서 도출된, 상술(上述)한 본원적 규정은, 총체로서 고찰된 총노동자에 대해서는 여전히 타당하다. 그러나 개별적으로 본, 총노동자의 각 성원에 대해서는 이미 더 이상 타당하지 않다.

그러나 다른 한편에서는 생산적 노동의 개념은 좁아진다. 자본주의적 생산은 단지 상품의 생산인 것만은 아니며, 그것은 본질적으로 잉여가치의 생산이다. 노동자는, 자신을 위해서 생산하는 것이 아니라, 자본을 위해서 생산한다. 따라서 무릇 그가 생산한다고 하는 것만으로는 더 이상 충분치 않다. 그는 잉여가치를 생산하지 않으면 안 된다. 오직 자본가를 위하여 잉여가치를 생산하는 노동자, 즉 자본의 자기증식에 이바지 하는 노동자만이 생산적이다. 물질적 생산의 영역 밖에서 예를 들어도 좋다면, 교사는, 아동들의 두뇌를 가공할 뿐 아니라, 기업가의 치부를 위하여 지치도록 일할 때에만 생산적 노동자다. 기업가가 그의 자본을, 쏘시지 공장 대신에, 교육 공장에 투하했다고 해도 그 관계는 조금도 변하지 않는 것이다. 따라서 생산적 노동자라는 개념은, 결코 단지 활동과 유용효과 간의 관계, 즉 노동자와 노동생산물 간의 관계만을 포함하는 것이 아니라, 노동자를 자본의 직접적인 증식수단이게끔 하는, 특수하게 사회적인, 역사적으로 생성된 생산관계도 역시 포함하고 있다. 따라서 생산적 노동자라는 것은 결코 행운이 아니라 불운이다. 이론의 역사를 취급하는, 이 저작의 제4권에서는, 고전파 경제학은 예전부터 잉여가치의 생산을 생산적 노동자의 결정적 특징으로 삼았다는 것을 보다 상세히 보게 될 것이다. 따라서 잉여가치의 본성에 관한 견해가 변함에 따라서 생산적 노동자의 정의도 변하고 있다. 그리하여 중농주의자들은 오직 농업노동만이 생산적이라고 천명하고 있는데, 왜냐하면 오직 농업노동만이 잉여가치를 제공하기 때문이라는 것이다. 그런데 중농주의자들에게 있어서는 잉여가치는 전적으로 지대의 형태로만 존재한다.

노동자가 단지 그의 노동력의 가치에 대한 등가만을 생산한 점을 넘어서 노동일을 연장하는 것, 그리고 자본에 의한 이 잉여노동의 취득 — 이것은 절대적 잉여가치의 생산이다. 그것은 자본주의 체제의 일반적 토대를 이루고 있고, 상대적 잉여가치 생산의 출발점을 이루고 있다. 이 경우 노동일은 처음부터 두 토막으로, 즉 필요노동과 잉여노동으로 나뉘어 있다. 잉여노동을 연장하기 위해서, 임금의 등가를 보다 적은 시간에 생산하는 방법들을 통해서 필요노동이 단축된다. 절대적 잉여가치의 생산은 오직 노동일의 길이에만 달려 있다. 상대적 잉여가치의 생산은 노동의 기술적 과정들과 사회적 편성들을 철저히 변혁한다.

따라서 상대적 잉여가치의 생산은, 그 방법들, 수단들 그리고 조건들 자체가 자본에의 노동의 형식적 포섭이라는 토대 위에서 비로소 자연발생적으로 생성되고 형성되는 특수한 자본주의적 생산양식을 전제하고 있다. 형식적 포섭에 대신하여 자본에의 실질적 포섭이 나타난다.

잉여노동이 직접적 강제에 의해서 생산자로부터 퍼내지지도 않고, 자본에의 생산자의 형식적 종속도 발생해 있지 않은 중간형태들에 대해서는 간단히 언급하면 충분하다. 여기에서는 자본은 아직 노동과정을 직접적으로 장악하고 있지 못했다. 조상 전래의 경영양식으로 수공업을 하거나 경작을 하는 자립적인 생산자들 곁에, 고리대금업자나 상인, 즉 기생충처럼 이들 자립적 생산자들을 빨아먹는 고리대자본이나 상업자본이 나타난다. 한 사회에서 이러한 착취형태가 우세하다고 하는 것은 자본주의적 생산양식을 배제하는 것인데, 다른 한편에서 이 착취형태는, 중세 후기에서처럼, 자본주의적 생산양식으로의 과도기를 형성할 수도 있다. 마지막으로, 근대적 가내노동의 예가 보여 주는 것처럼, 어떤 중간형태들은, 외관은 전적으로 달라져 있더라도, 대공업을 배경으로 여기저기에서 재생산된다.

절대적 잉여가치의 생산을 위해서는 자본에의 노동의 단순히 형식적인 포섭만으로 충분하다면, 예컨대, 이전에는 자기 자신을 위해서, 혹은 동업조합장주(Zunftmeister)의 장인들(Gesellen)로서 일했던 수공업자들이 이제는 임금노동자로서 자본가의 직접적 통제 하에 들어오는 것으로 충분하다면, 다른 한편에서는 상대적 잉여가치를 생산하기 위한 방법들이 어떻게 동시에 절대적 잉여가치를 생산하기 위한 방법들인가가 명백해졌다. 그뿐만이 아니라, 노동일의 무제한한 연장은 대공업의 가장 고유한 산물로서 나타났다. 무릇 특유하게 자본주의적인 생산양식은, 그것이 어떤 생산부문 전체를 장악하게 되면, 그리고 하물며 그것이 모든 결정적인 생산부문들을 장악하게 되면, 상대적 잉여가치를 생산하기 위한 단순한 수단이기를 그만둔다. 그것은 이제 생산과정의 일반적 형태, 사회적으로 지배적인 형태가 된다. 그것이 아직 상대적 잉여가치를 생산하기 위한 특수한 방법으로서 작용하는 것은, 첫째로는 단지 그것이 지금까지 오직 형식적으로만 자본에 종속되었던 산업들을 장악하는 한에서이며, 따라서 그것이 전파되는 한에서다. 둘째로는, 단지 이미 그것에 귀속된 산업들이 생산방법들의 변화에 의해서 끊임없이 변혁되는 한에서다.

어떤 관점에서는 절대적 잉여가치와 상대적 잉여가치의 구별은 무릇 환상적인 것으로 보인다. 상대적 잉여가치는 절대적이다. 왜냐하면 그것은 노동자 자신의 생존을 위해 필요한 노동시간을 넘는 노동일의 절대적 연장을 전제하고 있기 때문이다. 절대적 잉여가치는 상대적이다. 왜냐하면 그것은, 필요노동시간을 노동일의 한 부분으로 한정할 수 있도록 하는 노동생산성의 발전을 전제하고 있기 때문이다. 그러나 잉여가치의 운동을 주목하면, 이 외관상의 동일성은 사라진다. 자본주의적 생산양식이 일단 확립되어 일반적인 생산양식으로 되자마자, 절대적 잉여가치와 상대적 잉여가치의 구별은, 무릇 잉여가치율을 높이는 것이 문제로 되자마자, 감지되게 된다. 노동력이 그 가치대로 지불된다고 전제하면, 우리는 다음과 같은 양자택일에 직면한다: 노동의 생산력과 그 표준적인 강도가 주어져 있다면, 잉여가치율은 오직 노동일의 절대적 연장에 의해서만 높여질 수 있으며; 다른 한편에서, 노동일의 한계가 주어져 있는 경우에는 잉여가치율은 오직 노동일의 구성부분들, 즉 필요노동과 잉여노동의 상대적 크기의 변화에 의해서만 높여질 수 있는데, 이것은 또한, 임금이 노동력의 가치 이하로 내려가서는 안 된다면, 노동의 생산력 또는 강도의 변화를 전제한다.

만일 노동자가 그 자신과 그의 가족(Race)을 유지하기 위해 필요한 생활수단들을 생산하기 위해서 그의 모든 시간을 사용한다면, 그에게는 제3자를 위해서 무상으로 노동할 시간은 전혀 남아 있지 않다. 어떤 일정 정도의 노동생산성이 없다면, 노동자에게는 그렇게 자유롭게 처분할 수 있는 시간이 전혀 없는 것이며, 그러한 여분의 시간이 없다면, 잉여노동도, 따라서 자본가들도 전혀 없는 것이고, 또한 노예소유자들도, 봉건귀족들도, 한 마디로, 대소유자계급도 전혀 없는 것이다.[1]

그리하여 잉여가치의 자연적 기반에 관해서 얘기할 수도 있지만, 그러나 그것은 단지, 예컨대, 누군가가 다른 사람의 살을 식량으로서 사용하는 것을[1a] 저지할 어떤 절대적인 자연적 장애물들도 없는 것과 마찬가지로, 어떤 사람이 자기 자신의 생존을 위

---

[1] "하나의 독특한 계급으로서의 고용주-자본가의 존재 바로 그것은 산업의 생산성에 달려 있다."(램지, 같은 책, p. 206.) "만일 각자의 노동이 그 자신의 식량을 생산하기에 족할 뿐이라면, 재산이란 전혀 있을 수 없을 것이다."(뤠이븐스톤, 같은 책, p. 14.)

[1a] 최근의 계산에 의하면, 이미 탐험된 지역들에만도 아직 적어도 4백만 명의 식인종이 살고 있다.

해서 필요한 노동을 자신으로부터 누군가 다른 사람에게 전가하는 것을 저지할 어떤 절대적인 자연적 장애물이 없다는, 전적으로 일반적인 의미에서만 그렇다. 여기저기에서 그렇게 하고 있는 것처럼, 노동의 이러한 자연발생적 생산성에 신비한 관념들을 결부시켜서는 절대 안 된다. 인간이 그 최초의 동물적 상태를 벗어나서야, 따라서 그들의 노동 자체가 이미 어느 정도 사회화되고 나서야, 비로소 어떤 사람의 잉여노동이 다른 사람의 생존조건이 되는 관계들이 나타난다. 문화의 초기에는 획득된 노동생산력이 사소하지만, 그 충족수단들과 더불어 그리고 그 충족수단들에 의해서 발전하는 욕망도 사소하다. 나아가, 그러한 초기에는 타인의 노동에 의해 살아가는 사회부분의 비율은 대량의 직접적 생산자들에 비하면 극히 미미하다. 노동의 사회적 생산력이 발전함에 따라서 이 비율은 절대적으로도 상대적으로도 증대한다.2 그런데 자본관계는, 장기간에 걸친 발전과정의 산물인 경제적 토대 위에서 발생한다. 자본관계가 출발하는 토대인 기존의 노동생산성은, 자연의 선물이 아니라, 수천 세기에 걸친 역사의 선물인 것이다.

많든 적든 발전되어 있는, 사회적 생산의 형태를 도외시하면, 노동의 생산성은 의연히 자연조건들과 결부되어 있다. 이 자연적 조건들은 모두, 인종(Race) 등과 같은, 인간 자체의 자연(Natur)과 그를 둘러싸고 있는 자연으로 환원될 수 있다. 외적 자연조건들은 경제적으로 양대(兩大) 부류로, 즉 (1)*1 생활수단들에서의

---

2 "아메리카의 미개한 인디언들 사이에서는 거의 모든 것이 노동자의 것이어서, 100 중 99개가 노동자의 계좌에 산입된다. 영국에서는 아마 노동자는 $2/3$도 갖지 못할 것이다."(《영국에 대한 동인도 무역의 이익들》, pp. 72-73.)

*1 [역주] 이 "(1)"과 그 다음 "(2)"는 영어판에 따라서 역자가 삽입하였다.

자연적 부(富), 따라서 비옥한 토지, 물고기가 많은 하천·호수·바다 등과, (2) 활발한 폭포·항해 가능한 하천·수목·금속·석탄 등과 같은 노동수단들에서의 자연적 부로 이루어져 있다. 문화의 초기에는 첫 번째 종류의 자연적 부가 결정적이고, 보다 높은 발전단계에서는 두 번째 종류의 자연적 부가 결정적이다. 예컨대, 영국과 인도를, 혹은, 고대 세계에서는, 아테네와 코린트를 흑해 연안 국가들과 비교해 보라.

절대적으로 충족시켜야 할 자연적 욕구의 수가 적으면 적을수록, 그리고 자연적인 토지 비옥도와 기후의 혜택이 크면 클수록, 생산자를 유지하고 재생산하기 위해 필요한 노동시간은 그만큼 더 적다. 따라서 자기 자신을 위한 노동을 넘는, 타인을 위한 생산자의 여분의 노동은 그만큼 더 커질 수 있다. 그리하여 디오도루스는 고대 이집트인들에 대하여 이미 다음과 같이 말하고 있다:

"그들이 아이들을 양육하는 데에 얼마나 적은 수고와 비용이 드는지 전혀 믿을 수 없을 정도다. 그들은 아이들에게 아무거나 닥치는 대로 간단한 음식을 요리해 주고, 불에 구울 수 있는 한 파피루스 줄기의 아래 부분을 그들에게 먹이며, 습지식물들의 뿌리와 줄기를, 때로는 날로, 때로는 삶거나 구워서 먹인다. 공기가 아주 온화하기 때문에 대부분의 아이들이 신발도 신지 않고 옷도 입지 않고 돌아다닌다. 따라서 한 아이가 성인이 될 때까지 그 부모에게는 대개 20드라크마(Drachme) 이상의 비용이 들지 않는다. 이집트에는 인구가 그토록 많고, 그리하여 그토록 많은 대공사들이 실행될 수 있었다는 것은 주로 이로부터 설명되어야 한다."[3]

그러나 고대 이집트의 대(大)건조물들은, 인구의 규모 때문이

---

[3] 디오도루스 씨쿨루스, ≪역사 문고≫, 제1권, 제80장.

라기보다는, 그 인구 가운데 자유롭게 처분할 수 있었던 비율이 컸기 때문이다. 개별 노동자가, 그의 필요노동시간이 적으면 적을수록, 그만큼 더 많은 잉여노동을 제공할 수 있는 것처럼, 노동자인구 가운데 필요한 생활수단들을 생산하기 위하여 필요한 부분이 적으면 적을수록, 그들 가운데 다른 작업을 위하여 자유롭게 처분할 수 있는 부분은 그만큼 더 크다.

자본주의적 생산을 일단 전제하면, 다른 사정들이 불변이고 노동일의 길이가 주어져 있는 경우, 잉여노동의 크기는 노동의 자연적 조건들, 특히 또한 토지의 비옥도에 따라서 다를 것이다. 그러나 거꾸로, 가장 비옥한 토지가 자본주의적 생산양식의 성장을 위해서 가장 적합한 토지라는 결론은 결코 나오지 않는다. 자본주의적 생산양식은 자연에 대한 인간의 지배를 전제하고 있다. 너무나 풍성한 자연은, "어린애를 걸음마 끈에 의지하게 하는 것처럼, 인간을 그 수중에 붙잡아둔다."[*1] 이러한 자연은 인간 자신의 발전을 어떤 자연적 필연이게끔 하지 않는다.(Sie macht seine eigne Entwicklung nicht zu einer Naturnotwendigkeit.[*2])4 초목이 무

[*1] [新日本版 역주] 독일의 시인이자 극작가인 프리드리히 쉬톨베르크(Friedrich Graf zu Stolberg, 1750-1819)의 시 "자연에 부치는 노래" 중의 한 구절(≪저작집≫, 제1권, 함부르크, 1828, p. 113)을 가볍게 변경한 것.

[*2] [역주] "이러한 자연은 인간 자신의 발전을 어떤 자연적 필연이게끔 하지 않는다.(Sie macht seine eigne Entwicklung nicht zu einer Naturnotwendigkeit.)"가 영어판에는, "이러한 자연은 인간에게 자신을 발전시켜야 할 어떤 필요도 강요하지 않는다.(She does not impose upon him any necessity to develop himself.)"로 되어 있다.

4 "전자"(자연의 부)"는 가장 고귀하고 유리하기 때문에, 그것은 사람들로 하여금 부주의하고, 자만하게 하며, 온갖 무절제를 다 저지르게 한다. 반면에 후자는 세심함과 면학(勉學), 예술, 정책을 강제한다."(≪외국무역에 의한 영국

성한 열대 풍토가 아니라, 온대 지방이 자본의 모국이다. 토지의 절대적 비옥도가 아니라, 그 분화, 그 자연적 산물의 다양성이야말로, 사회적 분업의 자연적 토대를 이루며, 인간이 서식하는 자연적 사정들의 변화를 통해서 인간으로 하여금 그 자신의 욕구들 537 ·능력들·노동수단들 및 노동양식들을 다양화하도록 자극하는 것이다. 자연력을 사회적으로 통제하고, 그것을 절약하고, 인간의 손에 의한 작업들을 통해서 그것을 비로소 대규모로 자기것으로 하거나 길들인 필요성이야말로 산업의 역사에서 결정적인 역할을 하는 것이다. 예컨대, 이집트,5 롬바르디아, 네덜란드 등에서의 치수사업이 그러했다. 또는 인도와 페르시아 등에서도 그러

의 부[富]. 또는 우리의 외국무역의 수지균형은 우리 부의 법칙이다. 런던 상인 토마스 먼에 의해 저술되고, 지금 공익을 위해 그의 아들 존 먼 의해 공간[公刊]되다[*England's Treasure by Foreign Trade. Or the Balance of our Foreign Trade is the Rule of our Treasure. Written by Thomas Mun, of London, Merchant, and now published for the common good by his son John Mun*]≫, 런던, 1669, pp. 181-182.) "생활수단과 식량의 생산이 대부분 저절로 이루어지고, 기후가 의복이나 주거를 위해서 거의 주의를 기울일 필요나 여지가 없는 땅에 내던져지는 것보다 인민에게 더 큰 저주를 나는 생각할 수 없다 … 그 반대의 극단도 있을 수 있겠지만. 노동을 해도 생산할 수 없는 토지가 나쁜 것은, 노동을 하지 않아도 풍부하게 생산하는 토지가 나쁜 것과 아주 마찬가지다."(N. 포스터, ≪식료품의 현재의 고가격의 원인에 관한 연구≫, 런던, 1767, p. 10.)

5 나일강의 수위 변동 시기들을 계산해야 할 필요성은 이집트의 천문학을 창출했고, 그와 함께 농업의 지도자로서의 성직자계급의 지배를 창출했다. "일지(日至, [하지와 동지로서, 여기에서는 하지])는 1년 중 나일강의 수위가 높아지기 시작하는 시점이며, 따라서 이집트인들은 아주 세심하게 그것을 관찰하지 않으면 안 되었다. … 1년 중 이 회귀점이야말로, 그들이 자신들의 농경 작업들을 그에 맞추기 위해서 확정하지 않으면 안 되었다. 그리하여 그들은 그 회귀의 가시적인 징후를 하늘에서 찾지 않으면 안 되었다."(퀴뷔에[Cuvier], ≪지표의 변천에 관한 고찰[*Discours sur la révolutions du globe*]≫, 외푀르[Hoefer] 편, 빠리, 1863, p. 141.)

해서, 거기에서 인공 운하에 의한 관개(灌漑)는, 토지에 없어서는 안 되는 물을 공급할 뿐만 아니라, 그 흙탕물과 함께 광물성 비료도 산으로부터 운반해 온다. 아라비아 인들의 지배 하의 스페인과 시칠리아에서 산업이 번창한 비밀은 운하의 개설이었다.6

자연적 조건들의 혜택은 언제나 단지, 잉여노동의 가능성, 따라서 잉여가치 혹은 잉여생산물의 가능성만을 제공할 뿐이지, 결코 그 현실성을 제공하는 것은 아니다. 노동의 자연적 조건들이 서로 다르면, 동일한 량의 노동이 서로 다른 나라들에서 서로 다른 량의 욕구를 충족시키게 되고,7 따라서 다른 사정들이 유사하다면, 필요노동시간이 달라진다. 잉여노동에 대해서 자연적 조건들은 단지 자연적 한계로서만, 다시 말하면, 다른 사람을 위한 노동이 시작될 수 있는 지점을 규정함으로써만 작용할 뿐이다. 산업이 발전하는 것과 같은 정도로 이 자연적 한계는 후퇴한다. 오

---

6 인도의 상호 무관한 작은 생산유기체들에 대한 국가권력의 물질적 토대의 하나는 관개의 조절이었다. 인도의 무슬림 지배자들은 그들의 영국인 후계자들보다 이것을 더 잘 알고 있었다. 우리는 오직, 벵갈 주의 오리싸(Orissa) 지역에서 100만 명 이상의 인도인들이 생명을 잃은, 1866년의 기근을 상기해두자.

7 "동일한 수의 생활필수품들을 똑같이 풍부하게, 그리고 동일한 량의 노동으로 공급하는 두 나라는 결코 없다. 인간의 욕구는 그가 살고 있는 기후가 매서운가 온화한가에 따라 증감해서, 결과적으로 서로 다른 나라의 주민들이 필요 때문에 수행하지 않으면 안 되는 생업의 비율은 같을 수 없고, 또한 그 다름의 정도를 덥고 추운 정도 이외의 것으로 규명할 수도 없다. 그리하여, 일정 수의 사람들을 위해 필요한 노동의 량은 추운 기후에서 가장 크고, 더운 기후에서 가장 적다는 일반적인 결론을 내릴 수 있는데, 왜냐하면 추운 기후에서는 따뜻한 기후에서보다 인간이 더 많은 옷을 필요로 할 뿐 아니라, 토지도 더 많은 경운(耕耘)을 필요로 하기 때문이다."(《자연적 이자율을 지배하는 원인들에 관한 소론[*An Essay on the Governing Causes of the Natural Interest Rate of Interest*]》, 런던, 1750, p. 59.) 이 익명의 획기적인 저서의 저자는 J. 매씨(Massie)다. 흄은 자신의 이자론을 이 저서에서 가져왔다.

직 잉여노동에 의해서만 노동자가 자기 자신을 위하여 노동하도록 허용되는 서유럽 사회의 한 복판에서는, 잉여생산물을 제공하는 것이 인간노동에 고유한 성질인 것처럼 착각하기 쉽다.8 그러나, 예컨대, 사고야자(Sago)가 숲 속에 야생하고 있는 아시아 군도(群島)의 동부 섬들의 주민을 보자.

> "주민들은 나무에 구멍을 뚫어 그 속이 익었다는 것을 확인하면, 그 나무줄기는 베어져 여러 토막으로 나눠지고, 속을 긁어내어 물과 섞어 거르면, 더할 나위 없이 훌륭한 사고가루가 된다. 한 그루에서 대개 300파운드가 나오는데, 500 내지 600파운드가 나올 수도 있다. 따라서 거기에서는 사람들이 숲 속으로 들어가, 마치 우리가 땔감을 벌채하듯이, 자기의 빵을 벌채한다."9

동아시아의 그러한 빵 벌채자가 자신의 모든 욕구들을 충족시키기 위해서 매주 12노동시간을 필요로 한다고 가정하자. 자연의 혜택이 그에게 직접적으로 주는 것은 많은 여가시간이다. 그가 이 여가시간을 그 자신을 위해서 생산적으로 사용하기 위해서는 일련의 역사적인 사정들이 필요하고, 그가 이 여가시간을 타인들을 위한 잉여가치로 지출하기 위해서는 외부의 강제가 필요하다. 자본주의적 생산이 도입되면, 이 호인(好人)은, 한 노동일의 생산물을 자기의 것으로 취득하기 위해서, 아마 매주 6일을 노동하지 않으면 안 될 것이다. 그가 왜 이제는 매주 6일을 노동하는가, 혹은 그는 왜 5일의 잉여노동을 제공하는가가 자연의 혜택으로

---

8 "어떤 노동이나" (시민의 권리[droits ... du citoyen]이자 의무[devoirs]인 것처럼 보인다) "어떤 초과분을 남기지 않으면 안 된다."(프루동)[130]

9 F. 쇼우(Schouw), ≪토지, 식물 및 인간(*Die Erde, die Pflanze und der Mensch*)≫, 제2판, 라이프치히, 1854, p. 148.

는 설명되지 않는다. 자연의 혜택이 설명하는 것은, 왜 그의 필요노동시간이 매주 하루로 한정되어 있는가 하는 것뿐이다. 그러나 어떤 경우에도 그의 잉여생산물은 인간노동에 고유한 어떤 신비한 성질로부터 발원하지는 않을 터이다.

역사적으로 발전한, 사회적 노동생산력과 마찬가지로, 자연에 의해 제약된 노동생산력도, 노동이 합체되는 자본의 생산력으로서 나타난다. ―

리카도는 잉여가치의 원천에는 결코 신경을 쓰지 않는다. 그는 잉여가치를, 그의 눈에는 사회적 생산의 자연적인 형태인 자본주의적 생산양식에 내재하는 한 사상(事象)으로서 취급하고 있다. 그가 노동의 생산성에 관해서 말하는 경우, 그는 거기에서, 잉여가치의 존재 원인이 아니라, 단지 그 크기를 규정하는 원인을 찾고 있을 뿐이다. 그에 반해서 그의 학파는 노동의 생산력을 이윤(잉여가치라고 읽어라)의 발생 원인이라고 큰소리로 선언했다. 생산물의 가격 중 그 생산비를 넘는 초과분을 교환으로부터, 즉 그 가치를 넘는 판매로부터 도출하는 중상주의자들에 비하면, 아무튼 하나의 진보다. 그럼에도 불구하고 리카도 학파도 문제를 단지 우회했을 뿐, 해결하지는 못했다. 사실 이들 부르주아 경제학자들은, 잉여가치의 원천에 관한 절실한 문제를 너무 깊이 탐구하는 것은 대단히 위험할 것이라는 당연한 본능을 가지고 있었다. 그러나 리카도로부터 반세기 후에 존 스튜어트 밀 씨가, 리카도를 최초로 천박화(淺薄化)한 자들의 케케묵은 둔사(遁辭)를 저열하게 반복함으로써 중상주의자들에 대한 자신의 우월성을 당당하게 확언할 때, 무어라고 해야 할까?

밀은 다음과 같이 말하고 있다:

"이윤의 원인은 노동이 그것을 유지하기 위해서 필요한 것보다 더 많이 생산하는 것이다."

여기까지는 진부한 이야기 이외에는 아무것도 없다. 그러나 밀은 자기 자신의 것도 첨가하고자 한다:

"명제의 형태를 바꾸자면; 왜 자본이 이익을 낳는가 하는 이유는, 음식·의복·원료·도구가 그것들을 생산하기 위해서 필요했던 시간보다 더 오래 존속하기 때문이다."

여기에서 밀은 노동시간의 지속(Dauer)을 그 생산물의 지속(Dauer, [즉, 내구성: 역자])과 혼동하고 있다. 이러한 견해에 의하면, 그 생산물들이 단지 하루밖에 지속되지 않는 제빵업자는 자신의 임금노동자들로부터, 그 생산물들이 20년이나 그 이상 지속되는 기계제조업자와 같은 이윤을 결코 끌어낼 수 없을 것이다. 물론, 새둥지들이 그것들을 짓는 데에 필요한 시간보다 더 오래 가지 않는다면, 새들은 둥지 없이 지내지 않으면 안 될 것이다.

이러한 근본진리가 일단 확인되자, 밀은 중상주의자들에 대한 자신의 우월성을 다음과 같이 확인한다:

"그리하여 우리가 알고 있는 바와 같이, 이윤은, 교환이라는 우발적인 일에서가 아니라, 노동의 생산력에서 생기는 것이고; 한 나라의 총이윤은 언제나, 어떤 교환이 일어나든 아니든, 노동의 생산력이 그것을 만드는 것이다. 만일 분업이 없다면, 어떤 구매나 판매도 없을 것이지만, 이윤은 의연히 존재할 것이다."

따라서 여기에서는[*1] 자본주의적 생산의 일반적 조건인 교환, 540 즉 구매와 판매는 하나의 순전한 우발적인 일이며, 노동력의 매매 없이도 이윤은 의연히 존재한다!

나아가서 그는 말한다:

"만일 일국의 노동자들이 합계하여 그들의 임금보다 20퍼센트 더 많이 생산한다면, 가격이 어떻게 되든 말든, 이윤은 20퍼센트가 될 것이다."

이것은 한편에서는 극히 기묘한 동어반복이다. 왜냐하면 노동자들이 그들의 자본가들을 위해 20%의 잉여가치를 생산한다면, 이윤은 노동자들의 총임금에 대해서 20:100의 비율이 될 것이기 때문이다. 다른 한편에서, 이윤은 "20%가 될 것이다"라는 것은 절대적으로 옳지 않다. 이윤은 선대자본(先貸資本) 총액에 대하여 계산되는 것이기 때문에, 그것은 언제나 더 적지 않을 수 없다. 자본가가, 예컨대, 500파운드 스털링을 선대하는데, 그 중 400파운드 스털링은 생산수단들에, 100파운드 스털링은 임금에 선대했다고 하자. 잉여가치율이, 가정한 것처럼, 20%라고 하면, 이윤율은 20:500, 즉 4%가 될 것이며, 20%가 아닐 것이다.

다음은 밀이, 사회적 생산의 다양한 역사적 형태들을 어떻게 취급하고 있는가를 보여주는 뛰어난 견본이다:

"나는 어디에서나, 노동자들과 자본가들은 별개의 계급들이며, 거의 예외 없이, 보편적으로 지배적인 상태를, 즉 자본가가, 노동자의 보수 전체를 포함하여, 모든 비용을 선대한다는 것을 전제한다."

지금까지는 지구상에 단지 예외적으로만 지배하는 상태를 어

---

*1 [역주] "따라서 여기에서는"이 영어판에는, "그렇다면 밀에게는(For Mill then)".

디에서나 보는 기묘한 시각상의 착오! 그러나 아직 더 남았다. 밀은, "그[자본가: 역자]가 그렇게 하는 것은 본래적 필연성은 아니다"라고 덧붙일 만큼은 선량하다.*¹ 그와는 반대다.

> "노동자는, 만일 그가 당분간 자신을 유지하기에 충분한 자금을 가지고 있다면, 임금 중에서 단순한 필수품을 넘는 부분을, 그리고 그 임금 전체까지도, 생산이 끝날 때까지 기다릴 것이다. 그런데 후자의 경우*² 노동자는 사업을 수행하기 위해 필요한 자금의 일부를 제공함으로써, 어느 정도까지는 현실적으로 자본가이다."

마찬가지로 밀은, 생활수단뿐만이 아니라 노동수단도 자기에게 선대하는 노동자는 실제로는 자기 자신의 임금노동자라고도 말할 수 있을 것이다. 혹은, 주인인 타인을 위해서가 아니라 자기 자신을 위해서 중노동을 하는 아메리카의 소농은 자기 자신의 노예일 것이다.

밀은, 자본주의적 생산이 존재하지 않았던 때에조차 그것이 언제나 존재했을 것이라는 것을 이토록 명료하게 입증한 후에, 그것이 존재할 때에조차 그것이 존재하지 않는다는 것을 증명할 만

---

*1 [*MEW* 편집자 주] 1878년 11월 28일에 N. F. 다니엘슨anielson)에게 보낸 편지에서 맑스는 이 단락을 다음과 같이 표현하도록 제안했다:
다음은 밀이, 사회적 생산의 다양한 역사적 형태들을 어떻게 취급하고 있는가를 보여주는 뛰어난 견본이다: 그는 다음과 같이 말한다. "어디에서나 나는, 노동자와 자본가가 서로 계급적으로 대립하고 있는 곳에서는, 거의 예외 없이, 어디에서나 지배하는 현재의 상태를, 즉 자본가는 노동자들에 대한 지불을 포함하여 모든 것을 선대한다는 것을 전제한다." 밀 씨는, ― 노동자들과 자본가들이 서로 계급적으로 대립하고 있는 경제체제에서조차도 ― 자본가가 그렇게 하는 것은 절대적인 필연은 아닐 것이라고 기꺼이 믿을 것이다.

*2 [역주] 독일어판에는 "임금 중에서 단순한 필수품을 넘는 부분을, 그리고"가 없고, 따라서 "후자의 경우"도 "이 경우"로 되어 있다.

큼 수미일관하다:

"그리고 바로 앞의 경우에도"(근로자가 그의 생활필수품 모두를 자본가로부터 선대받는 임금노동자일 때에도, 그 노동자는) "똑같이"(즉, 자본가로) "간주될 수 있다. 왜냐하면, 자신의 노동을 시장가격 이하로 공여함으로써 (!) 그는 그 차액(?)을 그의 고용주에게 빌려주고 이자와 함께 되돌려 받는 것으로 볼 수 있기 때문이다, 등등."[9a]

실제 현실적으로는 노동자가 자신의 노동을 자본가에게 1주일 등의 기간 동안 무상으로 선대하고, 주말 등에 그 시장가격을 받는바; 밀에 의하면, 이것이 노동자를 자본가로 만든다는 것이다! 평평한 평야에서는 흙더미조차도 구릉으로 보이는 법. 오늘날 우리 부르주아지의 범용(凡庸)함은 그들의 "위대한 정신"의 높이에 의해서 측정되어야 할 것이다.

[9a] J. St. 밀, ≪경제학 원리≫, 런던, 1868, pp. 252-253, 이하. — {위의 인용문들은 ≪자본론≫의 프랑스어판에 따라서 [독일어로: 역자] 번역되어 있다. — F. 엥엘스.}

제15장
노동력의 가격과 잉여가치의 크기의 변동[*1]

노동력의 가치는 평균적인 노동자에게 습관적으로 필요한 생활수단들의 가치에 의해서 규정된다. 이러한 생활수단들의 량은, 그 형태는 변할 수도 있겠지만, 어떤 특정한 사회의 어떤 일정한 시대에는 주어져 있는 것이고, 따라서 불변의 크기로서 취급할 수 있다. 변동하는 것은 그 량의 가치다. 노동력의 가치를 규정하는 데에는 두 개의 다른 요인들이 들어간다. 한편에서는, 생산양식과 함께 변동하는, 노동력의 육성비(Entwicklungskosten)와, 다른 한편에서는, 남성인가 여성인가, 성년인가 미성년인가 하는, 노동력의 자연적 차이가 그것들이다. 그 역시 생산양식에 의해서 제약되어 있는, 이러한 상이한 노동력의 사용은 노동자 가족의 재생산비와 성년 남성노동자의 가치에 큰 차이를 가져온다. 그러나 이 두 요인들은 아래의 연구에서는 제외되어 있다.[9b]

우리는, (1) 상품들은 그 가치대로 판매된다는 것, (2) 노동력의 가격은 때로는 그 가치 이상으로 올라가긴 하지만, 결코 그 이

[*1] [역주] 프랑스어판에는 "잉여가치와 노동력의 가치 사이의 크기의 비율의 변동들(les variations dans le rapport de grandeur entre la plus-value et la valeur de la force de travail)"로 되어 있다.

[9b] S. 281[*MEW*, S. 336: *MEW*편집자; 이 번역본, pp. 527–528: 역자]에서 취급된 경우도 여기에서는 당연히 마찬가지로 제외되어 있다. {제3판의 주.—F. 엥엘스.}

하로 떨어지지는 않는다는 것을 가정한다.

일단 이렇게 가정하자, 노동력의 가격과 잉여가치의 상대적 크기는 다음과 같은 세 가지 사정들에 의해서 규정된다는 것이 명백해졌다: (1) 노동일의 길이, 즉 노동의 외연적 크기; (2) 노동의 표준적 강도, 즉 그 내포적 크기, 따라서 일정한 시간에 일정한 노동량이 지출된다는 것; (3) 마지막으로는 노동의 생산력, 따라서 생산조건들의 발전 정도에 따라서 동일한 량의 노동이 동일한 시간에 혹은 더 많고 혹은 더 적은 량의 생산물을 제공한다는 것. 세 가지 요인들 중 하나가 불변이고 둘이 가변적이거나, 두 요인이 불변이고 하나가 가변적이거나, 혹은 마지막으로 세 요소들 모두가 동시에 가변적임에 따라서 명백히 대단히 다양한 조합이 가능하다. 이 조합들은, 다양한 요인들이 동시에 변동하는 경우 그 변동의 크기와 방향이 다양할 수 있다는 것에 의해서 더욱 다양화된다. 이하에는 주요한 조합들만이 서술된다.

제1절 노동일의 크기와 노동의 강도는 불변이고 (주어져 있고), 노동의 생산력이 가변적인 경우

이러한 전제 하에서는 노동력의 가치와 잉여가치는 세 가지 법칙에 의해서 규정된다.

첫째로: 주어진 크기의 노동일은, 노동의 생산성이, 또 그와 더불어 생산물의 량과 따라서 개개의 상품의 가격이 어떻게 변동하

든, 언제나 동일한 가치생산물로 표현된다.

예컨대, 12시간 노동일의 가치생산물이 6쉴링이라면, 그것은, 생산되는 사용가치의 량이 노동의 생산력에 따라 변동하고, 따라서 6쉴링의 가치가 보다 더 많거나 보다 더 적은 상품들에 분배되더라도, 6쉴링이다.[*1]

둘째로: 노동력의 가치와 잉여가치는 서로 반대 방향으로 변동한다. 노동생산력의 변동, 즉 그 증대와 감소는 노동력의 가치에 대해서는 반대 방향으로, 그리고 잉여가치에 대해서는 같은 방향으로 작용한다.

12시간 노동일의 가치생산물은 하나의 불변의 크기, 예컨대, 6쉴링이다. 이 불변의 크기는 잉여가치의 총액에, 노동자가 등가물에 의해서 대체하는 노동력의 가치를 합한 것과 같다. 하나의 불변적 크기의 두 부분 중 어느 한 쪽도, 다른 쪽이 감소하지 않고는 증대할 수 없다는 것은 자명하다. 노동력의 가치는, 잉여가치가 3쉴링에서 2쉴링으로 떨어지지 않고는 3쉴링에서 4쉴링으로 올라갈 수 없는 것이고, 잉여가치는, 노동력의 가치가 3쉴링에서 2쉴링으로 떨어지지 않고는 3쉴링에서 4쉴링으로 올라갈 수 없는 것이다. 따라서 이러한 사정 하에서는 어떤 절대적 크기의 변동도, 그것이 노동력의 가치의 크기든, 잉여가치의 크기든,

---

*1 [역주] 이 단락이 영어판에는, "12시간의 노동일에 의해서 창조된 가치가 가령 6쉴링이라면, 생산되는 물건의 량이 노동의 생산성과 더불어 변동하더라도, 그 유일한 결과는 6쉴링으로 대표되는 가치가 더 크거나 더 적은 수의 물품들에 분배된다는 것뿐이다.(If the value created by a working-day of 12 hours be, say, six shillings, then, although the mass of the articles produced varies with the productiveness of labour, the only result is that the value represented by six shillings is spread over a greater or less number of articles.)"

그것들의 상대적인 혹은 비례적인 크기의 동시적인 변동이 없이는 불가능하다. 그것들이 동시에 떨어지거나 동시에 올라가는 것은 불가능하다.

나아가서는, 노동생산력이 올라가지 않고는, 노동력의 가치가 떨어질 수 없고, 따라서 잉여가치가 올라갈 수 없다. 예컨대, 위의 경우, 노동생산력이 높아져, 이전에는 그것들을 생산하기 위해서 6시간이 필요했던 것과 같은 량의 생활수단들을 4시간에 생산할 수 없다면, 노동력의 가치는 3쉴링에서 2쉴링으로 저하할 수 없는 것이다. 반대로, 노동생산력이 떨어지지 않는다면, 따라서 이전에는 같은 량의 생활수단들을 생산하는 데에 6시간이면 충분했는데, 8시간이 걸리지 않는다면, 노동력의 가치는 3쉴링에서 4쉴링으로 상승할 수 없다. 이로부터, 노동의 생산성의 증대는 노동력의 가치를 저하시키고 그와 더불어 잉여가치를 상승시키며, 반면에 반대로 그 생산성의 감소는 노동력의 가치를 상승시키고 잉여가치를 저하시킨다는 결론이 나온다.

이 법칙을 정식화하면서 리카도는 하나의 사정을 간과했다: 즉, 잉여가치 즉 잉여노동의 크기의 변동은 노동력의 가치 즉 필요노동의 크기의 반대 방향으로의 변동을 요구하지만, 그렇다고 하여 결코 그것들이 같은 비율로 변동하는 것은 아니라는 것이다. 그것들은 같은 크기로 증대 또는 감소한다. 그러나 가치생산물 또는 노동일의 각 부분이 증대 또는 감소하는 비율은, 노동생산력이 변동하기 전에 발생한 본래의 분할에 달려 있다. 노동력의 가치가 4쉴링, 즉 필요노동시간이 8시간이었고, 잉여가치가 2쉴링, 즉 잉여노동이 4시간이었는데, 노동생산력이 증대된 결과 노동력의 가치가 3쉴링으로, 즉 필요노동이 6시간으로 떨어진다면, 잉여가치는 3쉴링으로, 즉 잉여노동은 6시간으로 올라간다. 2시간 혹은 1쉴링이라는 같은 크기가 저쪽에는 덧붙여지고, 이쪽에서는 제거되는 것이다. 그러나 크기 변동의 비율은 양 쪽에서 서로 다르다. 노동력의 가치는 4쉴링에서 3쉴링으로, 따라서 $1/4$ 즉 25% 저하하는 반면에, 잉여가치는 2쉴링에서 3쉴링으로, 따라서 $1/2$ 즉 50% 상승한다. 그리하여 결국, 노동생산력의 일정한 변동 때문에 잉여가치가 증대 또는 감소하는 비율은, 노동일 중 잉여가치를 표현하는 부분이 본래 작으면 작을수록 그만큼 더 크고, 크면 클수록 그만큼 더 작다.

셋째로: 잉여가치의 증대 또는 감소는 노동력의 가치의 그에 상응하는 감소 또는 증대의 결과지 결코 그 원인은 아니다.[10]

노동일은 불변의 크기이고, 어떤 불변의 가치크기로 표현되며, 545 잉여가치의 크기변동마다 노동력의 가치의 그 반대의 크기변동이 대응하고, 노동력의 가치는 오로지 노동생산력의 어떤 변동과 더불어서만 변동할 수 있기 때문에, 이러한 조건들 하에서는 명백히, 잉여가치의 크기변동은 그 어느 것이나 노동력의 가치의 그 반대의 크기변동으로부터 발생하는 것으로 된다. 그리하여, 이미 본 바와 같이, 노동력의 가치와 잉여가치의 어떤 절대적인

---

[10] 이 제3의 법칙에 맥컬록은 특히 어리석게도, 잉여가치는, 자본가가 이전에 지불해야 했던 세금들을 폐지함으로써, 노동력의 가치의 저하 없이도 상승할 수 있다고 첨가하고 있다. 그러한 세금들의 폐지는, 산업자본가가 노동자로부터 직접 착취하는 잉여가치의 분량은 절대로 아무것도 변화시키지 않는다. 그것은 단지, 그가 잉여가치를 자기 자신의 주머니에 넣는 비율이나, 제3자들과 나누지 않으면 안 되는 비율만을 변화시킬 뿐이다. 따라서 그것은 노동력의 가치와 잉여가치 간의 관계는 아무것도 변화시키지 않는다. 그리하여 맥컬록의 그 예외[즉, 그의 첨가: 역자]는 오직 법칙에 대한 그의 오해, 즉 J. B. 쎄(Say)가 A. 스미쓰를 속류화할 때에 그러한 것처럼, 그가 리카도를 속류화할 때에 자주 발생하는 불운(不運)을 입증하고 있을 뿐이다.

크기변동도 그것들의 상대적인 크기의 변동 없이는 결코 불가능하다고 한다면, 이제는, 그것들의 상대적 가치크기의 어떤 변동도 노동력의 절대적 가치크기의 변동 없이는 결코 불가능한 것으로 된다.

제3의 법칙에 따르면, 잉여가치의 크기변동은, 노동생산력의 변동에 의해 야기되는 노동력의 가치변동을 전제하고 있다. 잉여가치의 크기가 변동하는 한계는 노동력의 새로운 가치한계에 의해서 주어져 있다.*1 그러나 사정들이 이 법칙을 작용하도록 허용하더라도, 중간적 운동들은 일어날 수 있을 것이다. 예컨대, 노동생산력이 상승한 결과 노동력의 가치가 4쉴링에서 3쉴링으로, 즉 필요노동시간이 8시간에서 6시간으로 떨어지면, 노동력의 가격은 단지 3쉴링 8펜스, 3쉴링 6펜스, 3쉴링 2펜스 등으로만 저하할 수 있고, 그리하여 잉여가치는 단지 3쉴링 4펜스, 3쉴링 6펜스, 3쉴링 10펜스 등으로만 상승할 수 있을 것이다. 3쉴링이 그 최소한도*2인 저하의 정도는, 한편에서는 자본의 압력이, 다른 한편에서는 노동자들의 저항이 천칭의 접시에 가하는 상대적인 무게에 달려 있다.

노동력의 가치는 일정량의 생활수단의 가치에 의해서 규정된

---

*1 [역주] 이 문장이 영어판에는, "이 변동의 한계는 노동력의 변화된 가치에 의해서 주어진다.(The limit of this change is given by the altered value of labour-power.)"

*2 [역주] 최영철·전석담·허동의 번역판과 新日本판에는 여기에, 예컨대, "'3쉴링이 그 최대한도'라고 하지 않으면 안 되며, 맑스가 소장한 제2판에는 그렇게 정정되어 있다"는 역주(譯註)가 있고, 영어판에는 "그 최저한도가 3쉴링 (노동력의 새로운 가치) [the lowest limit of which is 3 shillings (the new value of labour-power)]"라고 되어 있다.

다. 노동의 생산력과 더불어 변동하는 것은 이들 생활수단의 가치이지, 그것들의 량이 아니다. 그 량 자체는, 노동의 생산력이 상승하는 경우에는, 노동력의 가격과 잉여가치 간의 아무런 크기 변동 없이 노동자와 자본가에 대하여 동시에 그리고 같은 비율로 증대할 수 있다. 노동력의 본래 가치가 3쉴링이고, 필요노동시간이 6시간이라면, 마찬가지로 잉여가치가 3쉴링이라면, 즉 잉여노동도 6시간이라면, 노동생산력이 2배로 되더라도, 노동일의 분할이 불변인 경우에는, 노동력의 가격과 잉여가치는 불변일 것이다. 다만 그 각각이 2배나 많은, 그러나 그만큼 값이 싸진 사용가치들로 표현될 따름일 것이다. 노동력의 가격은 불변이더라도, 그것은 그 가치 이상으로 상승해 있을 것이다. 노동력의 가격이 떨어지더라도, 그러나 $1\frac{1}{2}$쉴링이라는, 그 새로운 가치에 의해서 주어진 최소한도까지 떨어지지 않고, 2쉴링 10펜스, 2쉴링 6펜스 등으로 떨어진다면, 이 떨어지는 가격도 또한 증대된 량의 생활수단들을 대표할 것이다. 그리하여 노동력의 가격은, 노동의 생산력이 증대하는 경우에는, 끊임없이 하락하면서도, 노동자의 생활수단의 량의 동시적이고 지속적인 증대를 수반할 수도 있을 것이다. 그러나 상대적으로는, 즉 잉여가치에 비해서는 노동력의 가치는 끊임없이 떨어질 것이고, 따라서 노동자의 생활상태와 자본가의 생활상태 사이의 격차는 더욱 확대될 것이다.[11]

리카도는 상술한 세 가지 법칙을 맨 먼저 엄밀하게 정식화했다.

---

[11] "산업의 생산성에 어떤 변화가 일어나서, 주어진 량의 노동과 자본에 의해서 보다 더 많이 혹은 보다 더 적게 생산된다면, 임금의 비율은, 그 비율이 대표하는 량이 여전히 같더라도, 분명히 변동할 수 있을 것이며, 혹은 그 비율이 여전히 같더라도, 그 량이 분명히 변동할 수 있을 것이다."([캐즈노브], ≪경제학 개론≫, p. 67.)

그의 서술의 결함들은, (1) 그는 그 법칙들이 통용되는 특수한 조건들을, 자본주의적 생산의 자명하고 일반적이며 배타적인 조건들로 간주하고 있다. 그는 노동일의 길이의 변동도, 노동강도의 변동도 전혀 알지 못하고 있고, 그 때문에 그의 경우에는 노동의 생산성이 저절로 유일한 가변적 요인이 된다. ― (2) 그러나, 그리고 이것이 그의 분석을 훨씬 더 심하게 훼손시키고 있는데, 그도 일찍이 다른 경제학자들과 마찬가지로 잉여가치를 그 자체로서, 즉 이윤, 지대 등과 같은 그 특수한 형태들로부터 독립적으로 연구해본 적이 없었다. 그리하여 그는 잉여가치율에 관한 법칙들을 직접적으로 이윤율의 법칙들과 혼동하고 있다. 이미 말한 것처럼, 이윤율은 선대된 총자본에 대한 잉여가치의 비율인 반면에, 잉여가치율은 단지 이 자본의 가변적 부분에 대한 잉여가치의 비율이다. 500파운드 스털링의 자본(C)이, 원료·노동수단 등 합계 400파운드 스털링(c)과, 100파운드 스털링의 임금(v)으로 나누어지고, 나아가서 잉여가치=100파운드 스털링(m)이라고 가정하자. 그러면 잉여가치율은, $\frac{m}{v} = \frac{100파운드 스털링}{100파운드 스털링} = 100\%$다. 그러나 이윤율은, $\frac{m}{C} = \frac{100파운드 스털링}{500파운드 스털링} = 20\%$다. 그밖에도 이윤율은, 잉여가치율에는 결코 어떤 영향도 미치지 않는 사정들에도 달려 있다는 것도 명백하다. 나는 이 저작의 제3권에서,[*1] 동일한 잉여가치율이 다양한 이윤율로 표현될 수 있으며, 다양한 잉여가치율이 일정한 사정들 하에서는 동일한 이윤율로 표현될 수도 있다는 것을 증명할 것이다.

---

*1 [역주] 제3권, 제3장 "잉여가치율에 대한 이윤율의 관계".

제2절 노동일과 노동의 생산력은 불변이고, 노동의 강도가 가변적인 경우

노동의 강도의 증대는 동일한 시간에 노동의 지출이 증가하는 것을 의미한다. 그리하여 보다 더 강도가 높은 노동일은, 같은 시간 수의, 강도가 낮은 노동일보다 더 많은 생산물들에 체화(體化)된다. 생산력이 높아져도 역시 동일한 노동일이 더 많은 생산물들을 공급하긴 한다. 그러나 이 경우에는 개개의 생산물은, 이전보다 적은 노동이 들기 때문에, 그 가치가 저하하고, 노동강도가 높아진 경우에는 그 생산물에 이전과 같은 만큼의 노동이 들기 때문에 그 가치는 여전히 불변이다. 이 경우 생산물의 수는 그것들의 가격 저하 없이 증대한다. 생산물의 수량과 함께 그 가격총액이 증대하는 반면에, 노동생산성이 증대하는 경우에는 단지 동일한 가치총액이 증대한 생산물량으로 표현될 뿐이다. 따라서 시간수가 불변인 경우 강도가 높은 노동일은 보다 더 높은 가치생산물에 체화되고, 따라서 화폐의 가치가 불변인 경우 보다 더 많은 화폐에 체화된다. 강화된 노동일의 가치생산물은, 사회적 표준도(標準度)로부터의 그 강도의 괴리[정도: 역자]에 따라 달라진다. 따라서 동일한 노동일이, 종전과 같이 어떤 불변의 가치생산물이 아니라, 가변의 가치생산물로 표현되어, 예컨대, 보다 더 강도가 높은 12시간의 노동일은, 통상적인 강도의 12시간 노동일처럼 6쉴링으로 표현되는 대신에, 7쉴링, 8쉴링 등으로 표현된다. 노동일의 가치생산물이, 가령 6쉴링에서 8쉴링으로, 변화하면, 이 가치생산물의 두 부분인 노동력의 가격과 잉여가치가, 같은 정도로든, 아니면 다른 정도로든, 동시에 증대할 수 있다는 것은 명백하다. 가치생산물이 6쉴링에서 8쉴링으로 상승하면, 노동력의 가격과 잉여가치가 둘 다 동시에 3쉴링에서 4쉴링으로 증대할 수 있는 것이다. [그러나: 역자] 이 경우 노동력의 가격상승이 반드시 그 가치 이상으로의 그 가격의 등귀를 포함하는 것은 아니다. 역으로, 노동력의 가격상승은 노동력의 가치 이하로의 저하[*1]를 수반할 수도 있다. 노동력의 가격상승이 노동력의 가속화된 소모를 보상하지 않는다면, 이러한 일은 항상 일어난다.

아는 바와 같이, 일시적인 예외는 있지만, 노동생산성의 변동은, 단지 해당 생산부문의 생산물들이 노동자들의 습관적 소비에 들어가는 경우에만, 노동력의 가치크기에, 그리고 따라서 잉여가치의 크기에 변동을 일으킨다. 여기에서는 이러한 제한이 없어진다. 노동의 크기가 외연적으로 변동하든 내포적으로 변동하든, 그 노동의 크기변동에는 그 가치생산물의 크기의 변동이, 이 가치가 표현되는 물품의 성질과는 상관없이, 대응하기 때문이다.[*2]

노동의 강도가 모든 산업부문들에서 동시에 그리고 동등하게 올라간다면, 보다 높아진 이 새로운 강도는 통상적인 사회적 표

[*1] [*MEW*편집자주] 초판부터 제4판까지는 "노동력의 가치 저하".

[*2] [역주] 이 문장이 영어판에는, "왜냐하면 노동의 지속시간에서든, 강도에서든 변동이 있을 때에는, 그 가치가 체화되어 있는 물품의 성질과 상관없이, 창조된 가치의 크기에 언제나 그에 상응한 변화가 있기 때문이다.(For when the variation is either in the duration or in the intensity of labour, there is always a corresponding change in the magnitude of the value created, independently of the nature of the article in which that value is embodied.)"로 되어 있다. '노동시간의 연장이나 단축에 의해서든, 노동강도의 강화나 완화에 의해서든, 지출되는 노동량이 달라짐에 따라서 그 노동의 가치생산물의 량도 달라진다'는 의미이다.

준도로 되고, 따라서 외연적인 크기로서 계산되지 않게 될 것이다. 그러나 그때에도 역시 노동의 평균적 강도는 나라가 다르면 여전히 다를 것이고, 따라서 상이한 국민적 노동일들에 대한 가치법칙의 적용을 수정할 것이다.*1 어떤 국민의 보다 더 강도가 높은 노동일은 다른 국민의 보다 강도가 낮은 노동일보다 더 큰 화폐액(Geldausdruck)으로 표현된다.12

제3절 노동의 생산력과 강도는 불변이고, 노동일이 가변적인 경우

노동일은 두 개의 방향으로 변동할 수 있다. 그것은 단축되거나 연장될 수 있다.

(1) 주어진 조건들 하에서의, 즉 노동의 생산력과 강도가 불변인 경우에 노동일의 단축은 노동력의 가치와 그리하여 필요노동시간을 변화시키지 않는다. 그것은 잉여노동과 잉여가치를 축소한다. 잉여가치의 절대적 크기와 함께 그 상대적 크기, 즉 노동력

---

*1 [역주] "상이한 국민적 노동일들에 대한 가치법칙의 적용을 수정할 것이다."가 영어판에는, "가치법칙의 국제적 적용을 수정할 것이다.(... would modify the international application of the law of value.)".

12 "다른 사정들이 모두 동일하다면, 영국에서는 주당 60시간이고 다른 곳에서는 주당 72 내지 80시간인 노동일의 차이를 상쇄할 만큼, 영국의 제조업자는 외국의 제조업자보다 일정한 시간에 상당히 많은 량의 일을 해낼 수 있다." (≪공장감독관 보고서. 1855년 10월 31일≫, p. 65.) 대륙의 공장들에서의 노동일의 보다 더 큰 법률적 단축은 대륙과 영국의 노동시간의 차이를 축소하는 가장 확실한 수단일 것이다.

의 불변의 가치크기에 대한 그 비율적 크기도 감소한다. 오직 노동력의 가격을 그 가치 이하로 억누름으로써만 자본가는 손해를 벌충할 수 있을 것이다.

노동일의 단축을 반대하는 종래의 모든 허튼소리는 그 현상이 여기에서 전제되어 있는 사정들 하에서만 일어난다고 가정하고 있는 반면에, 실제로는 그와는 반대로 노동의 생산성과 강도의 변동이 노동일의 단축에 선행하든가, 직접적으로 그에 뒤따라 일어난다.13

(2) 노동일의 연장: 필요노동시간이 6시간, 즉 노동력의 가치가 3쉴링이며, 마찬가지로 잉여노동도 6시간이고 잉여가치도 3쉴링이라고 하자. 그러면 총노동일은 12시간이고, 6쉴링의 가치생산물로 표현된다. 노동일이 2시간 연장되고 노동력의 가격이 변하지 않은 채로 있다면, 잉여가치의 절대적 크기와 더불어 그 상대적 크기도 증대한다. 노동력 가치의 크기는 절대적으로는 여전히 변함이 없지만, 상대적으로는 감소한다. 제1절의 조건들 하에서는 노동력 가치의 상대적 크기는, 그 절대적 크기가 변동하지 않고는 변동할 수 없다. 여기에서는 반대로, 노동력 가치의 상대적 크기의 변동은 잉여가치의 절대적 크기가 변동한 결과다.

노동일이 표현되는 가치생산물은 노동일 자체의 연장과 더불어 증대하기 때문에, 노동력의 가격과 잉여가치는, 그 증대량이 동등하든 동동하지 않든, 동시에 증대할 수 있다. 따라서 이 동시적 증대는 두 경우에, 즉 노동일이 절대적으로 연장되는 경우와 그러한 연장 없이 노동의 강도가 증대하는 경우에 가능하다.

---

13 "10시간법의 시행으로 밝혀진 … 상쇄하는 사정들이 있다."(《공장감독관 보고서. 1848년 10월 31일》, p. 7.)

노동일의 연장과 더불어 노동력의 가격은, 그것이 명목상으로는 여전히 불변이거나 심지어 상승하더라도, 그 가치 이하로 떨어질 수 있다. 왜냐하면, 노동력의 하루가치는, 기억하고 있는 것처럼, 노동력의 표준적인 평균지속기간 즉 노동자의 표준적인 수명에 기초하여, 그리고 그에 상응한, 표준적인, 인간의 본성에 어울리는, 생명실체의 운동으로의 전환에 기초하여 평가되기 때문이다.14 노동일의 연장과 분리할 수 없는 노동력 소모의 증대는, 어떤 일정한 점까지는, 보충을 증대시킴으로써 보상될 수 있다. 이 점을 넘으면, 소모는 기하급수적으로 증대하고, 동시에 모든 정상적인 재생산 조건들과 활동 조건들이 파괴된다. 노동력의 가격과 그 착취도는 서로 같은 단위로 측정할 수 있는 량이 아니게 되는 것이다.

****
[맑스는 프랑스어판에서 이 제3절을 대폭 수정하고 있고, 영어판도 기본적으로 이 수정을 따르고 있기 때문에, 참고로 프랑스어판의 제3절을 여기에 번역해 둔다: 역자]

III. — 조건들: 노동의 생산성과 강도의 불변적. 노동 시간은 가변적.

---

14 "한 인간이 24시간 동안에 수행한 노동량은 그의 신체 내에서 발생한 화학적 변화를 조사함으로써 대략 파악할 수 있다. 물질의 형태 변화는 그에 선행하는 운동력의 발휘를 보여주기 때문이다."(그로브[Grove], ≪육체적 힘들의 상호관계에 관하여(*On the Correlation of Physical Forces*)≫, [런던, 1846, pp. 308-309].)

시간의 길이와 관련해서 노동은, 단축되든가 혹은 연장되든가, 두 방향으로 변동할 수 있다. 우리는 새로운 조건들 속에서 다음과 같은 법칙들을 얻는다.

1) <u>노동일은, 그 시간적 길이에 직접적으로 비례하여, 보다 크거나 보다 작은 — 결국 불변적이지 않고 가변적인 — 가치로 실현된다.</u>

2) <u>잉여가치와 노동력의 가치의 크기와 관련한 모든 변동은 잉여노동의, 따라서 잉여가치의 절대적 크기의 변화로부터 발생한다.</u>

3) <u>노동력의 절대적 가치는, 잉여노동이 노동력의 소모도(消耗度)를 넘는 것에 대한 반작용에 의해서밖에는 변화할 수 없다. 따라서 그 절대적 가치의 모든 운동은 잉여가치의 크기의 운동의 결과이지 결코 그 원인이 아니다.</u>

우리는 이 장에서는 언제나, 이 뒤에서도 마찬가지지만, 본래 12시간에 달하는 노동일—필요노동 6시간과 잉여노동 6시간—이 6프랑의 가치를 만들어내고, 그 가운데 절반은 노동자의 수중에, 다른 절반은 자본가의 수중에 들어간다고 가정한다.

우선 <u>노동일의 단축</u>, 예컨대, 12시간으로부터 10시간으로의 단축으로부터 시작하자. 그러면 노동일은 5프랑의 가치밖에 가져다주지 않는다. 잉여노동이 6시간에서 4시간으로 줄어들기 때문에 잉여가치는 3프랑에서 2프랑으로 내려간다. 그 절대적 크기의 이 감소는 그 상대적 크기의 감소를 초래한다. 그것과 노동력의 가치의 비율은 3 : 3이었는데, 이제는 2 : 3밖에 안 된다. 그 반작용으로, 노동력의 가치는 전적으로 마찬가지인데도, 상대적인 크기는 커져 있다. 결국 그것은 잉여가치에 대해서, 3 : 3이 아니라, 이제 3 : 2로 되어 있는 것이다.

자본가는 노동력에 대하여 그 가치 이하로 지불함으로써밖에는 만회할 수 없다.

노동시간의 단축을 반대하는 상투적인 장광설의 밑바닥에서는, 이러한 현상은 여기에서 가정된 조건들 속에서만 일어난다는 가설이 발견된다. 즉, 노동의 생산성과 강도는 부동적(不動的)이라고 가정되어 있다. 그러나 실제로는 노동의 생산성과 강도의 증대가, 노동일이 단축되기 전에 이루어지지 않은 경우에는, 곧 그 뒤를 이어 이루어진다.*(*1)

만일 <u>노동일의 연장</u>, 예컨대, 12시간으로부터 14시간으로의 연장이 있고, 그 추가적 노동이 잉여노동에 부가된다면, 잉여가치는 3프랑에서 4프랑으로 높아진다. 그것은 절대적으로도 상대적으로도 증대하는데, 그에 반해서 노동력은, 그 명목적 가치는 동일함에도 불구하고, 상대적인 가치는 내려간다. 그것은 잉여가치에 대해서는 이제 3 : 4의 비율밖에 안 된다.

우리의 조건들에서는, 매일 생산되는 가치총액이 매일의 노동의 시간적 길이와 함께 증대하기 때문에, 이 증대하는 액의 두 부분—잉여가치와 노동력의 등가—은 동등하거나 부등한 량으로 동시에 증대할 수 있고, 노동강도가 보다 강화되는 경우에도 마찬가지다.

노동일이 연장됨에 따라서, 노동력은, 그 가격이 불변이든가 혹은 높아짐에도 불구하고, 그 가치 이하로 저하할 수 있다. 어느 정도까지는, 노동의 연장이 노동자에게 강요하는 생명력의 보다 큰 소모**를 보다 큰 수입이 보상할 수 있다. 그러나 그의 노동일의 차후의 모든 연장이 정상적인 그의 재생산 조건들과 활동의 조건들을 교란시킴으로써 그의 생명의 평균기간을 단축시키게 되는 상황(point)이 언제나 온다. 그때에는 노동력의 가격과 그 착취도는 서로 같은 단위로 측정할 수 없게 된다.

****

---

1 [역주] 여기의 ""와 아래의 "**"는 각각 독일어판의 각주 13 및 14와 같기 때문에 번역을 생략한다.

제4절 노동의 지속시간과 생산력, 강도가 동시에 변동하는 경우

이 경우에는 명백히 수많은 조합들이 가능하다. 두 요인씩 변동하고, 하나가 불변이거나, 아니면 세 요인이 모두 동시에 변동할 수도 있다. 그것들은 균등하거나 불균등한 정도로 변동할 수 있고, 동일한 혹은 반대 방향으로 변동할 수 있으며, 그리하여 그 변동이 부분적으로 혹은 전적으로 상쇄될 수도 있다. 그러나 가능한 모든 경우들은 제1절 및 제2절, 제3절에서 주어진 설명에 따라서 쉽게 분석할 수 있다. 차례차례 우선 각 조합의 한 요인을 가변적으로, 그리고 다른 요인들을 불변적으로 취급함으로써 가능한 각 조합의 결과를 발견할 수 있는 것이다. 따라서 우리는 여기에서는 단지 두 개의 중요한 경우에 대해서만 잠깐 주목하기로 하자.

(1) 노동의 생산력이 감소하면서, 동시에 노동일이 연장되는 경우:

여기에서 우리가 노동생산력의 감소에 관해서 말할 때, 문제는 그 생산물들이 노동력의 가치를 규정하는 노동부문들에 관한 것이며, 따라서, 예컨대, 토지의 비옥도가 감소한 결과 노동의 생산력이 감소하는 것에 관한 것이며, 그에 상응한 토지 생산물들의 가격등귀에 관한 것이다. 노동일이 12시간이고, 그 가치생산물은 6쉴링이며, 그 절반은 노동력의 가치를 대체하고, 다른 절반은 잉여가치를 형성한다고 하자. 따라서 노동일은 6시간의 필요노동과 6시간의 잉여노동으로 분할된다. 토지생산물들의 가격등귀 때문에 노동력의 가치가 3쉴링에서 4쉴링으로, 그리하여 필요노동시간이 6시간에서 8시간으로 증대한다고 하자. 노동일이 여전히 불변이면, 잉여노동은 6시간에서 4시간으로, 잉여가치는 3쉴링에서 2쉴링으로 감소한다. 노동일이 2시간 연장되면, 그리하여 12시간에서 14시간으로 되면, 잉여노동은 여전히 6시간이고 잉여가치도 3쉴링이지만, 필요노동에 의해서 측정되는 노동력의 가치에 대한 비율에서는 그 크기가 감소한다. 노동일이 4시간 연장되어, 12시간에서 16시간이 된다면, 잉여가치와 노동력의 가치의, 즉 잉여노동과 필요노동의 비율적 크기는 여전히 변함이 없지만, 잉여가치의 절대적 크기는 3쉴링에서 4쉴링으로, 즉 잉여노동의 절대적 크기는 6시간에서 8시간으로, 따라서 $1/3$, 즉 $33^1/_3\%$가 증대한다. 따라서, 노동의 생산력이 감소하고 동시에 노동일이 연장되는 경우에는, 잉여가치의 절대적 크기는 변함이 없지단, 반면에 그 비율적 크기는 감소할 수 있고; 그 비율적 크기는 변함이 없지만, 반면에 그 절대적 크기는 증대할 수 있으며, 또 [노동일의 연장: 역자] 정도에 따라서는 둘 다 증대할 수도 있다.

1799년부터 1815년에 이르는 기간 동안 영국에서의 생활수단들의 가격상승은, 생활수단으로 표현되는 실질임금은 떨어뜨렸지만, 명목적인 임금상승을 수반했다. 이로부터 웨스트와 리카도는, 농경노동의 생산성의 감소가 잉여가치율의 하락을 야기했다는 결론을 내렸고, 오직 그들의 공상(空想) 속에서만 타당한 이 가정(假定)을 임금과 이윤, 지대 간의 상대적인 크기의 비율에 관한 중요한 분석의 출발점으로 삼았다. 그러나 노동의 강도가 증대되었고, 노동시간이 강제적으로 연장되었기 때문에, 그 당시 잉여가치는 절대적으로도 상대적으로도 증대했다. 이때야말로, 노동일의 무한한 연장이 시민권을 획득한 시대였고,[15] 한편에서

---

[15] "곡물과 노동이 완전히 나란히 가는 일은 좀처럼 없다. 그러나 그것들이 그

는 자본의 급속한 증대, 다른 한편에서는 급속한 사회적 궁핍이 유난히 그 특징이었던 시대였다.16

(2) 노동의 강도와 생산력이 증대하면서, 동시에 노동일이 단축되는 경우:

이상으로는 분리될 수 없는 어떤 명백한 한계가 있다. 증언"(즉 1814-1815년 의회의 산업조사위원회 앞에서의)"에서 지적된 바 있는, 임금의 하락을 야기하는 가격등귀 시기의 노동계급의 이례적인 노력들과 관련하여, 그것들은 개개인에게는 극히 칭찬할 만하고, 자본의 성장에 분명히 유리하다. 그러나 인도주의적인 사람이라면 그 누구도 그러한 노력들이 끊임없이 무한히 계속되기를 바라지는 않을 것이다. 그것들은 잠정적인 구제책으로서는 가장 찬양할 만하다. 그러나 그것들이 끊임없이 수행된다면, 한 나라의 인구가 그 식량의 극한까지 증가할 때의 효과와 유사한 효과가 거기에서 발생할 것이다."(맬더스, ≪지대의 본질과 증진[增進]에 관한 연구(*Inquiry into the nature and Progress of Rent*)≫, 런던, 1815, p. 48, 주.) 리카도와 다른 사람들이, [노동일의 연장이라는: 역자] 극히 명백한 사실들을 목격하면서도, 노동일의 불변적 크기를 그들의 모든 연구의 기초로 삼았던 데에 비해서, 맬더스가 그의 소책자의 다른 곳에서도 직접적으로 언급하고 있는, 노동일의 연장을 강조하고 있는 것은 전적으로 그의 영예(榮譽)다. 그러나 맬더스는, 보수적 이해관계의 노예였기 때문에, 노동일의 무한한 연장은, 동시에 기계장치의 비상한 발전 및 여성과 아동노동의 착취와 더불어, 특히 전시수요(戰時需要)와 영국의 시계시장 독점이 끝나자마자, 노동자계급의 커다란 부분을 "과잉(überzählig)"으로 만들지 않을 수 없다는 것을 알 수 없었다. 이 "과잉인구"를, 자본주의적 생산의 단순히 역사적인 자연법칙으로부터 설명하는 것보다는, 영원한 자연법칙으로부터 설명하는 것이, 당연히 훨씬 더 편리했고, 맬더스가 진정으로 성직자답게 우상처럼 숭배하고 있는 지배계급의 이해에 훨씬 더 일치했다.

16 "전쟁 중에 자본이 증가한 주요한 원인은, 어느 사회에서나 가장 다수인 노동 계급들의 보다 더 큰 노력 및 필시 보다 더 큰 궁핍에 있었다. 더 많은 여성들과 아동들이 궁핍한 살림형편 때문에 힘든 일에 종사하지 않을 수 없었고, 종래의 노동자들은 똑같은 원인으로 말미암아 그들의 시간의 더 많은 부분을 생산을 증대시키기 위해 바치지 않을 수 없었다."(≪현재의 국민적 고난의 주요 원인들이 설명된, 경제학 논문집[*Essays on Political Econ. in which are Illustrated the Principal Causes of the Present National Distress*]≫, 런던, 1830, p. 248.)

노동생산력의 상승과 노동강도의 증대는 한편에서는 마찬가지로 작용한다. 양자는 모두 각 기간마다 달성되는 생산물량을 증가시킨다. 따라서 양자는 모두, 노동일 가운데 노동자가 자신의 생활수단들이나 그 등가물을 생산하기 위해 필요한 부분을 단축한다. 노동일의 절대적인 최소한도는 무릇 노동일의 이 필요한, 그러나 수축될 수 있는 구성부분에 의해서 이루어진다. 전체 노동일이 거기까지 수축한다면, 잉여노동은 사라지겠지만, 그것은 자본의 [지배: 역자]체제 하에서는 불가능하다. 자본주의적 생산형태를 제거하면, 노동일을 필요노동에 한정할 수 있다. 하지만, 다른 사정들이 변하지 않는다면, 필요노동은 그 크기가 확대될 것이다. 왜냐하면, 한편에서는, 노동자의 생활조건들이 더욱 다양해지고(reicher), 그 생활상의 요구들이 더욱 커질 것이기 때문이다. 다른 한편에서는, 현재의 잉여노동의 일부가 필요노동으로, 즉 사회적 예비재원과 축적재원을 획득하기 위해 필요한 노동으로 계산될 것이기 때문이다.

노동의 생산력이 증대하면 증대할수록, 그만큼 더 노동일은 단축될 수 있고, 노동일이 단축되면 단축될수록, 그만큼 더 노동의 강도는 증대될 수 있다. 사회적으로 고찰하면, 노동의 생산성은 노동의 절약에 의해서도 증대된다. 노동의 절약에는, 생산수단들의 절약만이 아니라, 불필요한 모든 노동을 피하는 것도 포함된다. 자본주의적 생산양식은 어떤 개별적인 사업에서나 절약을 강제하지만, 그 무정부적인 경쟁체제는, 지금은[*1] 없어서는 안 되는 기능들이지만, 그러나 그 자체로서는 불필요한 무수한 기능들 외

[*1] [역주] "자본주의 체제에서는"이라는 의미!

에도, 사회적 생산수단들과 노동력의 극히 무한한 낭비를 초래하고 있다.

노동의 강도와 생산력이 주어져 있다면, 노동이 노동능력 있는 모든 사회구성원들에게 균등하게 배분되면 배분될수록, 어떤 사회계층이 노동이라는 자연필연성[*1]을 자신으로부터 다른 사회계층에 전가할 수 없으면 없을수록, 사회적 노동일 가운데 물질적 생산을 위해 필요한 부분이 그만큼 짧아지고, 따라서 개인의 자유로운, 정신적인, 그리고 사회적인 활동을 위해 획득되는 시간 부분이 그만큼 더 커진다. 노동일의 단축을 위한 절대적 한계는, 이러한 측면에서는, 노동의 보편성[*2]이다. 자본주의 사회에서는 어떤 한 계급을 위한 자유시간이, 대중의 모든 생활시간을 노동시간으로 전화시킴으로써 만들어지고 있다.

---

*1 [역주] "노동이라는 자연필연성"이 영어판에는, "노동이라는 자연적 부담(the natural burden of labour)".

*2 [역주] "노동의 보편성"이 프랑스어판에는, "육체노동의 보편화(la généralisation du travail manuel)".

제16장
잉여가치율에 대한 다양한 공식들

이미 본 바와 같이, 잉여가치율은 다음과 같은 공식들로 표현된다:

I. $\dfrac{\text{잉여가치}}{\text{가변자본}}\left(\dfrac{m}{v}\right) = \dfrac{\text{잉여가치}}{\text{노동력의 가치}} = \dfrac{\text{잉여노동}}{\text{필요노동}}$.

처음 2개의 공식들이 가치와 가치 간의 비율로서 표현하고 있는 것을, 세 번째 공식은 이들 가치들이 생산되는 시간과 시간 간의 비율로서 표현하고 있다. 서로 대체되는 이들 공식은 개념적으로 엄밀하다. 따라서 이들 공식이 고전파 경제학에서는, 사실상으로는 완성되어 있었지만, 의식적으로는 완성되어 있지 않다는 것을 발견할 수 있다. 그 대신 고전파 경제학에서 우리는 다음과 같은 파생적 공식들과 만나게 된다:

II. $\dfrac{\text{잉여노동}^{*1}}{\text{노동일}} = \dfrac{\text{잉여가치}}{\text{생산물가치}} = \dfrac{\text{잉여생산물}}{\text{총생산물}}$.

하나의 동일한 비율이 여기에서는 차례로 노동시간들의 형태, 노동시간들이 체화되는 가치들의 형태, 이들 가치들이 존재하는 생산물들의 형태로 표현되어 있다. 물론, 생산물의 가치란 노동일의 가치생산물이라고만 이해해야 하며, 생산물가치의 불변적 부분은 제외되어 있다는 것이 전제되어 있다.

---

*1 [*MEW* 편집자주] 저자가 승인한 프랑스어판에서 맑스는 이 첫 번째 공식을 괄호 속에 넣고 있는데, "왜냐하면, 잉여가치라는 개념은 부르주아 경제학에서는 명확히 표현되어 있지 않기 때문이다."

이들 모든 공식에서는 실제의 노동착취도, 즉 잉여가치율은 허위로 표현되어 있다. 노동일이 12시간이라고 하자. 다른 가정들은 이전의 예와 같다고 하면, 이 경우에 실제의 노동착취도는 다음과 같은 비율로 표현된다:

$$\frac{6\text{시간의 잉여노동}}{6\text{시간의 필요노동}} = \frac{3\text{쉴링의 잉여가치}}{3\text{쉴링의 가변자본}} = 100\%.$$

그에 반해서 공식 II에 의하면, 다음과 같이 된다:

$$\frac{6\text{시간의 잉여노동}}{12\text{시간의 노동일}} = \frac{3\text{쉴링의 잉여가치}}{6\text{쉴링의 가치생산물}} = 50\%.$$

이 파생적 공식들은 사실상 노동일 혹은 그 가치생산물이 자본가와 노동자 사이에 분할되는 비율을 표현하고 있다. 따라서 이 공식들이 자본의 자기증식도(自己增殖度)의 직접적인 표현으로 간주된다면, 잉여노동 즉 잉여가치는 결코 100%에 도달할 수 없다는 잘못된 법칙도 타당한 것이 될 것이다.17 잉여노동은 언제

---

17 예컨대, ≪v. 키르히만에게 보내는 로트베르투스의 세 번째 편지. 리카도의 지대론 비판과 새로운 지대론의 정립(*Dritter Brief an v. Kirchmann von Rodbertus. Widerlegung der Ricardo'schen Theorie von der Grundrente und Begründung einer neuen Rententheorie*)≫(베를린, 1851)에서 그렇다. 잘못된 지대론에도 불구하고 자본주의적 생산의 본질을 간파하고 있는 이 저작을 나는 나중에 다시 다룰 것이다. {제3판에의 추가. — 우리는 여기에서, 맑스가, 자신의 선행자(先行者)들 중에서 어떤 현실적인 진보나 어떤 올바른 새로운 사고를 발견했을 때, 그들을 얼마나 호의적으로 평가했는가를 보게 된다. 그런데 로트베르투스가 루돌프 마이어(Rudolf Meyer)에게 보낸 편지가 출간됨으로써 위의 호평에는 상당한 제한이 가해지게 되었다. 거기에는 다음과 같이 서술되어 있다: "자본을 단지 노동으로부터만이 아니라 그 자체로부터도 구제하지 않으면 안 되는데, 이 구조는, 우리는 아직 다른 어떤 사회적 조직도 모르고 있기 때문에, 기업가—자본가의 활동을, 자본소유에 의해서 그에게 위임된, 국민경제적·국가경제적 기능으로 파악하고, 그의 이득을 하나의 봉급형태로 파악할 때 사실상 가장 잘 이루어진다. 그런데 봉급들은 규제될 수 있고, 그들이 임금으로부터 너무 많이 가져갈 때에는 인하될 수도

나 노동일의 일부분을 이룰 수 있을 뿐이고, 잉여가치는 언제나 가치생산물의 일부분을 이룰 수 있을 뿐이기 때문에, 잉여노동은 당연히 언제나 노동일보다 작고, 잉여가치는 언제나 가치생산물보다 작다. 그러나 그것들이 $\frac{100}{100}$ 이기 위해서는 그것들은 같지 않으면 안 된다. 잉여노동이 노동일 전체를 흡수하기 위해서는(여기에서 문제는 노동주, 노동년 등의 평균일[平均日]이다), 노동일이 0으로 떨어지지 않으면 안 된다. 그러나 필요노동이 사라지면, 잉여노동도 사라지는바, 왜냐하면 잉여노동은 단지 필요노동의 한 기능에 불과하기 때문이다. 따라서 $\frac{잉여노동}{노동일} = \frac{잉여가치}{가치생산물}$ 라는 비율은 결코 $\frac{100}{100}$ 이라는 한계에 도달할 수 없으며, 하물며 $\frac{100+x}{100}$ 위로는 올라갈 수 없다. 그러나 잉여가치율 혹은 실제의 노동착취율은 그렇지 않다. 예컨대, L. 드 라베르늬(de Lavergne) 씨의 평가에 의하면, 영국의 농업노동자는 생산물 또는 그 가치의 단지 $^1/_4$만을 받고 있는 반면에, 자본가(차지농업가)는, 그 노획물이 사후에 자본가와 토지소유자 사이에 어떻게 재분배되든, $^3/_4$를 받고 있다.18 이에 따르면, 영국 농업노동자의 잉여노동의 필요

있다. 그리하여 맑스의 사회에의 틈입(闖入)―나는 그의 책을 그렇게 부르고 싶다―도 격퇴할 수 있다. ... 무릇 맑스의 책은, 자본에 관한 연구라기보다는, 오히려 오늘날의 자본형태에 대한 논쟁인데, 그는 그 형태를 자본개념과 혼동하고 있고, 거기에서 그의 오류가 발생하고 있다."(≪로트베르투스-야게쵸 박사의 서간 및 사회정치평론[*Briefe und Socialpolitische Aufsätze von Dr. Rodbertus-Jagetzow*]≫, 루돌프 마이어 박사 편, 베를린, 1881, 제1권, p. 111, 로트베르투스의 48번째 편지.) ― 로트베르투스의 ≪사회적 서한≫의 실제로 대담한 돌진은 이러한 이데올로기적 상투어들에 파묻히고 있다. ― F. 엥엘스.}

18 생산물 중 단지 투하된 불변자본을 대체할 뿐인 부분은 이 계산에서는 당연

노동에 대한 비율은 3:1이고, 그 착취의 백분율은 300%다.

노동일을 불변의 크기로 취급하는, 학파의 방법은 공식 II를 적용함으로써 확립되었는데, 왜냐하면 여기에서는 잉여노동이 언제나 주어진 크기의 노동일과 비교되기 때문이다. 가치생산물의 분할만을 주목하는 경우에도 마찬가지다. 이미 어떤 가치생산물로 대상화된 노동일은 언제나 주어진 한계를 가진 노동일이다.

잉여가치와 노동력의 가치를 가치생산물의 부분들로서 표현하는 것—아무튼 자본주의적 생산양식 그 자체로부터 발생하고, 그 의의는 나중에야 해명하게 될 표현양식—은, 자본관계의 특수한 성격, 즉 가변자본과 살아 있는 노동력과의 교환 및 그에 상응한, 생산물로부터의 노동자의 배제를 은폐하고 있다. 그에 대신하여, 노동자와 자본가가 생산물을 그것의 상이한 구성요소들의 비율에 따라서 분배하는 어떤 협력관계(Assoziationsverhältnis)라는 허위의 외관이 나타난다.19

그런데 공식 II는 언제나 공식 I로 다시 전환될 수 있다. 예컨대, $\frac{6시간의\ 잉여노동}{12시간의\ 노동일}$이라면, 필요노동시간은 12시간의 노동일에서

히 공제되어 있다. — 맹목적인 영국 찬미자인 L. 드 라베르느 씨는, [자본가의 몫에 대해서: 역자] 지나치게 높은 비율이 아니라, 지나치게 낮은 비율을 제시하고 있다.

19 자본주의적 생산과정의 모든 발전된 형태들은 협업 형태들이기 때문에, A. 드 라보르드(de Laborde) 백작의 ≪공동체사회의 전체 이익에서의 협력의 정신에 관하여(*De l'Esprit de l'Association dans tous les intérêts de la Communauté*)≫(빠리, 1818)에서처럼, 그것들의 특수한 적대적 성격을 사상(捨象)하고 그것들을 자유로운 협력형태들(Assoziationsformen)인 것처럼 꾸며대는 것보다 더 쉬운 일은 당연히 아무것도 없다. 양키인 H. 캐리(Carey)는 때때로 노예제 관계들에 대해서까지도 능숙하게 이러한 재간을 부려서 동일한 효과를 보고 있다.

6시간의 잉여노동을 뺀 것과 같고, 그리하여 다음과 같이 된다:

$$\frac{6시간의 잉여노동}{6시간의 필요노동} = \frac{100}{100}.$$

제3의 공식은, 내가 때때로 이미 앞질러 말했었는데, 다음과 같다:

III. $\frac{잉여가치}{노동력의 가치} = \frac{잉여노동}{필요노동} = \frac{부불노동}{지불노동}.$

자칫 $\frac{부불노동}{지불노동}$ 이라는 공식이 오도할 수도 있는 오해, 즉 자본가는 노동에 대해서 지불하는 것이지 노동력에 대해서 지불하는 것이 아니라는 오해는, 위에서 주어진 설명에 의해서 사라진다. $\frac{부불노동}{지불노동}$ 은 단지 $\frac{잉여노동}{필요노동}$ 의 통속적인 표현에 불과하다. 자본가는 노동력의 가치 혹은 그 가치로부터 괴리되는 노동력의 가격을 지불하고, 그 대신에 살아 있는 노동력 그 자체에 대한 처분권을 획득한다. 자본가에 의한 이 노동력의 이용은 두 개의 기간으로 나누어진다. 하나의 기간 중에는 노동자는 단지 자신의 노동력의 가치와 같은 가치만을, 따라서 하나의 등가만을 생산한다. 그리하여 자본가는 선대한 노동력의 가격에 대해서 같은 가격의 생산물을 받게 된다. 이는 마치 그가 시장에서 기성의 생산물을 구매한 것과 같다. 그에 반해서 잉여노동의 기간 중의 노동력의 이용은, 자본가에게 어떤 가치보상도 요하지 않으면서, 자본가를 위해서 가치를 형성한다.[20] 이 노동력의 유동화를 자본가는 무상으로

---

20 중농주의자들은 비록 잉여가치의 비밀을 간파하지는 못했지만, 그들에게도, 잉여가치는 "그가"(그 소유자가) "구매하지 않았는데도 판매하는, 독립적이며 자유롭게 처분할 수 있는 부"(튀르고[Turgot], ≪부의 형성과 분배에 관한 고찰[*Réflexions sur la Formation et la Distribution des Richesses*]≫, p. 11.)라는 것만은 아주 명백했다.

획득한다. 이러한 의미에서 잉여노동은 부불노동이라고 불릴 수 있다.

따라서 자본은, A. 스미쓰가 말하고 있는 것처럼, 단지 노동에 대한 지휘권(Kommando über Arbeit)만은 아니다. 그것은 본질적으로 부불노동에 대한 지휘권이다. 모든 잉여가치는, 그것이 나중에 이윤·이자·지대 등 어떤 특수한 형태로 결정(結晶)되든, 그 실체에서 보면, 부불노동시간의 체화물(體化物, Materiatur)인 것이다. 자본의 자기증식이라는 비밀은 타인의 일정량의 부불노동에 대한 자본의 처분권으로 해명된다.

해설

[4] 청서(青書, *Blaubücher*, *Blue Books*) — 영국의 의회 자료 간행물들 및 외무성의 외교문서 간행물들에 대한 일반적인 명칭. 푸른색의 표지 때문에 그렇게 불리는 청서들은 영국에서 17세기 이래 발행되고 있으며, 이 나라의 경제사 및 외교사의 가장 중요한 공인 자료이다. (16, 519)

[15] "노예제 옹호 반란 (*proslavery rebellion*)" — 미국 남부의 노예소유자들이 일으켜 1861-1865년의 내전으로 발전한 반란. (40, 302, 450)

[71] 추밀원(*Privy Council*) — 영국 국왕 소속의 특별기관으로서, 각료, 기타 공무원들 및 고위 성직자들로 구성되어 있다. 추밀원은 13세기에 설치되었다. 추밀원은 오랫동안 입법권을 가지고 있었고, 국왕에 대해서만 책임을 졌을 뿐 의회에 대해서는 책임을 지지 않았다. 18세기와 19세기에 추밀원의 의의는 현저하게 저하되었다. 오늘날에는 추밀원은 어떤 실제적인 의의도 없다. (259, 421, 489, 684)

[87] 빵 덩어리를 2배로 — 곡물법반대동맹(*Anti-Corn-Law League*; 후주/해설 7 참조) 지지자들은, 자유무역이 실시되면 노동자들의 실질임금이 올라, 빵 덩어리가 2배("big loaf")로 된다고, 노동자들을 선동적인 방식으로 설득하려고 노력했다. 그때 그들은, 실물교육재료로서, 해당 문구들을 붙인, — 하나는 크고, 하나는 작은 — 2개의 빵 덩어리들을 들고 거리를 누볐다. 현실은 이 약속들이 거짓이었음을 입증했다. 곡물법을 폐지함으로써 강해진 영국의 산업자본은 노동자계급의 생활상의 이해관계들에 대한 공격을 강화했다. (298, 478)

[90] 쉐익스피어, ≪베니스의 상인≫, 제4막, 제1장. (304, 511)

[102] W. 로셔, ≪국민경제학의 기초≫, 제3판, 쉬투트가르트, 아우그스부르크, 1858, S. 88/89. (343)

[103] 롸치데일 협동조합 실험(Rochdale cooperative experiments) — 공상적 사회주의자들의 사상적 영향 하에서 1844년에 롸치데일(맨체스처의 북부)의 노동자들이 공정한 개척자 협회(Society of Equitable Pioneers)를 결성했다. 본래는 그것은 소비조합이었는데, 곧 확장되어 협동조합적 생산시설들도 갖추었다. 롸치데일의 개척자들과 함께 영국과 다른 나라들에서 협동조합운동의 새로운 시대가 시작되었다. (351)

[104] *Bellum omnium contra omnes* (만인의 만인에 대한 투쟁) — 토마스 홉스(Thomas Hobbes), ≪리바이어던(*Leviathan*)≫. (377)

[105] 메네니우스 아그뤼파의 우화 — 기원전 494년에 귀족과 평민들 사이에 최초의 거대한 충돌이 벌어졌다. 전설에 의하면, 귀족인 메네니우스 아그뤼파는 하나의 비유(Parabel)로써 평민들을 설득, 진정시키는 데에 성공했다. 평민의 반란은 인체(人體)의 수족(手足)이 위에 영양을 공급하기를 거부하는 것과 유사한 것으로서, 그 결과는 수족 그 자체가 아주 심하게 수척해질 것이라는 것이다. 평민이 그 의무를 이행하기를 거부하면, 로마 국가의 몰락을 초래할 것이라는 것이다. (381)

[106] 기예·통상협회(Society of Arts and Trades) — 1754년에 설립된, 부르주아적 계몽주의에 가까웠던, 박애주의 단체. 19세기 50년대에는 알버트 공(Prince Albert)이 이 협회를 이끌었다. 이 협회가 아주 요란하게 선전한 목표는, "기예와 수공업, 상업의 진흥" 및 "가난한 사람들에게 일거리를 준다든가, 상업을 확장한다든가, 국부(國富)를 증대시킨다든가 등등"에 기여하는 사람에게 포상하는 것이었다. 영국에서의 대중적 파업운동의 발전을 저지하려는 노력으로, 이 협회는 노동자들과 기업가들 사이의 중재자로 나서려고 하였다. 맑스는 이 단체를 기예·책략협회(Society of Arts and Tricks)라고 불렀다. (385, 761)

[107] 헤겔, ≪법철학 개요, 혹은 자연법과 국가학 대강(*Grundlinien der Philosophie des Rechts, oder Naturrecht und Staatswissenschaft im Grundrisse)*≫, 베를린, 1840, 제187절, 보론. (385)

[108] "시인의 흩어진 사지(*disjecta membra poetae*)" — 호라티우스, ≪풍자시≫, 제1권, 풍자 4. (385)

[109] ≪행복에 관한 대화≫의 저자는, ≪일기와 통신≫의 저자인 외교관 제임스 해뤼스가 아니라, 그의 아버지 제임스 해뤼스다.
맑스는 여기에서 ≪3논문≫, 런던, 1772, p. 272로부터 인용하고 있다. (387)

[110] 맑스는 아르킬로쿠스의 이 표현을 쎅스투스 엠피뤼쿠스의 ≪정설가 논박(定說家 論駁, *Adversus mathematicos*), 제11권, 제44장에서 인용하고 있다. (387)

[111] 30참주(30 *Tyrannen*) — 펠로폰네소스 전쟁이 [패배로: 역자] 끝난 후 (기원전 404년) 새로운 헌법을 작성하기 위하여 아테네에 설치된 위원회. 그런데 이 단체가 곧이어 모든 권력을 장악하고, 잔혹한 공포정치

를 시행했다. 8개월간의 폭력지배 후에 30참주는 타도되고, 아테네에는 노예소유자의 민주주의가 부활했다. (387)
[112] 플라톤의 공화국 — 고대 그리스의 철학자 플라톤이 그의 저서 속에서 묘사하고 있는, 노예소유자국가의 이상적인 형태. 이 국가제도의 기본원칙이 되어야 하는 것은 등급별 자유민 간의 엄격한 분업이었다. 철학자들에게는 통치기능이 할당되고, 모든 노동 의무가 면제된 무사계급은 시민의 생명과 재산을 보호해야 하며, 반면에 농민들, 수공업자들 및 상인들은 전적으로 물질적 재화를 생산하여 그것들을 국민에게 양도한다. (388)
[113] A. 유어, ≪공장 철학≫, 런던, 1835, p.21. (390)
[114] 열기관 — 가열 및 냉각에 의한 보통의 공기의 부피의 팽창과 수축의 원리를 기초로 한 기관. 증기기관에 비해서 그것은 둔중했고, 효율이 낮았다. 그것은 19세기 초에 발명되었지만, 19세기 말에는 이미 모든 실용적 의의를 상실했다. (393, 484)
[115] 제니 — 1764-1767년에 제임스 하그뤼브즈(James Hargreaves)에 의해 발명되어, 그의 딸의 이름을 따서 이름이 붙여진 방적기. (394)
[116] ≪구약성서≫ 신명기, 제25장, 제4절.
[117] 베인즈(J. B. Baynes), ≪면화 산업. 그에 관한, 블랙번 문학·과학·기계학협회 회원들 앞에서의 두 강의(*The Cotton Trade. Two Lectures on the Above Subject, Delivered before the Members of the Blackburn Literary, Science and Mechanics Institution*)≫, 블랙번, 런던, 1857, P. 48. (410)
[118] 제1판에서 제4판까지에는 [그리고 프랑스어판과 영어판에서도: 역자] 이 일절이 다음과 같이 되어 있다: 노동력의 착취가 한층 더 강화됨에 따라 공장주들의 부가 얼마나 증대했는가는, 영국의 면공장 등의 공장의 평균 증가율이 1838년부터 1850년까지는 매년 32%였는데, 1850년부터 1856년까지는 그에 반해서 매년 86%에 달했다는 사정이 이미 증명하고 있다.

우리의 수정은, ≪공장감독관 보고서. 1856년 10월 31일.≫, 런던, p. 12의 진술에 근거하고 있다. 추측컨대 맑스도 아마 여기에서 이 문헌을 이용했을 것이다. 이에 관해서는, 이 저작집[*MEW*] 제12권, S. 187의, 맑스의 논설, "영국의 공장제도"[≪뉴욕 데일리 트뤼뷴(*New York Daily Tribune*)≫, 1857년 4월 28일자 수록]도 참조하라. (438)

[119] A. 유어, ≪공장 철학≫, 런던, 1835, p. 22. (443)

[120] "완화된 감옥"("les bagnes mitigés") – 푸리에는 저서 ≪세분된, 혐오스러운, 기만적인 잘못된 산업과 그 해독제인 자연적인, 결합된, 매력적인, 진실한, 4배의 생산물을 주는 산업(*La fausse industrie morcelée, répugnante, mensogrère, et la antodote, l'industrie naturelle, combinée, attrayante, véridique, donnant quadruple produit*)≫, 빠리, 1835, p. 59에서 공장을 "완화된 감옥"이라고 부르고 있다. (450)

[121] 맑스는 쎄콘도 란첼로띠(Secondo Lancellotti)의 저서 ≪현대 또는 과거 시대의 지혜에 못지않은 지혜(*L'Hoggidi overo gl'ingegni non inferiori a'passati*)≫를, 요한 베크만(Johann Beckmann)의 ≪발명의 역사에 대한 논문집(*Beyträge zur Geschichte der Erfindungen*)≫, 제1권, 라이프치히, 1786, S. 125-132에 따라서 인용하고 있다. 주 194의 다른 서술들도 마찬가지로 이 책으로부터 인용되어 있다. (451)

[122] 이 표는 ≪공장들(*Factories*)≫이라는 공통의 제목을 가진, 다음 3개의 의회보고서들의 진술에 따라 작성되었다: ≪1856년 4월 15일, 하원의 요구에 의한 보고서(*Return to an address of the Honourable the House of Commons, dated 15 April 1856*)≫, ≪1861년 4월 24일, 하원의 요구에 의한 보고서(*Return to an address of the Honourable the House of Commons, dated 24 April 1861*)≫, ≪1867년 12월 5일, 하원의 요구에 의한 보고서(*Return to an address of the Honourable the House of Commons, dated 5 December 1867*)≫. (458)

[123] ≪노동조합들과 기타 단체들의 조직 및 규약의 조사를 위해 임명된 위원회, 제10차 보고서. 증언기록 첨부≫, 런던, 1868, pp. 63-64. (459)

[124] *Nominibus mollire licet mala*(나쁜 것도 좋게 말할 수 있다). – 오뷔드(Ovid), ≪연애 기술≫, 제2권, 시구 657. (463)

[125] 이 자료를 맑스는 의회보고서, ≪곡물, 곡류 및 곡분. 1867년 2월 18일 하원의 명령에 의한 보고서(*Corn, grain and meal. Return to an order of the Honourable the House of Commons, dated 18 February 1867*)≫에서 인용했다. (476)

[126] 단결금지법들 – 1799년과 1800년에 영국의 의회가 통과시킨 법률들로서, 그에 의해서 일체의 노동자조직의 설립과 활동이 금지되었다. 이 법률들은 1824년에 의회에 의해서 다시 폐지되었는데, 그러나 그 후에도 당국은 노동자단체들의 활동을 엄격하게 제한했다. 특히 노동자들

의 단체 가입이나 파업 참가를 위한 선동은 "협박"과 "강요"로 간주되어 형법상의 범죄로서 처벌되었다. (477, 767)

[127] 맑스가 지적하고 있는 것은, 동인도회사의 중국과의 무역독점권이 (1833년에) 폐지되고 난 후, 영국의 민간상인들이 중국시장을 정복했던 강렬한 기세다. 그때 영국 상인들은 어떤 수단도 가리지 않았다. 중국에 대한 영국의 침략전쟁이었던 제1차 아편전쟁(1839-1842년)에 의해 중국시장은 영국무역에 개방되었다. 이 전쟁으로 반식민지로의 중국의 변화가 시작되었다. 영국은 18세기 초부터 인도에서 생산된 아편을 중국에 밀수출하여 중국에 대한 무역적자를 메우려고 했지만, 중국 관헌의 저항에 부딪혔고, 1839년에는 중국 관헌이 광둥(廣東)에서 외국 선박의 아편 재고를 압수, 불태워버렸다. 그것이 전쟁의 계기였고, 중국은 패배했다. 영국인들은 봉건적이고 시대 뒤떨어진 중국의 이 패배를 악용, 중국에 강도적인 난징(南京)강화조약(1842년 8월)을 강요했다. 난징조약은, 영국의 무역을 위한 중국의 5개 항구(광둥, 샤먼[廈門], 푸저우[福州], 닝보[寧波], 상하이[上海])의 개항, 영국에의 홍콩의 '영구' 할양 및 영국에 대한 거액의 배상금 지불을 규정하고 있다. 난징조약의 부속의정서에 의해서 중국은 외국인들에게 치외법권도 인정하지 않으면 안 되었다. (482)

[128] 중앙호적등기소장(Registrar General)은 영국에서 호적등기소의 장을 가리켰다. 그의 직무범위는 출생, 사망, 결혼의 등기제도 전체를 포함하고 있었다. (496, 680, 694, 706)

[129] "제화공이여, 구두 골 곁에 있어라(Ne sutor ultra crepidam)"! — 이 말로 고대 그리스의 화가 아펠레스(Apelles)는 자신의 그림에 대한 한 제화공의 비판을 논박했다. [역주: 독일어로 직역하면 "Schuster, bleib bei deinm Leisten."이며, 현재는, "쓸데없는 짓(참견)을 하지 말라." "네 분수를 지켜라."는 속담으로 되어 있다.] (512)

[130] P.-J. 프루동, ≪경제학적 모순의 체계, 혹은 빈곤의 철학(Système des contradictions économiques, ou philosophie de la misère)≫, 제1권, 빠리, 1846, p. 73. (538)

도량형 및 화폐표

무 게

1 톤 (영국 톤)	=20 헌드레드웨이트	1,016.05 kg
1 헌드레드웨이트	=112 파운드	50.802 kg
1 쿼터	=28 파운드	12.700 kg
1 스톤	=14 파운드	6.350 kg
1 파운드	=16 온스	453.592 g
1 온스		28.349 g
1 첸트너 (프로이쎈의)	=100 파운드	45.359 kg

귀금속·보석·약품의 중량

1 파운드 (트로이 파운드)	=12 온스	372.242 g
1 온스 (트로이 온스)		31.103 g
1 그레인		0.065 g

길 이

1 영(국) 마일	=5,280 퓌트	1,609.329 m
1 야드	=3 퓌트	91.439 cm
1 퓌트	=12 인치	30.480 cm
1 인치		2.540 cm
1 엘레 (프로이쎈의)		66.690 cm

면 적

1 에이커	=4 로드	4,046.8 m^2
1 로드		1,011.7 m^2
	(현대의 1 로드[rod]는 $30^1/_4$ yd^2, 25.29 m^2)	
1 루트		14.21 m^2
1 아르		100.00 m^2
1 유겔름		2,523.00 m^2

곡물·액체의 량

1 쿼터	=8 부쉘	290.792 l
1 부쉘	=8 갤런	36.349 l
1 갤런	=8 파인트	4.544 l
1 파인트		0.568 l
1 쉐펠 (프로이쎈의)		54.96 l

통 화

(마르크 및 페니히로의 환산률은
1871년 기준: 1 마르크 = 순금 $^1/_{2790}$ kg)

1 파운드 스털링	=20 쉴링	20.43 마르크
1 쉴링	=12 펜스	1.02 마르크
1 페니 (펜스)	=4 콰딩	8.51 페니히
1 콰딩	=1/4페니	2.12 페니히
1 기니	=21 쉴링	21.45 마르크
1 쏘브린 (영국의 금화)	=1 파운드 스털링	20.43 마르크
1 프랑	=100 쌍띰	80 페니히
1 쌍띰 (프랑스의 보조화폐)		0.8 페니히
1 리브르 (프랑스의 은화)	=1 프랑	80 페니히
1 쎈트 (미국의 주화)		약 4.2 페니히
1 드라크마 (고대 그리스의 은화)		
1 도카트 (유럽의 금화. 본래는 이딸리아의 금화)		약 9 마르크
1 마라베티 (스페인의 주화)		약 6 페니히
1 레알 (레이스) (포르투갈의 주화)		약 0.45 페니히